岩 波 文 庫

38-402-2

日本中世の非農業民と天皇

(上)

網 野 善 彦 著

岩 波 書 店

凡　例

一　本書は『網野善彦著作集』第七巻(岩波書店、二〇〇八年一月)収録「中世の非農業民と天皇」を底本とする。『網野善彦著作集』(全十八巻、別巻一、岩波書店、二〇〇八―二〇〇九年、以下『著作集』)は、著者の校閲を経た最終の版によることを原則とし、「中世の非農業民と天皇」に関しては、単行本『日本中世の非農業民と天皇』(岩波書店、初版一九八四年二月刊行)の、第一五刷(二〇〇二年四月刊行)を底本としている。

二　文庫化に際して、書名を単行本にあわせ、『日本中世の非農業民と天皇』とした。

三　本書底本の本文は、校訂者・桜井英治氏により、次のような方針で訂正・整理されている。本書は原則として、底本本文をそのまま掲載する。

1　明らかな誤字・誤植は訂正する。

2　漢字は原則として通行の字体に改め、振り仮名を適宜加える。

3　本文中に〔　〕で示した注記は、校訂者が付したものである。

4　本文中で参照される著者の著書・論文に添えて〔　〕で示した丸付き数字は、『著作集』における収録巻数を示す。(たとえば〔②〕は『著作集』第二巻所収の意。)

5　引用史料のうち、『平安遺文』と『鎌倉遺文』については、収録刊本の番号を略示する（たとえば、〔平1・一二三四〕は『平安遺文』第一巻、一二三四号の意、〔鎌3・一二三四〕は『鎌倉遺文』第三巻、一二三四号の意、〔鎌補1・補五六七〕は『鎌倉遺文』補遺第一巻、補五六七号の意）。

四　校訂者・桜井氏による校注は、本文の当該箇所に番号を〔校注一〕のように示し、巻末に一括して掲げる。なお桜井氏の了解を得て、若干表現を変更した箇所がある。

五　掲載図版の所蔵元等については、本文庫刊行時のものを示す。

六　本文庫下巻末の事項索引・地名索引は、単行本巻末に付されている索引を元に作成した。

（岩波書店編集部）

目　次

（下巻目次）

日本中世の非農業民と天皇（上）

まえがき

本書は、中世の非農業民及び天皇をめぐって、これまで発表してきた論文・研究ノートなどの旧稿の一部を中心として、新たに編成し直したものである。

旧稿の最も古いものは一九五六年にまで遡り、いずれも思いつくままに、また必要に応じてまとめたものであるため、そのままでは全く形が整わず、その後、多少考えの変った点もあるので、第二部第五章第二節の本文を除き、すべてに修正・削除・補足を加えてある。また旧稿に対するさまざまな批判については、関連する箇所の注で言及したほか、付論3を付した。序章Ⅰ・Ⅱ1・2・Ⅲ、付論2、第二部第四章、終章Ⅰ・Ⅱは本書を編するに当って新たに書き加えたものである。

こうして一応、第一部を非農業民と天皇、第二部・第三部を非農業民の存在形態としてまとめてみたが、寄せ集めの弱点は、やはりおおうべくもない。ただ、これまで旧稿に対して加えられてきた、意図不分明という批判をうけとめて、多少なりとも現在の私の考えを鮮明にすべくつとめてみたので、本書について、あらためて大方のきびしい批判を得て、さらに研究し、考えつづけたいと思う。

本書の基礎とした史料は、刊本を除き、名古屋大学文学部国史研究室、東京大学史料編纂所、京都大学文学部国史学研究室、京都府立総合資料館、国立公文書館内閣文庫、宮内庁書陵部、東洋文庫等に架蔵された文書、影写本、写真本、謄写本等を使用した。閲覧に当って多大な便宜を供されたこれらの諸機関、また図版として文書写真の使用を許された名古屋大学国史研究室、京都大学国史学研究室、滋賀大学経済学部史料館、東洋文庫に対し、厚く謝意を表する。

なお、本書の主題に関連して、昭和四十六年度文部省科学研究助成費一般研究(C)「日本中世における天皇家経済の研究」、昭和五十一年度文部省科学研究助成費一般研究(B)「日本中世における非農業民と天皇の研究」(二年間継続)を交付されたことを付記しておく。

一九八二年八月

網野善彦

序章

I　津田左右吉と石母田正

1

「ニホンのことを考へるには何よりもまづ、なんらの成見をも持たずして、ニホンのことの知り得られる史料により、ニホン人の実際の生活によつて、考へ得られるだけのことを考へねばなりません。これが学問的方法であります。……ニホンの国家の起源や性質にあてはまらないやうな説は、少なくともこの意味において、一般的な国家の起源なり性質なりの説明にも解釈にもならないものだからであります」[(1)]

「そもそも「国家」とはなにか、その本質、構造、機能はなにか、それは日本で歴史的にどのように形態変化したかについて少なくとも自分の理論をみがくことなしに、どのような方向で問題を提起し、国家のどの側面をどのような方法で分析することができるであろうか。……多様な国家理論が正しいかどうかを、日本の古代または中世の国家史に即して検証する必要がある。もしそこで、それらの理論が事実と論理によって正しくないことがしめされるならば、たとえ一国であっても、それらの理論は普遍性をうしない、理論としての妥当性が破綻をきたすからである」。

一読して明らかなように、この二つの文章は、ともに、一般的な普遍性、妥当性を主張するある国家理論に対し、日本の国家の起源及びその歴史の事実に基づいて、それが成り立ちえないことを主張し、それを批判しようとしており、そこにある種の緊張と決意がひめられているのを感じとることができる。

ではこの二つの発言は、いつ、だれによって、いかなる国家理論に対してなされたのか。

前者は一九四六年十一月十四日、早稲田大学で行われた「学問の立場から見た現時の思想界」と題する講演において、津田左右吉が唯物史観に基づく国家理論に対する批判の中でのべた言葉であり[1]、後者は一九六六年十一月、「明治百年を排す」という集会において、「国家について」と題する講演を行なった石母田正が「カトリックから近代政治学にいたる」国家理論を批判すべく発した発言なのである[2]。

奇しくも、正確に二十年の年月を間において、日本の史学史にそれぞれ金字塔を打ちたてたといいうる二人の歴史家が、このような奇妙ともいえるほどに一致した趣旨の発言をしている事実そのものの中に、われわれはまず、日本の国家史、天皇と天皇制の歴史の、たやすく解き明し難い特異性を、はっきりと見てとることができよう。しかしそれとともに、この二つの文章の不思議な符合の中に、両者を隔てる二十年間、さらに現在に至る歴史の流れによって照らし出された、二人の歴史家の立場と運命を、われわれはしっかりと見すえておかなくてはなるまい。

前者の発言が行われた一九四六年は敗戦の翌年、「解放」された言論界にはマルクス主義が風靡し、天皇制打倒が叫ばれ、戦前の皇国史観に対する激烈な批判が渦をまいておこっていた。そしてマルクス主義者たちは、すぐれた古代史の研究と強靭な学問的精神に裏づけられた確固たる発言の故に、戦前、右翼の圧迫をうけ、軍部の抑圧下で著書発禁の処分を蒙った津田左右吉に対し、大きな期待を抱きつつ、その戦後の発言を見守っていたのである。

当初、津田は少なくともこの期待を拒もうとしていなかった、と私は考える。この年三月の雑誌『世界』に、津田は「日本歴史の研究に於ける科学的態度」という論文を発表している[3]。これは敗戦後の津田の最初の発言であるが、そこで津田が鋭い批判の鉾先を向けたのは明確に戦前・戦時中の皇国史観の「非科学的」な姿勢であり、戦後の新しい動向については、たしかに歴史学の方法を自然科学のそれと同じように考えることを批判することによって警告を発してはいるものの、むしろ「過去の史学者の深く注意しなかつた社会史・経済史の研究が行はれるやうになつたのは、もとより喜ぶべきこと」として、歓迎の姿勢をもってのぞんでいるのである。戦後、直ちに再建された『歴史学研究』の復刊第一号(一二二号)に、津田が「シナの史といふもの」という論稿を寄せ、その巻頭を飾っているのも、この姿勢に基づくものと推察される。

ところが、その翌月、同じ『世界』の誌上に「建国の事情と皇室の万世一系の思想」(4)を発表した津田は、その態度を急変、その後の論文や何回かの講演の中で、専ら舌鋒をマルクス主義に向けてきびしい批判を展開するとともに、天皇制を熱烈に擁護する論陣を張る。そしてついに、当時「進歩的歴史家」といわれていた人々に対し、津田は「一つの主張がまづあつて、それに適合するやうに歴史を解釈する」非学問的な、「ことばの本来の意義で反動的」なものという、激越な批判を浴びせるにいたったのである。さきの発言はもとよりこの文脈の中で発せられたものであり、その根底には津田の深刻な危機感——天皇、「皇室」とそれに象徴されると津田の考える「民族」の運命に対する深い危機感があったことは疑いない。

津田の態度を一変させたこの一箇月の間に、なにがあったのか、私は知らない。(5)しかし多くの人々はこれを戦前の津田の姿勢と比べ、そこに大きな変化を見出しつつ、津田

に批判を加えたのであり、なかでもこの角度から真摯な批判を展開したのは石母田正その人であった。(6)

「官府の歴史学にたいするたたかいと批判のなかからのみ成長することのできた」津田の実証主義が、無思想・無性格を自ら標榜する「実証主義」などとは全く異質であることを強調し、津田の学問にみなぎる緊張と気魄とが「歴史学を自分の生き方の問題として解決しようとする」「学問にたいする態度」から発していると、津田の歴史学の本質を的確にとらえつつ、しかし石母田は、戦前の津田が自らの歴史学をもって「未来への参加」「時代へのはたらきかけ」「政治への接近」を強調しているのに対し、戦後においては「空想的要素を含む改革の指導原理の性格が「幻影」であること」、歴史家の任務はその「幻影性、空想性の批判に参加することにある」と主張しているとし、その点に津田の力点の大きな変化があると指摘する。そしてこの津田の変化をランケと比較し、ランケの政治からの後退が、フランス革命に対する恐怖と憎悪によってもたらされたのと同様に、「現代の革命にたいする」「恐怖」が、津田をしてこのように変化せしめたのだと断じたのである。

それとともに石母田は、津田の天皇・「皇室」に対する見方についても、同様の視角から批判を加えた。周知のように、津田は「皇室」が権力によって支配者となったのではなく、一個の精神的権威であり、文化的・思想的な存在だったことを強調し、その「恒久性」について、「皇室が遠い過去からの存在であつて、その起源などの知られなくなつてゐたことが、その存在を自然のことのように、或は皇室は自然的の存在であるように、思はせたのでもある」とのべているが、石母田はこれを、「皇室」が「自然的存在」であり、政治的・歴史的社会に優越する他の秩序としての民族の結節点としての非政治的存在であったとする見解、ととらえる。その上で、民族は近代の創造物としての市民階級が主体になったもの、という規定に基づきつつ、津田はこうした歴史的民族概念に対立する自然的民族概念に接近していると批判し、このように津田が「皇室」を政治的存在ととらえ得なかったのは、津田自身が「一個の完全な政治的主体として国家なり政治的社会に対立するに至ってない」からであり、そうした政治嫌いにこそ、日本の市民的歴史学の特質があると結論づけた。

津田の歴史学の弱点が、民族に対する深い理解を示す反面に、帝国主義的な他民族抑圧には全く沈黙する点にあるとする評価を含め、この石母田の主張の中に、多くの津田に対する的確な批評があることは間違いない。とはいえ、一九四六年四月以後の津田の発言を「革命にたいする恐怖」によるものとし、その学問に「政治嫌い」を見出した当時の石母田に、自らを含む戦後の歴史学、さらには革命運動の力量についての著しい過大評価、思い上りがあったことを、その後の十年たらずの歴史は、冷厳に明証した。また、津田の「皇室」に対する理解を「自然的民族概念」への接近と批判した石母田は、その後すぐに、それに対置した自らの「歴史的民族概念」を修正すべく努力しなくてはならなかったのである(7)。

津田は「恐怖」どころか、きわめて戦闘的に、また「政治嫌い」どころか、高度に政治的に、石母田以上の深い歴史と民族に対する理解をもって、戦後の事態に対し、自らの歴史学を賭して立向っていた。そして当時の革命運動の空想性、幻影性を暴露した津田の批判は、基本的に正確であったといわなくてはならない(8)。

2

そのことを、事実そのものによって証明した戦後史の流れの中で、苦渋に満ちた自己批判を経て、『吾妻鏡』の実証的な本文批判に基づくいくつかの論文を公にしたのち(9)、しばらくは本格的な労作を発表することなく沈黙をつづけていた石母田が、その間に熟成しつつあった自らの国家論の一端をのべたのが、さきの後者の講演であった。そしてこれに手を加えた論稿が発表されたのは、歴史科学協議会編集『歴史評論』の創刊号だったのである〔校注二〕。

講演の行われた一九六六年には、二年後に迫った「明治百年」の祝祭の準備が進み、紀元節復活が具体的な日程に上り、天皇を再び民族統合の中心にすえようとする政治的な動きが顕在化する一方、中国で文化大革命がおこり、ソ連との論争はついに決定的な対立に発展、社会主義陣営の分裂はもはやおおい難いものになろうとしていた。

そうしたきびしい状況をふまえつつ、石母田は、この論稿で、「非ヨーロッパ地域の「自然民族」の歴史」を「一つの支柱として登場してきている」「新しい(?)国家理論」、ソ連・中国において行われつつある「国家の歴史の未知の領域にたいする挑戦」、日本における「従属国家」をめぐる論争、「期待される人間像」に現われる「学問的に無内容な」「国家論」、吉本隆明の国家論、そして林房雄・三島由紀夫の「天皇制の美学」等々に、つぎつぎにふれていく。そして石母田は、これらのさまざまな「国家論」が、例えば吉本のそれが「戦後、古典的マルクス主義の近代天皇制国家論がとりのこした「空洞」……から超国家主義が生みだされてきたのではないかという反省と批判」に出発点を持っているように、立場は別として、それなりに自らの経験に立脚し、現実との緊張関係の中で、模索され、追究されているにもかかわらず、「国家の歴史の専門家である歴史研究者から、まだそのような国家論への意欲がみられない現実がある」とする。まさしくここにこそ、石母田がこの講演で訴えようとした力点があったのである。激動する状勢、きびしい現実の進行の中にあって、なお「繁栄」を謳歌しつづけている歴史学、「国家権力を大して意識しなくても、史料だけを相手に国家の制度や歴史を研究し叙述」しているような歴史学の現状に対する、きわめて深刻な危機感がその根底に流れていたので、冒頭にあげた石母田の発言は、そうした文脈の中で発せられたのであった。そして、このような深い「不安と危惧」に貫ぬかれている点で、この発言は二十年前の津田の発言と共通したものがあるといってよかろう。

とはいえ、両者の立場はここにいたって全く逆転した。かつて津田の発言に、「革命にたいする恐怖」を見た当時の石母田の論法をもってすれば、この石母田の発言は、「マルクス主義史学崩壊の恐怖」の中でなされた、とでもいわなくてはなるまい。二十年前の津田を「政治嫌い」と批判した石母田が、津田の「国家論」の強靭な政治的生命力を前に、マルクス主義史学を含む戦後第二期の歴史学の「非政治的」な姿勢に直面していらだっているのである。歴史は、かつての石母田の思い上りに対し、強烈な皮肉をもって酬いたといわなくてはならない。

しかし、以前の石母田の津田批判が誤りであったように、石母田が恐怖に脅えているとみるのもまた誤りである。この歴史の痛烈な皮肉を石母田は正面からうけとめ、新たな前進をなしとげた。石母田の歴史家としての真骨頂は、まさしくここに発揮されたのである。

さきの講演後まもなくおこり、「繁栄」の中の「停滞」によどむ歴史学界の少なくとも一部には、明瞭な変化をよびおこした大学の激動をこえた一九七一年、石母田は『日本の古代国家』を公刊する。ついで七二年の日本思想大系21『中世政治社会思想 上』に収められた「解説」、七三年の『日本古代国家論』第一部・第二部[10]と、石母田は自らの生命力のほとんどを投入、燃焼させたとすらみえる労作を、ぞくぞくと発表し、長年の沈潜の中で構想されたその国家論の全貌を世に問うた。それが歴史学の「停滞」を大きくつき動かしたことは、すでに周知の通りであるが、私はそこに、はじめて本格的に津田の歴史学、その天皇及び天皇制論を自らの正面において、それと取り組む石母田を見たように思えるのである。

「国家についてのどのような理論も、歴史的に存在した個々の国家について厳密に検証されなければならず、それにたえない理論はすてられなければならない。これが学問の約束であろう。……理論や概念の「適用」という安易な道ではなく、所与の国家の歴史自体からわれわれの古代国家論をつくり上げてゆく必要がある」と、『日本の古代国家』の「はしがき」で強調する石母田と、冒頭であげた発言にみられる津田との間には、もはやほとんど差はないといわれるであろうし、「国家成立史における国際的契機」を最初にとりあげ、首長制を基軸に構想された古代国家論、「将軍家または天皇を頂点とした「礼」の秩序」を指摘する中世国家論は、津田の主張する天皇の特質に、自らの視角と方法によって迫ろうとしたものといってよかろう。

もとより石母田自身は、戦後の津田に対する批判の基調を変えていない。さきの講演で「津田博士がかつて国粋主義とたたかったと同じ仕方で、国家の起源や歴史について説くことは、もはや不十分になっているのではなかろうか」[11]とのべ、さらに遡って、一九六一年に津田が世を去ったときに書いた「歴史観について」では、津田の歴史学の根底にある「生活」について、そこに「生の哲学」の影響を見出し、それ以上に「素朴で浅薄」と酷評しているのである。

歴史の法則を追究し、歴史学を一個の科学とみる石母田が、「生活」の微妙な多様さを究めたはてに、ついに諸民族相互の理解をほとんど不可能とみるまでにいたったかにみえる津田を、このように批判するのは、当然であろう。しかし津田の「生活」についての理解を「素朴で浅薄」という石母田は、津田が生きていれば恐らく全く同じ言葉で批判されたに相違ない、と私は思う。[12]

そこには卓抜した理論家である石母田と、詩人的ともいうべき洞察力を持つ歴史家津田との、たやすく相互に妥協し難い対立が横たわっているのであり、それは歴史学における理性と感性、歴史科学と歴史叙述の関係につながる史学史上の根本問題といわなくてはならない。

私もまた、石母田と同じく歴史の法則を求め、それ故に歴史学を科学と考える立場に立つものであるが、しかしさきの石母田のような津田批判には直ちに従うことはできない。津田の国粋主義とのたたかい方を不十分という石母田の指摘は、もとより当然のことであるにせよ、私はむしろいまこそ、戦前・戦後を通じ、自らの歴史学を賭けてその学問的成果を主張しつづけた津田、恐らくそれ以後のいかなる史家よりもきびしい現実との緊張関係の中からその史観をきたえ上げていった津田の姿勢に学び、それをうけつぎのりこえるべきであり、また津田によって明らかにされた日本人の「生活」の豊かな実相をさらに深くさぐることによって、世界の諸民族の民衆の心をつなぐ広い道筋をひらかなくてはならない、と考える。津田の天皇論を克服することは、その意味でいまもわれわれに課された緊急の課題であるといえよう。

（1）『津田左右吉全集』第二十三巻（岩波書店、一九六五年）所収。

（2）『歴史評論』二〇一号、一九六七年（『戦後歴史学の思想』法政大学出版局、一九七七年所収）。

（3）『津田左右吉全集』第二十八巻、一九六六年所収。津田が「科学的」という言葉を肯定的に使ったのは、戦後では非常に少ないのではなかろうか。

（4）「日本の国家形成の過程と皇室の恒久性に関する思想の由来」と改題、『津田左右吉全集』第三巻、一九六三年の附録三として収録。

（5）これは戦前と大きく「変化」したといわれる津田の思想を考える上で、非常に重要な問題と思われるが、この「変化」を詳細に追究した家永三郎『津田左右吉の思想史的研究』（岩波書店、一九七二年）も、この三月と四月の津田の論調の変化についてはとくに言及していない。恐らくこのころの津田とマルクス主義史家との接触と、なんらかの関係があるのではなかろうか。その点で、一九四六年一月二十七日の歴史学研究会が羽仁五郎らの動議により再建大会となり（いわゆる「歴研クーデター」）、会長に津田左右吉を推戴することを決議、この決議に基づき、井上清・松島栄一が平泉にいた津田を訪ねている事実に注目すべきである。津田はこれを辞退しているが、このことは津田のこのときの態度転換とまず間違いなく深い関係があろう（歴史学研究会編『歴研半世紀のあゆみ』青木書店、一九八二年）。この年九月、津田が批判の対象とした天皇制論を代表し、羽仁・井上・鈴木正四などを中心とする動きの中で編まれた、歴史学研究会編『歴史家は天皇制をどう見るか』（新生社、一九四六年）が刊行されていることにも注目すべきであろう。

（6）「歴史家について」「政治史の課題」『歴史と民族の発見』東京大学出版会、一九五二年所収。

（7）「歴史学における民族の問題」（同右所収）で石母田は、スターリンの「言語学におけるマルクス主義」に関連して、近代以前の「民族」（ナロードノスチ）を問題にしなくてはならなかったのである。

（8）ただ、マルクス主義者の津田に対する批判の声が一斉にあがっているなかにあって、ひとり川崎庸之のみが、さきの津田の論文にふれ「少しでも博士の過去の業蹟に触れたものなら、あの論文のみをもって直ちに博士の意図を忖度するようなことはないと思われる」という、大事なことは「博士の意図を正しく継承し、これを仕上げること」にあり、「それはこの場合、現実的な角度から天皇制に関する正しい認識をもつことを措いて他にはないということである。もしわれわれが、その努力を欠いて、万一にも博士を反動陣営の人とするようなことがあれば、われわれにとってこれほど大きな恥辱はないと思う」と言い切っている事実を、忘れてはなるまい（「学界時評——国史学界の展望」『季刊大学』二号、一九四七年、川崎庸之歴史著作選集第三巻『平安の文化と歴史』東京大学出版会、一九八二年所収）。現実の事態は、川崎が「大きな恥辱」といって危惧した方向に突き進んでいったのであり、この発言から三十五年も経た現在もなお、ここで川崎の提示した「天皇制に関する正しい認識を持つ」という課題は、解決され切っていないのである。戦後歴史学の最大の問題の一つはこの点にある。

（9）「鎌倉政権の成立過程について」（『歴史学研究』二〇〇号、一九五六年）、「文治二年の兵粮米停止について」（『法学志林』五五―一、一九五七年）、「文治二年の守護・地頭停止について」(『法学志林』五六―一、一九五八年)、「鎌倉幕府一国地頭職の成立」(石母田正・佐藤進一編『中世の法と国家』東京大学出版会、一九六〇年)など、一九五五年から六〇年にいたる一連の研究。

(10) いずれも岩波書店刊。

(11) 注(2)『戦後歴史学の思想』所収。

(12) 終章付論5「「外財」について」参照。

Ⅱ　戦後の中世天皇制論

1

敗戦後、天皇及び天皇制に対する批判がはじめて自由になる一方、まもなく、当時「逆コース」といわれた君が代復活などの動きが表面化し、戦後第一期を通じて、前述したような天皇制をめぐる論議は活発に展開された。しかしそれは主として古代及び近代についてであって、中世・近世の天皇制に関わる議論は決して活発とはいい難く、むしろ現実の天皇制批判よりも、中世国家論の一環として、若干のややアカデミックな論議が行われたにとどまるといわなくてはならない。

その一つは堀米庸三の中世国家論に対する石母田正の批判であり、この時期の中世天皇制論に即していえば、これが最も積極的な問題提起であったといってよかろう。

封建制を知行制的封建制と限定的に規定し、領主対農民の関係を家産制とみた上で、この両者が共通する要素を持ちつつも、むしろ対立すると考える堀米は、人と人との人格的つながりである封建制は国家権力に対応する領土観念を生ぜしめるものではなく、中世国家を国家として存在せしめたのは、むしろ非封建的要素——家産制的要素としての王権であると主張した。(1)

これに対し石母田は、堀米が封建制と農奴制とを区別した点に批判を加え、(2)その結果、堀米の理論が中世国家の矛盾を封建的と非封建的という論理的対立に帰する、構造論的・非歴史的な方法に陥っているとし、中世国家の三つの歴史的段階(過渡的、典型的、最終的)を設定すべきであるとする。その上で石母田は、あらためて「中世国家における王権の問題」として、天皇に焦点を合せ、それに取り組むさいの視点について、まず、「古代」が「中世においては現実に大きな政治的権力ではなかったという理由で、それをどうでもよいものと考える傾向」に強く反対し、「さまざまな民族主義的傾向を真に克服する」ために、正面からこれに立向うべきことを強調している。

そしてそのさい、「中世王権の権威を封建貴族の権威の代表的または集中的な表現としてだけかたづける」説に対しては、この両者の権威に「質的な相違」のあることを指摘して批判、同時にまた「中世王権を民族的秩序を代表するものとかんがえる傾向」をナチスの中世史家及び日本の同様の史家のものとしつつ、「封建社会を人民から領主、貴族にいたる諸階層共同体」と見なすこの見方は、事実を歪曲するものとして、きびしく拒否する。さらにまた石母田は、中世における王権を「古代的遺制の残存」と考える見解についても、それが結局、中世王権を封建制における「非封建的要素」とみる論理――堀米の論理につながるとして却け、王権は中世国家の必然的モメントとしてとらえられねばならないこと、それは封建制に固有なアナーキーと矛盾によって、「封建的支配そのものが破滅しないために」必要かくべからざる要素、封建制が否応なしに再生産せざるをえない性質のものであるとする、自らの立場を押し出したのである。

後述するように、ほぼ同じころ、永原慶二は鎌倉時代の天皇を古代的権威と規定しつつ、中世王権の問題を幕府――将軍に即してとらえる方向で、自らの理論を形成しつつあった(3)が、石母田のこの問題提起は、永原の見方と異なり、中世の天皇を王権と位置づけ、それを正面に置いて論じようとした点に、重要な意義があるといえよう。しかし石母田は、堀米が「非封建的要素」と表現した王権の特質のとらえ方に批判を加えてはいるが、自ら封建貴族とは異質と理解する王権の権威の基礎については、ほとんど具体的には明らかにしていない。ただ、封建国家と石母田が規定しようとする宋代の国家が、地方分権の形をとらず、中央集権的国家となった背景に、中国人民の叛乱のエネルギー及び内国商業・交通の発達があったとしている点に、封建的アナーキーに対する異質な要素がわずかに示唆されているにすぎないのであり、肝心のこの問題は全く残されたままといわなくてはならない。

それだけでなく、石母田がナチスの史家に類似する日本史家の見解といったとき、その念頭にあったのは、恐らく清水三男であり、津田左右吉だったのではないかと思われるが、別にものべた通り(4)、この二人の見解は、この程度の言葉だけの批判ではすまない、根深いものを持っているのであり、少なくともこの時期の石母田、あるいはマルクス主義史学には、それを批判し切るだけの力量は到底なかったといえよう。

しかし戦後第一期、マルクス主義史学は歴史学界の主流に立っており、それだけに非常に強気であった。一九五〇年代に入るころ、いわゆる「逆コース」の風潮の中で、天皇制についての論議があらためておこってくるが、その過程で発表された豊田武・安田元久などの非マルクス主義史家の論稿(5)に対し、永原慶二が展開した批判は、まさしくそうした当時の主流的見解を代表するといってよかろう。

豊田・安田は、いずれも石母田・永原の封建制における王権についての見解をとり入れつつ天皇の問題を論じているが、一方で共通して、天皇の権威が古代以来近代にいたるまで長期間にわたって伝統的に維持された事実に着目、伊勢信仰、鋳物師《いもじ》・木地屋《きじや》などの綸旨《りんじ》様の偽文書、謡曲等々の例をあげつつ、「国民」「民衆」の、天皇を中心とする公家文化への「愛着」「崇敬」がそれを支えたと指摘したのである。これは、津田の力説主張した事実を、より常識的に提出したものといえるが、永原はさきの石母田による津田批判とほぼ同様の角度から、この点にきびしい批判を集中しつつ自説を提示した。(6)

さきにもふれたように、永原はここで、鎌倉時代まで古代天皇制の政治権力が存続したとし、南北朝内乱以後、「天皇の権威は封建国家の必然的モメントとして、別個の意義をもって再生産されてくる」〔校注一二〕ことを強調しており、前半については南北朝内乱までを古代社会とする当時の松本新八郎の説をとり入れ、後半は前述した石母田の規定に立脚しつつ、その主張を展開したのであるが、豊田・安田の指摘については、「商工業者の綸旨尊重は、彼等が新儀商人に圧倒されてゆく寺社本所の保護下にある座商人であったのだから論外」、お伽草子の出世譚は「封建的支配下の民衆にとっては、革命的な思想が、その表現として出世の夢を旧来の権威の姿において描き出すことはむしろ当然」で、法則的なこと、伊勢信仰と参宮は関所濫立を否定しようとする民衆の期待の表明、として一蹴し去った。

この永原の批判は、豊田・安田の提示した「常識」を、別の「常識」によって却けた程度にとどまるといってよかろうが、豊田も安田も、再びこれに反論しようとせず、ここで提出された問題はなんら深化、発展させられることなく、戦後第一期は終焉に向っていったのである。

ただこの間にあって、佐藤進一が専ら幕府論――武家政権に即して、主従制的血縁的支配と地域的支配の二元性を実証しつつあったことに注目すべきであろう。(7) やがてそれは主従制的支配と統治権的支配との二つの原理として純化され、(8) 天皇論についても重要な役割を果すことになってくる。

2

一九五五年以後、戦後歴史学が第二期に入ってから、六〇年代を通じて、中世の天皇、天皇制についての研究は橋本義彦が着々と進めていた実証的な研究と、(9) 後述する黒田俊雄と永原慶二の議論を除くと、全体としてきわめて低調であった。中世社会の基本的な階級対立は在地領主と農民との間にあるとする領主制論、それを前提として、天皇の存在は南北朝期以前には領主制によって克服さるべき対象であり、内乱以降は実質的な意味は持たないという当時の永原説が、黒田の反論にも拘らず、なお支配的であったことに、この低調の一つの理由があることは間違いない。

しかしそれだけでなく、そのような、さして問題とするにたらぬ天皇の問題をあえてとりあげて、あれこれ論議すること自体、むしろ現代の天皇制そのものを表面に押し出すことになるという配慮、さらには放置しておくことがそれを消滅させる上に有効とする見方が、表立ってはいわれないとしても、この時期の史家たちの中に、底流としてあったように私には思われる。[10] のちにふれる非農業民の問題、とくにその一環ともいえる被差別部落の問題に対する姿勢にも、これと多少とも共通したところがなかったとはいえないと思う。

そうした状況の中で、一九六三年、黒田俊雄がいわゆる権門体制論を提起して天皇の問題を再び前面に押し出し、[11] さらに七〇年代に入ってすぐに、中世の非人の問題に正面から取り組んだ論文を発表したことは、[12] すでに周知のこととはいえ、やはり画期的といわなくてはならない。後者の問題についてはここでは立ち入らないが、それ自体封建領主である公家・武家・寺家などの権門によって、相互補完的・職能的に構成される国家の国王、「権門の知行の体系の頂点」「封建関係の最高の地位」にある国王として天皇をとらえた黒田の主張は、在地領主を封建領主と見る石母田とは全く異なる根拠に立ちつつ、その理論の一面を継承することによって、間違いなく天皇についての新たな論議を展開するための道をひらいたのである。実際、個々の封建領主＝権門をこえる国政（法令発布・官職任免・儀礼・検断・徴税など）を掌握したところに、権門と異質な国王＝天皇の機能を見出し、その地位は、鎌倉時代はもとより、室町・戦国期を通じて維持され、江戸時代に入ってはじめて将軍が国王となったとする黒田の見解は、前述した永原の所説と明確に対立する一面を持ち、当然、その反論をよびおこすこととなった。

これについてはのちに若干言及するが、ここで注目しておきたいのは、権門体制論を提起した翌年(一九六四年)に黒田の書いた「戦後歴史学の思想と方法――日本中世史研究への反省」と題する小論である。(13) 黒田はそこで、そのころの戦後歴史学が「歴史を研究し叙述するということは、究極は一種の思想的な営みである」という当然の前提を見失い、救い難い停滞に直面し、無思想な状態に陥っていることを痛憤し、その真の原因が戦後中世史研究の根幹となった「領主制」理論にあると明言、それは「歴史を通じてなにを訴えようとするでもない」、むしろ「支配のイデオロギーの露払い」の役割すらするようになっているとまで極言した。そして、石母田の領主制論に対する戦後の鈴木良一の批判を継承し、「充分に農民の側に身をおいて」より豊かな理論――仮説をひき出す必要を強調しているのであり、さきの黒田の所論、中世の天皇の問題を含む権門体制論が、前述した六〇年代の石母田の場合と同様、このような鋭い危機感の中から提起されたことを、われわれは知っておかなくてはならない。

この黒田の説が、その後の学説整理の中で、領主制説に対立する非領主制説として位置づけられたのは、(14) その出発点から考えても当然のことといえるが、しかし黒田は権門を封建領主、農民――百姓を農奴と規定しており、少なくとも形の上では、新たな「領主制論」として自らの説を押し出していることも見逃してはなるまい。永原と黒田の説の間に、さきのような鋭い対立点があるにも拘らず、「論争」が必ずしも発展しなかった理由はここにあるのであり、黒田の中世天皇制論の問題も、またこの点にあるといえよう。

黒田はその後、この立場から、いくつかの論稿を通じて、中世天皇制を研究するに当ってのさまざまな観点・課題を提示した。[15]「惰性的」に「皇国史観」と闘うことのみでなく、現代の「象徴天皇制」そのものを正面におくべきであること、そのためには、天皇不執政論、徳治主義的偽瞞、万世一系論的神秘主義、国民統合の歴史の歪曲について「綿密に明確に解明」しなくてはならないこと、「中世天皇制の基本的性格」については「王家――一つの権門」「国王――権力の代表者」「帝王――至高の権威」の三つの側面から明らかにする必要のあることなどがそれで、こうした黒田の問題提示を一つの契機として、その所論に対する賛否はともかく、七〇年代に入ると、中世天皇制をめぐるいくつかの論稿が発表されはじめ、八〇年代に入った今日、研究はようやく新たな段階に入りつつあるといってよかろう。中世のみではない。古代についても新たな角度からの研究が進められ、[16]近世の天皇についても、はじめて本格的な議論が展開されようとしている[17]。

中世に即してみれば、北爪真佐夫が公家新制、院庁、鎌倉幕府と天皇などについて見解を示し[18]、黒田紘一郎も中世天皇の権威の淵源は後三条〜後鳥羽の院政期にあること、帝王・王家としての血の再生産による宗教的・伝統的・文化的性格に注目すべきで、有職故実――宮廷行事などを中世王権の特質の問題として考えるべきこと、中世天皇制存立の不可欠な要素として、分業構造・都市支配の問題を重視することなどをあげており[19]、さきの黒田俊雄のそれをあわせてみれば、中世天皇制についての論点は一応出そろったといってよかろう[20]。

さらにこうした論点整理のみにとどまらず、一時はさきにふれた橋本義彦のすぐれた実証的研究のみ、ひとりその光彩を放っているともいえる、王朝、公家の政治制度、その経済的基礎等についての堅実かつ綿密な研究が、最近とくに著しい進展を示し、多くの成果が蓄積されつつある。これは、単に「領主制論」のみがその原因ではないとしても、全体として武家に偏っていたこれまでの研究状況に対する反省が、黒田の批判を一つの契機として、本格的に表面化した結果ともいえるので、この点でも黒田の問題提起の寄与は大きいといわなくてはならない。そして佐藤進一の近著『日本の中世国家』（岩波書店、一九八三年）は、まさしくこの問題提起に応えつつ、自らの立場からはじめて公家政権——王朝国家の問題に切り込んだ労作である。

こうした内容のある実証的研究をさらに充実させつつ、論点の一層の深化につとめることが、現在のわれわれの課題であろうが、当面ここで、さきの黒田俊雄をはじめとする論者の意見について、考えるところを若干のべておきたいと思う。

黒田俊雄はさきの諸論稿の中で、天皇はその時々の支配階級がその支配秩序を維持すべく利用するために、その存在意義を認められていたとしているが、利用さるべきなにが天皇にあったのかについては、必ずしも明確にのべていない。中世天皇の一側面として指摘されている帝王、「古代アジア的な帝王の権威」「有職故実・徳治主義・帝徳論などで美化された礼節秩序」などが、その点と関連してくるのであろうが、一方では中世の天皇—帝王は顕密仏教によって権威づけられていたとし、そうした権威を含む中世天皇制の没落・終焉のあと、近世天皇が「新たに創出」再興されたとものべており、さきの問題は深く追究されることなく終っているのである。

これは黒田が、古代天皇制の終末について、ずるずると近世にまで問題を持ちこむ傾向を批判しつつ、「そもそも天皇という地位が中世・近世を通じてともかくも存続していたことは、はじめから誰にもわかりきったこと」といいながら、他方では天皇を「中世国家史の展開のなかに確実に位置づける試みが必要」とし、いまのべたように中世と近世の天皇制の断絶を強調する〝矛盾〟[25]ともつながる問題であろう。さきに多少ふれたが、ここに権門体制論に関連して天皇の問題を提起したさいの黒田の、ある「不徹底さ」が現われているので、そのことが天皇の本質への肉迫を鈍らせているように思われる。

私は、なによりもまず、黒田のいう通り「そもそも天皇という地位」そのものが、それが国王であるか君主であるかなどの議論はさし当り問題外として、古代から現代まで「ともかくも存続し」ているという「はじめから誰にもわかりきったこと」を素直に認めるところから出発すべきである、と考える。これが「万世一系論的神秘主義」に力をかすことになるのではないかという顧慮によって、その当然の事実自体から目をそらそうとすることとは、むしろ天皇制そのものの根底的克服の課題を、最初から放棄することになるのではなかろうか[26]。

もとよりそれぞれの時期の権力者が、天皇を「利用」してきたことも疑いない事実であり、古代・中世・近世・近代・現代の国家史の中に天皇を正確に位置づけるための研究は、今後ともさらに一層充実される必要のあることもいうまでもない。しかし天皇という地位自体に利用されうるなにかがあったという問題は、さきの事実を認めない限り、本当には浮び上ってこないであろう。それは黒田俊雄の指摘する「古代アジア的帝王観」を含むだけでなく、黒田紘一郎が「荷前」の行事に関連して若干ふれた(27)ような、水稲耕作・祖先崇拝等々、古代以来の日本社会の体質にもつながる問題であり、これを科学的に白日の前に曝し出し、それ自体の衰退に向う過程――古代・中世・近世等々の区分とは恐らく次元を異にする過程を歴史的に究明することなしに、天皇の問題を論じ切ることは不可能と思われる。そしてこの課題を解決するためには、黒田紘一郎自身も折口信夫の研究を引用しつつ論じているように(28)、国文学・民俗学・民族学・文化人類学等々の諸学者との、共通の課題に立向うものとしての相互にとらわれぬ緊密な協力が不可欠、と私は考える。

一方、さきに黒田俊雄の「不徹底さ」といったのは、自らきびしく糾弾した領主制論に対置するに、新たな「領主制論」の形をもってした点であるが、黒田が鈴木良一の主張によりつつ「農民の側に身をおく」といったさいの農民は、黒田自身も別の論稿(29)で認めているように「百姓」であり、それは少なくとも前近代においては、天皇の対極にある問題の一つといってよい。もとより古代・中世・近世の百姓は、それぞれ意味するところも実態も異なっているが、この場合も、これらの時期の被支配人口の圧倒的に多くの部分が、古代から近世にいたる時期を通じて、ひとしく「百姓」といわれてきた事実に、やはり注目しておかなくてはなるまい。そして百姓は、どの時期についても決して私的な隷属民ではなく、「自由民」としての側面を持っていた点に、共通する本質があると私は考えるので、後述するように、天皇の場合と同様、古代・中世等々の時代と異なる次元で、その変化の過程を追究しなくてはならぬ問題がそこには多々あると思われる。[30] 民俗学等々の諸学との協力の場はここにもひらけているのであるが、戦前・戦後を通じ、中世史家の中でこの問題に最も接近したのは清水三男であった。[31] それ故、黒田俊雄は「百姓」の側に身をおいたとき、清水が直面した問題に、否応なしに取り組まなくてはならなかったのであり、実際に黒田は多少とも清水の研究を継承・発展させている[32]のであるが、これも恐らくは清水が転向後、天皇尊崇の姿勢を顕著にした事実に対する配慮からか、最近の黒田は清水の仕事にほとんどふれようとしていない。しかしもしも黒田が反領主制論の立場を徹底して貫ぬこうとするならば、清水と正面から取り組み、なぜ百姓を真摯に追究しようとした清水が天皇にのめりこんでいったのかを明らかにし、その誤りを究明、克服する道をひらく必要があるのではなかろうか。もとよりそれは黒田のみの課題ではない。各時代の百姓の実態を明らかにするとともに、その本質をさまざまな角度から解明することは、天皇の問題、「公」の問題を追究するための最も重要な課題の一つにほかならないのである。

本書においては、そうした課題の他の一つ、非農業民、山野河海などの境界領域の問題に焦点を合せるので、この課題を正面から取り上げることはできないが、別の機会に私自身もこの問題と徹底的に取り組んでみたいと思う。

3

前述したように、一九五二年、戦後の激動期の中で、永原慶二は安田元久・豊田武に対する批判として「中世的政治形態の展開と天皇の権威」と題する論文（前掲、以下(A)とする）を発表したが、一九六四年、戦後歴史学の第二期には、さきの黒田俊雄の「権門体制論」に対する反論「日本国家史の一問題」[33]（以下(B)とする）を書き、天皇ないし天皇制を論じてきた。

しかし、一九七九年、「元号法制化」という新たな情勢下にあって、永原はあらためてこの問題を追究し、「前近代の天皇」（『歴史学研究』四六七号）を発表している。これは、天皇制に関する永原の、戦後三度目の本格的発言であり[34]、ここではこの最新の論稿を中心に、永原の天皇制論に関する私の考えをのべておきたいと思う。

永原はこの論文の冒頭で、戦後歴史学、とくにその第一期における天皇制批判の一面性、それが天皇の統治権能の喪失のみを強調してきたことを反省し、「今日われわれが必要とするのは、むしろ天皇の政治的存在が極小となったと見えるときにさえ、なおもちつづける天皇の政治的な役割の解明」である、と自らの課題を設定している。これはかつて(A)において、安田・豊田の指摘した「商工業者の綸旨尊重」などの前述した庶民の天皇に対する意識を、「論外」として却けた自らの主張に対する反省であり、また戦国期のアナーキーの中でも、なお機能しつづける天皇―将軍の王権としての機能に、日本中世における「集中性・完結性の強さ」を求めた(B)における一論点の深化をめざしたもので、永原自身の研究の足跡に即してみても、時期を画する指摘といってよかろう。

とはいえそれは永原の基本的な立場の変化を意味するものでは全くない。「天皇の統治権能喪失の画期」を論じたこの論文のⅡ節において、永原はそれを、武家が全面的に統治権能を掌握した足利義満の時期に求めている。もとより(A)において「古代的」、(B)において門閥的貴族層を基礎とする官僚制――「職《しき》の体系」ととらえられてきた中世前期の国家の規定は、ここでは荘園公領制を基礎とする「中世職制国家」として一段と修正・整理されてはいるが、南北朝動乱によるその崩壊、封建的国王としての義満の出現という(A)・(B)の見方は、多少の限定付きではあれ、ここにおいても一貫しているのである。

「戦国大名における公儀と天皇」に論及したⅢ節で、戦国期においても「職制国家」、荘園公領制が残存すると考える見方を否定する点も、(A)において、古代天皇制権力が南北朝内乱によって崩壊したと主張し、(B)で封建国家の完成形態を戦国大名領に求めて以来の永原の年来の主張にほかならない。また(A)においては「封建的権力が上部権威を要求する場合、必然的にうみだすところの反動性のあり方を示す法則的なもの」ととらえ、(B)では前述したように「集中の契機」をそこに見た、戦国大名と天皇――伝統的国制との関わりは、ここでは戦国大名の私的・主従制的・実力的な支配が、「公的」な領域支配となるための必然的な動きであり、「大名権力の民衆に対する専制的抑圧者としての側面」を示す、と把握されている。

ただこれに関連して永原は、主従制的支配と統治権的支配という佐藤進一によって提起された二つの支配原理に言及、これは「支配の二形態ではなく、前者は後者の実現のための実力装置の一形態」であるとし、この二つの支配原理を別のものととらえ、その間に多少とも矛盾を見出そうとする見方を否定する。ここに最近の永原の論理構成の特徴がよく現われており、新たな論点を提起したものといわなくてはならない。

それはⅣ節「中世的身分編成の特質と天皇」にもみられるところで、ここではさきの「商工業者の綸旨尊重」にも関わる、本書で主として展開した私自身の主張が、中世前期については一応有効であるとしても、中世後期においてそれを主張することは、天皇統治権を領主制――主従制的支配に対置する形で実体化する見方につながるとして批判される。そして永原は前節につづいて、主従制的支配と統治権的支配をそれぞれ別個の支配階級に掌握された支配権と見る見方をあげ、これをきびしく否定するのである。これは(A)における安田・豊田に対する批判の新たな展開ともいえるので、じつは永原のこの論文の主眼の一つはまさしくここにあるといってもよかろう。かつて(B)において、永原は門閥貴族層に基礎をおく官僚制の上に立つ公家―天皇に、レーエン的主従制に基づく武家―将軍を対置させたのであるが、ここでは前者に統治権的支配、後者に主従制的支配を対応させ、前者が実質を失った中世後期においてもなお両者を対置させることを拒否しているのである。

しかし統治権―公家、主従制―武家という見方は果してこれまで存在したであろうか。本来佐藤が恐らくきわめて意識的に公家、天皇には全くふれず、むしろ将軍権力、武家の史実に即してこの二つの支配権を抽出していることを忘れてはなるまい[35]。これを公家、天皇に及ぼした責任は私にもあると思うが、しかし私も統治権的支配を天皇のみに限定した覚えは全くない。その点で永原のこの批判は自らの作り出した図式を自ら批判する的はずれなものといわざるをえない。

「職の体系」についても同様で、永原はこれを一貫して律令官職と連続する官僚制原理に基づくものととらえ、その崩壊を論ずるが、律令の官職が原則的に「職」にはならないという事実をふまえて、これを職能の請負、世襲の体系ととらえるならば、それが室町期以降崩壊し去ったとは、たやすく言い難くなってくる。(36) そしてⅣ節で提示された天皇―公家・武家―百姓―非人という図式に、職人が脱落している点にも永原の「職の体系」に対するこうした理解の弱点がはっきり現われているといわなくてはならない。

むしろこの論文のⅣ節で永原が、在地領主に対する平民百姓の抵抗を、その「公民」的性格との関わりでとらえ、それが職制国家を支えただけでなく、戦国大名をして「公儀」的統治者という形をとらざるをえなくさせたことを指摘し、さらに「統一政権と天皇」の関係を詳述したⅤ節でも、蓮如の「王法為本」の論理が同じく、「公民」意識に基づく百姓の抵抗の論理をわがものとしたものと説き、信長はそれをとりこむことによって自らの権力を「王法」として正当化したと指摘する点こそ、さきに「百姓」に関してふれたように、まさしく統治権的支配に関わる論点であり、その当否を含め、今後さらに追究される必要があろう。

しかしこうした平民の抵抗とその公民性、公民意識とが表裏をなし、中世前期から古代にまで遡るものであり、しかもそれ自体、天皇の支配を支える一面のあった事実について、黒田と同様に永原はメスを入れようとはしていない。職人についても同様で、中世後期に至って伝説化したとはいえ、なお職人が公家―天皇によって組織され、国別の組織を持ち、江戸期に入っても受領名を与えられつつ天皇の経済を多少とも支えていた事実は、やはり職能民のあり方に即して独自に追究されなくてはならない問題であろう。[37] 官職の叙任権、元号・暦の制定もこれらの点と無関係ではなく、前述した天皇の地位そのものと切り離し難い問題と思われるが、永原は結局それを、専制的王権としての将軍の「金冠」部分にほかならぬとして、とくに問題としていないのである。

この意味で永原は、冒頭で自らの提示した問題に、なお答え切っていないといわざるをえないが、しかし天皇と天皇制の問題を単に解釈するだけでなく、真に変革しうるだけの強靭な論理を見出すことは、いわば前人未踏の課題といってもよかろう。

この論文にもよく現われているように、つねに問題の所在を鮮明に提示してやむことのない永原の驥尾に付して、私自身もそれを自らの課題として進んでいきたいと思う。

(1) 『中世国家の構造』(『社会構成史体系』第四巻、日本評論社、一九四九年、のち『ヨーロッパ中世世界の構造』岩波書店、一九七六年に収録)。

(2) 「中世国家について」(『法学志林』四八―一、一九五〇年、『古代末期政治史序説』未来社、一九五六年所収)、「封建国家に関する理論的諸問題」(歴史学研究会編『国家権力の諸段階』岩波書店、一九五〇年、前掲『古代末期政治史序説』所収)。

(3)「日本における封建国家の形態」(前掲『国家権力の諸段階』、のち『日本封建制成立過程の研究』岩波書店、一九六一年に収録)。
(4)津田については序章Ⅰ、清水については拙著『中世東寺と東寺領荘園』東京大学出版会、一九七八年[②]、序章第一節参照。
(5)豊田「中世の天皇制」(『日本歴史』四九号、一九五二年)、安田「封建時代における天皇」(『思想』三三六号、一九五二年)。
(6)「中世的政治形態の展開と天皇の権威」(『歴史学研究』一五九号、一九五二年、『日本封建社会論』東京大学出版会、一九五五年に収録)。
(7)『幕府論』(新日本史講座、中央公論社、一九四九年)。
(8)「室町幕府開創期の官制体系」(序章Ⅰ注9所掲『中世の法と国家』所収)。
(9)『平安貴族社会の研究』(吉川弘文館、一九七六年)所収の諸論稿。
(10)天皇を古代的、封建的遺制とする見方がその根底にあったものと思われる。
(11)「中世の国家と天皇」(岩波講座『日本歴史』中世2、一九六三年、『日本中世の国家と宗教』岩波書店、一九七五年に収録)。
(12)「中世の身分制と卑賤観念」(『部落問題研究』第三三輯、一九七二年、前掲『日本中世の国家と宗教』に収録)。
(13)『歴史科学』創刊号、のち『日本中世封建制論』東京大学出版会、一九七四年に収録。
(14)例えば石井進「中世社会論」(岩波講座『日本歴史』中世4、一九七六年)、あるいは永原慶二「日本中世社会論・国家論をめぐって」(『駒沢大学史学論集』一一号、一九八一年)など。

(15)「天皇制研究の新しい課題」「日本の歴史と天皇」「中世天皇制の基本的性格」(『現実のなかの歴史学』東京大学出版会、一九七七年所収)。

(16) 例えば早川庄八「律令制と天皇」(『史学雑誌』八五―三、一九七六年)、「八世紀の任官関係文書と任官儀について」(『史学雑誌』九〇―六、一九八一年)。後者は任官儀において、天皇の面前で口頭で任官の旨を本人に告知する方法が用いられたことを明らかにした興味深い論稿。また玉井力「成立期蔵人所の性格について」(『名古屋大学文学部研究論集』史学二〇、一九七三年)、「九・十世紀の蔵人所に関する一考察――内廷経済の中枢としての側面を中心に」(『名古屋大学日本史論集』上巻、吉川弘文館、一九七五年所収)は平安期の蔵人所に関する力作であり、「「受領挙」について」(『年報中世史研究』五号、一九八〇年)、「受領巡任について」(『海南史学』一九号、一九八一年)も除目制度の綿密な研究を通して、天皇の機能を追究した興味深い論文である。

(17) 朝尾直弘「幕藩制と天皇」(『大系日本国家史3』近世、東京大学出版会、一九七五年)は問題点を見事に整理し、天皇を「固有の統治文化、および習俗を体現する象徴的権威」と位置づけた。また三鬼清一郎「戦国・近世初期における国家と天皇」(『歴史評論』三二〇号、一九七六年)は、石母田の津田批判は「津田説に対して真に有効な批判と」なっていないとし、戦前と戦後の津田は一貫している点を強調しつつ、秋沢繁「天正十九年豊臣政権による御前帳徴収について」(『論集中世の窓』吉川弘文館、一九七七年)が明らかにした御前帳の作成と、三鬼自身の解明した人掃令の問題を通じて、国郡制的支配原理を中心に幕藩制国家における天皇の位置を考察した注目すべき論稿である。また宮地正人『天皇制の政治史的研究』(校倉書房、一九八一年)も、職人と朝廷との関係、幕藩制下の官位官職制度などにもふれた興味深い論文を含む労作である。

(18) 「中世天皇制論」(『大系日本国家史2』中世、東京大学出版会、一九七五年)。

(19) 「日本中世の国家と天皇(報告要旨)」(『歴史評論』三一七号、一九七六年)、「日本中世の国家と天皇」(『歴史評論』三二〇号、一九七六年)。

(20) 対談、永原慶二・山口啓二「日本封建制と天皇」(『歴史評論』三一四号、一九七六年)は、中世・近世における天皇の位置づけについて、多少とも論争的に問題点を浮彫りにした、興味深い対談である。

(21) 注(15)前掲「日本の歴史と天皇」。

(22) 同右一〇四頁。

(23) 注(15)前掲「中世天皇制の基本的性格」5 帝王の項、一六五頁。

(24) 同右一六六・一七三頁。

(25) 同右一五七・一五三頁。

(26) 注(19)の論稿の基礎となった一九七六年の歴史科学協議会大会報告において、黒田紘一郎は拙論を「フォルメン的・アジア的・ノッペラボウ的天皇制論」と「評価」されたという(注17三鬼論稿)が、フォルメン的・アジア的は別として、「ノッペラボウ的」というのは、当初からこうした出発をしている拙論に対する批判であろう。しかし私は依然として本文のように考える。

そして、現代にいたるまでの天皇の存続というこの事実を、歯がみをする無念さをもって認めることなしには、「日本民族」といわれてきたわれわれ日本人の集団が、実態はいかに薄っぺらな結びつきしかもってこなかったかを自覚することは不可能であるし、戦死者に対する鎮魂を、いまなお靖国神社に対する「参拝」の形で行事化するような動き、天皇の死を「没」あるいは「なくなる」といわせるような教科書検定の横行を本当の意味で克服することはできないであろう。それとともに、『看聞日記』をそれが歴史的名辞であるとして『看聞御記』としてしまう迂闊さ――あえていえば鈍感さを払拭することもできないと思う。かくいう私自身、佐藤進一の厳しい指摘によってこのことにはじめて思いいたったのであり、『花園天皇日記』を『花園天皇宸記』と記したことのあるのを、深く恥じている。この鈍感さを持ちつづけるならば、それが歴史的用語であることを理由に、天皇の「没」をさらに「崩御」にかえさせる動きに、真に抵抗することはできないと私は考える。

もとより、侵略を「進出」にかえさせる検定をともかくも許してしまったことにも、さきの「日本民族」の底の浅さからくる恥知らずな一面が端的に現われているので、もしも、さきの事実の持つ苦渋を本当に呑みこむ決意を固めることがおくれるならば、われわれは何度でも世界の諸民族の人々から「恥知らず」といわれることは疑いない、と私は思う。

(27) 注(19)論稿。

(28) 同右。
(29) 「中世史研究と生産様式論」(注15所掲『現実のなかの歴史学』所収)で、黒田は自らの学説を「「百姓」論系」の中の「非「領主制」的展開説」に位置づけている。
(30) 「日本中世の封建制の特質」(注13所掲『日本中世封建制論』所収)の中で、黒田は中世の百姓を、「封建的隷属民」ととらえており、自由民とみることを否定しているが、別の機会に(『日本中世の民衆像——平民と職人』岩波新書、一九八〇年[⑧]など)多少のべたように、私はこのように考える。注(20)の座談会で、近世の百姓について、山口啓二が「自由農」といっている点にも注目すべきであろう。
(31) 注(4)拙著参照。宮本常一をはじめ、民俗学者の清水に対する評価の高いのは、この意味でまことに自然である。
(32) 例えば、中世村落と座についての研究など。
(33) 『日本中世社会構造の研究』(岩波書店、一九七三年)所収。
(34) 「中世封建制支配と天皇」(『歴史教育研究』五八、一九七五年、のちに『中世内乱期の社会と民衆』吉川弘文館、一九七七年に収録)は一九七四年の講演であるが、この論文の骨子はすでにそこでのべられている。
(35) 注(8)論稿参照。
(36) 佐藤進一は「公家法の特質とその背景」(日本思想大系22『中世政治社会思想』下、岩波書店、一九八一年)、『日本の中世国家』(岩波書店、一九八三年)第一章第三節において、「特定氏族の世襲による官庁業務の請負的運営」の進行の中で「職」の成立をとらえ、「勤務と営利とが表裏一体となったのが」「〝職〟の原型」であるとし、そこでは律令官僚制にみられる統属関係は解体しているとのべている。

(37)　注(17)宮地正人の著書、及び本書第一部第一章参照。

Ⅲ　非農業民について

ここで非農業民というのは、農業以外の生業に主として携わり、山野河海、市・津・泊、道などの場を生活の舞台としている人々、海民・山民をはじめ、商工民・芸能民等々をさしている。この言葉は、高取正男が定着した村の農民に対して、遍歴する「非農民」「非農耕民」に着目し、戸田芳実が山野の領有に関連して「非農業的な諸産業に従事する集団」「非農業的特殊労働に従事する寄人集団」などといったのが、早い使用例ではないかと思うが、その戸田自身、「農業民と非農業民という民衆の区分の仕方が」「概念的、機械的ではないか」といい、「「非農業民」というような消極的述語をひとり歩きさせたくない」として、最近ではこの言葉を使用することに、消極的、否定的になっている。(2)

にも拘らず、この言葉をあえて本書で表に出す理由は、それが少なくとも中世前期の前述した人々の総称としては、決して不適切ではなく、また前述したように、これまでの中世社会論が、中世後期に都市が分化してからはともかく、対立するかにみえる黒田と永原の場合においても、専ら封建領主による農民支配を基軸にして立論されており、その身分論には非農業民――「職人」の位置づけを欠いているのに対して、多少とも批判的視角を明確にするためにも、なお有効と考えたからにほかならない。一方、これを「職人」としなかったのは、例えば海民の中には、平民、職人、下人・所従など、中世社会の基本的身分がみな含まれており、「職人」といったのでは、その総体をとらえられなくなるからである(3)。

もちろん非農業民といっても、さきにふれた通り、その実態は多種多様であるだけでなく、農業にも関係がないわけでもない。それどころか、正式に給免田畠を保証されている場合をはじめとして、焼畑の耕作などまで含めてみれば、なんらかの形で農業に関わりを持たない非農業民はなかったとすらいってよかろう。傀儡子《くぐつ》も中世前期、若干の耕地を保持していることを確認できるし、田畠を売買し、荘官としての地位を与えられた鋳物師もいるのである。

また一方、農業民とふつう考えられてきた人々の場合にしても、別の機会にふれたように(4)、決して水田や定畠の耕作のみに携わっていたわけでなく、さまざまな非農業的、非水田的な生業に従事していた。諸国の年貢品目を通観してみれば明白であるが、絹・糸・綿・布・油・紅花・菓子・藁《わら》・薦《こも》・莚《むしろ》・榑《くれ》・香・炭・紙などの大部分は、これまでなんとはなしに「農民」といわれてきた平民百姓によって生産されたことは確実であり、鉄・金・雑器・瓦・馬・牛などについても、そう考える根拠はあるといわなくてはならない。

中世前期までの社会的分業は、このように未熟だったのであり、もし非農業民という言葉を使うことが不正確であるなら、もはや農民という用語自体も、きわめて不適切といわざるをえないであろう。問題はこのような用語をあれこれ詮索・論議することにあるのではなく、戸田の指摘通り、(5)なによりも中世の「民衆」とその生活の実態を解明することが必要、ということもできる。そのためになすべき仕事は、たしかに無限にあるので、この課題の達成は考古学・民具学・民俗学・地理学等々との協力なしには、不可能であろう。

しかし他面、田畠を耕作しつつ、絹・布などを年貢として納める人々を非農業民とはだれもいうまい。また、職人的な人々は別として、炭・油・薦・莚等々を生産する平民についても同様である。それを農民の「副業」などということはできないが、これらの人々を一応農業民と概括することは不自然ではなかろう。

また逆に、給免田を与えられた鋳物師の場合についても、本論で詳述するように、田畠を基礎とする村落の組織と異なる、職能に即した独自な集団をなしており、反歩の田畠も持たず、廻船で遍歴した鋳物師のいたことも明らかである。海民にしても、職人的な人々はもとより、平民的な海民も、浦の田畠の耕作だけでなく、海と船、塩浜をその生活の基礎としていたことはいうまでもない。鵜飼《うかい》・桂女《かつらめ》、さらには傀儡子・遊女などの場合も同様である。山民については、史料の不足から十分に明らかにし難いが、鋳物師ほど全国的なものでないとしても、轆轤師《ろくろし》・檜物師《ひものし》なども職能集団をなしていたとみられるし、山伏《やまぶし》も職人的な性格を持つ集団であった。そして非人もまた同じであろう。これらの人々がたとえ農業に関わりを持っていたとしても、それを農民とよぶのが不適切であることはいうまでもない。

このように、農業民と非農業民の区別は、ごく自然に考えただけでも明らかといえるが、この両者の差異はより根本的には、山野河海、市・津・泊、道等々の場に対する関わり方の違いに求めるべきである、と私は考える。

焼畑は一応別として、田畠等の耕地を開発、耕作し、農業を推進する人々の山野河海に対する期待と、それ自体を生産と生活の場とする人々の関わり方とが、本質的に異なっていることは、ここで説明するまでもなかろう。前者にとっては用水・肥料等の給源であり、開発の対象である山野河海は、後者にとって生活そのものの営まれる場、あるいは加工・交易のために、自然の恵みを採取する場であり、また交通路でもあったのである。

当然、両者の利害はしばしば鋭く対立した。現代まで下らなくても、開発・埋立が山野河海を次第に耕地にかえ、山民・海民の生活の場を狭め、生業を圧迫したことはいうまでもないが、逆に製塩・製鉄・焼物などの燃料のため、山の木が伐り尽され、農業に被害をもたらすこともありえたであろう(6)。

それはまた「有主」と「無主」の対立の一面ももっていた。文字通り「無主」の山野河海が前近代には、まだまだ広大であったことは認められてよかろう。本来、耕地のひらかれた大地についてもいえることであるが、「山や川はだれのものでもない」という見方は、庶民の中に深く根づいた思想とみなくてはならない。そして市・津・泊や道・辻も、より意識的に「無主」「無縁」と性格づけられた場であった(7)。もちろん非農業民がそうした境界領域ともいうべき場で生活し、生業を営むためには、そこをなんらかの形で管理、領有しなくてはならないので、これを「所有」の一形態とみることもできるが、それは否応なしに自然そのものの「論理」にできるだけそったものとならざるをえないのであり、田畠など耕地の私有とは全く次元の異なる「所有形態」というべきであろう(中世後期以降、それは「旦那場」「万歳場」「売場」などの形態になる)。この意味で非農業民は、山野河海、「無主」の場の論理の代言人であった。

おのずと非農業民の集団は、農業民のそれとは異なる生活形態――例えば遍歴――、組織形態、習俗等を持つことになるので、それを独自に追究、研究することは、人類の歴史を総体としてとらえるためにも、また日本の民族的特質を明らかにするためにも、十分に意義のある、不可欠な課題といわなくてはならない。なぜなら、本論で詳述するように、非農業民とその生活の営まれる場のこうした特質が、日本の場合、畿内を中心とする古代国家の成立以後、天皇と関わりを持ってくるので、これは前述した「百姓」の問題とともに、天皇の本質を明らかにするためには避けられない課題だからである。

その意味で、非農業民の実態を明らかにすることは、農業民のそれと十二分に比肩するだけの意義を持っているといってよかろうが、しかし現状をみると、後者の研究が量的・質的に圧倒的であり、前者についてはまことに寥々たるものがある。その上、戸田のように「非農業民」の用語を使うことに躊躇を示すだけでなく(8)、さらにその研究自体に意識的なブレーキを加える動きすら見出せるように思われる(9)。

これはしかし、全く理解できないことではない。中世前期の海民・山民をはじめ、非農業民に関する文献史料が、農業民に比べて著しく少ないことは事実である。文書史料の大部分は国家の諸制度に関連して作成されるが、文字を使用する階層が限定されている点から、その傾向は時代を遡れば遡るほど著しい。とくに、別の機会にものべたように、(10)日本の前近代の土地制度は、水田を中心に構成されており、おのずと文書史料は著しく水田に偏して作成された。その上、現在まで保存・伝来するのは、田畠・屋敷等、不動産の権利に関する文書が圧倒的に多いのである。

とすれば、もともと制度とはきわめて関わりの薄い山野河海や焼畑、さらには動産など、非農業民に関係する文書は、作成されることも少なく、伝来する可能性はさらに小さいといわなくてはならない。非農業民の史料が、発掘された木簡、あるいは日記・聖教《しょうぎょう》などの諸記録の紙背文書に比較的多いのは、こうした理由によるので、その研究はいわば偶然の伝来史料にかなりの程度たよらざるをえないという困難な条件の下におかれている。それ故、中世前期までの非農業民を研究しようとするものは、この困難を突破するだけの決意と力を要求されるのである。

しかし、考古学の発掘だけでなく、新史料の発見の可能性も、従来余り本気で探求されていないだけに、まだまだ十分にあるし、さらに中世後期以降、近世に入れば関係史料は激増するといってよい。民俗資料の有効性もこの時期になれば非常に大きくなる。にも拘らず、非農業民の社会あるいは非農業的な産業の研究分野は、疑いもなく広大な未開の曠野を残しているのであり、それを開拓することは、当該の時代の研究に大きな寄与をしうるだけでなく、中世前期から古代にまで遡る見通しを得るためにも、非常に有効である。実際よく耳にする「漁村には史料が少ない」という見方は全くのドグマであり、漁村史研究のためになすべきことは山積しているといわなくてはならない(11)。

とはいえ問題は史料のみにとどまらない。非農業民の研究に対する歴史家の軽視、あるいは否定的姿勢は、より本質的な歴史の見方そのものに関連している。前述した通り、中世前期までの社会的分業はまだ未熟であり、農業と非農業の間だけでなく、非農業民自体をとってみても、鋳物師が鉄製品や原料鉄だけでなく、絹布・穀物などを交易し、傀儡子が櫛を売買していたように、商工芸は未分化の状態にあった。その意味で非農業民という言葉は、この時期までのこうした各種の人々を総称する用語として適切と、さきにのべたのであるが、中世後期以降、商人・手工業者の各部門、芸能民の各分野の分化は急速に進み、とくに都市の形成・発展に伴い、主として非農業民の中から、都市民がその姿を現わしはじめる。これら商人・職人などの都市民と都市についても、従来、農業と農村に比べて研究が手薄であったが、ある意味で社会と文化の発展の尖端に位置するだけに、この分野の研究は、近年、急速に進みつつあり、全体としてみれば見通しは明るくなってきたといってよい。

しかし非農業民の中で「原始産業」などともいわれる漁撈・狩猟・採集等に携わる海民・山民、あるいは都市・農村に定住することなく、依然として遍歴・漂泊の生活を送る人々、そうした人々をも含む多様な被差別民については、事態は異なっている。例えば鷹狩などの狩猟や鵜飼などは、中世前期にはなお生業としての意味を十分に持っていたが、中世後期以降、衰退の道に入り、遊覧の対象となっている。また江戸時代になると、湖川など内水面の漁業にも同じ運命が萌しはじめる。さらに視野を近代から現代にまでひろげれば、沿岸漁業も衰退しはじめ、職人——手工業者の技術も滅びつつあるものが多くなり、遍歴する行商・芸能民もほとんど姿を消しつつあることはいうまでもない。

いわば、これまで非農業民といってきた人々の生産・生活の多くが、衰退過程にあり、滅びつつあるので、例えば現在漁村史の研究をすることは、漁業と漁村の衰退史を辿ることにならざるをえないのである。

とすれば、とくに戦後歴史学の主流となった歴史のとらえ方——生産力の発展に伴う社会の進歩・発展の過程をとらえ、その法則を追究しようとする立場に立てば、このような、すでに衰滅し、あるいはその過程に入っている生産に携わる人々についての研究は、たとえ興味はあっても「物好き」か「懐古趣味」でしかなく、社会の前進に寄与しうる歴史学の研究を推進しようとするものにとっての当面の課題はそこにはない、とする判断がでてくるのもある意味では自然であったといえよう。そして、とくに前近代史にあっては、なによりもまず、社会的な生産の最も基本である農業生産力の発展と農民の成長、その過程としての農民闘争こそが主要な課題となるべきであるとする見方が、かなり長い間、支配的だったのである。非農業民についての独自な研究を積極的に意義づける余地は、この見方に立つ限り、ほとんど見出し難いといわなくてはならない。

非農業民だけでなく、農民に関しても同じ問題がある。それぞれの時代の「農民層の分解」によって形成される領主制的あるいは資本制的な生産様式にこそ、社会の進歩が体現されているというのは、一面の真実をついているが、この立場からすれば、一般農民――百姓は分解の母胎にとどまり、先進的な生産様式からみれば、「遅れた」存在にすぎなくなる。前述した非領主制論は、こうした見方に対する反省から出発しているが、しかし「百姓」の問題がいまなお徹底的に議論されず、歯切れの悪いものを残しているのは、やはりさきのような歴史のとらえ方が、いまなお大きな力を持っているからにほかならない。

そして民俗学は、こうした歴史学の盲点をつき、多くの歴史家が衰退していくもの、「遅れた」存在として見捨ててきた人々に着目し、その生活と生産のあり方を熱心に研究しつづけてきたのである。歴史学と民俗学の対立は、まさしくこの点からもおこってくるのであるが、すべての歴史家がさきのような立場に立っているわけではないのであり、それは二つの学問の対立というよりも、むしろ人間の歴史そのものについてのとらえ方――思想上の対立といわなくてはならない。この対立を真に止揚しなくては、上述してきた問題を完全に解決することはできないのであるが、しかしそれは決してたやすいことではない(12)。

現在の人類の直面している状況からみて、生産力の発展こそが人類進歩の根本とする見方が、そのままでは通らなくなっていることは、公害あるいは「核」の問題一つをとってみても、もはや明白といってよい。また、さきに非農業民――海民・山民等の衰退といったが、日本の場合については、職人も、さらには農業もその過程に入りつつあるといわなくてはならない。山野河海はもとより、耕地の広がる大地そのものの汚染と荒廃は、「生産力の発達」とともに、確実に進行しつつあり、それは日本列島に生活する人類――「日本民族」のみならず地球上の人類の生活の根底を脅かしつつあるのである。人類の真の意味での「進歩」、発展とはいかなることなのかが、いまや正面から問われているのであり、人間の叡智のすべてを注ぐことなしに、この危機を突破することはできないであろう。そしてこの課題に応えうる新たな思想は、これまで衰え滅びゆくものとして捨てて顧りみられなかった人々の生活そのものの中に生きる知恵をもくみつくさなくては、創出することはできない、と私は考える。

もちろん、農民について、こうした新たな角度からあらためて追究することも大いに必要であるが、山野河海の「代言人」――非農業民の研究もこの課題の解決に、多少の寄与をなしうるであろう。これまであちこちに書き散らしてきたもののうち、主題に関わるいくつかを集めたにすぎない本書は、そのためのほんの小さな足懸りでしかないが、このような形にして大方の批判を仰ぎ、さらなる追究を期したいと思う。

(1) 高取正男「村を訪れる人と神」(高取・竹田聴洲『日本人の信仰』創元社、一九五七年、『高取正男著作集』1、法蔵館、一九八二年)、戸田芳実「山野の貴族的領有と中世初期の村落」(『ヒストリア』二九号、一九六一年、『日本領主制成立史の研究』岩波書店、一九六七年)。

(2) 「初期中世史の見方について」(戸田芳実編『日本史』(2)、中世1、有斐閣、一九七八年)。

(3) 職人については、終章I参照。

(4) 「日本中世の民衆像」(序章II注30所掲)[8]。

(5) 注(2)論稿。

(6) 製塩のための山木の伐採については、拙稿「平安時代末期～鎌倉時代における塩の生産」

（『日本塩業大系』原始・古代・中世（稿）、日本専売公社、一九八〇年）〔⑨〕参照。

（7）拙著『無縁・公界・楽――日本中世の自由と平和』（平凡社、一九七八年）〔⑫〕。

（8）戸田自身はさきの論稿だけでなく、「御厨と在地領主」（木村武夫編『日本史の研究』ミネルヴァ書房、一九七〇年）、「東西交通」（前掲『日本史』（2）所収）など、この分野に関するすぐれた論稿を発表しており、私流にいえば、非農業民に早くから深い関心を持ち、その研究を精力的に推進している数少ない研究者の一人であり、私自身、教えられるところ多大である。

（9）「一九八〇年の歴史学界――回顧と展望」日本（中世）三（『史学雑誌』九〇―五、一九八一年）を執筆した伊藤清郎が「非農業民支配の特異性を強調する風潮」にのることをいましめている点など。

（10）注（4）拙著。

（11）拙稿「海民の社会と歴史」㈠（『社会史研究』創刊号、一九八二年）〔⑱〕。

（12）注（1）論稿をはじめ、「古代の山民について」（『史窓』一六号、一九六〇年、『民間信仰史の研究』法蔵館、一九八二年所収）など、古代の非農業民について示唆に満ちた論文をつぎつぎに発表し、歴史学から出発して民俗学の世界に深くわけ入った高取正男の研究が、歴史家よりも、民俗学者の中で大きく取り上げられてきたことも、問題のむずかしさをよく物語っているといえよう。

第一部　非農業民と天皇

第一章　天皇の支配権と供御人・作手

序

最近の日本中世史研究は、中世社会それ自体のなかに、二つの生産関係・土地所有の形態・支配形態・支配原理等々を、明らかに見出しつつある。一は「領主制論」の根拠となった下人・所従に対する支配を基軸とする家父長的奴隷制、あるいは農奴制、領主的土地所有、領主制、主従制的支配等々であり、他は平民百姓に対する支配に基づく国家的奴隷制、国家的土地所有、構成的支配、統治権的支配権等々の表現を与えられ、「非領主制論」を支えている。この現実のうえに立って、いずれか一方を基本的と考え、他をそれに包摂しようとする見方がうまれるとともに、相互に対立し、矛盾を含みつつも、両者を並存しうるものとして承認しようとする見解も現われている。

しかし前者については、激しい論争を通じて、すでに微細な点にいたるまで議論が展開しているのに対して、後者については、ようやく最近、本格的な研究の対象となりはじめた、といっても過言ではなかろう。それは日本の歴史に即していえば、究極的にはまさしく中世における天皇の問題に直結する。[1]だが戦後の歴史学の推移をかえりみたとき、われわれはこの重要な問題に、正面から具体的に取り組んだ研究が依然として意外に少ないという事実に、驚かざるをえない。[2]そこには、それとして独自に追究されなくてはならぬ思想的、方法的な問題がひそんでいると思われる。

このような状況のまま、たやすくさきの一方によって他を規定し去ることは、とるべき道ではないと私は考えるが、これらの点については別の機会に多少論じたこともあるので、[3]本章では、なお空白のままに残された分野の多い、中世における天皇の支配を支えていた現実的基礎について、当面、供御人《くごにん》の問題をとりあげることによって、能う限り接近してみたい。

中世の天皇家の経済のなかで、供御人といわれた、おもに非農業的活動に従事する人々の果してきた役割の重要性については、すでに戦前から多くの人々によって強調されてきた。その結果、とくに商工業者としての供御人、その組織である座については豊富な研究が蓄積されている。しかし、一体なぜ多くの商工業者が供御人として現われるのか、こうした非農業民がどうして、とくに天皇と深い結びつきをもつのか、また、この「結びつき」の本質をいかに規定すべきなのか等々の問題は、これまでほとんど問われてこなかったといってよかろう。そこに戦後歴史学の思想的・方法的な弱点が深く関連してくるのであるが、それはさておき、この問を発したとき、われわれの前には、否応なしに戦前以来の中村直勝の研究が、避けて通り難いものとして大きく浮び上ってくる。なぜなら、中村は供御人の研究にはじめて本格的に鍬を打ち込んだだけでなく、さきの問に対しても独特な解答を一応出しているからである。

実際、供御人の所持する文書を偽文書と断じ、その成立を南北朝期以降に求める中村の見解は、さまざまな批判をこえて、いまもなお学界だけでなく、広く一般に大きな影響を与えている。その意味で、これは依然としてこの分野における貴重な成果といわれるであろうが、しかし一面、そこには多くの問題が未解決なまま残されており、その影響が大きいだけに、そのことがかえってこの分野の研究に一種の不振を招く結果になっているように思われる。もとよりそれは中村の責任のみに帰すべきではなく、中村が残した問題の解決を怠ったわれわれ後進の怠慢によるといわなくてはならぬ。中村の研究から多大の教えをうけたものの一人として、本章をまず中村のこの面の研究の再検討からはじめることによって、ささやかながらその学恩に応えたいと思う。

一　中村直勝の所説をめぐって

中村が供御人の所持する偽文書について最初に注目したのは、「戦国時代に於ける皇室と国民」(『史学雑誌』二七―七、一九一六年)であった。室町期、魚公事(魚棚公事銭)を負担しつつ、日吉神人《ひえじにん》にもなって魚物商売を営んだ粟津橋本供御人をとりあげた中村は、その支配をめぐる摂関家(鷹司《たかつかさ》忠冬)と内蔵頭山科家《くらのかみやましな》(言継《ときつぐ》)との天文十四年(一五四五)の相論について詳細に検討したのち、この相論の過程で山科家側から提出された正和五年(一三一六)の蔵人所置文《くろうどどころおきぶみ》――中村自らがその実物を膳所《ぜぜ》町の倭《やまと》神社で発見した置文は、山科家及び供御人の主張を裏づけるために作成された偽文書であることを論証したのであった。供御人のもつ偽文書は、このように領海拡張、諸公事免除、濫妨停止、専売権保護、通過税免除の支証として、室町戦国期、何人かによって――中村は窮迫した下級公家を考えている――作成されたのだ、とする中村の確信は、これによって固まったかにみえる。

偽文書をそれとして直ちにすて去ることなく、その作為された理由、それがよって立っている根拠にまで遡ってその作成の動機を明らかにしなくてはならぬという、ここで中村が力説した主張は、全く正当であり、すぐれて学問的な観点ということができる。と同時に、こうした蔵人所発給文書の形をとった偽文書作成の動機のなかに、中村が庶民の「皇室」に対する接近の事実、武家の横暴に虐げられた庶民の「皇室」に対する期待の表現を見出し、信長・秀吉の「勤皇」もこれに規制されたのだとしていることも、また重要である。中村の史風の根底にあるものが、まさしくこの点に鮮やかに現われているので、のちの南北朝期についての中村の所論――いまなおこの時期の評価についての議論に影響を与えつづけているその所論の出発点をここにみることも、また誤りではあるまい。

しかしその反面、中村がこの確信の上に立って、この論稿で当時の「京都文科大学国史研究室所蔵文書」(現在、京都大学文学部国史学研究室所蔵文書)、「宮地直一氏所蔵文書」中の粟津橋本供御人関係文書のすべてを偽文書と断じたとき、すでに新たな問題の種はまかれたといってよい。たしかにこれらの文書のなかには紛れもない偽文書が存在しており、元号の矛盾等をつくその指摘はもとより正しいのであるが、中村が、引用した十通の文書の個々について、全面的な検討を試みることなく、直ちにそのすべてを「其用紙、形式、文体、書風、字体等より見て悉く偽作たるべきは疑を容れざる所」と主張するにいたって、ある種の独断がさけ難くその所説のなかに入りこんできたように思われる。それはこのような偽文書作成という手段をとった庶民の「皇室」への接近を「常軌を逸したる方法」とみるような中村の観点とも関連することであろうが、これを手はじめとして、中村がこの定式をつぎつぎに他に及ぼすにいたって、中村の所説の中の問題は、その成果とともに次第に大きさをましていった。

一九二三年(大正十二)、『社会史研究』誌上に、三回にわたって連載された「禁裡供御人に就いて」と題する中村の論稿(同誌九—四・五・六)は、各種供御人について全般的な解説を試みた興味深いものであるとともに、さきの所論を全面的に展開した論稿でもあった。粟津橋本供御人についての所論を再説したのち、中村は一九一七年(大正六)に自ら発見した『菅浦文書』中にみえる菅浦供御人関係文書(文永十一年〈一二七四〉及び永仁四年〈一二九六〉の蔵人所下文《くだしぶみ》(表2—10)及び応長元年〈一三一一〉の伏見院院宣《いんぜん》)に言及し、これらが文安年間の大浦との相論に当って偽作されたもの、と断定している。その主たる根拠は文安三年(一四四六)五月十日、山門檀那院堂衆事書に「菅浦は天智天皇以降供御料所也」とあることと、永仁の下文にみえる「右供御者、天智天皇御宇被建立以降」という文言の一致に求められており、たしかに文永の下文は蔵人所下文の様式にかなっていない。しかし中村が貞応二年(一二二三)の目代平の署判をもつ下文を、「供御人の名の見える最古の史料」としながら、この文書は「別に偽作文書であると断定し得る根拠も出ないから、偽作文書だとも言えないが、何となく気味の悪い、落附きのない文書である」とし、結局それを無視して、永仁～正安のころに天皇家と深い関係ができたのではないか、という方向に論を導いていき、そのことを認めつつもなお文永・永仁の両下文を偽作とし、その作成時期をさらに降って文安年間、と論じているのを見ると、中村の所論が多くの真実を含みつつも、結局はある想定——さきの確信によって得られた結論に向って議論をひきつけていこうとするため、否応のない矛盾に陥っているといわざるをえないのである。

ついで中村は、今宮供御人の所持した文永十一年（一二七四）正月二十五日の蔵人所《くろうどどころ》牒《ちょう》（表1―23）を「変な文書」とし、室町末のものをのぞき「南北朝以前のものは謀書」と判定したのち、網曳御厨《あびきのみくりや》供御人にもふれていく。そこでは『高野山文書之六』にみえる康平三年（一〇六〇）の蔵人所牒（表1―3）がとり上げられているが、この場合も「確定的な断案を下し得ない」が、「文章は拙劣で到底平安期のものではない」といい、結局「例の蔵人所牒であり、例の供御人が共通に所有する文書」であるという結論が導き出され、あわせて「承和《ママ》二年閏四月」の蔵人所下文（表2―5）についても、その元号の余りの古さと、内容との矛盾を理由に、偽文書と断定したのである。(4)

中村の筆はこれにとどまらない。それは燈炉《とうろ》供御人・小野山供御人にも及び、前者については建暦・宝治・元亨の文書が、後者では久安五年（一一四九）十一月十五日の蔵人所下文（表2—2）が、いずれもその筆鋒の対象となっている。もちろん中村も『本朝世紀』久安五年十一月三十日の記事にみえる河内国石川御稲田供御人の存在は否定せず、「大島奥津島文書」の薁《むべ》供御人の文書は正当なものとしている。供御人の起源についても、『本朝世紀』の記事に摂津国長渚《ながす》御厨の鴨社供祭人《くさいにん》の例などを加えつつ、神人《じにん》・供祭人の影響をうけて平安末期に先蹤はすでに現われたと指摘し、一概にすべてを新しい起源と断定しているわけではない。とはいえ中村がその発生について、「庄園制度の普及発達、及び其の変遷につれて、供御人も其の影響を受けて、禁裡御料所の出来たとき、禁裡供御人の名が生れた」とのべているのを、さきの所論とあわせ考えると、南北朝期以降にその発生を求めようとするのが中村の意図であることは明らかといえよう。

　こうしてほぼ全面的に展開した中村の所説は、その後つぎつぎに発表されたいくつかの論稿[5]を通して、さらにその仕上げをなしとげていく。座について、第一種の農村的な座、神社の祭祀勤仕を目的とするものから、第二種の利益獲得と独占を主とする座への発展を説き、そこに米から貨幣へ、神から人へ、中世から近世への転換を見出す、中村の南北朝期についての所論は、その間にいよいよ鮮明になってくるが、さきのような偽文書は、まさしくこの転換に当って作成されたもの、という位置づけをここで与えられた。たしかに、利益の追求とその独占のために偽文書が作られ、それが立派に通用した時代としての室町戦国期、その時代をひらく重大な転換期としての南北朝期という中村のこの評価は、いまも新鮮な問題としてわれわれの前に存在しつづけている。だが、この論旨の展開の過程で、中村の偽文書目録にはさらに何点かが加えられたのである。四府駕輿丁座・得珍保座人等の所持する文書、木地屋文書、それに宮内庁書陵部所蔵の六角町供御人関係文書がそのおもなものであるが、このような主張のすべてを、中村は先年に発表した「偽文書ものがたり」(『古文書研究』創刊号、一九六八年)、さらには大著『日本古文書学』上(角川書店、一九七一年)にいたるまで、繰り返し説きつづけているので、その結果、前述した中村の所論の問題点もいよいよ明確になってきたといわなくてはならない。

中村は必ずしもそう言い切っているわけではないが、その議論を辿ってみると、蔵人所の発給する牒・下文のすべてが偽文書ないしは、疑わしく、「変な」「気味の悪い」「落附きのない」文書になってしまうので、それらを含め、南北朝期以前の供御人関係の文書は、どれ一つをとってみても、正しいものはなくなってしまう。しかし、本当にこれでよいのであろうか。さきの『本朝世紀』の記事に基づく中村自身の所論の一部とも、これは矛盾するのではなかろうか。またこの断定の結果、中村は、商工業にたずさわる供御人の起源を平安期に見出すことに躊躇を示し、それを古代の御厨や「部曲《かきべ》」と関係させることを否定するが、果してそういい切ってしまってよいのだろうか。こうした疑問は、中村の所論自体のなかから否応なしにおこってくるので、事実、それはすでに戦前、はっきり表面化していたのである。

それを最初に表明したのは、豊田武であったと思う。「中世の鋳物業」(『歴史地理』六七―一・二、一九三六年)の最終節で、豊田は通常偽文書とされている鋳物師の所持する文書の多くが、近世、御蔵小舎人《みくらこどねり》真継《まつぎ》家によって発給されたものであることを文書の奥書によって立証したのち、「東寺百合文書」の蔵人所燈炉供御人年預紀定弘申状とその具書案(建暦・貞応の牒)に注目、そこですでに応永二十年(一四一三)、御蔵定弘が同供御人年預となっている事実から、近世の真継家による鋳物師支配が中世に起源をもっていることを指摘した。のみならず、『吉記』承安四年(一一七四)九月八日条に河内国日置荘《ひきのしょう》に住む燈炉作手《とうろつくて》に関する記事があることを発見した豊田は、偽文書といわれてきた仁安二年(一一六七)正月日の蔵人所牒(表1―6)には真実性があり、「諸国七道幷京中市町和泉河内両国市津料」の免除という文言にみえる、「市町」も「津料」も、平安期の文書中に見出される事実を指摘、さらに進んでそれまで疑わしいとされてきた文書十種をあげ、そのうち九種までは根拠あり、と主張したのであった。

この豊田の所論は「真継文書」の未発見だった当時の状況を考えれば、各地の鋳物師文書の蒐集と史料の博捜の上に立った卓見というべきであり、四十年を経た戦後の現在にいたるまで、中世鋳物師の研究はなおこれを完全にこえてはいないとすらいいうる。しかしその後、豊田はこの論旨を展開することなく、その著『中世日本商業史の研究』（岩波書店、一九四四年）にも、この最終節のみ省いてさきの論稿を収録したため、その所論は長い間意外に知られないままでいたように思われる。それは恐らく、天皇制の深部にふれる問題を豊田が避けたことによるのではないかと、私は推測している（第二部付論4参照）。

しかしその翌々年、この論旨をうけて、小野晃嗣は「内蔵寮経済と供御人」（『史学雑誌』四九―八・九、一九三八年）を発表し、中村が疑いをもった六角町供御人関係文書をとり上げ、中村の所説をはじめて正面切って批判したのである。この文書について中村が「室町中末期の交に鯉鳥供御人としての特権を享受せんとした際に、彼等の起源を古きものとし、彼等の主張を合理化せんとしたもの」というさきの主張を繰り返したのに対し[6]、小野はこの文書案は御厨子所《みずしどころ》預高橋氏が、同所別当を兼ねる内蔵頭に対して供御人支配権を維持せんがための支証としたものであり、高橋氏に伝来したもので、供御人の所持した文書ではないこと、また中村が偽文書説の根拠とした「寮家」という用例も早くから見出されることなどを指摘、逐一反論を加えた。そしてこの案文の紙背仮名書具注暦は応永七年(一四〇〇)の暦である点、文書中の多数の人名・官職に矛盾のない事実を明らかにし、十七通の文書のうち、一、二に多少の疑問を残しつつも、そのほとんどすべてが室町中期に作成された正確な案文であることを、明快に論証したのである。

これによって、少なくともこの文書についての中村説は成り立たなくなった、といってもよかろう。しかも小野はこの論稿のなかで、粟津橋本供御人について、別稿の発表を約しており、恐らくそこではさらに立ち入った議論が用意されていたのではないかと思われるが、小野の突然の惜しむべき夭折によって、それはついに未発表のままに終ったのであった。

一方、中村の所説については、林屋辰三郎も戦前すでに若干の疑問を表明している。「近江須賀神社とその村落」(高瀬重雄編『中世文化史研究』星野書店、一九四四年、所収。のち、林屋『中世文化の基調』東京大学出版会、一九五三年に収録)と題する論稿で、林屋は、菅浦供御人の永仁の蔵人所下文にみえる「天智天皇御宇」以来という文言が、粟津橋本供御人のもつ下文にも同様にみられること、また『菅浦文書』建武二年(一三三五)正月日、菅浦供御人等中状案に「当浦者、自高倉院御宇被始置供御人以来」とのべている点、さらに粟津供御人は「確実な文献」(『山槐記』であろう)によってその存在を応保元年(一一六一）まで遡りうるという事実等から、菅浦供御人の起源も、少なくとも高倉天皇の時代と考えうるという注目すべき見解を示している。これは前述した中村説を批判・発展させたものといえるが、林屋は文永・永仁の蔵人所下文の評価等については中村説をそのまま継承し、その主張をこの面では完全に展開することなく、むしろ戦後の芸能史研究のなかに、それを大きく生かしていったように思われる。(7)

こうして議論は未解決のまま戦後にもちこされ、しばらくは顧みられなかった。ただ前述したように、一九五二年ごろ、豊田と安田元久が、鋳物師の蔵人所牒、木地屋の綸旨に注目しつつ、天皇制を存続させた地盤にこのような庶民の意識があったのではないか、という見解をのべたが、(8)永原慶二が「商工業者の綸旨尊重は、彼等が新儀商人に圧倒されてゆく寺社本所の保護下にある座商人」であった以上、こうした議論は論外、と批判して以後は、(9)豊田・安田ともに再びこの点について反論しようとはしなかったのである。(11)

そしてようやく一九五四年、この分野の研究に画期的意義をもつ史料紹介が赤松俊秀によって行われ、供御人についての研究を軌道にのせるための本格的基礎がすえられた。(10)周知の論稿「座について」（『史林』三七―一、一九五四年）で、大谷仁兵衛氏所蔵の「山科家旧蔵文書」（以下「大谷氏所蔵文書」と略す）を紹介した赤松は、さきの中村説に対する小野の批判の正当さがこの文書によって証明されたことを明言したうえで、これによりつつ粟津橋本供御人と六角町魚商人との関係を明らかにしたが、さらに「供御人と惣」(京都大学文学部編『京都大学文学部五十周年記念論集』一九五四年、所収)(11)では、菅浦供御人を主題に供御人そのものの起源について詳細な議論を展開している。赤松はそれを古代の御厨と贄人《にえびと》にまで遡って考察し、供御人の成立した時期として延喜五年(九〇五)という年に注目、その起源をはるかに古くひきあげた。これによって中村が否定した御厨や「部曲」との関連に、あらためて積極的な肯定が与えられたわけで、中村説の重要な柱――供御人南北朝期成立説は、その背後にある主張は依然として光彩を放っているとしても、それとしては成り立たなくなったといわれるであろう。

しかしこれらの批判を通して、中村の最初の意図を本当に継承してゆくための新たな分野が、はじめてひろびろとひらけてきたのである。その後の黒田俊雄・戸田芳実等の研究(12)、とくに脇田晴子のすぐれた著書(13)は、こうしてひらけた分野に、あらためて新たな鍬を打ちこんだものにほかならない。とはいえ赤松自身、またさきの論稿で粟津橋本供御人についてさらに議論を展開する、と約束していたが、やはり果さずして世を去り、そのためこの分野の研究は、なお未開拓の部分を多く残しているといわざるをえない。また最初に掲げた主題を考えるためには、以下の作業はどうしても必要なことなので、すでに自明な結論の出た問題をとりたてて取りあげ、粗雑な議論を以て屋上に屋を架するものという誇りは免れぬであろうが、以下、この問題をめぐって、若干の私見をのべてみたい。

二　蔵人所発給文書について

前述したように、供御人の所持する文書を偽文書とみる中村説の根底[14]には、蔵人所発給文書に対する疑惑が横たわっていると思われる。これは決して偶然ではないので、供御人関係の文書には蔵人所発給文書が事実として多く、なかには中村の指摘する通り、明らかな作為を加えたものもたしかに存在するのである。中村はしかし、それを起点に疑惑をすべてに及ぼしていったのであるが、そこに中村の所説の問題――敢ていえば独断がある、と私には思われてならない。そして、逆にもしもこの疑いが一部にせよとけるならば、新たにここに蔵人所と供御人との密接な関係そのものが重要な問題として浮び上ってくることになろう。

その意味で、供御人の個々の問題に立ち入る前に、おもに牒と下文を中心として、蔵人所発給文書の様式、発給の目的等についてのべておきたい[15]。

A　牒付返抄　これまで管見に入った牒は断簡を含めて二十九通(表1)、その多くは案文、ないしかなりの年月を経てからの写であり、正文とみられるものは二点しかない。中村が疑いを抱いた根拠の一つはここにあるが、当面、正文と判定した牒(Ⓐ)及び『朝野群載』『山槐記』『民経記』などにみえる牒(A)に、「弁官補任紙背文書」「大谷氏所蔵文書」等にみえる確実度の高い牒案(A′)をあわせ、その様式を抽出してみると、ほぼ左掲のようなものとなろう。

蔵人所牒　――――
　応――――――――事
　　使――　仕人――
牒――――――――
　　　牒到准状故牒
　　年月日出納――
別当――　蔵人――
頭――――　――
――――　――

この様式を規準にして、これにあてはまる写を(B)、ごくわずか様式の異なるものを(B′)、かなり伝写の誤りがあるとしても、一応これに准じてよいと思われるものを(C)とし、表1を作成した。

牒は天皇の仰をうけた蔵人(承行蔵人)が出納に草案の作成を命じ、成案を終えた出納が、承行蔵人の加署を得たのち、頭(別当がいれば別当)以下、蔵人たちの加判を順次得て発給された(16)。二通作られた牒のうち、一通は蔵人所に留め置き、保管されるのが例であり(17)、他の一通は御蔵小舎人一人、仕人二人の使によって被給者にもたらされた。発給目的はおよそ

表1　蔵人所牒一覧

	年月日	西暦	充所	奥下署判蔵人数	内容	出典	備考	
1	長暦4・10	一〇四〇	大宰府	2	宇佐使を供給逓送せしむ	朝野群載		A
2	長暦4・10	一〇四〇	向大宰府路次国々	2	（同右）	朝野群載		A
3	康平3・3・18	一〇六〇	和泉国	2	内膳司網曳御厨司・寄人に加徴米等を充て課すことを免ず	高野山文書之六	「使」の行なし	B′
4	治暦元・9・1	一〇六五	国々（丹後・但馬・播磨・備中・伊予・讃岐・甲斐・信乃・上総）	2	鴨頭草・移上紙・墨等を交易進上せしむ	朝野群載		A
5	大治元・5・23	一一二六	内膳司近江国粟津橋本左ケ庄	7	日次供御鯉・月次神今食・新嘗会供神物等を備進せしむ	京都御所東山御文庫記録	「使」の行なし、書止めは「不可違失、故牒」となっている	C
6	仁安2・正	一一六七	河内国丹南郡狭山郷内日置庄鋳物師等	5	鉄鋳如以下の御年貢を進上し、雑役等を免除せしむ	瓜生原文書(1) 真継文書	書止め「所牒如件敢勿違失故牒」となっている。文言にも不自然な点もあ	C

							り	
7	仁安2・11	一一六七	諸国散在土鋳物師等	3	年預惟宗兼宗の命に従い、課役以下雑役を備進せしむ	瓜生原文書 真継文書	書写に多少の誤りあるか	B
8	安元元・8・16	一一七五	加賀国衙	2	精好絹五疋を進上せしむ	山槐記		A
9	年月日未詳	(欠)	和泉国在庁官人等	(欠)	大歌所十生等の訴により、正税官物石別三斗外の加徴の責を停止せしむ	弁官補任紙背文書(2)	後欠	A′
10	承元3・4・21	一二〇九	(造酒司)	7	散在酒麹売をして、造酒司供御酒・酢・麹を備進せしむ	押小路文書	前欠	A′
11	建暦3・11	一二一三	燈炉御作手鋳物師等	7	諸国・諸荘園の守護・地頭・預所・沙汰人等による、市津関渡山河率分津料の新儀煩を停止す	東寺百合文書 瓜生原文書	書止めが「以牒」となっている	A′
12	建保6・4	一二一八	河内国交野禁野	8	下野能武を御鷹飼職に補す	調子文書 中院文書	書写に多少の誤りあるか	B
13	貞応元・5	一二二二	燈炉御作手鋳物師等	7	諸国七道市津関渡泊の地頭・守護所・神人・先達等の非法煩を停止し、恒例臨時召物等を備進せしむ	東寺百合文書 瓜生原文書	書止めが「以牒」となっている	A′
14	貞応元・5	一二二二	北陸道燈炉御作手等	7	(同右)	真継文書	「北陸道」については疑問あり、あ	B′

							るいは13の偽作か	
15	貞応2・3	[illegible]	(欠)	6	摂津・河内の諸市津への乱入を停止し、諸国散在檜物等に納殿御書櫃を造進せしむ	弁官補任紙背文書	前欠	A′
16	寛喜元・6・25	[illegible]	加賀国衙	2	精好絹五疋を進上せしむ	民経記		A
17	嘉禎2・11	[illegible]	左方燈炉御作手	8	地頭・守護の非法狼藉を停止し、市津関渡・津料例物の煩を免除し、有限公役を勤仕せしむ	真継文書	書写に多少誤りあるか	B
18	寛元3・11	[illegible]	向山陽道路次国々	2	大神宝使を供給逓送せしむ	厳島神社文書		A′
19	宝治2・12	[illegible]	左方燈炉御作手惣官左兵衛尉中原光氏	8	諸国七道鋳物師を狩り催し、年貢燈炉以下、公事を備進せしむ	阿蘇品文書(3) 真継文書		B
20	宝治2・□	[illegible]	右方燈炉御作手	7	守護所・地頭・神人・先達等の煩を停止し、御年貢を備進せしむ	安尾文書(4)	書写に多少誤りあるか、また欠損著し	B
21	宝治2・12	[illegible]	河内国交野禁野司	7	下野武貞を御鷹飼職に補す	調子文書 中院文書	書写に若干誤りあるか	B
22	弘長2・11	[illegible]	左方燈炉御作手	8	中原光氏を惣官職とし、その所勘に従い、燈炉以	真継文書	書写に若干誤りあるか	B

					下、恒例臨時の課役を勤仕せしむ			
23	文永11・正・25	一二七四	(欠)	3＋α	津江御厨幷びに武庫郡供御人の生魚交易に対する諸方甲乙人、諸国市津関渡の煩を停止し、紀宗信の沙汰として、供御を備進せしむ	今宮村文庫文書	天地が欠け、欠失多く、書写にやや誤りあるか	B
24	文永11・正・25	一二七四	御厨子所	(欠)	三条以南都鄙供御人等を、預紀宗信の沙汰として、交易往反、供御を備進せしむ	大谷氏所蔵文書		A′
25	嘉元4・9	一三〇六	六角町四宇幷粟津供御所	7	諸方幷びに沙汰代官国近の濫妨を停止し、供御を備進せしむ	京大国史学研究室所蔵文書		Ⓐ
26	正和5・4	一三一六	近江国粟津橋本京都六角町以下生魚供御人等	7	内蔵寮東三箇口・四宮河原関料を停止し、生魚等の売買業を致し、内侍所御供・日次供御を備進せしむ	京大国史学研究室所蔵文書	「使」の行、「御蔵小舎人」という文言なく、直ちに官姓名を記す	Ⓐ
27	年月日未詳	(欠)	(欠)	(欠)	唐人・傀儡子の新儀売買を停止し、御櫛生の公事備進を全うせしむ	香取田所文書(5)	前・後欠	A′
28	建武元・4	一三三四	北陸道七箇国在庁官人等	10	紀為景の沙汰として、北陸道七箇国の貢蘇を備進せしむ	東寺百合文書	書止めが「国々宜承知勿違失」となっ	B′

							ている	
29	暦応5・4	二四二	燈炉御作手鋳物師鉄商人等	8	諸国・諸荘園の守護・地頭等の諸市津関渡津料率分例物等の煩を停止し、鉄器物等の売買業を全うし、鉄器物役を勤仕せしむ	真継文書	文言に一部不自然な点あり	B

(1) 播磨国佐用郡平福の鋳物師瓜生原家に伝来した文書『中世鋳物師史料』(名古屋大学文学部国史研究室編、法政大学出版局、一九八二年)参照。

(2) 東洋文庫所蔵。田中稔による紹介(『古文書研究』創刊号、一九六八年)参照。

(3) 阿蘇品保夫氏所蔵文書。阿蘇品保夫「中世鋳物師組織の推移試論」(『熊本史学』三九号、一九七一年)参照。

(4) 『中世鋳物師史料』参照。

(5) 東洋文庫所蔵(後藤紀彦氏の御教示による)。

次の如くである。

(イ) 唐物使・宇佐使・大神宝使等の供給逓送　表1―1・18がこれに当り、路次の国々にその供給逓送を命じたものである。唐物使の実例はないが、事書のあとに使の官位姓名を書し、奥下加署の蔵人は二人という形は、恐らく同様であったろう[18]。

(ロ) 諸国召物　諸行事に必要な品々を官司・国々等から進上させる場合、牒によって命じられた。これを牒召物といい、表1—4がその実例である。また8・16は吉書として後年まで作成されたものであるが、同じ性質の文書である。建武新政のさい、貢蘇役を召すために発せられた特異な例28を除き、現存例では奥下加署蔵人は(イ)と同様二名であった。また、治安三年(一〇二三)のものと思われる主税寮下用注文[19]には、不動穀によって、賀茂祭・五節料・石清水臨時祭の用途を交易進上させたさいに牒が発せられており、摂津国正税帳案[20]にも、保安元年(一一二〇)、牒によって賀茂祭・四月御更衣・最勝講・元三御簾等の用途として、精好絹・手作布を交易進上していることが列記されている[21]。

『葉黄記』宝治元年(一二四七)三月十一日条の「夏間蔵人方恒例公事用途事」によると、このように諸国から牒召物を進上させるようになったのは、「近例」「中古以来」といわれ[22]、最勝講用途については「嘉応・承安之比、一向以諸国牒召物調之」といわれており、さきの例からみて、おそくとも十一世紀には一般化していたものと思われるが、鎌倉期に入り「正治・建仁之比」には「諸国所済不合期」という状況になってきたため、任官功の比重が次第に増大している点、注目すべきであろう。またこれら行事に必要な品々は諸司役として、内蔵《くら》寮・大炊《おおい》寮・木工《もく》寮・修理職《しゅりしき》・掃部《かもん》寮・主殿《とのも》寮・内膳司・主水司・六衛府・左右京職等にも課されており、鎌倉期の事態に対して便補の保の興行が行われているが、これらの諸寮司と並んで「檜物御作手」が現われることも注意しておかねばならない。これらの品々の調達に重要な役割を果しているのが諸寮司のそれぞれに属する供御人であったことはいうまでもないが、燈炉作手やこの場合のように、蔵人所に直属する供御人・作手もあったのではあるまいか(23)。

蔵人所
　検納――事
右――検納如件
　年月日出納――
蔵人――

召物・任官功が進上されると、蔵人所は返抄を発給する。その実例としては、長寛三年（一一六五）四月十七日、賀茂祭用途料として内舎人功准絹二千疋を進上した大江基家に与えられた返抄(24)があり、著名な吉書、美濃国広絹の進上に対する返抄もその例とすることができる。その様式は下文に類似するが、それはほぼ上の如きものであった。

(ハ) 補任　鷹飼職を補任した12・21がこれに当る。しかし『侍中群要』第十「御鷹飼事」の項には「蔵人奉勅、仰検非違使・馬寮等、又以所下文、仰禁野」とみえ(25)、これと矛盾するが、一方『山槐記』永暦元年（一一六〇）十二月十五日・同十八日条によると、「或抄云下文云々、仰可依近代例之由了」と割註があり、「牒有例、又近代如此」として、下毛野友武を御鷹飼に補任するに当って牒を発給していることを考えると、平安末期以降は、専ら牒によって補任されるようになったとみられる。『侍中群要』の「交野検校《かたののけんぎょう》事」の項に「以所牒給国、又仰禁野」とあり、交野検校職の補任にも牒が用いられた[26]。現存例では、奥下加署蔵人は七〜八名であり、蔵人のほぼ全員が加判している[27]。

㈡　訴訟裁決　現存する牒のほとんどがこれに該当する。多くは事実書の書出が「牒、得某月某日某解状偁」となっており、事項がいくつかあるときは、9のように差出所・充所の次行に「仰下――条条事」という文言が入って、事書は一つ書とされている。奥下加署蔵人は五〜八名で、全員が加判したと思われる。

このような牒は、延喜五年(九〇五)、大江御厨の領域について河内国に下り、国司が請文を進上している事実[28]が知られるほか、桂供御人・菓子供御人等の訴の裁下に当って発せられていることも、「大谷氏所蔵文書」によって判明する[29]。

現存例によってみると、牒の充所は、国・御厨子所・燈炉御作手・六角町四宇丼粟津供御所等、一個の機関とみなしうるものから、在庁官人・鋳物師・供御人・鉄商人等の集団、さらには左方燈炉作手物官中原光氏のごとき個人にいたるまで、多様をきわめており、そこから下文と区別されたなんらかの原則を見出すことは困難である。ただ、さきの御鷹飼職補任が下文から牒に変ったこと、下文そのものを後世に牒とよんだ例[30]があること、牒は「宣旨・御牒」と、宣旨と並び称される場合が多い点などからみて、下文よりも永続的効力をもつ権威ある文書として被給者が牒を望み、おのずと下文から牒に重点が移っていったことは、まず間違いないところであろう。(ハ)・(ニ)の目的で発給される牒の奥下加署蔵人が、恐らく全員とみられる多数であることも、この推測を裏づけている。そしてこの種の牒が交通上の特権を保証することによって、しばしば過所《かしょ》の意味を与えられていた点、とくに注目しておかねばならぬ（後述）。渡辺直彦が指摘するように、[31] 牒の内容は実に多岐にわたっており、「蔵人所の機能を知る上に、重要な手掛りを与えてくれ」るので、ひいては中世の天皇の役割・機能を考えるさい、その鍵ともなるべき意味をもつといえよう。

蔵人所下　――
　可――事
右――故下
　年月日出納――
蔵人――

B　下文　牒の正文が二通しかないのに対し、下文の場合は表2―3・4・9・10の四通の正文(A)が存在する。これに牒の場合と同様、A・A′を加え、様式を抽出すると、およそ右記のようになろう。9・10の正文及び5〜8がこれにあてはまる。

しかし下文の様式は、牒の場合に比べてはるかに異同が多く、たやすく定式化を許さぬものがある。『侍中群要』は「所下文、只蔵人二人以上加名、又出納一人加之」とのべ、御鷹飼の補任、御狩使の発遣に当って発給されたとしている。[32] しかし、これをさらに(A)・A・A′の実例により考えてみると、1は奥上に頭一人、奥下に蔵人二人が加署、牒と同様、使の一行が事書の次行に入っている。しかるに3・4の正文では、奥上に位署なく、出納の位置も日下ではなく一行奥であり、「所仰如件」の文言に応じ「奉」という下附がある。「使」の一行は4になく、3にはある。また、6では事書が「応——」ではじまり、出納は日下加署、仰の文言はあるが下附はなく、奥上には蔵人一人の位置のみで頭は加署せず、「使」の行もない。このように下文の様式は動揺しているが、一応さきの様式にほぼあてはまる十一通につき、その変遷を辿ると、次のような傾向を見出すことができる。

平安末期(1・2)には頭二人・蔵人二人の位置があり、「使」の行もみられ、牒と類似しているが、鎌倉期に入るころには、奉書様式を加味、加署者も出納一人となり(3・4)、鎌倉中期以降には、奥上加署蔵人一人、日下出納加署という形がほぼ定式化する。これは全体として、簡略化の方向を辿ったとみなすことのできる変化であろう。

一方、発給目的は補任(2・6)・訴訟の裁決等であり、牒の(ハ)・(ニ)と全く重なる(33)。ただ充所については多くは人的集団であり(5・7・8を除く)、あるいは雑訴決断所の場合と同様、そこに下文の特徴を見出すことができるのかもしれない(34)。しかしいずれにせよ、これらの事実は牒についてのべてきた推測をさらに裏づけてくれるように思われる。本来、下文は牒とほぼ並ぶ意味をもち、当初はあるいは蔵人所直属の機関・人的集団に対しては下文、それ以外には牒という区別があったのかもしれないが、平安末期、すでに両者の混乱がおこっており、その発給目的・対象に区別がなくなるとともに、下文の意義は次第に低下、牒にとってかわられるようになっていった。さきの様式の動揺と簡略化はこのことを証しており、結局、下文は相対的に重要でない事柄、永続的効力を期待されぬ場合に副次的に用いられるようになった、と考えられる。事実、かなり重大な内容をもつ11の場合、一旦、頭の加署を得るというこの時期には異例な下文が発給されながら、重ねて表1―26の如き、ほぼ同一内容の牒があらためて発せられており、被給者の意向がどこにあったかをよく示している。

相田二郎が指摘するように、大宰府の場合は別として、牒と下文の機能は判然としないことが多く、蔵人所の場合もまた同様である。いま一応以上のような結論めいたことをのべてはみたが、他の諸機関の場合を含めて、さらに後考を期したい。

蔵人所発給・発進文書には、このほか月奏・送文等があるが渡辺の論稿に一部はふれられており、当面の問題に関係ないので省略する。[35] しかし以上によって、牒と下文が蔵人所の発給する最も基本的な文書として、当然のことながら、多数、現実に発せられていることは明らかであろう。そして現存例は多いとはいえないが、中村が疑いを抱いたもののなかにも、正文、案文、ないし正文の写とみられるものが若干存在し、それを含めれば少なからぬ数の牒・下文によって、論を立てることはできると思う。以下、個々

表2　蔵人所下文一覧

	年月日	西暦	充所	内容	奥上署判者	奥下署判者	出典	
1	延久3・11・4	一〇七一	田原御栗栖司幷刀禰等	寄人山背友光作田畠二反についての訴を裁す	頭二	蔵人二、出納	朝野群載	A
2	久安5・11・15	一一四九	小野山住人等	主殿少允伴正方をして小野山を執行せしむ	頭二、蔵人二	出納	壬生文書	B′
3	建仁2・10	一二〇二	大隅国台明寺住侶等	笛竹使の新儀非法を停止し、寺内に安堵せしむ		出納(奉)	台明寺文書	Ⓐ
4	建仁2・閏10	一二〇二	(同右)	在庁官人とともに、掃除をし貢御笛竹を成長せしむ		出納(奉)	台明寺文書	Ⓐ
5	承元2・閏4	一二〇八	和泉国近木郷如法堂	大歌所十生貞清の濫妨を停止し、堂舎・田畠を領掌せしむ	蔵人一	出納	古今熊野記録	B
6	貞応2・5	一二二三	摂津・河内両国在庁官人等	清原時宗を以て納殿御書櫃檜物沙汰人となす	蔵人一	出納	弁官補任紙背文書	A′
7	寛元3・2・13	一二四五	伊予国	孔雀経御修法壇供已下料能米一二七石五斗六升を下さしむ	蔵人一	出納	函中秘抄	A
8	寛元3・2・13	一二四五	伊予国	孔雀経御修法御明已下料油七斗を下さしむ	蔵人一	出納	函中秘抄	A
9	正応5・12	一二九二	近江国粟津供御人等	供御田を引募り、河海釣漁への甲乙人等の濫妨を停止し、供御を備進せしむ	蔵人一	出納	京大国史学研究室所蔵文書	Ⓐ
10	永仁4・11	一二九六	近江国菅浦供御人等	甲乙人の乱入を停止し、供御を備進せしむ	蔵人一	出納	菅浦文書	Ⓐ
11	正和3・4	一三一四	近江国粟津橋本生魚供御人等	四宮河原関料津料以下を停止し、日次供御等を備進せしむ	頭一	蔵人一、出納	京大国史学研究室所蔵文書	B′

の供御人に即して、その内容を考えてみたい。

三　各種の供御人・作手について

A　粟津橋本供御人　赤松はこの供御人の起源を、延喜十一年(九一一)に定められた六箇国日次御《ひなみのみ》贄《にえ》貢進の贄人から、さらに筑摩《つかま》御厨に遡って究明しようとしているが、いま、赤松のこの所論に若干の補足を加えつつ、まずこの供御人の成立事情にふれてみたい。筑摩御厨は江・網曳御厨とともに本来は大膳職に隷していたが、延暦以降いずれも内膳司に移属した。しかし筑摩御厨は恐らく大化前代に遡りうるとみられる他の両御厨と、多少異なる扱いをうけている。その長が膳《かしわ》部の中から撰ばれ、太政官符によって補任されている点、後者が本来贄戸《にえこ》であったのに対し、この場合は調丁によっていることなどにそれがうかがえるので、江人《えひと》・網曳とはやや起源を異にしているように思われる。後年、粟津橋本・菅浦供御人がともにその起源を「天智天皇御宇」に求めている事実をここに入れ勘案してみると、筑摩御厨は近江大津に都したこの天皇のとき置かれたのではないかとする推定も、あながち根拠のないこととはいえないのである(後述)。

周知の元慶官符により、近江国にはこのころ筑摩に加えて勢多《せた》・和邇《わに》の御厨、田上《たなかみ》網代があり、所役傜人一六四人といわれる贄人の数が定まっていたこと、内膳司・進物所がとくにこの国で、国中遍満といわれるほどの員外贄人に腰文幡を放ち与えていた事実が知られる。諸国御贄貢進の体制の動揺がその背景に考えられる点、政府がたてまえではそれを維持する形をとりつつ、結局は畿内近国の御厨に特権を与え、御贄貢進の制を再編成することによって、供御の確保をはからなくてはならなかった点等についてはのちにものべるので、ここでは立入らない(36)。延喜の六箇国日次御贄貢進の制もその間に定められたが、近江国はそこで、元日料として鹿宍四枝・猪宍四枝、毎月の六・十二・十八・二十四・三十の五日に雉・鳩・鶉・鴨・高戸・小鳥や、鯉・鮒・阿米鮒・鰕等の魚鳥を貢進する義務を負い、筑摩をはじめとするさきの御厨や御雉所に属する贄人がこれらの贄を実際に貢進したものと思われる(37)。なお筑摩御厨は別に、醤鮒・鮨鮒・味塩鮒等を加工貢進し、田上網代は九月九日から十一月まで氷魚を毎日進めていた(38)。摂河泉の江人・網曳がこのころ与えられた河海に対する特権を、近江の御厨・網代も同様に与えられたと考えることは、確証はないとはいえ自然であり、この時期の御厨が田畠と結びついたものでなかったことも、摂河泉の場合と同じであったろう。

この体制をさらに決定的に転換させる契機となったのが延久の新政であったが(39)、近江の場合も例外ではなかった。「内膳司饌諸国御厨子并贄、後院等御贄」を止めた延久元年（一〇六九）の翌年、「永停近江国筑摩御厨、并今年許止同国日次御贄」といわれ、(40)長い歴史をもつ筑摩御厨を中心とするこの国の贄貢進の体制は、ここに大きく転換していった。それは、贄人たちの免田が供御田として公認されることによって御厨の荘園化が進む一方、贄人の供御人としての再組織が行われるという、摂河泉の場合と同様の方向に動いていったと思われる。まもなく御雉所に属する雉供御人(41)、粟津橋本御厨または粟津橋本五ケ荘と粟津橋本供御人が出現する事実は、その推測を実証している。近江国の日次御贄はこれら供御人によって御厨子所に貢進され、粟津橋本供御人は別に内侍所神供を同所に送り、また醬鮒魚類・日次神今食《じんこんじき》・新嘗会等供神物・日次供御鯉等を内膳司にも送進したようにみえる。一方、粟津橋本御厨は内侍所を本家とし、やがて天王寺大納言基嗣の手に領家職が伝領される米年貢を出す荘園同様の御厨となり、別に五箇荘とよばれた場合には内膳司を本家としたようである(42)。また諸国貢進御贄のうち、「郁子《むべ》」は恐らく、薁供御人によって担われたこととなったのであろう(43)。

だがこの体制は決してすぐに安定したわけではない。激動する社会のなかで、供御人自身、種々の方向を模索しており、加えて政治的変動は日次供御の円滑な貢進を著しく妨げた。これに対し、御厨子所・内膳司等の官司側の人もまた、供御人の動きをとらえ、新たに組織化すべく懸命であった。さきの「御厨の荘園化」という事態そのものが、供御人の田畠開発の進行とともに、他方でその成果を吸収しようとする官司側の努力の結果を示していると思われる。また永暦元年(一一六〇)十二月、粟津御厨の申文によって、新網代を加えて供御を弁済することが蔵人所牒で認められている事実から、(44)〔校注三〕漁業の面でも新たな開拓が進んでいることを推定できる。菅浦供御人の設定にも、広い意味ではこうした供御人たちの湖内での活発な活動の展開、それを背景に供御の充実を図る官司側の意図を読みとることができよう。それだけではない。彼等はその生産物をもち、京都を中心とする商業にも進出しており、日次御贄の不足に悩む御厨子所 預《あずかり》 紀宗季によって、生魚売買を営む六角町四宇供御人が建久三年(一一九二)新たに「建立」された。この点は赤松の論稿に詳しいが、これを含め御厨子所預の支配下におかれた三条以南魚鳥以下交易輩――魚鳥供御人・菓子供御人のなかに、雉供御人・菓供御人の発展した姿を見出すことも、決して荒唐無稽の推測ではあるまい。かつての贄人・狩取による日次御贄貢進の体制は、こうして供御人の漁猟等の生産や商業活動を基盤とする体制に大きく性格を変え、粟津橋本供御人の貞応元年(一二二二)九月二十六日の解状《げじょう》(45)が語っているように、彼等は公家役の一切を免除されて供御を備進し、中世天皇家の経済の一端を支えることとなったのである。

軌道にのったこの体制下、六角町魚鳥供御人の活動はいよいよ活発化し、それにともない、その支配をめぐる内蔵頭＝御厨子所別当と同所預の対立が新たに起ってくる。これについては小野が詳述しているが、小野の視点はそこでは内蔵寮領に合わされており、対立の経過にはふれていないので、小野の紹介した史料を基礎に、中村が偽文書とした別の文書群の一部を生かしつつ、簡略にのべてみたい。

内蔵寮と六角町供御人との間に摩擦がみられるのは嘉禄三年(一二二七)以後のことである。この年、供御人は六角町の売買所についての権利を保証する蔵人所牒を得たが(46)、この紛争は鳥供御人をめぐる御厨子所預紀宗光と内蔵頭との翌年の争い(47)とも関連しているであろう(48)。天福二年(一二三四)にも鯉鳥供御人に関しておこるこうした預と寮頭との相論の前提が、寮頭の御厨子所別当兼任にあることは、小野の論稿にも詳しいが、この対立の根底に、供御人自身の、また彼等に直接接触して課税・徴収を行う沙汰人や寮官等の独自な動きがあったことに注目する必要がある。

建長四年(一二五二)、鳥供御人の沙汰人等が自ら寮家進止たることを主張し(49)、弘長元年(一二六一)から翌年にかけて、寮頭の権威をかりる寮官・下部等の「非供御人輩」が交易に交り「大集取」を行なったとして、鳥供御人・菓子供御人に訴えられていること(50)、また供御人自身も文永七年(一二七〇)寮頭の訴訟成敗を望み、寮家に参ずる動きを示し、なかには日吉神人と称して預の成敗に従わぬものも現われている事実(51)など、みなそうした動向を示すといってよい。京中の商業発展とともに、新加供御人になろうとする人、非供御人で交易に交わる人々が現われ、本供御人自身、その特権を確保すべく、預の支配に甘んずることなく諸種の権威を求めて動きだしているので、内蔵寮をはじめ、内膳司・日吉社等の干渉、預とそれらとの対立は、この間に起ってきたのであった。当然、預への供御人の公事備進にも懈怠がおこり、おのずと元来預の責任で寮頭に弁じていた「後懸」[52]の進納も円滑を欠きはじめ、文永十年(一二七三)、寮家はついにその直接の徴収――直務を要求するにいたった[53]。

これらの相論で預の供御人支配権は一応認められてはいるが、その動揺はおおうべくもなく、その克服のために提出された預の申請に対して下ったのが、「三条以南魚鳥精進菓子巳下交易輩」に対する預の支配権を再確認し、諸方の濫妨を停止した文永十一年(一二七四)正月二十五日の蔵人所牒(表1―24)であった[54]。その意味でこれは、預の供御人支配を保証し、あわせて供御人自身の諸方往反の特権を確認したものとして、時期を画する文書といえよう[55]。

だが供御人に対する内蔵寮の干渉はなおやまない。弘安六年(一二八三)六角町生魚供御人弥三郎入道法蓮が供御を闕怠、その職を没収された跡に、内蔵寮寮官久吉が御厨子所番衆の承認を得て一旦供御人となるが、これは供御人側から寮官の新儀濫妨とうけと

九月日．蔵人所牒（京都大学総合博物館所蔵）

られ、久吉は結局使庁に召し出され、永仁二年（一二九四）、あらためて御厨子所別当下文によって、六角町面に対する寮官の口入が停止されるにいたったのである。[56]

蔵人所牒　六角町四宇并粟津供御所
応令早任去嘉禄三年十一月　日御牒、□□（停止）新儀濫妨、且就代官国近散状、御牒紛□（失）無其隠上、備進有限供御事
使
牒、得彼四宇并粟津供御人等解状偁、当所者、為最初根本之供御人、供御役備進、有忠無懈、重役異他者也、仍代代被成下御牒、無諸方煩之処、去嘉禄年中、為内蔵寮供御人等依被濫妨、四宇供御人等経次第御沙汰、任道理蒙勅裁畢、御牒留案、謹備于右、自尓以降、弥無牢籠之処、弘安之此（比）、又為内蔵寮寮官久吉被

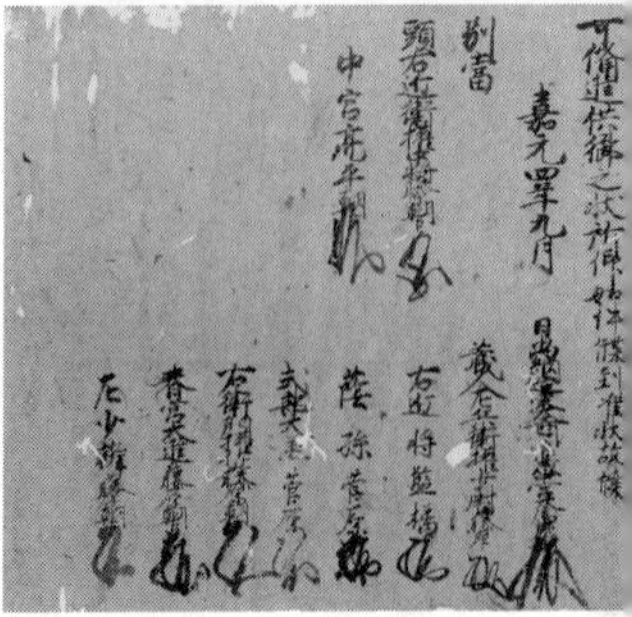

嘉元四年

濫妨之刻、彼御牒正文預置四宇供御人等之沙汰代官国近之処、称令紛失未返渡、剰件国近去年冬比属敵方、嘉禄御牒紛失之上者、可成新儀妨之由令結構、忽擬令顚倒当所供御人等之上、条条致不調之間、中入事由、惣供御人等成一同之思、以起請文之詞、於国近者永召放代官職畢、抑彼国近動得諸方之語、擬令損亡当所供御人之由、有其聞、須謂蠹害歟、供御人令窂籠者、供御役可闕如者也、就中於四宇供御人等者、皆女商人也、故殊恐彼難、且御牒紛失之次第、不可不申之間、勒子細就令言上、以仕人久吉・有清、有御尋国近之処、散状分明者歟、御牒紛失之条、無御不審者哉、然則早依先例、且任嘉禄御牒之旨、永可停止諸方及国近濫妨幷市津関渡路次甲乙人狼藉之旨、重被成下御牒、弥欲全供御役者、早任申請、停止諸方幷国近濫妨、可備進供御之状、所仰如件、

牒到准状、故牒

嘉元四年九月　日　　出納 造東大寺判官兼中宮大属藤原（花押）

別当　　蔵人左兵衛権少尉藤原（花押）

頭右近衛権中将藤原朝臣（公秀）（花押）
中宮亮平朝臣（惟輔）（花押）
右近将監橘（花押）
蔭孫菅原（花押）
式部大丞菅原（花押）
右衛門権佐藤原朝臣（資冬）（花押）
春宮大進藤原朝臣（雅任）（花押）
左少弁藤原朝臣（隆長）（花押）

この牒[57]は中村が偽作と断じた文書であるが、様式・人名・花押・文言等すべての点からみて、蔵人所牒の正文としてなんの不自然もない。それは前後の事情からみても、弘安の寮官久吉との相論の事情を詳細に伝えているだけでなく、多くの新事実を教えてくれるのであり、偽作とすべき根拠は全くないといわなくてはならぬ。これによって、嘉禄三年（一二二七）十一月に蔵人所牒の下った事情（前述）がまず明らかになるが、その牒は、久吉との相論のさいの証文として四宇供御人の沙汰代官国近に預けられ、その手元で紛失したことも判明する。その案文は当時なお供御人の手中にあったようであるが、結局この牒の紛失、国近の内蔵寮側への接近を契機に、「惣供御人」は「一同」の起請文を以て国近を代官職から召放ち、一方の国近も、諸方の語を得て供御人に濫妨するという争いがこの前年におこり、供御人の申請に応じて牒が下ったのである。ここに現われる国近が、正安二年(一三〇〇)『菅浦文書』中の伏見上皇院宣案[58]にみえる「蔵人所生魚供御沙汰人国親」と同一人であることは、まず間違いのないことで、この牒の内容の真実性はこの方面からも裏づけられる。

とすると、ここに新たな興味ある史実が浮び上ってくる。その一はこの時期の四宇供御人が、「皆女商人」だったという点で、これは元亨三年(一三二三)におこった喧嘩殺害に関係して使庁に召進められた六角町供御人が、大蔵尼の息女福万、勢得女という母娘だった事実[59]によっても支えられている。女性の商業・金融面での活動がこのころ活発であったことは他にも例証[60]があるが、この場合、それが生魚商人だった点、とくに注目に価する。短絡は慎むべきであろうが、頭上に桶をいただいて生魚の販売に携わる諸国漁村の女性の一般的な姿[61]をその背景においてみることは、充分可能な魅力ある推定といえよう。

それとともにこの供御人が、以前から「市津関渡」における自由通行権をもっていたことも明らかになってくるが、それは以下にのべる問題を通じて一層明瞭になる。

嘉元の相論の後、寮官と預の争点の一、「後懸」については預が譲歩し、長官への直進を認めたが[62]、訴訟成敗についての論点が残り、争いは依然たえなかった。ところがここにもう一つ、新たな論点が生じたのである。左に掲げる二通はそれを示している。

（端裏書）「御牒案」

蔵人所下　近江国粟津橋本生魚供御人等所
応令早且任官符御牒等、且依先傍例、停止四宮河原（内蔵寮東三口）関料及都鄙往反市津析以下路次諸方煩、備進日次供御幷内侍所神供事
右、得彼供御人等解状偁、件供御人等者、天智天皇御宇被始置以降、雖不募段歩析所、嗜生魚以下私物売買之所業、令備進生魚日次供御幷内侍所神供、雖送星霜、敢無子細、為厳重々役供御人、被停止諸方煩之条、見所進御牒等、而近日称四宮河原関析、成新儀之妨、剰取供御人衣裳、奪取所持物之条、世以無其隠、加之、都鄙往反市津析以下路次動有其煩之間、供御所牢籠、供御役闕怠無疑者也、且如此重役、供御人所勤役之外、被止他方煩者、古今通例也、然者、可停止四宮川原（内蔵寮東三口）関析及都鄙往反市津析以下路次煩之由、被成下御下文、欲全日次供（御脱カ）役乎（ママ）者、早任申請停止四宮川原（内蔵寮東三口）関析及都鄙往反市津析以下諸方煩、可令備進日次供御幷内侍所神供之状、所仰如件、供御人等宜承知、勿違失、故下

正和三年四月　日　　出納大蔵権大輔安倍朝臣判

頭修理左宮城使左中辨藤原朝臣（長清）判　　蔵人弾正忠兼左（近）兵衛将監菅原判

蔵人所牒　近江国粟津橋本京都六角町以下所□（ミ）生魚供御人等□（所カ）
　応令早任嘉禄・嘉元御牒、停止内蔵寮東三箇口・四宮河原関斨幷六角町以下都鄙
　　路次往反市津関渡諸方甲乙人等煩、致生魚幷諸雑物等売買業、備進内侍所神
　　　供・日次供御事
　使左衛門尉紀遠弘
牒、得粟津橋本供御人等今月日解状偁、当供御人等、天智天皇御宇被始置以来、不
募段歩斨所、励生魚幷諸雑物売買之業、令勤仕内侍所神供・生魚日次供御役之条、
古今之例也、且如嘉禄御牒者、粟津橋本住人者、最初根本供御人、六角町者、彼等
重代売買之所也云云、加之、如嘉元御牒者、可停止諸方幷市津関渡路次甲乙人狼藉
云云、旁以不易之綸言、来際之美談也、而内蔵寮東三箇口沙汰人・四宮河原関守等、
背先例、号関斨、致新儀濫妨之上、打付六角町棚、抑留供御人売買之間、就訴申、
番訴陳、重重被経御沙汰之処、無理至極之間、忽雖伏畢、此上者、弥御沙汰不可有
予議、聖断有何滞哉、然則任嘉禄・嘉元御牒、停止四宮河原・内蔵寮東三箇口関斨
及六角町以下都鄙往反市津料路次諸方之煩、可備進内侍所神供・日次供御之旨、欲
被仰下者、早依申請、任嘉禄・嘉元御牒、停止内蔵寮東三箇口・四宮河原関斨幷六
角町以下都鄙路次往反市津関渡諸方甲乙人等之煩、致生魚幷諸雑物等之売買、可令

備進内侍所神供・日次供御之状、所仰如件、牒到准状、故牒

　正和五年四月　日　　出納弾正少忠兼春宮大属右衛門少志中原（花押）

別当　　　　　　　　　蔵人式部少丞菅原（花押）

頭左近衛権中将藤原朝臣（隆有）（花押）　　右近衛将監菅原（花押）

修理左宮城使左少辨藤原朝臣（顕親）（花押）　　左兵衛権少尉源（花押）

左衛門権少尉藤原（資朝）（花押）

左衛門佐藤原朝臣（花押）

兵部大輔藤原朝（光継）臣□（花押）

兵部少輔藤原朝（頼教）臣（花押）

この下文（表2―11）と牒（表1―26）も中村は偽文書とするが、私にはそうは思えない。この正和の牒は、さきの嘉元の牒とともに、様式・人名・花押・文言に不自然は全くなく、数少ない蔵人所牒の正文とみるべきであり[63]、下文はもとより写であるが、牒を正文とみることが認められるならば、やはり十分生かすことのできる写と考える。内容に即してみても、東三ケ口炭薪雑物等については延慶四年（一三一一）の内蔵頭充の院宣によって、徳治院宣と武家状に分明という理由で「往古率分」たることが認められており[64]、それを「東口四宮河原」といったことも、元弘三年（一三三三）の内蔵寮領目録[65]に明らか

で、この文書の内容を否定するなんらの根拠も、私には見出しがたいのである。とすれば、この二通によって内蔵寮がこのころ率分所＝関所に収入上の大きな期待をかけ、その沙汰人・関守が供御人の衣裳・所持物を奪っただけでなく、六角町棚を打ち付けるという挙にまででて、関料の徴収をはかったことが明らかになるが、同時に注目すべきは、粟津橋本供御人が嘉禄・嘉元の牒を根拠に、さきの自由通行権を強調し、それを認められている点である。はるか後年、文明四年（一四七二）、粟津供御人は「わうこ（往古）より六十六ケ国の［　］しやう（商売）はいつかまつり候」といい[66]、天文十四年（一五四五）にも「京ゐ中駒のあしの立候かきり、関わりにいたり（た脱カ）てめんせられ候」とか「於東西南北限駒足立可致商売事」といわれる特権をもっていたと主張している[67]が、これは決して彼等が恣意的にもち出したものではなく、恐らくは平安末期以来、天皇の名において正式に認められた特権だったことを、この二通の文書は明らかにしている。そして関所の設定を含め、こうした交通上の特権を天皇が与えているという事実は、後述するように、中世の天皇支配権の実態を考えるうえに、きわめて重要な事実といわなくてはならない。

それとともにこの二通に「天智天皇御宇」にこの供御人が置かれたと記されていることも見落すことができない。鎌倉時代の供御人の認識に、このような見方があったことは紛れもない事実であり、それはこの供御人のみに限ったことではなかった[68]。前述した推測はこれを根拠にしているが、なおここには考えるべき問題が多く残っていると思われる。しかし当面、この文書の存在を偽文書の根拠とできないことだけは明らかで、とすると次の下文も生かすことができる。

蔵人所下　近江国粟津供御人等所
　応令早任先例引募供御田、停止河海釣漁甲乙人等非分濫妨、備進供御事
右当供御人等、自　天智天皇御宇被建立以来、敢無違乱之処、近年動為甲乙人被成煩云云、早停止彼煩、無懈怠任先例、可令備進有限供御之状、所仰如件、故下
　　正応五年十二月　日　　　　　　　　出納前薩摩守安倍（花押）
蔵人中宮権少進三善（花押）

この下文（一一五頁写真上）は、後述する『菅浦文書』の永仁四年（一二九六）十一月日、蔵人所下文（一一五頁写真下）（鎌25・一九一〇七）と酷似しており、出納前薩摩守安倍某の花押も同一と判定してよいと思われる。この後者については、瀬田勝哉が『菅浦文書』全体に及ぶすぐれた分析の末、とくに「比差師河」という地名表示に着目し、偽文書と判定している。[69]とはいえ、粟津供御人の下文を検する限り、様式・花押・文言の点では、不自然を認め難く、書風の重苦しさ、紙質などについて多少疑問を挿む余地があるかにみえるが、二葉の写真を比較すれば、両者が同筆であることは明らかで、この双方を偽

文書と断ずることは困難、と私は考える。(70)

この判定が認められるならば、この下文は粟津供御人が商業に活発な動きをする一方、近江の湖や河で漁業を行い、供御田の耕作にも関わっていたことを示している点で注目すべき内容を持つ。恐らくは粟津橋本御厨はこうした供御田――多分かなり散在した田畠を中心に構成されていたのであろう。そしてこの文書を生かすことによって、現存す

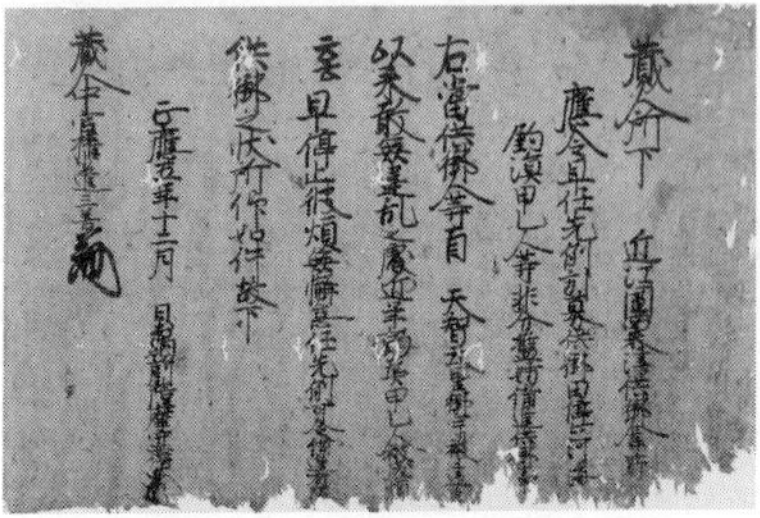

正応五年十二月日，蔵人所下文
(京都大学総合博物館所蔵)

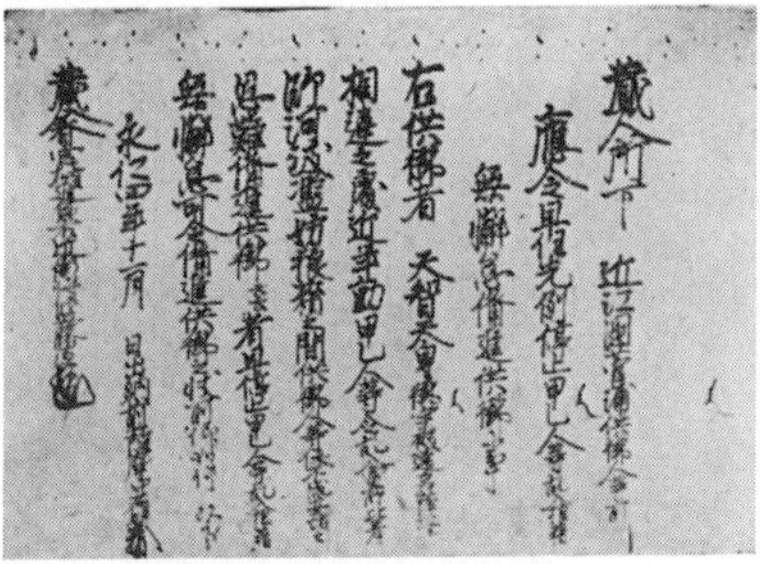

永仁四年十一月日，蔵人所下文
(長浜市西浅井町菅浦区有文書・滋賀大学経済学部附属史料館保管)

る二通の嘉禄下文がいかにして作成されたかも明瞭になる。明らかにそれは嘉禄に牒が下ったという知識をもとに、この正応の下文をモデルに偽作されたもので、これこそ中村のいう通り「拙劣」な偽文書といえよう(71)。これに建保の官符(72)を含めた偽文書の作成の時期を、中村は天文の相論にかけているが、私はこれも中村が偽作として却けた寛正六年(一四六五)の粟津最初根本供御人等申状(73)に注目したい。上述した文書群の末尾に位置するこの申状は、四宮河原関役の免除を要求したものであるが、そこに「先度右備被任御綸旨之案文之旨」とある点からみても、このときこそさきの文書が偽作された時期であることを語っているように思う。しかしこの点は戦国期のこの供御人の動きを含めて後考を期し、以上の考え方を他の供御人に及ぼし、検証してみたい。

B　菅浦供御人　菅浦についてはすでに多くの論稿があり、永仁四年(一二九六)のさきの下文を正当な文書とみる関口恒雄(74)に対し、瀬田は前述したようにこれを疑っている。しかし正応の下文を正文とみるならば、この永仁の下文もまた同じく正文とみてよいと私は考えるが、ここでは当面、菅浦供御人に与えられた特権について、一、二の問題を考えるにとどめておきたい。

菅浦供御人がそれとして成立したのが「高倉院御宇」であったことは、彼等自身の発言によって明らかであるが、一方また彼等は「天智天皇御宇」に建立されたともいっている。これについては種々の解釈が入りうるが、ここでは後者の発言が、彼等と粟津橋本供御人の共通な起源——古く日次御贄を貢進した近江国の贄人の流れを汲むことを示すものと考え、前者の時点は菅浦を根拠地とするこうした人々が、独立した供御人の単位集団となった時期を示すと解しておきたい。菅浦供御人が粟津橋本のそれと同様、御厨子所に属し、内蔵寮の支配下に入っていたこと、前述した蔵人所生魚供御沙汰人国親が両者に共通した沙汰人だったと思われることなど、いずれもこの推測を支える事実とみてよかろう(75)。

とすれば、菅浦供御人も「市津関渡」の自由通行権をもっていたとする推測も、充分成立しうるが、彼等はそれを直接証明する文書を所持していない。ただ注目すべきは、大浦荘との争論のための訴訟費用として、嘉元三年(一三〇五)、「日吉十禅師彼岸上分物御用途」を借りたとき、彼等が用途返済を懈怠したならば、「不嫌権門勢家神社仏事(寺)御領内市津路辻海上於、雖為何ケ度」質物をとられてもよいといっている点で(76)、こうした担保文言の中に、「海上」がみられるのは多少とも特殊といわねばならない。観応元年(一三五〇)、稲を盗みとった菅浦百姓に返納を要求した十禅師彼岸所集会が「彼浦之輩、湖上往還之時、以宮仕・公人等直可対治」といい(77)、文和二年(一三五三)、宮仕打擲の張本を追及した延暦寺政所集会が「於海上往反船者、随見合可点置之旨、以公人可相触浦々」としていることも[78]、同様である。関口の指摘する通り、これは菅浦供御人が専ら湖内の廻船交易を業としていたことを示しているが、それだけでなく、彼等が通常の状況下においては「市津路辻海上」を自由に通行、交易していたことを物語っているとはいえぬであろうか。彼等が関料停止の関東御教書《みぎょうしょ》を伝えているのは偶然ではない、という関口の指摘も、こう考えればさらに生きてくるので[79]、もしこれが認められるならば、それは粟津橋本供御人と全く同質の特権といってよかろう。ただその活動範囲は、船木・平方・片山浦等の湖内及びその周辺だったようで、それ故、「諸国往反」ではなく、「湖上往還」といわれたのかもしれない[80]。事実、中世後期の菅浦は漁村というよりも、明らかに一個の港町の様相を示していたといえるので[81]、そこに廻船を業とした菅浦供御人の活動の行きついた姿を見出すことができる。

注意すべき他の点は、これらの浦々で菅浦供御人の船を押えているのが、守護代・日代・国司代等であった、という事実である[82]。管国内の山野河海に対する支配権が国衙の手中にあり、それが守護に継承されたとみられることは、石井進が安芸国守護領中の「山川得分」に関連して指摘しており[83]、一方、相田二郎は関所が国衙の管理下におかれていたことを明らかにし[84]、佐藤進一もまた、管国駅路に関する事務を守護の職権としている[85]。これらは決して別のことでなく、供御人に自由通行の特権を与えうる権限と同様、究極は天皇の支配権に発するものと思われるが、近江の浦々におけるこの守護・国司代の動きも、あるいはそれと関連させて考えることができるのではあるまいか。

C　今宮供御人　元弘三年（一三三三）の内蔵寮領目録にみえるこの供御人の伝来したと思われる「今宮村文庫文書」について、中村は「室町時代末のものは正しいけれども、南北朝以前のものは何れも謀書」と断じている。(86)しかし、同文書中の文永十一年（一二七四）正月二十五日の蔵人所牒写（表1—23）は、たしかに上下に欠失があり、文章も通じ難い点はあるが、様式上、牒としての形を備えているだけでなく、「大谷氏所蔵文書」の同年月日の牒（表1—24）と使・仕人の名前が一致し、(87)「謀書」とする根拠は見出し難い。両者はともに御厨子所預紀宗信の申請に応じて発給された牒で、前者は諸方甲乙人や市津関渡浦泊等の煩を停め、津江《つえ》御厨及び武庫《むこ》郡供御人の生魚交易を保証し、後者は三条以南魚鳥等の交易輩に対する預の支配権を保証したものであり、供御人に対する支配権の動揺を克服しようとする宗信が、同時に両者の基礎となる解状を捧げ、牒を得たとみて、なんらの不自然もない。

津江御厨供御人の存在は、応保二年（一一六二）の「供御人名田事」を規定した御厨子所符、(88)『勘仲記』弘安七年（一二八四）二月一日条に、この供御人等が内蔵頭の中状を帯して入り来った、とあることによって、明証することができる。また武庫郡供御人についても、寿永三年(一一八四)五月十八日の源頼朝下文で武庫庄小松并供御所の下司并公文職に源光清が補任されていること[89]、『吾妻鏡』建久三年(一一九二)十二月十四日条に、一条能保亡室遺跡の一として摂津国武庫御厨がみえることからその存在を推測しうるし、武庫郡中山寺法師某によって供御人某が殺害されたことを伝える『雑筆要集』所載の文書も、この供御人に関わるものとみることもできる。

こう考えてくれば、さきの牒の内容は充分生かすことができるので、後章でのべるように、摂津の江人の流れをくみ、延喜年中、日次御贄貢進の御厨として広大な特権を与えられた津江御厨、延久以後の供御人名田を軸とする中世的御厨と供御人への転換、さらに斎院に属した武庫郡供御人とともに「諸国市津関渡浦泊之煩」なく生魚交易に従事、御厨子所を通じて日次供御を貢進したこの供御人の活動などが、そこに浮び上ってくる[90]。元弘の今宮供御人がこの両者を含むものであることは、まず間違いないところであり、広田社に属し、祇園社の大宮駕輿丁ともなった今宮神人——蛤売[91]もこれと同一の集団であったとみてよかろう。

とすれば、正安二年(一三〇〇)十月日の御厨子所預前豊前守紀朝臣(宗長)の奥上署判下文変形文書、御厨子所預前若狭守(紀宗衡)に充てた弘治三年(一五五七)四月十日の綸旨[92]も、直ちに偽書というわけにはいかなくなってくる。後者は『八坂神社文書』にも案文が伝わっており、(93)祇園社大宮駕輿丁を兼ねるようになったこの供御人に対する方々よりの非分の課役賦課を停止、往古より「浦々関泊交易往反」の煩を停止、五畿七道において「売買之業」を営んできた特権を保証し、諸役を免除して日次供御、神役を備進せしめた趣旨の文書であり、前者も、若狭国多烏《たがらす》の船徳勝に得宗の与えた旗章の文言に類似した「過所」(94)とみるべき文書であって、さきの牒、中村も正しい文書とした、大永二年(一五二二)、永禄三年(一五六〇)の室町幕府奉行人連署下《げ》知状《ちじょう》などと同系統の文書として、とくに不自然とは思えないのである。

以上の諸点から、粟津橋本供御人と同様、古く令制の贄人にまで遡りうる系譜をもち、平安末期から戦国期にいたるまで、天皇、室町将軍家の名において自由通行権を与えられ、諸国で交易に従った生魚・貝の商人——津江御厨及び武庫郡供御人＝今宮供御人＝今宮神人が実在したことは、動かぬ事実と私は考える。

D　網曳御厨供御人　後章でこの供御人については若干言及するので、(95)ここでは和泉国全体のなかにこれをおいて考えてみたい。十一世紀前半、この国は「所部雖狭、居民有数、半宗漁釣之事、無好耕耘之業」(96)とか、「当国狭少之地、所在庄園卌五箇所之中、免田九百八十余町、寄人千二百八十余人也、皆募権威无従国務、適所残之者、在庁官人書生等相加二百七十余人」といわれ、「五位以下諸司官人以上多以来住部内、伴類眷属自成悪事」「暴悪不善之輩、住国内之間、強窃二盗放火殺害連綿不絶」と嘆かれる状態[97]にあった。諸権門の寄人《よりうど》となった多数の非農業民の存在をそこに想定しうるが、こうした寄人の増加、新立荘園を停め、国務を全うせんとする国司と、寄人及びその属する権門・官司との間には、たえまない摩擦がおこっていたのである。康平三年（一〇六〇）の蔵人所牒（表1―3）（平3・九五三）は、この状況のなかにおいてみれば、決して不自然な点はない。国司はそこで、官宣旨により「神寺院宮王臣家庄園を論ぜず」、造宮材木・加徴米・早米・小麦等を平均に充て負わせようと試み、内膳司は網曳御厨司・寄人への勘責に対し、「止むごと無き供御所」として免除を要求しているのである。それはこの国において今後長くつづく、国司と寄人の摩擦の一例にほかならない。そして、大治元年（一一二六）、内膳司領近江国栗津橋下《本》五ケ庄に下った蔵人所牒（表1―5）に、この牒がその文言とともに引用されていることも、あわせ参照されてよいであろう。

両者の対立は天養二年（一一四五）から仁平元年（一一五一）の間に、官物率法をめぐって全面的にくりひろげられる[98]。国司が段別三斗五升の率法により正税官物を徴しようとするのに対し、諸司寄人は「三斗の外、例徴に非ず」と主張、国司側は天承二年（一一三二）四月、保延元年（一一三五）十一月、同年十二月の宣旨を、諸司寄人側からは、内蔵寮御櫛生が保延元年七月、永治元年（一一四一）十月、大膳職陶器寄人が大治四年（一一二九)十二月、保延五年(一一三九)九月の宣旨を証文として提出した。これらは官長者小槻師経によって官文書中の案文と比校されているが、このとき内膳司からも「康和宣旨」が提出されており、恐らくこれは網曳御厨に関する宣旨であったと思われる。師経はこれらの宣旨が課役免否に関わるもので官物率法の証文ではないこと、諸司寄人の場合、正員は三升米という雑事代を免ぜられているが腋(脇)は弁済していることなどを答申、結局官物率法を二寮に尋ね問わるべしとしているが、この相論はその後も長く尾をひいた。

平安末期、それは大歌所十生《としょう》をめぐっても展開しており、正税官物石別三斗の外に在庁が加責する、と訴えた十生の解状に対して、蔵人所牒(表１―９)〔平11・補三五二〕が発せられ、応保元年(一一六一)にも十生は雑事免除を訴え、仁安三年(一一六八)、官宣旨により、十生今良等の名田に臨時雑事・田率課役を課するのを停止、承安二年(一一七二)には十生に対する加徴三斗米と脇住に対する責を停止したとみられる官宣旨が下っている。(99)そこで大歌所は、訴えに対して沙汰のないため、神人・召次《めしつぎ》・大番舎人になるものが多く、「脇住僅《(勤)》役人」が減少すると嘆いているが、正税官物を確保せんとする国衙の加責に対し、権門・官司は寄人を獲得すべく、懸命の努力をしていたのである。

しかしそれは、内膳司網曳御厨供御人・内蔵寮御櫛生・大膳職陶器寄人・大歌所十生供御人、さらには院召次・摂関家大番舎人・春日社神人・東大寺悪僧等々[100]、諸種の権門につながる海民・手工業者から楽人にいたるまでの多様な非農業民の活発な動きそのもののよびおこした状況にほかならない。彼等もそれぞれに給田・免田・名田等を引募り、多くの脇住・間人《もうと》を引きよせ、できうる限り有利な立場を確保すべく動いており、平安末、鎌倉初期の寄人の員数・給免田をめぐる国衙・権門・官司・寄人相互の争いは、そこからおこってきたのであった。網曳御厨供御人が当初の雑免田百六十五町を煩あるにより返上、正治年中、あらためて六十五町の不輸免田を引募ったのも、こうした不安定を克服せんとする供御人の動向の現われであろう[101]。

大歌所預親長が近木《こぎ》郷如法堂の堂舎・田畠を十生貞清の屋敷・田畠であるとして濫妨するようなことも、この時期には充分おこりうることで、中村の所論にも拘らず、この訴訟を裁した承元二年(一二〇八)閏四月日の蔵人所下文(表2―5)は事実を伝えている、と私は考える[102]。そこで如法堂の堂舎・田畠を進退領掌せしめた蔵人所下文が正治二年(一二〇〇)に下ったといわれている点も、さきの正治年中の網曳御厨供御人免田の引募りと関連させてみることができるので、この国の供御人給免田の確定過程に、正治年中という時点をマークすることも可能であろう。

承久の乱はこの一旦の安定を覆えし、多くの紛争を再燃させた。網曳御厨供御人給田に対する地頭の新儀五升米賦課(103)、十生供御人と目代・院使の衝突・刃傷(104)、内蔵寮御櫛生の畠地に対する地頭の検畠(105)等々、多くの争いがおこり、建長八年（一二五六）には大歌所十生、正嘉元年（一二五七）にも網曳御厨供御人、御厨下司職をめぐって紛争のあったこと(106)も知られるが、それらをこえて和泉国の錯綜した状況も、それなりの形を整え終った。近木郷――のちの高野山丹生社領近木荘内にみえる内膳給、召次給・同雑免、院御櫛造給、近衛殿櫛造雑免、御櫛生春米、大歌所十生雑免、同所饗酒料米、御酢免、春日雑免等の給免田(107)は、その行きついた姿をよく示している（表3）。供御人・神人の給免田はこのような形で各荘郷に散在しつつ、それ自体確定した単位となったのである。それとともに供御人の員数もまた定まったであろう。十二世紀、寄人は正員＝正家＝正在家と脇＝脇住＝脇在家に区別され、正在家一にほぼ二～三の脇が属していた。本来、国役を免除されたのは正員のみだったが、鎌倉初期には間人在家の輩は別として、二～三宇の脇在家も免除されるようになった(108)と思われる。「公家新制」によってその作成が指令された供御人交名《きょうみょう》、神人名帳には、恐らくそのような定数に基づく供御人・神人の姓名が記載され、寺社及び国衙・朝廷に保管されたものと考えられる(109)。

このようにして軌道にのった和泉国の諸種の供御人に与えられた特権の実態については、御櫛生供御人に即して後述するが、これまた令制の網曳にその古い起源を持つ網曳

表3　和泉国近木荘の給免田

	領家方 給(除)田	領家方 雑免	地頭方 給(除)田	地頭方 雑免
春日社	(反)五・三〇〇	(反)六〇・〇	(反)四・六〇	(反)四五・〇
馬上免	八一・一八〇			
熊野王子	一〇・〇			
淳和院	六〇・〇		一四・一〇〇	
如法堂	二〇・〇			
召次	三四五・〇	二一〇・〇	三八・一六〇	
院御櫛造	七〇・〇		三三・三七〇	
近衛殿櫛造		三四〇・〇		一〇〇・〇
内膳(供御人)	一三五・〇		一〇八・三〇	
御酢免	三〇・〇		一九・三〇〇	
大歌所十生		三五〇・〇		
預所	一〇・〇		公文四五・〇	
刀禰	四〇・〇		六〇・〇	
番頭	二四・〇		一五・〇	
職事	一〇・〇		九・〇	
散仕	一・〇			
御櫛生春米	(石)二五・八六九			
大歌所饗酒料米	三一・七六			
吉祥寺僧供米	〇・七八			

『高野山文書之六』又続宝簡集八十二、一四七三号、永仁三年八月十三日「正応五年近木庄領家方正検田目録案」、同一四七六号、応永二十九年十月日「近木庄領家・地頭方散用状案」により作成。

御厨の内膳供御人が、内海を中心に漁撈上の特権を含む自由通行権を保証され、広範囲にわたって駆使していたとする推定は、後年の佐野浦漁民の驚くべき広範かつ活発な活動ぶりからみても間違いないものと思われる。[110]そしてそうした特権は、これらの海民的な供御人のみならず、山野の民、手工業民を含む供御人・作手についても明証できるのである。

E　精進御薗供御人　令制下、園池司に属し、「蔬菜樹菓」などを栽培していた山城・大和などに散在する園地は、寛平八年(八九六)、内膳司に所属、[111]「供御雑菜」を貢進するようになっているが、[112]おそくとも十一世紀半までには御厨子所の所管となり、一括して精進御薗《しょうじんみその》といわれたものと思われる。その史料上の初見は、「大谷氏所蔵文書」の御厨子所公人等重訴状案に付された具書の中にみえる「精進御薗検校職事」に関わる長元八年(一〇三五)十一月廿一日の御厨子所符であり、すでにこの御薗に検校職の置かれていたことが判明する。

とすれば『扶桑略記』延久元年(一〇六九)七月廿二日条に「令御厨子所預始供精進御菜」といわれているのは、むしろ預による御薗の管理が定まったことを意味すると考えるべきであろう。その点で延久の新政は精進御薗に即しても、一つの画期であったものと思われ、令制の園戸の流れをくむ人々が供御人となり、永治元年(一一四一)十二月六日の御厨子所符によって明らかなように、さきの検校職にかわって、惣官職により供御人が統轄される形ができるのは、みなこれ以後のことと思われる。

一方、『吾妻鏡』元暦二年(一一八五)三月二日条には、内蔵寮領山城国精進御薗について、給人景清の妨を停め、刑部丞信親に領掌せしむべし、と頼朝が下知を下したという記事がみられる。この御薗が山城にあったこと、すでに内蔵寮がそれを支配下に収めていたことなどを、この記事によって確認することができるが、ここにみえる「給人」の立場についてはは明らかでない。あるいは景清を御薗の土地に即して補任された人、信親を内蔵寮側の人とみることも可能と思われるが、供御人の組織とは一応別個の系列の問題と考えるべきであろう。

その供御人自体がはじめて姿を現わすのは、『明月記』建暦二年(一二一二)八月十四日条の記事である。この日、山城国で前の年に八幡神人を殺害したのが精進御薗供御人であるとして、神人たちが訴えているのであるが、この供御人は「鳥羽御所侍」とも称していたといわれている点、供御人の実態を考える上でも注目すべきであろう。供御人は、一方では「侍」と称するほどの人だったのである。

この御薗がその後も内蔵寮領であったことは、元弘の同領目録に「山城国精進御薗惣官職女従猪熊見参料二十貫文弁之」という記事によって確認することができる。そしてこの御薗供御人の惣官職が内侍所の下級の女官《にょかん》、女嬬《にょじゅ》によって相伝されていたことも、この記事と、「大理秘記」乾元二年（一三〇三）二月十日条に「聴断精進御薗惣官職事」とあり、光清と女嬬の相論について、「光清無相伝由緒」と裁定、女嬬猪隈に勝訴の判決を与えた評定の記事がみられる点とをあわせ考えれば、間違いない事実といってよかろう。この供御人を統轄した惣官は女性だったのである。

精進御薗供御人が御厨子所に属していたことは前述した通りであるが、こうした惣官職をめぐる相論にも、あるいは、さきに粟津橋本供御人に即してみたような、内蔵寮と御厨子所との、供御人の支配をめぐる争いがからんでいたのかもしれない。

この供御人の活動状況を知りうる史料は、未だ管見に入っていないが、恐らくこれと重なるとみられる供御人に関する文書は二通ほど見出すことができる。

その一通は「兼光卿記抄紙背文書」(114)中の左の折紙の文書である。

内御厨子所御精進唐粉沙汰□(人)中原末弘言上

永可被止閇女交易妨事

右唐粉供御人者、内御方□(御)厨子所之外、更無之、何□何御方ニ被諍立哉、而□(近)年甲乙不当輩、或号□家御乳母御沙汰、或称□(法)親王御方、或募　殿下御□　□骨張緯為新儀之□、自公家御方被申子細□、皆以被停止畢、更無□(異)□儀、就中左兵衛督家□

□頭御時、称内乳母□作手、雖中入子細、被□対両方之日、不及一口之□論、令閇口畢、今又閇女□法親王供御人之条、□（未）曾有事也、院宮及□法親王御方□列座、被召上供御事、先例更無之、御用之時者、以□御作手等座交易所被売買也、東一条院（藤原立子）中宮御時、為民部大夫久直朝臣奉行、被□　□御方□、是不□　□閇女中状被執□　□彼御方内裏一所御時、雖被申請、更不被立之、其後又以兵衛尉忠氏雖被触申、自□条御方被申子細之時、被放弃畢、雖一所被免除交易者、諸方皆□可蜂起、早可被停止□□新儀結構、近日始□　□親王供御人恣□　□永為被停止新儀、言上如件

これは鎌倉初期、貞応前後の文書と推定され、天地が切れているため、文意の通じ難いところもあるが、内乳母・法親王家・摂関家などが供御人・作手の支配をめぐって競合、供御人・作手の中にもこれに呼応する動きのあったことを、よく物語っている。これに対し精進唐粉供御人沙汰人中原末弘は、この供御人が御厨子所に属していることを強調、院宮・法親王などが供御人・作手からその生産物を徴納するときには、交易売買によるのが例であると主張し、「閇女」――刀自女たちの交易の妨を止めてほしいと訴えたのである。[115]

麩（からこ）の交易に携わるこの供御人がさきの精進御菌と直結するかどうか、なお疑

問は残るとしても、御薗供御人と不可分の集団として、御厨子所預の支配下にあったことは、推定してまず間違いなかろう。注目すべきはさきの粟津橋本供御人と同様、この供御人も女性であった点で、女商人はこの分野でも活動していたのである。そしてこれが精進御薗とつながるとすれば、その惣官が女嬬——女性であったことも、これとよく対応しているといわなくてはならない。

精進供御人に関わる他の一通の文書は、「勘仲記紙背文書」に見出される鎌倉中期の御厨子所番衆等申状（折紙）(116)である。ここで番衆たちは、大和の辰市などに根拠を持つ蒟若《こんにゃく》供御人(117)が、多武峯御墓守と称して供御を備進しないと訴え、嘉禎年中の例をはじめとする数々の先傍例によって、御厨子所の下知に従うべきことを主張しているが、注目すべきは、そこに「去文永年中、菓子供御人等不従本所成敗、称日吉神人致濫妨之刻、雖為神人於致交易者、可従御厨子所之旨、被下　院宣幷貫首御教書之間、被解却神人職、被召出使庁畢」という前例があげられている点である。

これは粟津橋本供御人に即して前述した通り、この時期、諸方の権威を求めて動き出した供御人たちの動向を示す一例にほかならないが、恐らくはこの問題を直接の契機として、そうした動きを抑制すべく発せられたのが、「三条以南魚鳥精進菓子已下交易輩」に対する御厨子所預の支配を再確認した文永十一年（一二七四）のさきの蔵人所牒であり、引用されてはいないが、番衆たちがここで御墓守と号する蒟若商人を供御人とみなし、御厨子所進止と主張する上で、この牒が重要な拠り所となっていることは間違いなかろう。

とすれば、蒟若供御人はおのずと精進を交易する輩——精進供御人の一分枝ということになろう。また「三条以南」というさきの牒の文言が決して洛中だけに限定されず、大和までも含むきわめて広い範囲を意味していたことも、この事例によって明らかとなるので、そこには諸国を往反する交易の輩のすべてに対する御厨子所——天皇の支配権の主張が潜在しているとみなくてはならない。

このほか精進供御人に含まれる人々として、元弘の内蔵寮領目録に見える蓮根供御人をあげることができよう。唐粉供御人の場合と同様、蒟若・蓮根供御人も精進御薗との関係は明らかでないが、恐らく粟津橋本御厨と六角町四宇供御人との関係に、これを比定することができるのではなかろうか。

F　栗栖と供御人　宇治の奥の田原御栗栖《みくるす》(118)、丹波国の御栗栖は、いずれもきわめて古い起源をもつ栗栖であった。『延喜宮内省式』の諸国例貢御贄、『同大膳職式』の諸国貢進菓子の中で、山城は平栗子、丹波は平栗子・搗栗子・甘栗子を進めることとされているが、これはこの栗栖から貢進されたものであろう。

『西宮記』によると、「田原御栖長」は官符により、「丹波御栖司」は蔵人所牒を以て補任されることになっているが、延久年間までには田原御栗栖も蔵人所の支配下に入ったものと思われる。延久三年(一〇七一)、この栗栖の寄人山背友光の作手畠弐段をめぐる紀貞則との相論は、蔵人所下文[119]によって裁決されており、天永四年(一一一三)閏三月一日の友光の子山背友武の、相伝所領に対する友則の子貞次の押作を訴えた解文[120]は、蔵人所の裁定を請うているのである。

御栗栖司の統轄下に、刀禰《とね》に率いられた寄人たちは、すでにその作手田畠を相伝しているのであるが、この御栗栖司は永長元年(一〇九六)には栗栖預といわれている。この年六月四日、近衛府生清任が蔵人所によって預に補任された[121]が、やがてこの職は、同じく近衛府の官人で、舞人の家として知られる多《おお》氏に世襲されるようになった。

永暦元年(一一六〇)十一月十五日、田原供御所沙汰人多忠節は、甘栗三十籠を蔵人頭の許に進めている[122]。五節のとき、頭に甘栗を進上するのは慣例になっていたようで、翌応保元年(一一六一)十一月廿一日にも同じことが行われている[123]が、注目すべきは、永暦のときに甘栗を持参した人が「供御人」といわれている点である。栗栖が供御所になるとともに、寄人もまた、このころまでに供御人とよばれるようになっていた。

田原甘栗供御所ともいわれたこの供御所預は、建永元年(一二〇六)には、忠節の子忠成からその小童に伝えられており、[124] 恐らく多氏に長く相伝されたと思われるが、このように田原栗栖が蔵人所の支配下にあって、近衛府の下級官人が預職となり、とくに楽所舞人多氏が供御人を統轄している点に、とくに注意を向けておかなくてはならない。

しかもこの供御所は、単に甘栗のみを貢進していただけではなかったようにも思われる。十二世紀半ごろ「炭焼長者千福法師」が田原供御所と関わりを持っていたとみられるので、[125] この供御人が炭焼を兼ねていた蓋然性は大きい。実際、すこし降って、弘安九年（一二八六）、石清水八幡宮田原神人が平等院の番衆・釜殿によって薪を点定されたとして訴えており、[126] この地には炭・薪等を権門寺社に貢進する人々が多かったのである。

平等院末寺禅定寺寄人も同様の人々であったが、栗・炭だけでなく、香もまたこの人々によって進められており、[127] 東北院領田原荘も年貢として香を備進している。[128]

そしてよく知られているように、田原の地には勧学院領田原荘もあり、藤原頼長領で没官後に後院領となった田原荘、さらに富家殿領もあった。[129] 摂関家はこの広大な山に大きな支配権を及ぼしているのであるが、しかしそれは恐らく、天長年中、この山野を禁野とした天皇の支配[130]にその淵源を持つと見るべきであろう。

事実、甘栗供御所のみならず、天皇直領もこの地には少なからず存在していた。奥山田御稲田供御人については周知のところであるが、[131] 注目すべきは田原荘内に隼人《はやと》司領が存在していたことで、岩本次郎はこれを宇治の網代、隼人司竹園徭丁田とを結びつけ、隼人の居住を推測している(132)。

このように、天皇・摂関家の支配下におかれた田原の山野には、隼人を含む山民の集団が広範に活動していたとみなくてはならないので、甘栗供御所の供御人もまたもとよりその中の一集団であった。そして「風俗歌儛」を奏する隼人、五節に甘栗を貢進する供御人、それを統轄する舞人多氏という関連を辿ると、あるいはこの供御人を隼人そのものと重ねてみることもできるかもしれないのである。

丹波御栗栖の場合にも、これとほぼ同じような状況を考えることができる(133)。応保元年（一一六一）九月九日、丹波甘栗御薗から栗一荷が蔵人所に送られていること、文応元年（一二六〇）九月、大嘗会《だいじょうえ》に関して丹波甘栗御薗役が問題になっている点(134)からみて、この栗栖も平安末期以降、甘栗御薗とよばれるようになった。

元弘三年（一三三三）の内蔵寮領目録に現われる栗作保は、恐らくはその流れを汲んでいるのではなかろうか。大分時期は降るが、明徳三年（一三九二）九月、蔵人所丹波国栗作御薗供御人等が、栗商売のために出京したところ、路次西七条において、「新座の輩」である「山科殿御使幷御厨子所使」のために、先例のない「栗駄別荷物用途」を賦課され、腰刀を奪い取られたとして訴えている(135)。これは、「蔵人所一円進止」であった甘栗御薗供御人――本供御人に対し、内蔵寮――御厨子所の支配が新たにおよび、そこに「新座の輩」――新供御人が成立していたことを示しており、元弘以前――恐らくは鎌倉前期に、菓子供御人に対する御厨子所の支配の延長として、この御薗供御人に対しても、その手が伸びたものと推測される[136]。栗作保が内蔵寮領となったのは、その結果であろう。丹波栗供御人が、小野尻・葛野・牧山・栗作・佐伯・篠村など、かなり広い範囲に散在していたことは、『山科家礼記』文明九年(一四七七)九月の記事によって明らかであるが[137]、こうした散在する供御人の給免田を軸に成立したのが、この保であったと思われる。

とすると、まず遡って、長寛二年(一一六四)十二月の野口牧下司住人等解[138]によって、この牧の「東方御牓示最中」に、若栗・干栗を貢進する殿下御領栗栖のあったことが注目されよう。これはさきの供御人の分布する地に近接しているとみられるので、この場合も天皇直領と摂関家領との深い関わりを推測することができる。

そして、岩本次郎が詳述しているように[139]、供御人の根拠の一、佐伯の地には、やはり隼人保があったのである。移配された隼人と栗栖とはここでも無関係ではなかった。

こうした点をさらに追究することは今後の課題としなくてはならないが、しかしさきの明徳の事件を通して、丹波栗供御人が諸関を自由に通行しうる特権を保証されていたことは明らかであり、山城の田原供御所の供御人の場合も同様と見てよかろう。それは当面、この人々が供御人の称号を与えられた平安末期以来のことであったと思われるが、その古い淵源が、栗栖と天皇との関係にまで遡りうることは、やはり認められなくてはなるまい。

一方、逆に降って、室町期の京の丹波屋は、小野晃嗣・脇田晴子がすでに注目しているように、丹波栗供御人の統轄者の流れを汲む家だったのである[140]。

G　御櫛生供御人　『延喜内蔵寮式』の雑作手の中にみられる造御櫛手にその起源を持つ御櫛生は、すでに言及した通り、平安末期には、諸役免除の宣旨を与えられ、和泉国近木郷に根拠を持つ内蔵寮御櫛生として現われる[141]。五節の櫛はこの人々が献じたのであるが[142]、貞応三年(一二二四)、地頭の検畠停止を申請した御櫛生の申状によると、その畠地の所出は神今食《じんこんじき》御櫛油用途に充てられることになっていた[143]。

このような御櫛生だけでなく、近木郷には院御櫛造・近衛殿御櫛造もおり、表3にみられるように、それぞれ春米・田地などを給与されていたのである。ここでも天皇・院・摂関家の支配は重なって現われるのであるが、後述する供御人のあり方からみて、近木の櫛造の集団は、この三者に兼属していたものと思われる。

こうした櫛造の給免田やさきのような畠地を中心に成立したのが、近衛家領御櫛造[144]や

年月日未詳，蔵人所牒案，香取田所文書
（公益財団法人東洋文庫所蔵）

内蔵寮領近木保であった。元弘の同領目録によると、この保は六月・十二月の十一日に、櫛二十束ずつを貢進することになっている。

一方、御櫛生が供御人といわれたことは、『高野山文書』の鎌倉末期の文書とみられる年未詳六月五日、東寺長者御教書案に(145)「内蔵寮和泉国近木御櫛生供御人」とある点から明らかであるが、その活動の実態は、「香取田所文書」(146)中の鎌倉後期の文書と推測される蔵人所牒(表1―27)の断簡によって知ることができる。後藤紀彦の発見したこの文書については、別の機会に紹介したが(147)、ここに再掲しておく。

（前欠）

□□□八種品(上)□種色(色物)□□□

□□□商人者被免除市津□

□□之煩、是依為供御人之号□　□□(交)

□（易）私物□（備）御公事之条、往古例□（也）□
□□□（伊勢白）粉唐人・傀儡子等無本□
□諸国七道恣猥売買之余、闇己所業□　□（交）
易御櫛以下種種物等之間、御櫛□□□（生供御）
人等雖加制止、件新儀輩令一味同心□
供御人等之売買、致種種狼藉之条、希□□（代未）
曾有之所行也、因茲御櫛生商沽□
窂籠、新儀猛悪之族随日倍増、厳密□
御沙汰者難《断》。絶向後狼藉、然者□
所業之外、不可致新儀非分売買之□
被下御牒、□（且）止彼狼藉、且欲全御□
□　□諸国□
○後欠

御櫛生供御人が蔵人所牒によって市津における課役を免除され、諸国七道で売買交易に携っていたことは、これによって明白である。

とくに注目すべきは、さまざまなものを売買する商人が市津の煩を免除されるのは

「依為供御人之号」といわれている点で、これはまさしく、供御人の称号を与えられることが、諸国の自由な往反を保証されるための要であったことを示唆しているとみてよかろう。

後藤の見出したこの文書の物語るところは、もとよりこれにとどまるものではない。すでに別に述べたので、ここでは立入らないが、唐人・傀儡子がその「本業」以外に、櫛をはじめとするさまざまな品物を交易し、諸国七道で活動していた事実が明らかになってきたことは、きわめて重要である。[148] 恐らく異国の商人――唐人も、今様を謡い人形を使う芸能民――傀儡子も、諸国往反自由の特権を天皇によって保証されていたのではなかろうか。[149]

唐人が薬を売買していたことは、後述するように、ほぼ間違いないところで、その中世におけるあり方、活動の実態を研究することは大きな課題である。またこの傀儡子の事例は、諸種の芸能民――遊女・白拍子・獅子舞・猿曳・琵琶法師等々の人々も、その広域にわたる遍歴を公的に保証されていたとする推定に道をひらくものといえよう。とすると問題はさらに大きくひろがるが、それを究明するのは後日を期すこととし、ここでは手工業民の事例をさらにいくつかあげることとしたい。

H　燈炉供御人　この供御人――鋳物師についての詳細は、名古屋大学文学部国史研究室によって刊行された『中世鋳物師史料』[150]及び第三部に譲り、当面は論旨の展開に必要な点のみのべるにとどめておく。

偽文書として疑われてきた鋳物師の文書にも、真正な文書があるとする豊田武の前述の論旨[151]は、なによりも三浦圭一によって紹介された「民経記貞永元年五月巻紙背文書」の日吉社聖真子神人兼燈呂《（炉）》貢御人幷殿下御細工等解（鎌6・四三一七）により、強力な支えを見出すことができる。この文書は建保三年（一二一五）～貞永元年（一二三二）の間の文書であり[152]、仁安三年（一一六八）、広階忠光が始めて貢御人（＝供御人）を立て、惣官職に補任されたこと、この供御人集団は日吉聖真子神人を兼ね、殿下御細工でもあり、「趣諸国七道、以廻船荷付于泉州堺津」という活動をしていたこと、供御人としての彼等鋳物師は蔵人所に属していたことなど、きわめて貴重な事実を伝えている。

廻船鋳物師といわれた燈炉供御人の一集団の成立過程も、これによって明らかになるが、それだけでなく、この場合も供御人に対する天皇と摂関家の支配が重なり、さらにそこに日吉社も加わっていることに注目しておかなくてはならない。と同時に、これは供御人が権門・寺社の寄人・神人を兼帯しえたことを示す早い事例であり、こうしたあり方は、少なくとも平安末期までは確実に遡りうるとみてよかろう[153]。

燈炉供御人は後述するようにこの集団のみにとどまるものではないが、それに関連する左の「勘仲記自永仁元年十二月巻紙背文書」(鎌22・一六六八二)を加えるならば、これまで鋳物師に伝来した各種の文書の一部に対して抱かれていた疑惑は、もはや完全にけし飛ぶ、といっても決して過言ではなかろう。この文書は恐らく正応四年(一二九一)から翌年、勘解小路《かでのこうじ》兼仲が蔵人頭であった時期に入手したもので、そのころのものと推定される。

蔵人所左方燈炉供御人兼東大寺鋳物師等重言上
欲早任播磨国福泊嶋勧進行円上人御坊契約、停止過□(分)沙汰、且可糺返点定物等由、
重被下　綸旨、艘別津□(析)事
副進
一巻七通　宣旨・御牒・関東将軍家政所御下文案但先進□(畢)
　被免除諸国津析例物由事
一通　讃岐国善通寺修造析艘別銭免除状案
二通　院宣并国司請文案平野社造営会坂□(関)析免除事
一通　内蔵寮御下知案同東口津析事
一通　綸旨案
□(右)当供御人者、

□条院御宇永万年中被建立以降、忝賜　宣旨・御牒□(并)関東将軍家政所御下文等、停止五畿七道市津関渡津料山手□□(例物)之煩、致売買交易、令勤仕蔵人所恒例臨時御公事者□□(先例)也、而称播磨国福泊嶋築料□□□□□(背)傍例、令煩供□(御)人之間、訴申子細之処、被下　綸旨畢、仍年預帯彼　綸旨右□、行円上人御房問答之□(刻)、上人返答□(云)、件津料□□□(者)一艘□三百□□□二百□□□百欠○後

ここでも東大寺鋳物師を兼帯した蔵人所左方燈炉供御人を確認しうるが、自らを永万年中(一一六五〜六六)に建立されたと主張するこの左方供御人は、じつは前述した仁安三年(一一六八)に建立された廻船鋳物師の流れを汲んでいる。その理由について立入ることは第三部にゆずり、[154] いま当面の問題に即してみれば、この供御人——鋳物師もまた、「五畿七道市津関渡」において、「津料山手」等の煩なく売買交易をなしうる特権を証明する七通の「宣旨・御牒・関東将軍家政所御下文案」を保持し、艘別銭・津料を免除されて瀬戸内海で活動しており、いままた播磨国福泊嶋の築料として徴収されている艘別津料の免除を要求していることに注目しておかなくてはならない。ここで彼等が提出した牒として、さきの仁安・建暦・貞応のそれをはじめ、表1に掲げた牒のいくつかを加えたものを考えることは自然なことであり、諸国の鋳物師に伝来する二種の建暦二年(一二一二)九月十三日、将軍家政所下文をもって、この下文案にあてることも、決して

無理なことではない。そしてこのような観点から、いま一度、建暦の下文を見直してみるならば、二、三の伝写の誤りは見出しうるとはいえ、これを「偽文書として甚しい拙作」として却けることは、私にはどうしてもできないのであるが、いかがであろうか。

そして、もしこの見方が認められるならば、これまで偽文書として捨ててかえりみられなかった「能登中居鋳物師伝書」の一部の牒や山口県文書館収集文書によって知られた「安尾家文書」、疑いを抱かれていた「阿蘇品保夫氏所蔵文書」、片山清が紹介した「丹下氏古文書」等は、いずれも中世における諸国の鋳物師——蔵人所左方及び右方燈炉作手の活動を伝える貴重な文書として、当然、復権されなくてはならないもの、と私は主張したい[155]。「真継文書」中にも表1にあげたような文書があり、現在も偏見のなかに埋れた史料は全国になおいくつかはあるのではなかろうか。これらはすでに『中世鋳物師史料』で紹介したので、ここでは生魚供御人・栗作御薗供御人・御櫛生供御人などと同様、市津泊関渡等を自由に通行し、売買を営みうる特権を天皇の名によって認められた手工業者の一例を加ええたことを確認するにとどめておきたい[156]。すでに柳田国男をはじめ多くの民俗学者によって注目されてきた、漂泊する鋳物師と、この五畿七道を往反する燈炉作手とを直ちに重ね合わせることは、やはり短絡というべきで、そこにはなおいくつかの媒介項が必要であろう。しかしここに、これまでの民俗学の成果と文献史学とを結ぶ重要な環の一つがあることだけは間違いない。しかもそれはこれだけにとどまらないのである。

I　檜物作手　「弁官補任紙背文書」貞応二年(一二二三)三月日、蔵人所牒(表1―15)〔鎌5・三〇七八〕は前欠であるが、恐らくは納殿御書櫃檜物沙汰人時国の解状に応じて発せられたもので、「国司領家地頭神人等濫妨幷路次往□□(反之)煩」を停め、「諸国散在□□(檜物)等、打屋形、垂交易、一向遂其芸、可造進□(納)殿御書櫃」ことを保証している。[157] その翌々月、恐らくこの時国の子息とみられる清原時宗が、摂津・河内両国在庁官人にあてた蔵人所下文[158](表2―6)によって、同沙汰人職に補任され、同じ時、院別納所下文によって檜物御作手兄部職に補任されている。[159] 諸国散在の檜物師を統轄したのは、多分河内・摂津に根拠をもつこの人物だったのであろうが、この檜物作手が保証されていたのも、さきにのべた燈炉作手と同じ特権だったことは、これによってほぼ明らかである。

そしてここに見られるように、同一の人物が納殿御書櫃檜物供御人と、院檜物作手の統轄者になっている点からみて、さきの燈炉供御人と同様に、檜物師の集団が供御人と院作手とを兼帯していたことは明らかであろう。

J　地黄御薗供御人　豊田武は鋳物師についての前掲論稿[160]で、薬売もまた鋳物師と同様、元慶二年三月十日の年紀をもつ綸旨様の偽文書を所持し、諸国の市・園での自由な売買を認められたと称している事実に注目している。この元慶の「綸旨」が紛れもない偽文書であることは明らかであるが[161]、これまでの諸例を考えてみると、これをただそう断じ去ってかたつけるのではすまない問題がそこにあるといわざるをえない。

その観点から史料を探索してみたとき、すぐ目をひくのは、薬売所役の免除を認めた文安五年(一四四八)十一月十六日、室町幕府奉行人連署下知状[162]であり、薬売のさきの特権が室町期に認められていたことは、これによってほぼ確認することができよう。しかし、これもいまわれわれの目にふれるものは写であり、その真偽を疑うこともできないわけではない。

ただ元慶の偽綸旨の中に「於座一町者唐商可為計者也」という文言があり、「唐人座」を統轄する越前の橘屋に、全く同文[校注四]で嘉吉元年六月十七日の年紀を持つ文書が伝わっているところをみると[163]、これがさきにふれた唐人の売買交易の一端に関わる蓋然性はきわめて大きいといわなければならない。また『康富記』に記された嘉吉二年(一四四二)四月廿九日の諸薬商売千駄櫃中に充てた施薬院使丹波盛長下文も、これに関連するのかもしれない[164]。

これらの問題についてはさらに後考を期したいが、少なくとも薬売の文書がみな偽文書ではないかという疑いに対しては、「民経記紙背文書」にみえる承久二年(一二二〇)

四月二十一日、典薬寮地黄御薗供御人等解によって答えることができる。[164] そこで彼等は「仁明天皇御宇、承和年中」に始めて置かれたと自らいっており、それ以来、諸役を免ぜられて「良薬之供御」を備進してきた、とのべているのである。薬売のすべてではないにせよ、その一部である地黄煎売がこの供御人の流れをくむ人々であったことは、これによって明らかといってよかろう。

この典薬寮供御所地黄御薗が摂津国にあり、「年首屠蘇白散」等を備進していたことは、仁安二年(一一六七)十二月十日、典薬寮解[165]によっても知ることができるが、乾元二年(一三〇三)ごろ、この御薗は和泉国地黄御薗ともいわれており[166]、供御人の免田畠は摂津・和泉にわたって散在していたものと思われる。これはなにも不自然なことではなく、すでに大江御厨についても確認されていることであり、さきの栗供御人の場合も同様であった。むしろこのような御薗の田畠の散在の事実から、大江御厨供御人の場合と同様、この供御人も、ある時期まで移動生活をしていたと推測することが、かえって可能になってくる。

だが、あるいはこの供御人の言う「承和年中」の設置という所伝について、疑いを抱く人々もあろう。その疑問には『三代実録』の記事が解答を与えてくれる。元慶四年(八八〇)八月六日条に、これよりさき貞観十九年(八七七)二月十五日、和泉国をして徭二十人を「清和院地黄園」に充てさせることにしたのを、このときそれに十人を加え、三十人にしたという記事がみえ、また、さらに遡って貞観二年(八六〇)十二月二十九日、六十三歳で卒した従五位下行内薬正大仲朝臣虎主の伝に、虎主が天皇の命で、地黄煎を作る処に行ったときの話がのせられている。とすれば、この園は貞観二年よりも前に、すでに設置されていたことになり、それを「仁明天皇御宇、承和年中」と考えて、なんの不自然もなかろう。また、この「地黄園」が三百年ののち典薬寮供御所地黄御薗として現われること、その徭丁三十人が典薬寮供御人の前身であることも、まず疑う余地はあるまい。

そしてこの供御人は、さきの文安の下知状を与えられた薬売と直接つながらぬとしても、さらに三百年を経て、天正六年(一五七八)四月五日、綸旨を与えられた「地黄煎商売」のものに結びつくことは間違いない。[167]とすれば、この間に、典薬寮供御人の自由通行、交易権を認めた文書の存在を想定、探求することも、決して実りのない努力ではなかろうと思われる。[168]

ここで、直ちに想起されるのは、誰もが身近に知っている、あの親しみ深い巡廻の薬売のことである。もしも、ここで試みた溯及が認められるならば、その根はまことに深いものがあるということになろう。鋳物師の場合と同様、民俗学と歴史学の谷間の深いくらがりに達する道の一つは、ここにも存在しているのである。

K　轆轤師　ここまでくれば、余りにも著名な偽文書をもつ木地屋について語ることが可能となろう。その興味深い民俗について注目されてからすでに長い年月を経ているが、(169)いまなおほとんど歴史家の真剣な研究の対象とはなってこなかった。だが内閣文庫に蔵されている「轆轤師文書」と題する一冊の写本(170)の中に次の文書を見出すとき、われわれの怠慢はもはや許し難いものとなろう。

轆轤師内木小太郎事、御物之引物依令調進、他国往反時、諸関渡不致其沙汰旨、被聞食訖、去任永正十六年十月二日御下知之旨、弥不可有相違之由、所被仰下也、仍下知如件

永禄六年五月十九日

左衛門尉藤原(花押影)

左兵衛尉神(花押影)

この室町幕府奉行人連署下知状が、さきの諸国往反の自由通行権を与えられた諸種の供御人に伝来する下知状と全く同質のものであることは一目瞭然である。まだたぐりえていないが、御物の杓子・引物を備進する轆轤師は、恐らくは非常に古くからあったに相違なく、彼等もまた関渡における自由通行、交易権を天皇の名において保証されてい

たとする推定は、私には確実なことと思われる。注目すべき点は、この内木小太郎[171]に下知すべき立場にいたのが、戦国期、伯家白川氏であり、同家は「御大くしきこうせん」[172]を轆轤師から徴する、いわば鋳物師に対する真継氏の立場に立っていたと思われる。近世、木地屋と神祇伯との関係が密接だったことはよく知られた事実であるが[173]、その根は恐らく非常に根深いものだったにちがいない。

L　水銀供御人　水銀供御人については、すでに豊田武が言及しているが[174]、『延喜内蔵寮式』に「水銀小四百斤伊勢国所進」とあるのをはじめ、『小右記』寛仁二年(一〇一八)十一月一日条の「伊勢水銀公私所用之物、至彼所出郡不被奉寄」という記事、さらに『今昔物語』[175]に伝わる伊勢に往復して蓄財した京の水銀商の話や、伊勢国飯高郡の水銀を掘る下人の話などによって明らかなように、伊勢の水銀は古くから天皇直領であったと思われる。

建久六年(一一九五)九月廿一日、二所太神宮神主は、水銀寄人の濫行停止を命じた先例として、保元・応保宣旨案、仁平元年(一一五一)の院庁下文案、保元二年(一一五七)の関白家政所下文案などを副進しつつ、寄人藤井国遠が神郡に乱入、御麻生薗神人御膳持丁安光を凌轢したと訴えており[176]、「水銀御作手」ともいわれた寄人の集団は、おそくとも十二世紀半までには成立していた。

その副進文書の中には関白家政所下文が見られるが、この国遠自身、殿下貢銀収殿別当の統轄下にあり、建仁元年（一二〇一）八月、景弘遺財について訴えた水銀御作手則真の解状も「摂政殿下御教書」によって、祭主に進められている[177]。これらの点からみて、この寄人集団の中に摂関家に属する作手・寄人のいたことは間違いない。

また一方、さきの文書の中には宣旨、院庁下文もみられるが、『経俊卿記』正嘉元年（一二五七）四月十九日・同五月一日条などによって、細工所の統轄下にある水銀供御人兼永の存在が確認され、「勘仲記紙背文書[178]」にみられる四疋田村有司職、東西雨谷漑水奉行職を相伝する伊勢国黒坂御薗貢御人息長真永もまた水銀供御人とみてよかろう。この供御人が丹生山に根拠を持ち、「丹生水銀惣奉行」に統轄され、内蔵寮に属していたことについては、すでに荻野三七彦[179]・豊田武の指摘する通りである。

とするとここでもまた、天皇と摂関家が重なって水銀作手を支配していることになる。ただ、さきの真永の相伝所領に濫妨した正近が「水銀座人の威を仮り」と非難されている点にも注目すべきで、漑水奉行と水銀座人、水銀惣奉行と水銀商人の間に矛盾のあったことも見逃すわけにはいかない。

それがどのように展開し、やがて伊勢白粉売として知られるようになっていくのかについて立入るだけの力をいまは持たないが、ただここに注目しておきたいのは、こうした鉱山の多くが天皇支配権の下におかれていることである。

摂津国採銅所が、長暦元年（一〇三七）、神奉賢が銅・紺青・緑青三種を備進してから供御所として建立され、奉賢の子孫を預——奉行とし、官務小《お》槻《づき》氏の渡領となっていたことも、すでに豊田によって明らかにされた通りであるが(180)、大和国金剛砂御薗も古くから蔵人所の支配するところであった(181)。

中世、そうした鉱山の寄人は、やはりその産物を売買交易し、恐らくは供御人としての特権を保証されたであろう。事実、室町期にいたるまで前者を源流とする銅間公事・絵具公事などは官務家の得分とされ、後者もまた蔵人所出納中原氏の支配下におかれていたのである。

このように鉱山が天皇直領となっていることは、天皇の支配権について考える場合、重要な事実といわなくてはならない。はるかに降って、天皇の実質的な権力が全く失われた戦国期、石見銀山が禁裏料所とされたことも、こうした背景を無視しては理解し難いといえよう。

M　小野山供御人　洛中における炭・続松の販売に携わり、やはり関所等の自由通行権を保証された山城国の小野山供御人については、その概略を明らかにした奥野高広の研究を、精密に検討し直した上で、供御人を統轄した伴氏に焦点を合せて追究した千村佳代・鳥居和之・中洞尚子の共同研究[182]があり、ここにつけ加えるべきことはない。

ただ、この研究によって、主殿寮年預職を世襲した伴氏の一流が、鎌倉の鶴岡八幡宮神主職になっていること、供御人と伴氏の間の矛盾、伴氏一族の対立が、官務小槻氏の相論、さらには大覚寺統・持明院統の対立にまでつながっていること、主殿寮の年預職――職の体系と、主殿少允――令制官職との関連などが詳細に明らかにされた点は、大きな収穫といってよいと思われる。

さきの田原供御所の預となった多氏の一族が、鎌倉幕府に仕えたことは周知のところであり[183]、六角町四宇供御人を建立した御厨子所預紀宗季は、九条家の家司、政所別当である一方、摂津国吹田荘下司であり、鎌倉殿御家人でもあったのである[184]。これについては、付論1でも若干言及するが、供御人を統轄したこのような下級官人級の人々の動向、その性格については、中世の国家機構の根底に関わる問題として、研究の余地がなお広くひらけているといわなくてはならない。

N　その他

以上のほかにも取り上げるべき供御人は少なくない。鵜飼――桂供御人、河内国大庭御野供御人、大江御厨供御人については後章で言及し[185]、酒麹売《しゅきくうり》供御人、伊勢・志摩の蔵人所供御人、図書《ずしょ》寮に属した紙売[186]に関しては別稿でふれたが、御厨子所に属した黄瓜御薗供御人・菓子供御人、福尾猛市郎がすでに追究している氷室供御人[187]、

表4　供御人一覧（○印は、存在の事実のみが知られるもの）

建立天皇	奈良平安	鎌倉・室町	官司	年預	惣官	住国	生業	備考		出典
醍醐	網曳	網曳御厨供御人	内膳司		源氏	和泉	生魚カ	（春日社神人）	（佐野浦漁民）	高野山民経記紙背等
醍醐	江人	津江御厨供御人	御厨子所			摂津	生魚	今宮供御人祇園大宮駕輿丁	蛤売	今宮村文庫八坂神社
醍醐	江人	大江御厨供御人	御厨子所		渡部氏水走氏	摂津・河内				大谷広橋記録紙背
	鵜飼	桂（上下）供御人	御厨子所		（沙汰人）	丹波・山城	鮎・渡船	（嵯峨座鮎酢商人）	桂女	勘仲記紙背
天智	筑摩御厨	粟津橋本供御人	御厨子所	紀氏		近江	生魚カ	粟津座		大谷民経記紙背
		六角町四宇供御人	御厨子所	紀氏	○	近江	生魚	（粟津座）	（女商人）	大谷山科
天智高倉	（筑摩御厨）	菅浦供御人	御厨子所		○	近江	廻船	日吉二宮神人		菅浦
		姉小路町生魚供御人	内蔵寮				生魚			経俊記

	宇治田上網代		（内膳司）		真木嶋氏	山城・近江	（生魚渡船）	上下賀茂供祭人		勘仲記
	（四衛府狩取）	左右衛門府供御人	（蔵人所）	○						経俊記
	鷹飼	鷹飼	蔵人所		（下野毛氏）	河内（交野）		（摂関家御随身近衛府生）		調子
		雉供御人	（御雉所）			近江			（餌取）鳥さし？鳥売	打聞集紙背
		鳥供御人	御厨子所				鳥（鯉）	鳥座		山科
		蔵人所供御人	蔵人所			伊勢・志摩				光明寺近衛
	栖	（甘栗）供御人	蔵人所	多氏		山城（田原栗栖）	栗	（宇治菓子供御人）		山槐記 言継記 山科家礼記
	栖	（甘栗）供御人	蔵人所			丹波（甘栗御薗）	栗	丹波屋	栗売	山槐記 経俊記 山科
		菓子供御人	御厨子所				菓子	日吉神人薗供御人		山科 勘仲記紙背
		小野山供御人	主殿寮	伴氏		山城（小野山・細川）	続松・炭			壬生
		氷室供御人	主水司	清原氏		丹波（神吉等）				三長記

建立天皇	奈良平安	鎌倉・室町	官司	年預	物官	住国	生業	備考	備考	出典
	園戸	精進御薗供御人	御厨子所		○	山城（精進御薗）				大谷 山科
	園戸	蒟若供御人	御厨子所			大和	（蒟若）			勘仲記紙背
	園戸	精進唐粉供御人	御厨子所		（沙汰人）中原氏		麸	麸商人	（女性カ）	広橋記録紙背 東山御文庫
	園戸	蓮根供御人	御厨子所				（蓮根）			山科
		黄瓜御薗供御人	御厨子所			大和（黄瓜御薗）	（黄瓜）			経俊記 山科
		酒麹供御人	造酒司				酒 麹	日吉神人・春日神人・八幡神人	酒屋 麹室	押小路
仁明		地黄御薗供御人	典薬寮			和泉・摂津（地黄御薗）	地黄煎		地黄売	民経記紙背 実躬記紙背
文武		大庭御野供御人	掃部寮			河内（大庭御野）				勝尾寺 押小路
		莚作手	掃部寮			大和・摂津	莚		莚打	三長記
	御櫛生	御櫛生供御人	内蔵寮			和泉（近木保）	櫛	院御櫛造 近衛殿櫛造	櫛引	高野山

		檜物作手	蔵人所		清原氏	河内・摂津	檜物	院檜物作手	檜物師	弁官補任紙背
二条	鋳工	燈炉供御人	蔵人所	惟宗氏 紀氏	草部氏 中原氏	河内	鉄器 鉄物 原料鉄	殿下鋳物師 日吉神人 東大寺鋳物師等	鋳物師	真継 勘仲記紙背
		（轆轤師）	（神祇官カ）				杓子	轆轤師・禁裏御大工・公方御大工	木地屋	賦引付
		陶器寄人	大膳職			和泉	（陶器）			壬生
		深草	内蔵寮			山城	土器	深草供御人		山科
		十生供御人	大歌所			和泉（近木保）	（楽人）			民経記紙背 弁官補任紙背
後三条		御稲田供御人	大炊寮			山城・河内・摂津	米		米売カ	観心寺 師守記
			蔵人所（図書寮）				扇紙	院方細工 唐紙師 新日吉社 十三座 御幣神人	紙売	勘仲記紙背
		織手	内蔵寮（織部司）					殿下織手		山科

建立天皇	奈良平安	鎌倉・室町	官司	年預	惣官	住国	生業	備考		出典
		小南供御人	内蔵寮			大和内侍原	火鉢	火鉢供御人	火鉢売	山科
		水銀供御人	内蔵寮			伊勢丹生山	水銀	殿下作手	白粉売カ	勘仲記紙背
		（金剛砂御薗）	蔵人所	（出納）		大和金剛山	金剛砂			東山御文庫
後朱雀		（採銅所）	太政官	大江氏		摂津	銅・紺青・緑青		絵具売	壬生
		四府駕輿丁						駕輿丁座		東山御文庫

橋本義彦が言及した大炊寮に属する御稲田供御人[188]、小野晃嗣が総括的にとりあげた内蔵寮に属する小南供御人・深草等々[189]についても、追究すべき問題は多く残されている。

さらに大歌所の楽人十生供御人[190]、日次御贄を貢進した四衛府の狩取の流れを汲むとみられる左右衛門府供御人[191]、三浦周行・豊田武が詳細に解明した、「東は小馬の足、西はろかいのとどく程」の通行権を持つ四府駕輿丁[192]などについても、もう一度、考えてみるべき余地があろう。

これらについては、すべて後考にゆだね、一応これまでの事例によって、主題について考えてみることとしたい。

四　供御人の特質

前節の諸例によって、平安末・鎌倉初期にきわめて多様な非農業民が供御人となったことは明らかであろう。もとより精進御薗供御人、御稲田供御人のように、田地・園地の耕作を直接の基礎としている人々もあるとはいえ、彼等が供御人として姿を現わすときには、瓜売・麩売・蒟若売等であり、また米売であったのである[193]。

これら種々の供御人の大部分は、品部《しなべ》・雑戸《ざっこ》の流れをくんでいるが、その系譜は多様であり、一概にはいい難い。ただ、生魚商人、廻船、漁撈等に携わった海民的な供御人の系譜が江人・網曳等の雑供戸、諸国の贄人に連なることは確実であり、恐らくそれは大化前代の海部《あまべ》にまで遡りうるであろう。後述する桂供御人もまた同じく雑供戸の鵜飼に直接の起源を持ち、供御人と似た性格を持つ鷹飼とともに、やはり大化前代に古い源を持っている[194]。

では檜物作手・轆轤師・炭作手・薪作手等の場合はどうか。

注意すべき点は、これらの手工業者がいずれも高度な技術を身につけた人々というより、単純な、多くは木材を原料ないし燃料に使用する人々だった点である。このことと、弥永貞三の注目すべき指摘――狩猟場、雑器・建築の原料、薬品の原料、特殊な食料等を採取する場所としての山林を管理した山部連、実際に狩猟・採取に携わった山部の民についての指摘(195)とをあわせ考えれば、海民の場合と同様、これらの供御人・作手の系譜を大化前代の山部にまで遡らせることは、決して無理な想定ではなかろう。

栗栖の供御人も同様の方向で考えてよいと思うが、ただささきの隼人との関係が認められるならば、それも大化前代につながる新しい問題を提起することとなろう。鋳物師などのように、はるかに古く朝鮮半島から移住した人々に系譜を持つとみられる手工業者の場合を含め、少なくとも、これらの人々を「異民族」という近代的な見方の投影によって理解することは、全く誤りといわなくてはなるまい。一応「異民族」と意識された唐人すら、中世、供御人と同様に扱われていた事実によっても、それは明白であろう。

もしもこうした推定が認められるならば、こうした供御人たちの系譜を具体的に辿ることから、天皇直領、天皇直属軍から狭義の芸能の問題にいたるさまざまな新たな問題が生れてくることになるが(196)、そうした問題はすべて別の機会にゆだね、当面、平安末・鎌倉初期の供御人の実態、その従属関係の特質について考えてみたい。

十一世紀以前、これらの非農業民集団は、特定の根拠地をもっていたとしても、まだ完全に定着することなく、原料、仕事場、交易の場を求めて移動する生活を基本的なあり方としていたと思われる。一般的には寄人といわれたこうした人々の権門に対する関係が、耕地と結びつかぬ人身的な関係だったこと、また中世を通じてみられる彼等の生活のあり方そのものが、この推測を支えている。もとより移動といっても、すべてが漂泊していたわけではなく、少数ではあれ、十一世紀には彼等のなかにも田畠を開発し、特定の国の住人とも開発領主ともいわれる人々が現われており、全体としても、根拠地への本格的定着は次第に進行していた。延久の新政はこのような新たな発展に伴う混乱を克服しようとしたのであり、さきに和泉国に即してのべたような事態が展開したのであった。この間、人的支配関係の整理とともに、おのずとその所属する権門の性格に応じ、供御人・舎人・供祭人・神人・悪僧などの呼称が生れてきたが、ほぼ十三世紀前半までに、新たに確立した体制下におかれるようになった非農業民の実態を供御人を中心にまとめてみれば、おおよそ以下のようになろう。

制度的にみれば、前にふれたように、正員として、ある場合には「短冊」「札」を与えられてその身分を保証された供御人が、個々に二〜三の脇住、さらには間人を従えていることになるが、実態に即していえば、規模の大小はあれ、また必ずしも一箇所に集住してはいないとしても、彼等が集団をなしていたことは間違いなく、むしろその集団の成員たる正供御人、準成員たる脇住、成員権をもたぬ間人という構成を考えるべきであろう。そして成員間には平等原則が明らかに働いており、彼等の保証された給免田は、均等であるのが一般的だったと思われる[197]。集団の首長は、長、長者などとよばれ、ときにはそれ自体が制度的な職《しき》名ともなったが、供御人の場合、集団を統轄する職は惣官職、沙汰人職、兄部《このこうへ》職といわれ[198]、特定の一族に世襲されるのが普通であった。集団の規模が大きく、また複数であるときは、鋳物師の場合のように左方・右方に分けられ、惣官の下に、公事勤仕の単位として番が編成され、恐らく個々の集団の長に相当する番頭が置かれている[199]。

これらの供御人がその給免田・名田を自ら耕作したこともなかったとはいえないが、正員の場合、恐らくは脇住・間人、あるいは周辺の農民の耕作にゆだねたであろう。彼等は諸種の生産手段、交易のための用具(船・馬等)を所有し、専業的にその仕事——「道々」の芸能[200]に従事したものとみてよかろう。またもとより移動・交易に当っての武装は必須のことであり、彼等は一面では小なりとも武人である面ももっていた。事実、惣官職等に補任されるほどの人は、大江御厨河俣・山本執当職となった水走《みずはい》氏、同御厨渡部惣官職を世襲した渡辺党[201]、網曳御厨下司職の源氏一族[202]のように、一個の武士団をなしていたのである。

さきにものべた通り、こうした人々は田畠を開発し、それを一つの基盤としていたのであり、その側面をとらえて、これを「開発領主」と規定することは、もとより誤りとはいえない。しかしもしもそこから、従来この概念によって理解されてきた農民を支配する封建的領主の姿を導き出すことのみに固執するならば、畿内とその近国の武士――領主の特質をとらえることは絶対に不可能となる、といわなくてはならない。彼等の支配下にある人々は、たとえ百姓、土民といわれても、単純な農業民ではなく、著しく非農業的な性格を持っていたのであり、前述した供御人の長として、こうした武士団自体、決して一所懸命の地にしがみつくような領主ではなかった。

そしてこれらの事実からみて当然のことであるが、供御人を特定の権門へのきびしい隷属を強いられた、従属的性格の強い人々と考えるのは誤りであり、彼等がいくつかの権門に兼ね属することは一般的といって一向に差し支えない。そこに彼等の自由な立場が現われているが、同時にこのことは、この権門との関係が土地支配とは別個の人的関係であったことを明らかに示している(203)。もとより給免田や安定した需要の必要など、彼等を制約していた社会的分業の発展度、国役免除・移動交易上の特権の保証等の政治的理由が、彼等を個々の権門に結びつけているのであるが、交名・請文を進め、短冊を賦られ、一定の給免田や特権を保証されて公事を勤仕するこの関係は、むしろ幕府と御家人の関係をはじめとする主従関係と比べらるべきであろう。とすると、ここにこの関係そのものをも「封建的」と断ずる見方もでてくるであろうが、逆にこれまで「封建的」として疑われることの少なかった武士団の主従関係、とくに西国のそれの性格規定自体に疑問を提出することもできる。

実際、国ごとに一括して作成された交名を幕府に注進することによって、その地位の定まった西国御家人の場合は、供御人と天皇、神人と神社との関係と酷似しており、それは「職能」――広義の「芸能」による奉仕を媒介として結ばれた人的な関係と見ることができる。[204] いわゆる「職の体系」にも関わり、日本の社会の体質にまでつながりかねないこの関係にいかなる規定を与えるべきかについては、到底たやすく結論を出し難い問題であり、いまはこれ以上立ち入らない。

ともあれ、供御人の惣官・沙汰人を荘園の下司に比定することは、こうみてくると充分根拠のあることであるが、一方、預所に当る人は供御人の場合、預または年預といわれるのが普通であった。それは多くは供御人を組織するうえに功のあった下級官人――[205] 六角町供御人の場合の御厨子所預紀宗季、燈炉供御人を組織した御蔵小舎人惟宗兼宗、主殿寮小野山供御人の年預伴氏、田原供御所預多氏のような人々で、供御人はこれらの人々にとって、いわば「家人」の如き関係にあったものと思われる。[206] そしてその所属する官司の長官は、荘園の領家にあたる立場に立っていたのである[207]。これらの人々の間におこる相論は、蔵人所に提起され、天皇——本家の裁下を得たのであり[208]、供御人の所持する文書に蔵人所発給文書が多いのは、こう考えれば自然であろう。

しかし中世における供御人の組織を一応このように整理したうえで、天皇の経済及びその支配組織からさらには直属武力等の実態を明らかにし、その変遷をあとづけることも、多くはやはり今後の課題といわなくてはならない。ただこの方向で考えていったとき、やや飛躍をしてみれば、南朝がなぜ吉野に本拠をおき、悪党や海賊に支えられて数十年の命脈を保ちえたか、という問題を考えてゆくためにも、一つの手がかりが与えられよう[209]。それも別の機会にゆだねるほかないが、以下、多種多様な非農業民がなぜ他の権門ではなく、供御人の名を求めて天皇に結びついたかについて、天皇の名において供御人に与えられた特権の性格を中心に考え、本章をしめくくっておきたい。

五　天皇支配権と供御人

供御人に与えられた自由通行、交易の特権は、最も展開した形では、「諸国諸庄園、守護地頭預所沙汰人諸社神人以下諸市津関渡山河海泊、津析関析市手山手率分例物以下煩」を停止し、五畿七道諸国を往反、交易売買せしむ、と表現されている。[210]それが宣旨・綸旨・蔵人所牒等によって与えられ、保証された事実から、これまで、天皇の名において与えられた、といってきたが、このような性格の文書――過所は、もとより他の機関からも発給されている。国司が管国内の関について過所を発していること、幕府及び六波羅が将軍家政所下文・関東下知状・六波羅施行状の様式をもつ過所を発給したことは、すでに相田二郎によって明らかにされている。[211]しかし前述したように、国司のこの権限が天皇に発していることはいうまでもなく、関東・六波羅の場合も、少なくとも鎌倉初期までは宣旨・院宣・牒を施行する形で発せられており、[212]その源泉が天皇の支配権にあったことを示している。

また前述の諸例でしばしばのべたように、供御所・供御人の支配は、摂関家・院による支配と重なり、近接していることが多く、伊勢神宮が過所を発給している例も見出しうるし、[213]賀茂上下社、日吉社の供祭人・神人も供御人と同じ特権を駆使したとみられる。[214]これは十世紀、とくに十一世紀後半以降の国制の変化と深い関わりがあり、そこに中世の国家・社会に特有な問題があることは強調しておかなくてはならないが、[215]しかし賀茂上下社供祭人の特権が宣旨によって保証された点などからみても、それが天皇の支配権に淵源を持つことは明らかであろう。その権限が関・津の管理に現われていることは前述した通りであり、関・率分所の設定についても同様のことがいえるであろう。いわばこの社会の脈管組織、交通路に対する支配権を天皇は究極的に掌握していたことになるが、それはいかなる性格の権限だったのであろうか。

ここに想起されるのは、さきの山野河海に対する天皇の支配権であり、現にそれは前出した文言のなかにも「山河海泊」という表現で姿を見せているのである。しかしこの支配権の根源は著しく深い。それは恐らくは、共同体の自然的本源的権利を一身に体現した、いわば全共同体の首長としての天皇の「大地と海原」に対する支配権に淵源をもつ、と思われる。律令制下、この支配権は石母田正のいう通り、禁野・供御江等の禁処の設定として発動されている[216]が、「山川藪沢」「山海林野」は「公私共利」とされ、全体としてはなお人民の本源的権利の行使のままにゆだねられていた。周知の如く八世紀以降に進行する山野河海の分割によって、それは次第に制約をうけるようになるが、それとともに天皇の支配権は、この「本源的権利」を特定の贄人等に対し、一個の特権として与える形で発現する。そしてこうした山野河海分割の新たな体制化——荘園公領制の下で、この特権はさきの供御人の「自由通行権」に形をかえるにいたったのではあるまいか。

ここでは多くの山野河海はすでに荘園の四至内に囲いこまれ、残る部分は国衙の支配下におかれていた。「関渡市津泊」はそこに設定され、「守護地頭預所沙汰人」などにより「津析関析市手山手率分例物」が徴収されるようになっていたのであり、その煩を停め、自由に諸国を往反せしめる権利を与えうるのは、少なくとも鎌倉前期までは「大地と海原」の支配権をもつ天皇のみであったといわれるであろう[217]。この自由通行権が前掲の文言のように表現され、後年「於東西南北限駒足立」とか「東は小馬の足、西はろかひのとどく程」とかいわれている事実は[218]、そのことを逆によく示している。

それは十世紀に現われ、十一世紀後半以降に体制化された、と石井進の指摘した「王土思想」[219]の具体的な現われであり、戦国期以降に出現する「天下」の思想にも連なるものがある。しかしこれは決して観念、思想の世界のみの問題ではない。そこには前述のような具体的・現実的基礎があった。供御人とその座が公家を本所としていたという、もはや当然の事実が示すように、多くの非農業民はこの特権を媒介に天皇との結びつきを保ちつづけ、天皇家の経済は中世を通じてそれを重要な支柱としてきたのである。そして鋳物師・木地師・薬売等の例が示すように、近世においてもそのつながりは、ただ単に残映とだけはいいきれぬ現実的基礎をもちつづけていたのであり、天皇の権威、公家の経済は多少とも具体的な基盤をそこに見出しえている。

この「大地と海原」に対する支配権は、弥永も指摘するように、通常の私的な土地所有の権利が成立する世界とは、明らかに次元を異にしている。[220] かつて津田左右吉が力説した、「皇室」の「非政治的」「自然的」な、また思想的・文化的性格は、まさしくこの次元の問題を指摘したものとして、むしろ積極的に肯定したうえであらためて考えてみなくてはなるまい。[221] それは別稿[222]で「民族史的次元」と表題した世界の問題であり、いわゆる統治権的支配権、構成的支配はここにその淵源の一つを求めることができよう。[223] この問題は「社会構成史的」な次元のそれとは、一応別個に独自な追究を必要とするので、それを通して、こうした支配権は世界の諸民族の社会にはいかなる形で存在するのか、天皇制の長期にわたる存続という現実を担う日本の社会の特質は、そのなかにあって、どこに求めることができるのか、また、この二つの次元の問題は現実の歴史のなかで、いかにからみ合っているのか等々、たやすく解決しうるとは思われぬ問題が現われてくる。

いまは主題に即し、一、二の思いつく問題にふれておくほかないが、その一は、これまで荘園制をそれ自体、直ちに私的大土地所有の体系とみてきた、中世社会経済史研究に牢固として存在する基本的な考え方に対する疑問である。これはすでに清水三男をはじめ、古くから抱かれてきた疑問であり、戦後、それは種々の形で発展させられつつあるが、いまなおさきの見方はこの分野では支配的、といえるであろう。しかし視点を山野河海の問題にしぼってみると、この見方では到底わり切れぬ問題がでてくる。さきに八世紀以来の分割の体制化といってきた荘園と公領内の山野河海のあり方については、「無主荒野山河藪沢は荘領たるべし」という荘園領主の山野に対する支配の性格が律令的土地所有の法理につながる、という島田次郎の指摘[224]や、前出の石井の指摘があり、本章でも各所ですでにふれてきた。さきの文脈のなかでいいかえるならば、関渡津泊等々から、関料・津料等を徴収する「守護地頭預所沙汰人」の権限は、天皇支配権と同質ということになろう。もとよりそれがこのように、分割されてきたところに、浸々と進行する土地私有の発展があったことはいうまでもないが、それはなお、このような支配権を圧倒し去ってはいないのである。

そしてこの支配権を支えた現実的根拠は、当時の人民の生活そのもののなかに求めねばならぬ。ここで戸田芳実が山野の貴族的領有の進行に対し、これに抵抗する共同体的規制が顕在化してくること、領主的規制はそれを吸収することによってはじめて成り立ちえた、と指摘している点を想起する必要がある[225]。その抵抗が、しかし「地主神」の怒りの形をとって現われてくるという事実は、この共同体の抵抗が、「村落共同体」のそれというより、まさしく「大地と海原」に対する人民の本源的な権利の発現そのものであることを示している。それは村落の入会地を侵害した領主に対する村落共同体の抵抗と究極の根源を同じくするとはいえ、より原始的、本源的な現われ方といえよう。戸田のいう通り、荘園領主の支配はそれを吸収、倒錯させたところに成り立っているのであり、それ故に、天皇の支配権と異質なものではありえなかったのである。[226]

そして荘園公領制の確立後も、このような人民の本源的な権利は、強く制約されながらも、なお公認された慣習として、脈々と生きつづけている。「便に随い、例に依」っている「眇々奥山」の「山路の法」[227]などもその一例であるが、危機に当って、この権利は権力者も認めざるをえない強靭な生命力をもって自己を現わす。本来幕府法では、「草木獣鳥魚類海草等」は要用があればその所の領主にふれることによって採取を認められていたが、正嘉の飢饉に当り、幕府は「浪人の身命を助」けるため、その制約すら除き、自由な採取を認めざるを得なかったのである。[228]

ただ、見落してはならないのは、承久の乱後のある時期から——恐らくはモンゴルの文永の襲来のときから、鎌倉幕府が宣旨・院宣を施行する形ではなく、独自な過所を発給したとみられる点である。[229] 同じく究極的には天皇の支配権に属し、勧進《かんじん》の認可と不可分の意味を持つ棟別銭《むなべちせん》の賦課[230]を、幕府が宣旨と関わりなく、下知状によって信濃国に指令していることは[231]、過所においても同様であったことを推測せしめるものであり、東国において幕府の駆使した権限が、天皇のそれと同質のものであったことを物語っている。[232]

それは周知のように、天皇による授権という形式をとっているとはいえ、東国の場合、さきの本源的権利が東国の首長――幕府によって体現されうる条件があったことを示すものといわなくてはならない。

しかしこのような人民の権利の生命は、南北朝動乱を境に弱化する方向に向ったものと思われる。[233] 天皇の支配権についても同様である。供御人に与えられていた蔵人所発給文書はこの時期以後姿を消し、室町幕府奉行人連署下知状がこれにとってかわる。[234] しかしこの人民の権利は、表面から次第に姿を隠すようになったとはいえ、これ以後もなお長く生きつづけたのである。それが生命を失いつつ、日本の人民の中にどのように自覚され、よみがえるかについては、別にのべたが、[235] ここで注目しておきたいのは、前述した諸種の供御人の流れを汲む人々の一部が、かつては日本の民族生活のなかに、深く、また大きい役割を占めていたにもかかわらず、人民の最も本源的な権利をうけついでいたが故に、逆に近世以降、不当にも一種の賤視の対象とされた、という事実である。[236]

戦後の中世史研究は、天皇の問題をほとんど本格的にとりあげなかったのと同様に、山野河海とそこを主たる生活の舞台とする人々に対して、余りにも無関心でありすぎた、[237] と私は考える。それは表裏をなす問題であり、戦後歴史学の思想的弱点の一端がそこにみえているとはいえぬであろうか。奴隷制、農奴制、そして農民闘争をめぐる活発な議論によって生み出された成果を、真に広範な庶民――人民のものとする道は、それを克服することによってのみ、ひらかれるのではなかろうか。

結

少なくとも戦前まで、われわれの生活の身近にあったさまざまな振売りの人々、その特徴ある呼び声によって、日本の季節を庶民にはっきり知らせてくれた人々の営みが、日本の民族生活のなかに深い根をもっていたということは、当然のことであろう。それを新しく見出し、あとづけることができるならば、これは大変喜ばしいことである。

だが、たやすく郷愁にひたることを許さぬものが、そこにはある。これらの人々のほとんどすべてに、いま、われわれは天皇の影をはっきりと見出してきた。庶民の生活の最も深いところに、天皇の影と、賤視とが現にあるという事実――この深淵をわれわれは直視し、その奥底まで自らの手で確かめなくてはならぬ。「天皇制」を真に歴史的にとらえ、その行く末をはっきり見届けるために、これはどうしてもなしとげねばならぬ仕事であり、本章はそのためのほんの足がかりにすぎない。

(1) それは、序章でのべた平民百姓そのものの問題であり、本章でとりあげる供御人・作手を含む「職人」の問題である。なおここでいう平民百姓、「職人」については、当面、前掲拙著『日本中世の民衆像』〔⑧〕参照。

(2) 序章Ⅱ参照。

(3) 前掲拙著『中世東寺と東寺領荘園』〔②〕序章第一節。

(4) 「古今熊野記録」にみえるこの下文は、「承和」でなく、「承元」となっている。後注(102)参照。

(5) 「「座」の有する偽文書の意義」(『経済史研究』一一―五、一九三四年)、「室町時代の庶民生活」(岩波講座『日本歴史』戦前版、一九三五年)、『日本新文化史』第七巻、吉野時代(内外書籍、一九四二年)。

(6) 前掲「室町時代の庶民生活」。

(7) 『中世芸能史の研究』(岩波書店、一九六〇年)。

(8) 前掲豊田武「中世の天皇制」(『日本歴史』四九号、一九五二年)、安田元久「封建時代における天皇」(『思想』三三六号、一九五二年)。

(9) 前掲〔序章Ⅱ注(6)〕「中世的政治形態の展開と天皇の権威」。

(10) 赤松俊秀『古代中世社会経済史研究』(平楽寺書店、一九七二年)所収。

(11) 同右所収。

(12) 黒田俊雄「中世の村落と座」(『神戸大学教育学部研究集録』第二〇集、一九五九年、前掲

〔序章Ⅱ注(13)〕『日本中世封建制論』所収)、戸田芳実『日本領主制成立史の研究』(岩波書店、一九六七年)第八章。

(13)『日本中世商業発達史の研究』(御茶の水書房、一九六九年)。

(14) 中村説の淵源は三浦周行の座についての所説に遡りうる。また牧野信之助も木地屋の文書に関連して同様の主張をしている。後注(169)参照。

(15) 渡辺直彦『日本古代官位制度の基礎的研究』(吉川弘文館、一九七二年)第五篇は蔵人所の研究に当てられており、とくにその第三章では蔵人所牒について詳細に考究されているので、参照されたい。

(16)『侍中群要』第六に「御牒等之類、承行蔵人先加自名、爾後従上加之」とあり、『山槐記』永暦元年十二月十五日条に「付丹後内侍奏聞、仰蔵人以明了、以明仰出納令成牒」とある。また後注(57)「粟津座書物」に、表1—26の牒発給のさい、天皇の仰を奉じた五位蔵人資朝が六位蔵人左衛門尉に、左衛門尉が三臈出納に牒作成を指令した二通の文書写がみえる。

(17)『山槐記』応保元年七月廿一日条に「出納仲正持来牒、近江御厨事也、加判返給了、同牒書二枚、同加判、一通為留置蔵人所也、是例事也」とある。

(18)『侍中群要』第八「諸使事」、『北山抄』巻第五「奉諸社神宝事」、『西宮記』巻七「臨時奉幣」の項等参照。また、同上巻五に「遣氷魚使宇治田上以所人遣、又給御牒或付国」、巻十四裏書には「応和元年九月三日、差蔵人所滝口人内蔵官人校書殿人等、修二百ケ寺誦経為息災也遠寺使賜所御牒於路地(次)国々令供給也」とある。このほかに、温泉湯治に向う人が所牒を給わったことなど、各種の記録に実例が多い。新城常三は、大著『社寺参詣の社会経済史的研究』（塙書房、一九六四年）第一章第二節でこの点に言及し、史料をほぼそこに網羅している。このような牒の機能は、後述する供御人に与えられた自由通行権とも深い関係があると思われる。

(19)「九条家本延喜式巻十六紙背文書」（竹内理三編『平安遺文』古文書編九―四六〇七号。以下九―四六〇七と略）。

(20)「九条家冊子本中右記紙背文書」（『平安遺文』一〇―補四九）。

(21)『侍中群要』巻十に「兼日成所牒、召件贄物於御園并御網代等」とあり、贄を召す場合に牒が発せられている点にも注目しておく必要があろう。

(22)「尾張国解文」に蔵人所の召によって漆を貢進している事実がみられることは周知のところで、十世紀にはすでにこのような牒が発せられていた。その意義については、今後解明されなくてはならない。

(23) 山本信吉の紹介した「文化庁保管高山寺文書（六曲屏風貼付）」（『古文書研究』一〇号、一九七六年）の二六号、年未詳二月四日、中原盛家請文は蔵人所牒・院宣に対する請文で、山城国牛瀬村供御について「毎年三个度炉供御内（五節御仏名、白馬等）令勤仕」とのべている。牛瀬は「真継文書」天文五年二月廿五日、御蔵新見有弘諸得分等注文（名古屋大学文学部国史研究室編『中世鋳物師史料』法政大学出版局、一九八二年、一―二八号）にも現われ、古くから蔵人所に属した供御所であったとみられる。牛瀬の所在は、桂南荘内だったと思われ、炉を貢進している点からみて、あるいは焼物に関わる供御所だったのかもしれない。

(24) 「京都大学所蔵兵範記仁安三年二月巻紙背文書」(『平安遺文』七—三三四五)。

(25) 『西宮記』巻十三に「御鷹飼内侍宣、仰検非違使、以所下文、仰禁野、尋前々例、牒仰馬寮之左右不足也」とある点も参照。

(26) 『西宮記』巻十五に「丹波御栖司以所御牒給国」とあり、『権記』長徳元年十月十日・同十四日条によって、田上網代司も所牒によって補任されたことが判明する。また『西宮記』巻十三に「出羽城介城務事賜官符可行秋田城事由賜所御牒云々、可尋」とみえる点も注目すべきで、さきの唐物使の場合とあわせて、蔵人所の対外的な機能、ひいては天皇の支配権と外交権について考える場合の手懸りとなろう。

(27) 『八坂神社記録』二(増補続史料大成)「社家条々記録」亀山院の項に「弘安二年二月日蔵人所牒云、為公家延命御修法使補、且充祇園長日常燈料、准官省符、信幸可相伝知行備後国三谷保云々」とある。原本が伝わらないので、十分明らかでないが、一応この補任に準ずる機能を果した牒といえよう。ただ、蔵人所に属する鷹飼に対する補任とは質が異なり、「准官省符」といわれている点など、時代の降ったこのころには、牒の機能に多少の変化がみられるようにも思われる。

(28) 「大谷氏所蔵文書」元永二年七月十六日、官宣旨案(平9・四六七〇)に「任延喜五年国司請文」「当御厨者依蔵人所牒状」とみえ、『山槐記』応保元年九月十七日条に「国中池河津等、任延喜五年牒可為御厨領事」とある点を参照。なお、新城は注(18)著書で(イ)の機能をもつ牒は『二代御記』——醍醐・村上天皇の時期まで遡りうることを『台記』久安四年三月三日条によって推定しているが、九・十世紀の交は、蔵人所の機能の転換に重要な時期を画しているのではあるまいか。

(29) 注(28)文書、御厨子所公人等重訴状案の具書参照。

(30) 表2―2の端書に「御牒案」とあること。

(31) 渡辺「蔵人所別当について」(『日本歴史』二六五号、一九七〇年)、及び注(15)著書参照。

(32) 『西宮記』巻十五には交野検校についても「御牒給国、即下文給禁野」とあり、古くから蔵人所に直属していた禁野＝猟野(『三代実録』元慶六年十二月廿一日条参照)と国とによって、発給文書の様式が区別されていた形跡がある。

(33) 表2―7・8も、(ロ)の機能と重なるものと思われる。

(34) 相田二郎『日本の古文書』上(岩波書店、一九四九年)二七〇～二七二頁参照。

(35) 送文の例は『民経記』寛喜三年正月二十四日条、「仁治三年内宮仮殿記」仁治元年十二月廿四日付の送文(竹内理三編『鎌倉遺文』古文書編八―五七一六)、また宮内庁書陵部所蔵「平田文書」出納内蔵寮年預要に、弘安八年七月廿日の送文がみられる。いずれも出納が日下に位署し、書出しは奉納、書止めは「奉送如件」となっているほか、返抄と同じである。但し蔵人は加署していない。なお蔵人所の機能の全般については、菊池京子「「所」の成立と展開」(『史窓』二六号、一九六八年)、玉井力「九・十世紀の蔵人所に関する一考察――内廷経済の中枢としての側面を中心に」(前掲〔序章II注(16)〕『名古屋大学日本史論集』上巻)参照。とくに玉井の論稿は本章の論旨と深い関わりがあり、蔵人所による内廷経済を担う諸司の組織、請負的「官職」としての預の成立を解明した力作である(以下、「経光卿記」は

『民経記』、「兼仲卿記」は『勘仲記』と表記する。紙背文書もこれに従う)。

(36) 第二部第一章参照。なお藤原宮跡・平城宮跡よりの贄に関する木簡の出土に伴い、贄に関する研究は急速に進展しつつあり、直木孝次郎「贄に関する二、三の考察」(竹内理三博士還暦記念会編『律令国家と貴族社会』吉川弘文館、一九六九年)につづいて、勝浦令子「律令制下贄貢納の変遷」(『日本歴史』三五二号、一九七七年)、鬼頭清明「御贄に関する一考察」(竹内理三博士古稀記念会編『律令国家と貴族社会 続』吉川弘文館、一九七八年)など、力作が相ついで発表されている。

(37) 『西宮記』巻十裏書。同巻三「近江日次所預」、『類聚符宣抄』第八、延喜二十年六月十九日、近江史生丸部安沢解の「日次供御所」は、この日次御贄貢進を統轄した機関であろう。また『花鳥余情』に載せる『小右記』天元元年四月廿五日条によると、出羽国より貢進された鷹八聯犬八牙は天皇が覧たのち、蔵人所より、師貞親王及び近江供御所に班給されていることから、この供御所に鷹飼が属していたことは明らかであるが、『西宮記』巻十に「鷹飼進鴙」として、「近江国御鷹、始自八月一日至五月五日、毎日進一翼」とあり、「打聞集紙背文書」には雉供御人とともに、貢御を備進する御鷹飼が伊香郡・栗太郡にいたと記されている。『朝野群載』巻八、承保三年八月廿七日、平扶範近江国御雉所預職補任申文にみえる御雉所がこれを統轄したのであろうが、それが承保をはるかに遡る時点から存在したことはこの申文から明らかであり、恐らく、日次供御所と同じころから存在していたであろう。

(38) 『延喜内膳司式』参照。そこでは氷魚網代は十二月卅日まで進めることになっているが、

『侍中群要』第二では本文のようになっている。

(39) 延久の国制改革の意義については後章でも言及するが、橋本義彦「貴族政権の政治構造」(岩波講座『日本歴史』古代4、一九七六年)で、的確に指摘されている。

(40) 『扶桑略記』延久二年二月十四日条。

(41) 「打聞集紙背文書」長治三年三月八日、日吉社交名注進、年月日未詳、近江国愛智郡鵜供御人等解参照(『平安遺文』四―一六五二・一六五三)。注(37)もあわせ参照されたい。

(42) 表1―5の文書には内膳司粟津橋本五ケ庄とあり、この系列の文書群が「京都御所東山御文庫記録」に散見する。また粟津御厨及び供御人は、赤松氏の指摘されたように『山槐記』に永暦元年からみえはじめる。後述する供御人はこの系列に属するものと思われ、のちに臨川寺三会院領となる粟津橋本御厨がこれに当る。このほか、『吾妻鏡』に粟津庄がみえ、南北朝期、粟津別保があり、五箇荘のなかには膳所中荘が存在していたことが知られ、所領関係はかなり錯雑した状況にあった。なおこの供御人・御厨については、今谷明が『新修大津市史』2、中世(一九七九年)、第三章第三節「座と供御人」、及び『言継卿記――公家社会と町衆文化の接点』(そしえて、一九八〇年)で詳しく述べているので、参照されたい。

(43) 『近江輿地志略』巻九十九、文安二年十一月二十一日、後花園天皇綸旨写(七七頁前掲、中村直勝「禁裡供御人に就いて」に所掲)。

(44) 『山槐記』永暦元年十二月十二日条。

(45) 「民経記自天福元年五月一日至二十四日巻紙背文書」

(46)　一〇六～一〇八頁所掲、表1―25文書参照。
(47)　宮内庁書陵部所蔵「六角町供御人関係文書」(八二頁前掲、小野「内蔵寮経済と供御人」にすべて紹介されている)、安貞二年九月十四日、後堀河天皇綸旨案。以下小野の付した記号で引用する。
(48)　同右文書(ロ)・(ハ)・(ニ)・(ホ)。
(49)　同右文書(ト)。
(50)　同右文書(チ)。
(51)　同右文書(リ)。
(52)　「後懸」については、「徴古文府」一、永承五年二月七日、荒木田氏元寄進状写に「即以焼出御塩［　］海業之上分、令恒例御贄備進之後、至于後懸幷□□任傍輩之例、永継於子孫令領知」とある点参照。「上分」に対する語と思われる。
(53)　注(47)文書(ヌ)。
(54)　「大谷氏所蔵文書」(表1―24)。
(55)　脇田晴子は注(13)前掲書二三七～二三九頁及び新著『日本中世都市論』(東京大学出版会、一九八一年)九五・三五三頁等でこの牒にみられる建久年中の御厨子所預紀宗季による「三条以南魚鳥以下交易輩」の供御人化に注目、これを「奉仕の座」から「営業の座」への転換に時期を画したものとする。この点、私の評価と異なるが、これについては付論3で詳述する。
(56)　注(47)文書(ル)・(オ)・(ワ)。以上の文書は、すべて「大谷氏所蔵文書」年月日未詳御厨子所公人重訴状案の具書目録と、その順序まで一致している。

(57)「京都大学文学部国史学研究室所蔵文書」(現、京都大学総合博物館所蔵)。なお東洋文庫には、「粟津座書物」と題する巻子が所蔵されている。この巻子は、最初に寛永元年の出納中原職忠の記した目録——八〇頁前掲、中村「偽文書ものがたり」に、昭和二年当時山本修二が所蔵していた文書の〝見返し〟に記されていた、といわれているものと同文——があり、奥書は「承応元年九月十八日従出納華庵借請書写了」となっている。内容は、注(16)の文書のあと、「京大文学部所蔵文書」の八通(うち一通は振仮名を付して重出)、仁安二年十一月日、燈炉御作手鋳物師等に充てた蔵人所牒(偽)二通、『山槐記』よりの抄出、及び表1—12・21等いま「中院文書」「調子文書」にもみえる禁野鷹飼関係文書三通よりなる。京大文学部には、さきの八通とは別に、出納職忠が座人より買い求めた旨を記した粟津座に関する武家下知状等八通がある(なお一九七二年、本章を『史学雑誌』に発表したさいには、京大本は裏打のため閲覧できず、やむなく東洋文庫本によったが、その後、閲覧、詳しく調査した結果、本文のような結論を得た。そのさい今谷明氏に種々御教示いただいたことを、ここに御礼申し上げたい)。

(58)滋賀大学経済学部史料館編纂『菅浦文書』下巻、六九五号(鎌27・二〇六〇七)。

(59)注(47)文書(カ)・(ヨ)・(タ)。

(60)「病草紙」(松永家蔵断簡)にみえる「七条わたりにすむ、いゑとみ食ゆたかなる」女性の借上、若狭小浜の浜女房など、その例は少なくない。なおこの点については、前掲拙著『無縁・公界・楽――日本中世の自由と平和』〔⑫〕十八「女性の無縁性」参照。
(61) 瀬川清子『販女』(三国書房、一九四三年)参照。
(62) 「大谷氏所蔵文書」年月日未詳、御厨子所公人等庭中申状案。
(63) 前掲『新修大津市史』2、三三二〜三三三頁で、今谷はこれまでこの牒が天文年間に作成されたといわれてきたのを、『建内記』嘉吉三年(一四四三)七月十八日条によって否定、「もし偽文書とすれば」、おそらくこの年「供御人が山門と結託して作成したものであろう」としつつ、図版の解説では「この蔵人所牒が、朝廷によって本物と認められ、粟津橋本供御人の特権がこれによって保証されていたことからすれば、その効力においては、まさしく本物であったということができる」とのべている。今谷は断定を保留しているが、私はこれを一歩進めて、本文のように判定したいと思う。
(64) 「山科家古文書」中。後掲の「勘仲記紙背文書」に「東口津析」がみえ、内蔵寮の下知で燈炉供御人が免除を得ていることからみて、これは正応ごろまで遡りうる。
(65) 「宮内庁書陵部所蔵文書」。
(66) 『山科家礼記』第二(史料纂集)、文明四年十二月十三日条所掲、同供御人支状。
(67) 『言継卿記』第二、天文十四年三月二日条、及び注(57)中村論稿所掲「膳々町倭神社文書」。
(68) 第一部第二章参照。
(69) 「菅浦絵図考」(『武蔵大学人文学会雑誌』七―二、一九七六年)。瀬田は永仁の下文について、㈠永仁に天智天皇のときに建立といわれているのに、建武に高倉天皇のときとされた点の矛盾、㈡「比差師河」の地名表示は、この下文と文安年間の文書のみに現われること、㈢「権利の侵害を排除」した下文であるにも拘らず、文安年間まで一度も支証として登場しない点などをあげ、この文書は文安年間に、内蔵寮日代と山門檀那院によって偽作されたとしている。

㈠については後述するようにも解釈できると思われる。㈡はこうした当て字もありうるというほかないが、㈢に関しては、瀬田はこの下文を相論裁決の文書と見るが、菅浦供御人の日差・諸川に対する権利を安堵・保証した下文で、永仁四年八月以来の大浦との相論に関連して発せられた文書であろう。注目すべきは、注(58)所引の院宣案が、蔵人所生魚供御沙汰人国親の重申状を内蔵頭充に通達している点で、このとき蔵人所と内蔵寮との間には、菅浦供御人の支配をめぐって相論が行われていたとみなくてはならない。それは前述した、弘安・嘉元の粟津橋本供御人と内蔵寮との対立にも恐らく関連しているであろう。菅浦の人々は永仁四年(一二九六)から正安二年(一三〇〇)までは、「蔵人所近江国菅浦供御人」と称して蔵人所を通じその主張を通そうとしているが、嘉元の敗訴以後、日吉八王子宮兼二宮神人としての立場に立ちつつも、「為内蔵寮領、令勤仕内裏御方蔵人所長日之供御役、半不輸之地也、仍住人等亦神人也、供御人也」といって、内蔵寮領であることを強調しはじめる(前掲『菅浦文書』上巻、六三五号〔鎌29・二二八六〇〕)。そして応長元年(一三一一)十月の中状(同上下巻、七四六号)〔鎌32・二四四六二〕では「内蔵寮領近江国菅浦御厨子所供御人」と称し、嘉暦四年(一三二九)の「菅浦惣官供御人等」の申状が、内蔵頭の挙状によって朝廷に挙達されたことからも明らかなように(同上上巻、二九一号ニ・ホ〔鎌39・三〇五三八、三〇五四八〕)、内蔵寮——御厨子所供御人として自らを位置づけているのである。周知のようにこの姿勢は一貫しており、永仁の下文が証拠文書として表面に現われなかった理由も、そこに求められるのではあるまいか。

(70) 一一五頁所掲の文書写真を比較すれば明瞭なように、この二通の下文は、同一人、恐らく出納安倍氏によって書かれたもので、二通をともに偽文書とする理由は、いまのところないと私は考えている。書風の重苦しさは、この人の筆癖であろう。

(71) 一通は加署者が全く同じ、他はそれと内容が同じである。

(72) このなかに現われる左馬允国影については、『菅浦文書』上巻、一二号、二月九日、左衛門少尉某奉書にみえる「馬允国景」となにかの関係があろう。後考を期す。

(73) 「京都大学文学部国史学研究室所蔵文書」。

(74) 「菅浦文書」(『経済志林』三二―二、一九六三年)、「惣結合の構造と歴史的位置」(『経済志林』三三―二、一九六四年)。

(75) 菅浦供御人の確実な初見は、瀬田の指摘するように、貞応二年(一二二三)の下文(前掲『菅浦文書』下巻、七一七号)〔鎌5・三一七八〕を疑うならば、永仁四年(一二九六)八月十七日、伏見天皇綸旨案(同上上巻、六二号)〔鎌25・一九一一三〕まで降ることとなる。ただ、正安二年(一三〇〇)五月の大浦荘百姓陳状(同上上巻、六三〇号)〔鎌27・二〇四五二〕に、菅浦の土民が新加供御人を立て、停廃された「けんおう六年」という年があげられており、これを「建保」（あるいは「建長」）の誤記と考えるならば、本供御人の初見はそこまで遡りうる。菅浦の敵対者大浦自身が菅浦供御人そのものについては否定していないので、そのように考えてよかろう。

　また、永仁七年（一二九九）二月の申状で「蔵人所近江国菅浦日次供御人」といわれ（同上下巻、七三五号〔鎌26・一九九六〇〕）、注（69）でもふれたように「内裏御方蔵人所長日之供御役」を勤仕したともいわれており、菅浦供御人自身が近江国の日次供御貢進を認めているので、私は本文のように、この供御人は本来、粟津橋本供御人と同じく御厨子所に属していたとするのが自然と考える。鎌倉後期に入ると、粟津橋本供御人の場合と同様、菅浦供御人に対しても内蔵寮の干渉があり、注（69）でふれた蔵人所生魚供御沙汰人国親と内蔵頭との対立は、そこにおこったのであろう。このとき国親は、生魚供御人側の利害を代表していたが、嘉元年間になると、内蔵寮側に接近、粟津橋本供御人によって糺弾されたことは、さきにのべた通りである。菅浦供御人の内蔵寮への接近も、この動きの中で考えられなくてはならない。拙稿「湖の民と惣の自治――近江国菅浦」（稲垣泰彦編『荘園の世界』東京大学出版会、一九七三年〔⑩〕）では、この内蔵寮と生魚供御人との対立を考慮しなかったので、以上のように修正する。

　脇田晴子は前掲『日本中世都市論』第四章（二六六～二六八頁）・第六章（三五四～三五六頁）で菅浦に言及し、当初十人程度であった菅浦供御人が、全住人の供御人化を通して不入権を獲得したことを指摘し、山崎の場合と比較している。これは後述するように、菅浦を一個の自治都市と見る見方に道をひらくものであり、同感するところ多大であるが、しかし菅浦に「系譜も所属もまったくちがう」蔵人所供御人と内蔵寮御厨子所供御人の二種類の供御人が存在していたとして、拙稿を批判する点については依然として随い難い。脇田は「応長元年(一三一一)の二文書」を偽文書とするが、伏見上皇院宣(同上下巻、七〇七号)〔鎌32・二四四六九〕に疑問があることは間違いないとしても、菅浦供御人申状(同上下巻、七四六号)はとくに問題のある文書ではないと思われるし、なにより注(69)でふれたように、供御人申状の内蔵頭による挙進によって、鎌倉末期、菅浦供御人が内蔵寮の所管であったことは明瞭である。また、脇田はさきの内蔵頭充の正安の伏見上皇院宣を、単に国親の申状を渡し「折衝」した文書とみているが、これは訴訟の過程での申状の送達を示すものとみるべきで、その点から私は前述したように、菅浦と蔵人所との関係が消え、内蔵寮との結びつきが室町期までつづくのは、内蔵寮と蔵人所との対立、大浦との対抗の中で、菅浦の人々の示した対応によるものと考える。

(76)『菅浦文書』下巻、七四一号〔鎌29・二二〇九八〕。このような担保文言については、小田雄三「路次狼藉について」(『年報中世史研究』六号、一九八一年)でその意味が明らかにされている。

(77)同右下巻、七一九号。

(78)同右下巻、七二五号。

(79)　注(74)論稿。

(80)　赤松・関口が指摘しているように、菅浦供御人の漁業の比重は、さほど高いものではなかった。ただ、新行紀一が「中世堅田の湖上特権について」(『歴史学研究』三四九号、一九六九年)というすぐれた論稿でふれているように、釣については湖上での自由な活動が許されていたことは考えられる。しかし堅田浦の漁人のもつ特権におされ、応永四年(一三九七)に定まった漁場も、地先漁場以上のものではなく、供御人的な特権はこの面ではみられない。

(81)　この点については、拙稿「菅浦の成立と変遷」(『びわ湖の漁撈生活』滋賀県教育委員会、一九七九年)[⑩]、阿部謹也・網野・石井進・樺山紘一『中世の風景』上(中公新書、一九八一年)などで言及したが、脇田晴子も前掲書で山崎に即して詳述しているように、供御人・供祭人・神人などの本拠地――集住地が中世後期、不入権を得て自治都市に成長していく例は、近江の堅田、船木北浜や伊勢の桑名・大湊など、少なからず見出しうる。この点については、拙稿「中世の桑名について」(『名古屋大学文学部研究論集』史学二五、一九七八年)[⑬]、「中世の堅田について」(『年報中世史研究』六号、一九八一年)[⑬]、「日本中世都市をめぐる若干の問題――近江国高島郡船木北浜を中心に」(『年報中世史研究』七号、一九八二年)[⑬]等参照。

(82)　『菅浦文書』上巻、六二・二八六号。なおこの点についても注(76)小山雄三の論稿で言及されている。

(83)　『日本中世国家史の研究』(岩波書店、一九七〇年)四一〇頁。若狭国で多くの浦が一括して税所の支配下におかれていることも、同様の観点からとらえうる。
(84)『中世の関所』(畝傍書房、一九四三年、吉川弘文館より一九八三年に再刊)第一、八二頁以下。
(85)『増訂鎌倉幕府守護制度の研究』(東京大学出版会、一九七一年)二五一頁。
(86)前掲「禁裡供御人に就いて」。
(87)使は紀頼弘、仕人は末久・清恒。
(88)注(29)文書の具書。
(89)「相田二郎蒐集影写文書」(『平安遺文』一〇―補二四五)。
(90)第二部第一章参照。
(91)これについては、小野晃嗣前掲「内蔵寮経済と供御人」及び「卸売市場としての淀魚市の発達」(『歴史地理』六五―五・六、一九三五年)などで、すでに指摘されている。
(92)「今宮村文庫文書」。なお「広田神社文書」にも同じ文書の写が伝わっている。
(93)『八坂神社文書』上(名著出版)、一一八七号。
(94)「秦文書」文永九年二月日、鎌倉幕府過所旗章(『小浜市史』諸家文書編三、一九八一年所収)(鎌14・一〇九八七)。
(95)第二部第一章。
(96)「田中忠三郎氏所蔵文書」寛弘九年正月廿二日、和泉国符案(『平安遺文』二―四六二)。
(97)同右、永承五年七月廿一日、同廿二日、太政官符案(『平安遺文』三―六八一・六八二)。

(98) 関連文書は『平安遺文』九―四七一一・一〇―補七一～七三。

(99) 『山槐記』応保元年十一月一日条及び「弁官補任紙背文書」(平11・補二五〇、三六六八)。なお士生については、神野清一「律令官賤身分の変質過程と中世的な存在形態」(原始古代社会研究会編『原始古代社会研究』五、校倉書房、一九七九年)参照。

(100) 大番舎人については高陽院方舎人当番支配状(『平安遺文』六―二九八四)、東大寺悪僧については天永二年九月四日、東大寺解案(同四―一七五二)参照。

(101) 第二部第一章第三節。『玉葉』文治二年正月廿日条に内膳司が武士の濫行を訴えていることからも明らかなように、幕府の成立に伴う武家の干渉もこれに加わっていたのである。

(102) 中村はこれを承和二年とみて、それを偽文書と考える根拠にしているが、東京大学史料編纂所架蔵の「古今熊野記録」には、「承元」となっている。注(4)参照。なお後掲注(107)文書に、如法堂の免田二町がみえることもこの推定を支える。

(103) 大日本古文書家わけ第一『高野山文書之六』又続宝簡集八十二、一四七一～一四七二号。

(104) 「弁官補任紙背文書」及び「民経記自安貞二年十月一日至十月三十日巻紙背文書」(『月刊歴史』二二号に黒川高明氏の紹介がある)。この二通のうち、前者は前述の国役問題と関連し、後者がこの問題と関係する。

(105) 「弁官補任紙背文書」。

(106) 『経俊卿記』建長八年五月六日条及び正嘉元年四月十九日・同年八月三日条。

(107) 『高野山文書之六』又続宝簡集八十二、一四七二号〔鎌24・一八六三〇〕。

(108)「弁官補任紙背文書」。田中稔「東洋文庫所蔵弁官補任紙背文書(抄)」(『古文書研究』創刊号、一九六八年)の8号文書(鎌5・三三二四)には「中古以来、始限正家一宇脇住二宇、被免国役□□其外在家可勤国役之由、被仰下畢」とあり、「田代文書」建仁三年九月日、和泉国司庁宣(鎌3・一三八二)には「当国権門之輩、正家一宇脇住三宇之外、於間人之在家者、勤仕国役之条非新儀、且院庁御下文顕然也」とみえる。

(109)本神人交名の注進は、保元元年(一一五六)閏九月十八日の新制第三条を初見として、建久二年(一一九一)三月廿二日の新制(鎌1・五二三)第六条、建長五年(一二五三)七月十二日の新制(佐藤進一・池内義資編『中世法制史料集』第一巻、鎌倉幕府法、岩波書店、一九五五年、追加法二八〇条)にみえ、嘉禄元年(一二二五)十月廿九日の新制第七条でも指令されたと思われる。一方、供御人交名の注進は、建長五年の新制(同上、追加法二八一条)にはじめてみられるが、恐らくそれは神人交名と並行して実施されていたのではあるまいか。こうした神人整理令ともいうべき新制が、神人に対する天皇の支配、統治権的な支配を確保、貫徹しようとしたものであり、交名注進がその具体的な施策の一つであったことについては、拙稿「中世都市論」(岩波講座『日本歴史』中世3、一九七六年)[⑬]などで言及した。

(110)第二部第一章参照。

(111)『類聚三代格』巻四、寛平八年九月七日、太政官符。

(112)『延喜内膳司式』は園地三十九町五反二百歩の内訳を京北園・奈良園・山科園・奈癸園・羽束志園・泉園・平城園などについて示している。

(113)「大谷氏所蔵文書」注(29)文書具書。「精進御薗惣官職事、別預《ママ》別成下知状間、略之」とある。

(114)〔公益財団法人〕東洋文庫所蔵。

(115)ここに「以□御作手等座交易」とあるのが、供御人＝作手の「座」を意味するとすれば、これは座についての興味深い一例となろう。

(116)日本歴史学会編『演習古文書選』荘園編上、五五号〔鎌18・一三六五一〕。

(117)辰市が「都市としての顔」を鎌倉後期には持っていた点について、村岡幹生「中世犯罪史の一考察——大和国辰市の地下検断から」(『年報中世史研究』六号、一九八一年)が詳しくのべている。

(118)『宇治拾遺物語』一八六によると、天武天皇にこの地の里人が栗を進上したのが栗栖のはじまりといわれている。

(119)『朝野群載』第五、延久三年十一月四日、蔵人所下文。

(120)同右、天永四年閏三月一日、田原御栗栖住人山背友武解。

(121)『後二条師通記』永長元年六月四日条。

(122)『山槐記』同日条。「五節之時、為恒例持来両貫首之許」とある。この点については、すでに中原俊章「中世随身の存在形態——随身家下毛野氏を中心にして」(『ヒストリア』六七号、一九七五年)が注目している。

(123)同右、同日条。

(124)「不知記」建永元年十月一日・同三日条(『大日本史料』第四編之九)。「多氏系図」(『続群書類従』第七輯)参照。

(125)「陽明文庫所蔵兵範記保元三年五・六・七月巻紙背文書」年未詳四月三日、僧忠儀解(『平安遺文』九―四七六五)。

(126)『勘仲記』弘安九年七月廿九日・同八月十二日条。

(127)古代学協会編『禅定寺文書』(吉川弘文館、一九七九年)三三号、徳治二年、禅定寺運上物注進状案(鎌30・二三一三六)によると、綿・栗・薪・炭などが進められており、一八号、寛元三年十二月十八日、禅定寺寄人等申状案(鎌9・六五九九)に「為御香此六人之寄人者、廿人被召付候内ニテ、二百余歳之間、聊モ不成煩」といわれている。

(128)図書寮叢刊『九条家文書』一、一五号、摂籙渡荘目録(鎌29・二二一九六)。

(129)同右。なおこの地については、日本歴史地名大系26『京都府の地名』(平凡社、一九八一年)参照。

(130)『三代実録』元慶六年十二月廿一日条。

(131)『禅定寺文書』一三号(後注193所掲)等参照。

(132)「隼人の近畿地方移配地について」(『日本歴史』二三〇号、一九六七年)。

(133)『山槐記』同日条。

(134)『経俊卿記』文応元年九月廿三日条。

(135)「山科家古文書」明徳三年九月日、蔵人所丹波国栗作御薗供御人等申状。

(136) 前掲脇田晴子『日本中世商業発達史の研究』二四六頁。脇田の結論と多少異なるが、脇田の引用した「山科殿御使幷御厨子所使幷供御人等」を、「称山科殿御使幷御厨子所使、供御人等荷物、曾無先例可懸栗駄別荷物用途之旨令申」と修正すると、このように考えた方がよいと思う。

(137) 同年九月廿二日条に載せる、九月十一日付、大沢久守・高橋幸弘連署書下の充所。栗作・葛野は氷上郡、佐伯・篠村は桑田郡と散在している。

(138) 「陽明文庫所蔵兵範記仁安二年夏巻紙背文書」(『平安遺文』七—三三二四)。

(139) 注(132)論稿。

(140) 脇田が新著『日本中世都市論』九六頁で指摘しているように、波々伯部氏の出身という丹波屋に伝わる伝承は、恐らく事実ではなかろうか。波々伯部氏はこの供御人の惣官として、まことにふさわしいといえよう。

(141) 本章D網曳御厨供御人の項。なお「九条家本延喜式巻八紙背文書」永承四年八月廿一日、紀伊国郡許院収納所進未勘文(『平安遺文』三—六七二)に、「櫛造永常愁申畠二段、穎七束六把」とある点も見落し難い。和泉だけでなく、紀伊にも櫛造は関係していたことになるが、これは近木の櫛造の集団の延長線上に考えるべきであろう。

(142) 「山槐記」永暦元年十一月五日条。

(143) 前掲「弁官補任紙背文書」貞応三年、内蔵寮御櫛生等申状案(鎌5・三三二三)。

(144) 「近衛家文書」建長五年十月廿一日、近衛家所領目録(鎌10・七六三一)。これは近木荘の雑免田を中心に成立した単位である。
(145)『高野山文書之六』又続宝簡集六十九、一二三八号。
(146)〔公益財団法人〕東洋文庫所蔵。
(147)前掲拙著『日本中世の民衆像』。
(148)第三部で鋳物師に即してふれるように、この時期の「職人」は、その本業による製品、芸能だけでなく、さまざまな雑物——穀類、布絹等の交易をあわせ行なっていた。序章で前述したように当時の社会的分業の未熟さは、そこによく現われているといえよう。
(149)傀儡子については、大江匡房の『傀儡子記』(日本思想大系8『古代政治社会思想』岩波書店、一九七九年、大曾根章介校注)の描いた姿によって、その実態が語られるのが常であるが、匡房の記述はたしかにその一面をよく伝えているとはいえ、おそくとも十二世紀以降の傀儡子の実態は、宿に根拠地を持ち、若干の田畠も耕作することのあるような状況を考えるべきである。そしてこの文書の伝える傀儡子の遍歴こそ、匡房の描く漂泊の傀儡子の発展した姿とみなくてはならない。なおこの点について、角田一郎「傀儡の行方」(芸能史研究会編『日本芸能史』1、原始古代、法政大学出版局、一九八一年、第四章三)参照。
(150)法政大学出版局、一九八二年。
(151)「中世の鋳物業」(『歴史地理』六七—一・二、一九三六年、豊田武著作集第二巻『中世日本の商業』吉川弘文館、一九八二年に所収)。
(152)三浦「中世における畿内の位置」(『ヒストリア』三九・四〇合併号、一九六五年、『中世民衆生活史の研究』思文閣出版、一九八一年所収)では、「燈呂」を「□宮」とよんだために、多少、論旨が不鮮明になっているが、鋳物師の活動についての的確な指摘がされている。

(153) 脇田晴子は前掲『日本中世都市論』で、こうした供御人の諸方兼帯を中世「後期」のこととするが、これは脇田の見解が事実に反していることをよく示す例といえよう。この点については第一部付論３で後述する。

(154) 第三部第二章。

(155) 以上の問題については、注(150)『中世鋳物師史料』解説で詳述した。

(156) 例えば柳田「炭焼小五郎が事」(『定本柳田国男集』第一巻、筑摩書房、一九六三年所収)。

(157) 『伊丹市史』第一巻(一九七一年)、第四章四九〇〜四九一頁で、黒田俊雄はここにみえる多くの市を、振売りの範囲と解しているが、恐らくは当っているであろう。ただしかし、それのみに限定しうるかどうか、なお疑問であり、もっと広い範囲を考えることもできよう。なお『大阪府史』第三巻(一九七九年)、二五六〜二五八頁参照。

(158) 「弁官補任紙背文書」にみえるこの下文は、田中が紹介に当って省いたものである。

(159) 「民経記自安貞二年十月一日至十月卅日巻紙背文書」。

(160) 注(151)「中世の鋳物業」参照。

(161) 「京都御所東山御文庫記録」甲七十
陽成天皇御宇
院御方　充行薬商人諸国立場事
定

右被置定処者、依公家之忠、四十八草色々自筑紫坪田市初、諸国之市、又諸郷園於売買者、不可有子細者也、若又此外有至違乱煩者、何等雖為商人可処罪科者也、但於座一町者唐商可為計者也、仍充行之状如件

元慶弐年三月十日　　　　藤原右大弁

式部丞殿

(162)　同右、甲七十一。豊田武「四府駕輿丁座の研究」(『史学雑誌』四五—一、一九三四年、豊田武著作集第一巻『座の研究』吉川弘文館、一九八二年所収)に指摘されているように、同上、長禄四年十一月日、左右近府駕輿丁沙汰人申状に「薬丼唐物等之就公事、限駕輿丁別而被成下御　綸旨」とあり、四府駕輿丁が薬・唐物を扱っていたことを考えると、この文書や文安の下知状は、この系統をひくものが持ち伝えたものかもしれない。なお、豊田武「特殊な商人」(豊田武著作集第三巻『中世の商人と交通』吉川弘文館、一九八三年)参照。

(163)　「橘文書」。朝倉氏はこの偽文書を「御綸旨」と認めた上で判物を発給している。

(164)　「民経記自寛喜三年六月一日至六月二十八日巻紙背文書」(鎌4・二五九九)。

(165)　『平安遺文』七—三四四一。供御所として、この御薗とともに、典薬寮別所乳牛院の下にあった味原牧があげられている。

(166)　「実躬卿記乾元二年八月巻紙背文書」(鎌25・一八八六二)。

(167)　『晴豊記』。この地黄煎商売の人々が、さきの四府駕輿丁の系譜をひく人々とどのように

関わっているのか、それが近世から現在にいたるまで、どのように推移していくのか等々の問題については、今後さらに追究してみたいと思っている。

(168) 丹生谷哲一「和泉国における地黄供御人について」(『忠岡の歴史』一号、一九七九年)は、ここであげた史料にさらにいくつかの事例を加え、この供御人について詳しく追究した労作である。そこで丹生谷は拙論に対し、「直ちに非農業民の問題として論」ずる点を「疑問」とし、供御人・作手が「土民」といわれ、田畠を耕作している点から「平安末〜南北朝期にいたる彼らの動きは、それがすぐれて農民問題であったところに特徴」がある、と強調している。

もとより供御人・作手が給免田畠を中心に、田畠を開発・耕作し、一個の開発領主としての一面を持つ場合のあったことについては、序章・本章をはじめ、本書全体にわたって、しばしば言及した通りであり、その農業との関わりについて無視するつもりは、もともとはじめから全くない。それは室町期についても同様であるべきであろう。とはいえ、平安末期以降、供御人・作手として彼等が現わす場合には、彼等はまぎれもなく非農業的生業に携わる商工民としての側面を示しているので、その点を無視するならば、たびたび強調するように、とくに畿内の領主、百姓の特質、さらには平安末・南北朝期の社会を理解する道を全くふさぐこととなろう。なお、「地百姓」が商人であったように、「土民」という言葉も「百姓」と同様、直ちに農業民を意味する語ではないと私は考える。

(169) 牧野信之助「所謂木地屋根元地の史料」(『土地及び聚落史上の諸問題』河出書房、一九三

八年)が関説しているが、その後の労作としては、杉本壽『木地師制度研究序説』(ミネルヴァ書房、一九六七年)があり、とくに橋本鉄男『木地屋の移住史』第一冊(民俗文化研究会、一九七〇年)は「君ケ畑氏子狩帳」を全面的に紹介、さらに橋本『ろくろ』(ものと人間の文化史31、法政大学出版局、一九七九年)は、全面的に木地屋の歴史の解明を試み、大きな成果をあげている。橋本は杉本の蒐集した文書をふくめ、多くの文書を引用しているが、左の文書を含む、『ろくろ』六五〜六六頁の文書をはじめ、十分、使用にたえうる文書も少なくない。

行大嘗会悠紀細工所事所下　越前国轆轤師等
　可早以平助守・海恒等為轆轤師祝(兄カ)部職事
右、当初御物代々依新進、重役無双之御作手也、爰近年構新儀於当国近江国禰祇園半(ママ)、成器物之辺(違カ)乱之(云々カ)、事実者太不可然、先例既諸方勤仕被免除之上者、向後間、任前々例、可停止彼違乱之状、所仰如件
　正安三年十一月　日　　右史生紀在判

四符加輿丁左近府猪熊座之内、丹波野々村郷之内杓子師、轆轤引右同人(ママ)也、杓子引物売買之事、洛中洛外諸国商売、諸関渡臨時之役、堅彼西村助左衛門尉吉久男子々孫々被免除之上者、全公役可相勤之由
天気所迄(候也)、仍言上如件

永禄五年壬戌五月一日　　右大辨在判

進上　広橋大納言殿

(170) これは和学講談所で書写されたものと思われるが、原本の所在は知りえていない。

(171) この人物を『賦引付』大永三年六月二十二日条にみえる、禁裏御大工職にして公方御大工職でもあった轆轤師内木小太郎宗盛と同一人物とするには、やや時代が隔っているが、前注文書中に、紀盛宗を右近衛将曹に任じた天文四年四月十二日、口宣案があり、あるいはどちらかが誤っているか、または父子兄弟等の関係にあるとみてよかろう。これについては注(162)豊田「四府駕輿丁座の研究」に言及されており、脇田も前掲『日本中世商業発達史の研究』三〇〇頁で注目している。

(172) 注(170)文書の中には、二月十六日、広橋国光によって伯二位に充てて施行された女房奉書がある。

(173) 注(169)杉本壽・橋本鉄男前掲著書参照。

(174) 豊田武編『産業史』Ⅰ(体系日本史叢書10、山川出版社、一九六四年)、三七九〜三八〇頁など。

(175) 『今昔物語集』巻十七第十三・巻二十九第三十六。

(176) 「神宮雑書」建久六年九月廿一日、二所太神宮神主解案(『鎌倉遺文』二―八一二)。

(177) 同右、建仁元年八月日、大神宮神主等請文(『鎌倉遺文』三―一二三九)。

(178) 「勘仲記自弘安四年七月十日至七月卅日巻紙背文書」(鎌19・一四三八〇)。

(179)「伊勢丹生山水銀の文書」(『日本歴史』一五五号、一九六一年)。
(180) 注(174)著書三七七頁。
(181)『西宮記』巻八に「金剛砂園在大和国、蔵人所知之」とある。これについても、八二頁前掲、豊田『中世日本商業史の研究』一八頁に言及されている。
(182)「主殿寮年預伴氏と小野山供御人——鎌倉期の動向を中心に」(『年報中世史研究』三号、一九七八年)。奥野高広については、後注(196)参照。
(183) 前掲(注(124))「多氏系図」。
(184)『春日大社文書』第一巻(吉川弘文館、一九八一年)、二一六号、正嘉二年十二月廿五日、関東下知状(鎌11・八三三四)。
(185) 第一部第三章、第二部第一章・第六章等。
(186) 拙稿「造酒司酒麹役の成立について——室町幕府酒屋役の前提」(竹内理三博士古稀記念会編『続荘園制と武家社会』吉川弘文館、一九七八年)〔⑬〕、「中世の桑名について」(注81所掲)、「中世における紙の生産と流通」(沢村守編『美濃紙——その歴史と展開』木耳社／同和製紙、一九八三年)〔⑨〕。
(187)「主水司所管の氷室について」(『日本歴史』一七八号、一九六三年)、「広島大学文学部所蔵猪熊文書について」(『福尾先生記念録』福尾猛市郎先生退官記念事業会、一九七二年)。
(188)「大炊寮領について」(『日本歴史』二九四号、一九七二年、『平安貴族社会の研究』吉川弘文館、一九七六年所収)。

(189) 前掲(本巻八二二頁)「内蔵寮経済と供御人」。

(190) 本章D網曳御厨供御人の項参照。

(191) 『経俊卿記』正嘉元年五月八日条に「右衛門(府)供御人国末」とある。また「中院一品記」暦応二年六月一日条に見られる「左衛門府沙汰人」もこれと関係するのではなかろうか。

(192) 三浦「座の研究」(『法制史の研究』岩波書店、一九一九年)、注(162)豊田論稿。

(193) 例えば注(127)前掲『禅定寺文書』一三号、年月日未詳、山城国田原郷山司陳状断簡(鎌補3・補一二五七)に「奥山田供御人等、為令交易雑物、令往反路次之処」とある点から、御稲田供御人がすでに鎌倉前期、交易のために往反していることは明らかであり、橋本義彦が注(188)論稿でふれた「米穀売買輩本寮役」はこの供御人に対する大炊寮の支配の発展した形にほかならない。

(194) 第二部第一章参照。脇田は前掲『日本中世都市論』三五四頁でこの点をとりあげ、この見方は「支配組織の変遷を考慮」せず、「系譜論的に一挙に」雑供戸と供御人を「結びつけ」るものとして批判する。しかし本章をはじめ、本書全体で、脇田と見解を多少異にするとしても、延喜・延久の国制改革による「支配組織の変遷」等々については、私なりに詳述したつもりであり、この批判は全くの見当違いというほかない。この批判は、古代の天皇と中世の天皇の系譜がつながっているといった途端、人を「万世一系」の天皇主義者ときめつける、序説でのべた「批判」に類似しており、まことに脇田らしくない非理性的な批判、と私は考える。

(195)「大化以前の大土地所有」(弥永貞三編『日本経済史大系』1、古代、東京大学出版会、一九六五年所収)。
(196)林屋『中世芸能史の研究』(注7所掲)、森末義彰『中世の社寺と芸術』(目黒書店、一九五〇年)は、この意味からも注目すべき成果であろう。しかし中世の天皇直領については、戦前以来、奥野高広が『皇室御経済史の研究』正・後両編(畝傍書房、一九四二、四四年)をはじめ多くの論稿を発表し、橋本義彦も官司領・後院領等についてすぐれた研究を進め、注(188)前掲著書『平安貴族社会の研究』にまとめたが、全体としては未だ大きな未開拓の分野を残している。
(197)渡辺澄夫『増訂畿内庄園の基礎構造』(吉川弘文館、一九六九、七〇年)上、五〇四頁、下、五六頁・四〇八頁等にこれに関する指摘がある。また黒田俊雄「中世の村落と座」(注12所掲)は、このような供御人の座と村落との関係について、いち早く鋭い指摘を行なっている。
(198)前述した檜物作手の場合や、前掲『中世鋳物師史料』参考資料二号の広階忠光、「真継文書」一―一一・一二・一四号、参考資料五号・六号・七号にみえる中原光氏・草部助時、さらには後述する大江御厨渡部惣官の渡辺党など。本書付論1参照。
(199)鋳物師については、第三部で詳述する。番の組織は、供御人だけでなく、鴨社長洲御厨供祭人・堅田御厨供祭人等々、供祭人・神人などに一般的に見出しうる。
(200)手工業の技術は平安中期以後、例えば鏍鈿道・漆工道などのごとく「道」といわれ、それはまた「芸能」ともいわれた。実際、現在使われている狭義の芸能の道の源流はここに合しているので、漂泊する芸能者と、移動、交易する手工業者とは、この時期には本質を同じくするものとみてよかろう。そして「兵」の場合も、また「道」であった点、後述する論点との関連で注目しておかなくてはならない。

(201)　注(152)三浦圭一論稿参照。

(202)　「井手文書」建久九年六月日、後鳥羽院庁下文案〔鎌2・九八七〕に現われる近木郷馬庭村領主源光賢は、『尊卑分脈』第三編、一七五頁にみえる蔵人、上西門院判官代光賢であろうが、この一族には「麻生別当」になっている人がみられ、光賢の孫基光は、寛元のころの網曳御厨下司基光と同一人ではないかと思われる。この一族には蔵人や院判官代になっている人が多い点にも注目すべきであり、こうした地位につく人々は天皇直領、直属軍と深い関係があるものと思われる。

(203)　脇田前掲書をはじめ、ここで土地支配と人間支配の統一が達成されたと説く見解が多いが、これには従えない。中世を通じてこの二つの支配原理があったとする見方を〝二元論〟ときめつけてしりぞけることは、かえって事実の一面のみを強調することになり、問題の発展の道をふさぐことになる、と私には思われてならない。例えば手工業者の給免田について、これまで、さきの見方から直ちにそこに定住する手工業者を想定し、領主の館の周辺に住まわされ、国衙工房で仕事をするこうした人々のあり方を考えるのが通説となっているが、私には少なくとも鎌倉期までは状況はかなり違っていたと思われる（第一部第二章参照）。

(204)　佐藤進一「公家法の特質とその背景」及び「日本の中世国家」序章II注36所掲）の指摘す

る〝務〟は、この「職能」による奉仕と深く関わっていると思う。

(205)　表1—7の文書(前掲『中世鋳物師史料』「真継文書」一—二号)にみえるこの人物が『兵範記』に現われることは、『中世鋳物師史料』解説でのべたが、『山槐記』永暦元年十一月廿八日条にも御蔵小舎人として現われる。紀氏、伴氏をふくめ、こうした階層の人々の動向は、もっと追究されてよいのではなかろうか。

(206)　この場合「家人」といわれているが、佐藤進一の規定の「家人型」よりも、「家礼型」の関係を考えるのが適当と思われる。

(207)　さきの六角町供御人支配をめぐる内蔵頭と御厨子所預との対立は、荘務権をめぐる領家と預所の対立に、また「後懸」の直務による両者の妥協は下地分割に比定することができよう。荘園・公領の「職の体系」と同質の支配体系をそこに考えることができる。

(208)　表1—26の牒に「就訴申、番訴陳、重重被経御沙汰之処」とある点参照。蔵人所における対問の状況を伝える史料は、このほか少なからずみられるが、「東寺百合文書」よ函一七号㈢、文治六年三月廿日、蔵人藤原某配分状案(『鎌倉遺文』一—四三二)もその一例である(「東寺百合文書」は、函・文書番号をあげた場合は、京都府立総合資料館編『東寺百合文書目録』による。他の場合は、東京大学史料編纂所架蔵影写本の番号である)。

(209)　吉野御厨以来の伝統を考えることは、決しておかしなことではないと私は思う。後述する伊賀国供御所と南朝に与した黒田悪党との関係から考えても、蔵人・供御人の線と、後醍醐天皇の武力との間には深い関係があるのではなかろうか。やや突飛であるが、さきの大和国にあり、蔵人の所知で出納の管理下にあった「金剛砂園」と、「和州金剛仙金剛砂」（「京都御所東山御文庫記録」甲七十）から、楠木正成を想起することは、中村直勝の「主張」した朱砂との関係づけと同じ発想であるが、それよりも多少は根拠があるように思われる。名和長年・児島高徳などについても、このような発想から考えていく道は残されているのではなかろうか。なおこれについては、拙稿「悪党の系譜」（鑑賞日本古典文学『太平記・曾我物語・義経記』角川書店、一九七六年）〔⑥〕で若干、考えてみた。

（210）表1―29（前掲『中世鋳物師史料』「真継文書」一―一五号）。

（211）注（84）前掲『中世の関所』三二・八三頁以下、注（34）前掲『日本の古文書』上、三三三頁・三三二頁等。

（212）例えば前掲『中世鋳物師史料』「真継文書」一―四号、建暦二年九月十三日、将軍家政所下文写、参考資料一号、承久四年三月廿九日、六波羅探題過所案など。

（213）「神宮雑書」建久七年四月十五日、太神宮神主帖（牒）（鎌2・八四二）は、諸国往反津泊預に充てて、安濃津御厨刀禰中臣国行等の「往反諸国、成交易之計、致供祭之勤」ことを妨げぬよう令しており、これも過所とみてよかろう。

（214）新行紀一の注（80）論稿でも指摘され、また第二部第一章でも問題とする上下賀茂社供祭人にあたえられた特権もまた、「□□近国并西国浦々関々者、停止武士濫妨、可全□□《供祭》」という内容のもので「貞応御下知、文永六波羅下知」等によって保証されたものであった（「賀茂別雷社文書」徳治三年十二月廿三日、六波羅下知状〈鎌30・二三…〉）。この賀茂社の特権は「寛治以来代々宣旨以下勅裁」によって保証されたといわれ、本文でのべるように究極はさきの支配権につながるものと思われるが、それなりに独自な淵源をもつ側面も考慮にいれなくてはなるまい。

また、「木下文郎氏所蔵文書」文永六年五月日、日吉社十禅師宮重色神人職補任状（『広島県史』古代中世資料編Ⅳ、一九七八年）〔鎌14・一〇四四五〕は近江国犬上郡内小野宿住人橘久守に対し、「山杣岡畑市津関泊路次往反之間、甲乙輩不可致狼藉」という特権を保証し、「当宮縁事抄」寛元二年十月十六日、後嵯峨天皇綸旨(?)〔校注五〕も、八幡宮神宝所牛馬役について「東者限小馬足行、西者限船艫棹行、可為神宝所神人等進退、可停止関々津々泊々妨」としている。ただこの二通の文書——とくに後者には疑問があり、そのまま信ずるわけにはいかないが、日吉社・八幡宮神人の特権をここからうかがうことはできよう。

(215) 天皇・院・摂関家が相互に対立する契機をはらみつつも不可分の関係を持っていたこと、伊勢・賀茂等の神社の国制上の位置づけなどは、ある程度明らかになりつつあるとはいえ、今後、解明すべき余地を広く残している。

(216)『日本の古代国家』(岩波書店、一九七一年)三三九頁以下。また『三代実録』元慶六年十二月廿一日の記事はその意味で注目すべきで、美濃国不破・安八両郡、備前国児島郡の野は「永為蔵人所猟野」といわれている。河内国交野が古くからの禁野で、蔵人所の支配下にあり、鷹飼が禁野司の下にあったことは前述したが、さらに注目すべきことは、この交野の禁野が、鎌倉後期には関所となっている点で(「善通寺文書」)、本文の推定はこれによって、さらにうらづけられると思う。

(217) 佐藤進一「中世史料論」(岩波講座『日本歴史』25、別巻2、一九七六年)は、公式令の中で位記・計会・過所の三式が特異な扱いをされている点に着目、とくに位記に天皇権の核心があるとし、計会・過所についても国家にとってとくに重要な意味を持つと指摘しているが、過所の場合も恐らく、天皇権との深い関わりを持つものといえるであろう。こうした天皇の支配権は、鎌倉後期をこえて、南北朝末期までも、西国に関してはなお行使されていたといえるであろう。保立道久「律令制支配と都鄙交通」(『歴史学研究』四六八号、一九七九年)は、律令制的な交通体系の中世的な交通体系への転換の過程を細かく追究し、とくに「中央・地方の支配者諸集団の私的都鄙間活動」に焦点を合せ、「権門官衙」、国司等の「私的交通体系」による律令的支配の攪乱、その発展の中に、中世的な交通形態を見通そうとした労作である。それはこれまで専ら土地所有――土地制度に即し、荘園制の形成過程として追究されてきた古代から中世への転換の過程を、視野を新たに拡げて、交通体系に即して具体的に解明することを目ざしたものであり、こうした力作の登場を契機に、今後、この分野の研究が飛躍的な発展を遂げるであろうことは、期して俟つべきものがある。十世紀、さらには十一世紀後半以降の国制改革は、まさしくこのような官司・社寺・地方有力者等の私的な交通体系の発展、それに伴う混乱を「整理」し、新たな秩序を与えようとしたものといえよう。それは頻々たる新制の宣下を通して、こうした私的な関係を承認しつつ、あらためて天皇の支配権を貫徹しようと試みたものであり、たびたびの荘園整理令によって、荘園の廃立を天皇

——院の意志の下におこうとしたのと同じ過程が考えられなくてはならない。前述した伊勢神宮・賀茂社等につながる神人の特権、また後述する東国の首長としての鎌倉幕府の権限が、天皇によって保証され、授権されるという形は、そこに生れてきたといえるであろう。その結果、交通路に即しては十二世紀までに、五畿七道諸国の自由な往反という、前述のような慣用句が固まってきたのであり、それが天皇支配権の中世固有な現われ方の一つであることは、もとよりいうまでもない。

とはいえ、交通路が荘園・公領の一般の田畠と異なり、天皇の「直領」としての特質を持っていたことも決して見逃すべきではない。過所が蔵人所によって発給されたこと、脇田晴子が前掲の『日本中世都市論』で強調したような検非違使による津頭検察の事実も、みなそのことをよく示しているといえよう。もとよりそれを天皇の「私領」ということもできる。たしかにそう規定することによって、ことの一面——天皇の私経済を考える道がひらけるであろうが、しかしなぜ交通路が天皇の「私領」——「直領」となりえたか、という問題は、そのように言ってみたところでなんら解決されないことを知らなくてはならない。それは、交通路、山野河海の人民の生活そのものの中での位置づけ、その耕地と異なる特質を追究することによって、また一方、天皇の支配の成立にまで遡って、その特質を究明することによってはじめて解決しうる問題である。それは黒田紘一郎が序章Ⅱ注(19)論稿で強調するように世界史的には、王権の成立とその特質の解明の問題そのものであり、こうした諸問題が完全に解決されたとき、天皇と天皇制の本質は白日の下に曝されるであろう。

さきにあげた保立の労作には、この問題と正面からとりくむ姿勢が貫ぬかれており、また注(36)に前述した贄についての鬼頭清明・勝浦令子の研究などがつぎつぎに世に問われている現在、見通しは決して暗くないとはいえ、しかし天皇の私的な支配者の側面のみを強調することによって、自己満足するような姿勢に、もしも多くの歴史家がとどまっているならば、この問題の解決は、はるか彼方に持ちこされると、いまもいわざるをえない。本章をふくむこの書も、さきの問題に対する私なりの追究の試みであり、ここでのべたことも一個の不十分な試論にとどまることはもちろんであるが、多くの批判を得た現在も、若干の修正をほどこした上で、なお本文のように〔校注六〕のべておきたいと思う。

(218)『梅松論』にみえる、義経によって「日本国中ノ津泊ニ公役アルベカラズ」との下文を与えられたという、長門の「串崎舟十二艘ノ船頭」のもつ特権も同質のものであろう。

なおこの慣用句は、保立が前掲論稿で指摘するように、『古事記』の序に「紫宸に御して徳は馬の蹄の極まる所に被び、玄扈に坐して、化は船の頭の逮ぶ所を照らしたまふ」といわれているのが早い用例であろうが、日本古典文学大系本の頭注で倉野憲司がふれている通り、祈年祭の祝詞に「青海の原は棹柁干さず、舟の艫の至り留まる極み、大海に舟満ち続けて、陸より往く道は、荷の緒縛ひ堅めて、磐ね木ね履みさくみて、馬の爪の至り留まる限り、長道間なく立ち続けて」とあるのに拠るものと思われる。それは『平家物語』巻第十一「逆櫓」にも、平家をどこまでも追討しようとする義経の言葉として「陸は駒の足のおよばんを限り、海はろかいのとづかん程、せめゆくべし」として現われる。後藤紀彦氏の御教示による)。

とすると、保立が前掲論稿でこれを「君主の至高の交通特権の理念的表現」と規定したのは『古事記』の文章にひきつけすぎた解釈といえるし、また同じく保立が別の論稿「中世前期の漁業と庄園制――河海領有と漁民身分をめぐって」(『歴史評論』三七六号、一九八一年)で「中世人の境界観念・国土の四至観念一般を表現する定型句」とみるのも時代を限定しすぎた理解といわなくてはならない。この句の源流がどこにあるのかはなお追究する必要があるとしても、「祝詞」にみられるように、それはむしろ古代人の到達しうる限りの「大地と海原」の表現とみるべきで、保立自身もいうように、人民生活の中から生れた句と考えるべきであろう。

それが中世、過所――蔵人所牒等の正式の表現では「五畿七道諸国往反」といわれ、供御人等が自らの特権を語るさいには『平家物語』や本文のような古代以来の慣用句が用いられている点に注意しておく必要があろう。このこと自体、さきにのべたこと、人民の本源的な「大地と海原」に対する権利を倒錯、体現した天皇の支配権、中世における「本源的権利」の特権化を象徴的に物語っているとはいえぬであろうか。なお保立は、この言葉を私が「王土思想と結びつけ」たと批判するが(前掲「中世前期の漁業と庄園制」)、本章の原形を発表した当時から、私はそのようには考えていない。

(219)「王土思想」については、石井進「院政時代」(歴史学研究会・日本史研究会編『講座日本史』2、東京大学出版会、一九七〇年)、「天下」については、高木昭作「「天下一」につい

て」（『近世風俗図譜』12、職人、小学館、一九八三年）参照。
(220) 注(195)論稿。
(221) 序章Ⅰ参照。
(222) 「鎌倉末期の諸矛盾」（『講座日本史』3、東京大学出版会、一九七〇年）〔⑥〕。この点、終章参照。
(223) 公田・平民百姓等々の問題もこの次元の問題に関連させて考えてみる必要があろう。
(224) 「九―十三世紀における私領の形成と鎌倉幕府法」（『史学雑誌』六七―一〇、一九五八年）。
(225) 戸田注(12)著書二九七頁以下。
(226) 「職の体系」が国家的秩序＝体制に保障されているとみて、本家の機能に注目する永原慶二の見解（前掲〔序章Ⅱ注(3)〕『日本封建制成立過程の研究』）は、「職の体系」の理解については見解を異にするが、「本家」の機能に関しては同感できる。本家職を掌握しえた権門はこの支配権に関与しているので、そのことが、まさしく権門を権門たらしめる根拠と考えられる。黒田俊雄の権門についての規定は、この意味でやや一般的にすぎるので、私はこのように限定して考える必要があると思う。院・摂関家・幕府（将軍家）それに寺社の一部が、これに該当するが、その支配と経済のあり方は天皇のそれに准じて考察される必要があろう。前述したように、供御人であるとともに殿下細工であり、院別納所に属する作手でもある多くの「道々細工」があったこと、将軍家にも贄殿・御厨子所・細工所などがあったこと等を考えてみなくてはならない。また、日吉社・住吉社・祇園社等々の神人を兼ねる供御人も、しばしばふれてきたように少なからず見出しうるのである。

こうした支配権が南北朝内乱を通じて重大な変動を経験するという永原の見解には、全く賛成であるが、それによって「荘園制」が崩壊するとみる永原の主張については、依然として従うことはできない。それは次元の異なる問題を混同したところから生ずる誤認と私には思えるのであるが、いかがであろうか。

(227) 黒田俊雄「村落共同体の中世的特質」(清水盛光・会田雄次編『封建社会と共同体』創文社、一九六一年所収)一六頁以下参照。

(228) 前掲『中世法制史料集』第一巻、追加法二二六条・三二三条。

(229) 一二一頁にあげた若狭国多烏浦の船徳勝に与えられた旗章(『小浜市史』諸家文書編三「秦文書」一九号、注94所掲)は「国々津泊関々不可有其煩」という文言をもつ過所であるが、これは施行の形をとっていない。また、「金剛三昧院文書」(『高野山文書』第五巻、高野山史編纂所編、一九三六年)一三六号、宝治元年(一二四七)八月十七日、関東下知状(鎌9・六八七一)は、「金剛三昧院領筑前国粥田庄上下諸人幷運送船」に対し、「関々浦々」を煩なく勘過せしめた過所であるが、その後に発せられた弘安四年(一二八一)、正応三年(一二九〇)、文保元年(一三一七)の過所をふくめ、施行の形はみられない。また「東妙寺文書」延慶三年(一三一〇)五月廿日、鎮西探題過所(鎌31・二三九九五)も、東妙寺造営材木勝載船壱艘について、九州の津々関泊を独自に勘過せしめているのである。

相田二郎は注(84)前掲『中世の関所』で、三国湊に関わる正和五年五月の雑掌申状(「大乗院文書」)にみられる「文永以後新関」に着目し、「鎌倉幕府が文永以後の所謂新関停廃の下知を発した為め、武家の使者が、この命令を実行せんとして坪江郷に入部」したものとし、これを「幕府の関所政策を考察する上に於て重ずべき資料」という的確な指摘を行なっている(同書二二五〜二二六頁)。この「文永以後新関停止」については、「八坂神社記録」三(続史料大成本)「社家条々記録晴顕自筆記案」の後宇多天皇の項に、「正安二年十一月、越前国野坂経政所給主被召般(放)、顕尊法印、感晴法印拝領之処、文永以後新関事被仰合関東、一向被停止」とあり(同記録の編者は新関を「新開ヵ」と傍注し、「仰合」の下に読点を打つが、これは誤りと思う)、すでに正安二年(一三〇〇)にこの法令が幕府によって発せられたことを知りうる。このころ、「西国堺相論事」について幕府と朝廷との間で問題があり、弘安八年六月十一日の御教書に任せ沙汰すべしとの命を幕府が下しているが(前掲『中世法制史料集』第一巻、追加法六八四条・六八五条)、恐らくこの新関停止もこのことと関係があろう。そして弘安七年(一二八四)、安達泰盛の弘安改革の一環として、河手、津泊市津料の禁制が諸国に命ぜられており(同上五四〇条・五四一条)、弘安四年(一二八一)にも、「津料河手事」は「先年被留畢」といわれている(同上四八五条)。「文永以後新関停止」が、こうした一連の幕府の関所政策の中で発せられたことは間違いないが、「文永」という年号は、恐らくはその起点とみるべきで、「先年」といわれたのもそれをさすと思われる。ここに想起されるのが、「菅浦文書」の、西国新関河手等の停止に関する建治元年六月廿日、関東御教書(同上四六九条)と、門司・赤間以下所々関手停止を下知した同年九月廿七日の関東御教書(同上四七一条)である。ここで前者の御教書がその停止を「先日、下知せらる」といっている点に注目すべきで、「先年」あるいは「去年」といわれていないことから、この停止令は、建治改元の四月廿五日以前の文永十二年(一二七五)に発せられたとみて間違いなく、それが「文永以後」といわれた幕府の新関停止の出発点とみてよかろう。

これは西国に関わる天皇支配権に対する重大な干渉であるが、周知の西国非御家人動員令など、モンゴル襲来にそなえるべく幕府はこのとき思い切った西国に対する干渉政策にふみ切っており、これも兵粮米・軍勢の輸送を迅速にするため、関所による障害を排除すべく幕府のとった政策とみて、全く不自然でない。さきの宝治の過所はそれ以前であり、なお考える余地はあるが、これ以後、幕府の手中には西国に対しても過所を発給する権限が掌握されたとみてよいのではなかろうか。「文永以後新関停止」については、『吉続記』乾元元年十二月廿日条に「国々津料関市外米、所々勧進、文永已後任院宣(ママ)旨之旨可停止、厳密可禁遏」との関東事書に応じ、同月廿五日「国々津料已下、文永已後停止口宣」が発せられたほか、「東大寺文書」第一部第十五、一六一号、元弘三年三月日、東大寺衆徒等申状土代(鎌41・三一七一二)にも、嘉暦元年(一三二六)ごろ、「為関東御沙汰或被停止文永以後新関之最中也」とあるように、正安以後も関東の主導の下できびしく徹底された。『中世法制史料集』第一巻、参考資料四〇条に掲げられた正和四年(一三一五)の関東事書、花園大学福智院家文書研究会編『福智院家古文書』五二号にみられる元亨二年閏五月十六日(鎌36・二八〇四七)・元徳二年三月十七日の関東事書(鎌40・三〇九七六)などは、この措置に関連するものであろう。

そして元徳二年（一三三〇）及び建武新政のさい、後醍醐の発した関所停止令は、こうした幕府の干渉下にあった交通路支配権を、天皇の手に掌握することを意図したものと思われる。

(230) この点については、前掲拙著『中世東寺と東寺領荘園』第Ⅰ部第三章で言及した。それが鎌倉・南北朝末期までは、基本的に官宣旨・太政官符などによって認められたことも、そこにあげた事例などによって明らかである。なお、この点は後考を期す。

(231) 「大善寺文書」（『新編甲州古文書』第一巻）延慶三年五月五日、関東下知状案（鎌31・二三九八四）。

(232) ただ過所については、注(229)の事例によって明らかなように、限定付きではあれ、西国・九州にも及んでいる。これについてはさらに厳密に追究されなくてはならない。この点、拙著『東と西の語る日本の歴史』（そしえて、一九八二年）[15]でも若干言及した。

(233) こうした変動の背景の一つとして、これまで漂泊・移動していた人々の定着があった、と私は考えてみたい。海民についても鋳物師に関しても同様のことがいえると思われる（第二部第一章・第三部参照）。そしてこの「定着」は日本においても中世都市の本格的誕生の背景をなしており、貨幣流通もまた、ここで一時期を画する発展をとげるのである。

(234) ただ、戦国期に入ると、再び綸旨、女房奉書が表面に多数現われてくる事実に注目しておかなくてはならない。戦国期のこうした側面はこれまでほとんどとり上げられていないが、大事な問題がそこにひそんでいると思われる。

(235) 拙著『無縁・公界・楽』（序章Ⅲ注7所掲）参照。

(236) この点に関連して、有泉貞夫が発表した「柳田国男考」(『展望』一九七二年六月号)は、鋭く問題の所在をついている。

(237) むしろ戦前、喜田貞吉のような関心をもつ人があったこと、また、西岡虎之助、羽原又吉のような人々によって、このような問題が追いつづけられていたという事実を、あらためて考えてみなくてはならない。戦後、こうした問題は部落史研究との関連で部分的に注目され、前述した林屋の著書のようなすぐれた成果があげられてはいるが、おもな成果は民俗学・宗教学等々の面で豊かにあげられており、歴史家は史料の不足——それは紛れもない事実である——を理由の一つとして、真剣な追究を怠ってきたのではなかろうか。しかし、意識的に保存、伝来された古文書に、こうした世界がほとんど現われてこない、という事実そのものが、逆にこの世界の底知れぬ深さと比重の重さを物語っているのであり、避けて通ることはできない問題だと思う。

こうした弱点は序章でものべたように次第に克服の方向に向いつつあると思われるが、いまもなお声を大にして、より多くの歴史家がこうした分野に関心を持ち、視野をそこまで拡げて研究を進める必要があることを強調したい。

第二章　中世文書に現われる「古代」の天皇

——供御人関係文書を中心に

序

中世、供御人《くごにん》あるいは「職人」[1]に関係する文書には、前章でもふれたようにしばしばきわめて古い時代の天皇・皇族が登場する。多くの場合、供御人、「職人」たちは、その天皇・皇族に結びつけて、自らの職掌、「芸能」の起源の古さと正統性とを語ろうとしているのであるが、これまでこうした彼等の主張は頭から後世の仮託とされ、さらには、そうした古い時代の天皇が現われるが故に、その文書は偽文書、ときめつけられる場合すらあったと思われる[2]。

しかし第一章でものべたように、供御人に関わる文書にはたしかに偽文書が多いとはいえ、決してそのすべてを後世の創作として否定し去るべきではなく、またそこで特定の天皇に関連づけて記されている供御人の建立についての記事も、確実な事実を伝えている場合が間違いなく存在しているのである。とすれば、供御人、「職人」の文書について、その真偽を明らかにするとともに、そこに姿を現わす天皇・皇族と彼等との関係のどこまでが真実であり、いかなる記事が後世の仮託であるのかを究明することは、一個の課題となりうるであろう。そしてもしこの課題を解決しえたならば、供御人の起源に照明をあてることが可能になるだけでなく、供御人、「職人」たちが、自らの起源を好んで天皇・皇族に仮託し、文書を偽作した理由についても、より鮮明にすることができると思われる。

いまこの課題を完全に解決することは、私の力をこえるが、ここではこれまでに知りえた材料を整理・紹介し、今後の研究の素材として提示しておきたい。

一　南北朝期以前について

供御人に関わる文書の性格は、ほぼ南北朝期を境として変化する。様式に即していえば、蔵人所《くろうどどころ》牒《ちょう》同下文《くだしぶみ》が姿を消し、綸旨《りんじ》、幕府下知状《げちじょう》がこれにかわり、内容についても、それ以前の自由通行権を保証したものに比べて、棟別銭《むなべちせん》などの課役免除に関する文書が多くなってくる(3)。これは供御人自体の存在形態の変化、天皇の権力と権威のあり方の転換に伴う現象であるが、ここではこの事実に依拠し、まず南北朝期までの文書で、正文ないしそれを正確に伝えたと思われる案文・写などに現われる天皇について、時代を遡りつつ検討を加え、その記事の真実性を確かめてみることとする。

(イ)　高倉天皇(在位一一六八―一一八〇)

『菅浦文書』建武二年(一三三五)正月、近江国菅浦供御人等申状案(4)に、

　右当浦者、自高倉院御宇被始置供御人以来……

とある。この事実そのものを傍証によって確かめることはできないが(5)、菅浦供御人は、それから約百年の後、永仁・正安のころには、確実に活動しており、この所伝自体、とくに疑うべき理由はない。

(ロ)　二条天皇(在位一一五八―一一六五)

蔵人所燈炉供御人(作手《つくて》)――鋳物師は、この天皇のとき建立されたと伝えている。そのことにふれた史料を以下に列挙する(6)。

(a)　貞応元年五月日、蔵人所牒案「当供御人者、是自二条天皇御宇被建立……」(「東寺百合文書」ゐ函六一号(三)、『鎌5・二九六四』)

(b)　年月日不詳、日吉社聖真子神人兼燈呂貢御人幷殿下御細工等解「件惣官職者、去仁安三年比、広階忠光始立貢御□□(人)……」(「民経記貞永元年五月巻紙背文書」)(鎌6・四三一七)

(c)　宝治二年、蔵人所牒案「当御作手者自　二条□□□(天皇御)宇被建立以降……」(「安尾文書」)(鎌補3・補一四二二)

(d)　年月日不詳、蔵人所左方燈炉供御人兼東大寺鋳物師等重申状「□(右)当供御人者、□条院御宇永万年中被建立以降……」(「勘仲記永仁元年十二月巻紙背文書」)(鎌22・一六六八二)

(e)　暦応五年四月日、蔵人所牒写「当供御人者、二条天皇之御宇仁安年中被建立之以降……」(「真継文書」)

二条天皇は永万元年六月二十四日に退位、永万二年八月二十七日に仁安改元なので、(e)は誤伝である。後述するように、[7] (d)を二条院とみたときにおこる(b)との矛盾、(d)を六条院とした場合に生ずる(a)・(c)との矛盾については、前者(二条院)の見方を採用し、(a)・(c)は土鋳物師が燈炉供御人(右方)となったとき、(b)は廻船鋳物師が供御人(左方)として建立されたときを示すものと考え、(d)はすでに一体となった燈炉供御人全体について、その建立の時期をのべたものと解しておく。それはいずれにせよ、この供御人に関しては仁安二年（一一六七）の牒写（表1—6・7）が存在していることからみて、この所伝も疑う余地なしと考える。

ただ(e)は、この両者を混同した誤伝であり、文言の不自然な点を含めて、これらの点からこの牒そのものを偽作とする見方も当然成り立つが、様式・人名等については一応正確なので、私は若干の誤写を考慮にいれつつ、写として内容を生かすことは可能とみている。そしてこの立場から、むしろここでは、南北朝期に入ると、早くもこのような誤り、混乱がおこってくる点に注目しておきたい。

(八)　後三条天皇（在位一〇六八—一〇七二）

「師守記貞治三年二月巻紙背文書」(8) 文保元年六月日、大炊寮領河内国河内郡御稲田雑掌左衛門尉国友申状に、

右当御稲田者、日別厳重供御米依為重色□(無)雙、□□(後三)条院御宇延久年中、被定置料田於三ヶ国(山城・河内・摂津)□以降……

とある。また前章でもあげた『禅定寺文書』年月日未詳、山城国田原郷山司陳状断簡には、

彼解状云、公家御稲田者、重色無雙之地也、延久聖代為永代不朽、撰膏□(腴カ)之地之置(定カ)供御料田之後、敢無牢籠云々、

ともいわれている。

御稲田については、すでに橋本義彦がその論稿「大炊寮領について」(9)で詳細に論じている。橋本はそこで、供御稲進納国は天安元年(八五七)には山城・河内・摂津の三箇国に限られていたこと、御稲田の基本的坪付として「延久坪付」が存在した事実、永保のころ、摂津国に官使が下され、供御田が点定されたこと、御稲田供御人の初見は久安五年(一一四九)であるが、保延のころ、それまで供御人に与えられていた本坪一反に加えて、田一反、雑事免二反をそえることになった点等に注目し、「宮内省(大炊寮)――国司(郡司)――省営田という御稲徴収ルートの衰退に伴い、後三条新政を契機として人と土地とを抱合せて個別的に把える御稲(田)供御人方式がこれにかわり、大炊寮――供御人＝御稲田のルートで御稲が徴収されるようになった」と結論している。

とすれば、橋本のこの論証によって、さきの申状の文言の正確さが裏づけられたといいうるし、逆にまた、この文言によって、その推定はさらに確実なものになるともいえよう。そして橋本の指摘する通り、「後三条院御宇延久年中」は、のちに米売として活躍する御稲田供御人の直接の出発点でもあったとみてよかろう。

ここで注目しておきたいのは、古代から中世への転換過程において、後三条新政のもつ起点的な意義である。それは従来から指摘されてきた荘園整理令に伴う諸改革にとどまるものではない。洛中に対する一連の重要な新制が定められたこと、贄《にえ》貢進の制に改革が加えられた点については別にふれたが[10]、これらにいまの御稲田設定の事実を加え、さらに造酒司への納物を十二箇国に支配する体制の出発点が「延久宣旨・康和抄帳」にあった[11]ことなどをあわせ考えるならば、この新政を境として、天皇の私経済、ひいては摂関家、有力寺社などのあり方が、大きく変化する方向に向ったと推定することができる。土地制度に即していえば、特定の人々に、多くは均等な給免田・名田を保証して供御人・舎人《とねり》・召次《めしつぎ》・雑色《ぞうしき》・神人《じにん》等とし[12]、特定の儀式・法会などに必要な費用を賄うために一定の料所を設定する方式は、この新政以後、本格的な軌道にのったものと思われる[13]。こうした観点からも、延久の国制改革をあらためて考え直してみる必要があろう[14]。

(二)　後朱雀天皇(在位一〇三六―一〇四五)

『続左丞抄』第一、弘安二年七月廿六日、官宣旨は摂津国採銅所に充てて発せられた文書であるが、そこに、

当所者、去長暦年中被建立以降、代代厳重□賜聖代明時之鳳綸、専備当時後代之亀鏡、以庄田為徭田、以庄民為徭民……

とあり、また『壬生家文書』一、年月日未詳、採銅所奉行益資書状案(鎌24・一八八〇四)にも、

就中嚢祖造酒正奉賢
後朱雀院御宇長暦元年依備進三種土貢、被建立当供御所以降……

といわれている。

『百錬抄』長暦元年四月十二日条に「摂津国能勢郡初献銅」とあるのはまさしくそのことをさすものと思われ、採銅所が応徳元年(一〇八四)までに成立していたことも確実であり、(15)この所伝も事実とみて間違いないと思われる。

(ホ)　一条天皇(在位九八六―一〇一一)

「京都御所東山御文庫記録」丙四十五所載、実躬卿記紙背文書、年月日不詳、供御院預左衛門少尉磯部信貞申状(16)は、大炊寮頭中原師顕の非拠競望を訴えているが、その冒頭で、

右供御院預職者、一条院御宇、去長保四年、磯部広信下賜永　宣旨以降、至于信貞
相伝已十五代、星霜三百余廻也

と記している。

この永宣旨は『朝野群載』巻第八に、「供御院預補任宣旨」としてあげられている長保四年(一〇〇二)五月一日の宣旨で、それは、物部光保の替に、官人代磯部広信を永く供御院預に補すという趣旨のものであった。さきの申状の記事は、これによって明確に

裏づけられるが、供御稲を取扱う供御院の預職が十二世紀初頭、すでに世襲化していることは(17)、さきの省営田から御稲田への転換という橋本の指摘にも関わる事実として、あわせて注目しておかなくてはならない(18)。

またこの鎌倉後期の相論は、大炊頭を世襲する中原氏が、その管掌下にある供御院預職とその得分を競望したことからおこった争い(19)で、『綸旨抄』年未詳三月十七日、宣旨によって、磯部信貞が大炊寮供御院預として「河内国石河東条郡幷佐備御稲田及山城国栗御園」を子々孫々相伝領掌すべしと認められたのは、恐らくその一つの帰結を示すものであろう。

(ヘ) 醍醐天皇(在位八九七―九三〇)

この天皇は令制の雑供戸、江人・網曳の系譜をひく供御人の関係文書に姿を現わす。周知の史料であるが、延喜の元号に関するものも含めれば、以下のようになる。

(a) 元永二年七月十六日、官宣旨(抄写)「応遣官使、任延喜五年国司請文、令検注言上大江御厨四至幷供御人交名・在家・免田・池・河等事」(山科家旧蔵「大谷氏所蔵文書」)(平9・四六七〇)

(b) 『山槐記』応保元年九月十七日条「一、国(河内)中池河津等、任延喜五年牒、可為御厨領事」

(c) 寛元三年七月十七日、六波羅下知状案抄「当浦(近木)者、自醍醐天皇御時、被立始内膳供御所畢」(『高野山文書之六』)〔鎌9・六五一二〕

(d) 文永十一年正月廿五日、蔵人所牒写「□□延喜年中被建立之後……」(「今宮村文庫文書」)

(e) 年月日不詳、御厨子所公人等庭中申状(抄写)「就中、於六角町四宇供御人者、延喜建立六箇国日次御贄及懈怠之間、為令誘引彼狩取等、去建久三年当所預宗季朝臣中立以来……」((a)と同じ)

(a)・(b)は大江御厨、(c)は網曳御厨《あびきのみくりや》、(d)は津江《つえ》御厨に関する史料であり、(e)の六箇国日次御《ひなみのみ》贄《にえ》の制が延喜十一年(九一一)十二月二十一日に定められたことは、『西宮記』の記事によって確証できる。(a)〜(d)を別系統の史料によって傍証することはできないが、第二部第一章でものべるように、ここから推測しうる延喜五年(九〇五)の江人・網曳への特権保証、御厨の設定は、寛平九年(八九七)、四衛府日次御贄の制定、延喜二年(九〇二)、御厨整理令、延喜十一年、六箇国御贄設定という一連の動きのなかにおいて、全く無理なく理解しうるものと思われ[20]、これらのすべてを後世の仮託として却けるのは不自然というほかない。もしもこの推定が認められるならば、天皇私経済のあり方を中世に向って一歩転換させた画期としての寛平・延喜の改革の意義を、より鮮明にすることができよう。

(ト) 仁明天皇(在位八三三―八五〇)

「民経記寛喜三年六月巻紙背文書」承久二年四月二十一日、典薬寮地黄御薗供御人等解(鎌4・二五九九)に、

当御薗者、仁明天皇御宇承和年中被始置也

とあり、これを『三代実録』貞観二年(八六〇)十二月二十九日条、元慶四年(八八〇)八月六日条の記事によって傍証しうることは、前章でのべたので、ここではくり返さない。

(チ) 文武天皇(在位六九七―七〇七)

「勝尾寺文書」元亨二年(一三二二)四月日、掃部《かもん》寮領河内国大庭《おおば》御野供御人等申状案(21)に、

右当御野者、文武天皇御宇大宝年中被立券庄号以来、禁裏 仙洞之供御々庄(座)以下、諸神諸社之祭礼役、自正朔至歳暮、専為当御領之勤仕、重役無双異于他者也

とある。この大庭御野は『遊女記』に、江口に近い「掃部寮領大庭庄」として現われ、鎌倉期には紅花・薦を公役として負担する名田畠をもつ供御所であり、その内部には摂関家散所《さんじょ》雑色の給免田・名田も存在していた(22)。ここを本拠とする供御人は、莚作手などではないかと推測されており、商工民であったと思われる(23)。

一方『令集解』巻四、職員令掃部司の「古記」註は、「問、諸鋪設之属何物也、答、茨田《まんだ》葦原、充地在、即以駈使丁、令作殖而造備」とのべており、『延喜掃部寮式』には「蔣沼一百九十町在河内国、茨田郡、刈得蔣一千囲、菅二百囲竝刈運夫以当、国正税雇役、莞五百囲摂津国傜夫刈運」とある。大庭御野をこの茨田の葦原・蔣沼にまで遡らせることは、決して無理なことではあるまい。とすればさきの申状の文言は、後世の視角からのとらえ方であるとはいえ、文武天皇の大宝年間、あるいは大宝令によって、茨田の原野が正式に「御野」として設定された事実を、正確に伝えているといわなくてはならない。

(リ) 天智天皇(在位六六二〔校注七〕—六七一)

この天皇に関わる史料をまとめて掲げると以下のようになる。

(a) 応保二年五月十五日、大隅国台明寺住侶等解「台明寺者(中略)草創以来不知幾許、但　天智天皇御宇之時、被定笛竹貢御所後、逕四百余歳、根本大伽藍也……」(大日本古文書家わけ第十六『島津家文書之二』)〔平7・三二二〇〕

(b) 応保二年十月廿九日、大宰府宣「(a)と同文」(同右)〔平7・三二三〇〕

(c) 年月日不詳、頼広申状「自　天智天皇御時、取当庄河魚、至尊供御并殿下御贄、国司日〻所備進来也……」(大日本古文書家わけ第十八『東大寺文書之五』一〇五号(二))

(d) 正応五年十二月日、蔵人所下文「右当供御人等、自　天智天皇御宇被建立以来……」(「京都大学文学部国史学研究室所蔵文書」)

(e) 永仁四年十一月日、蔵人所下文「右供御者、天智天皇御宇被建立以降……」(『菅浦文書』下巻、七一六号)〔鎌25・一九二〇七〕

(f) 正和三年四月日、蔵人所下文案「件供御人等者、天智天皇御宇被始置以来……」(dと同じ)

(g) 正和五年四月日、蔵人所牒「当供御人等、天智天皇御宇被始置以来……」(同右)

(a)・(b)は大隅国笛竹供御所、(24)(c)は伊賀国供御所、(25)(e)は菅浦供御人、(26)(d)・(f)・(g)は近江国粟津橋本供御人に関する史料である。(27)注目すべきはこの天皇についての所伝が、わずか三箇国にすぎないとはいえ、すべて諸国供御所に関係している点である。(28)またこれまでの場合と違って、すべて元号があげられていないことも、一応史実と一致している。

もとより同時代の傍証はないので、全くの推定にとどまるが、これらの史料によって、天智天皇のとき、天皇私経済に直接つながる供御所、贄人が諸国に公式に設定され、国司の管掌下に贄を中央に貢進するようになったと推測することも可能なのではあるまいか。『延喜式』の「諸国例貢御贄」(宮内省)、「諸国貢進菓子」(大膳職)、「諸国貢進年料御贄」(内膳司)が、それぞれいかなる関係にあるかについては、最近次第に明らかにされつつあるが、(29) これらの形に帰結する制度の出発点をここに求めることもできるのではなかろうか。少なくともこれを、藤原・平城宮址よりの木簡発掘以来、とみに注目されはじめた諸国貢進の贄の制度に関する参考史料とすることはできると思われる。

(ヌ)（孝徳天皇〈在位六四五―六五四〉）

福井県遠敷《おにゅう》郡名田庄村下三重の熊野神社には、文永五年（一二六八）から嘉元元年（一三〇三）にいたる多数の文書を紙背にもつ大般若経が所蔵されているが、(30) そのなかにつぎのような文書がある。

⌈　⌋少監惟宗為有解　申進　申文□（事）

⌈　⌋任先規幷進解旨、賜御挙状、令言上都□（督）□監代氏行・俊氏（清原）・国（橘）材等、以非分身、相語府御目代、潜⌈　⌋厳盛、掠賜監職　大府宣、令超越宗家輩無謂⌈　⌋

□□（右謹）考旧貫、大宰府者

□□□（天）皇御宇大化年中被始置之、定補上中下之官⌈　⌋寺諸社之仏神事節会、所謂上衆者大監⌈　⌋位監代、下品者典・府老是也、於五位六位已下之官⌈　⌋時儀補任之、至監職者、為上衆先度官之間、撰⌈　⌋所任来也、且京都之作法、以当時之名□、雖有⌈　⌋之官者、被正先祖御拝任之跡、都鄙雖各別、宰⌈　⌋故、官途出仕之儀式、併所守　聖朝也、而氏行⌈　⌋独歩之余、以非分員外之身、依望申監職、可注申□　□都督被仰下之間、氏行等先祖一代而全不補任監□　□任之監代、相随神事・節会之由、具令言上之処、氏行□　□之間、不立申其証拠、相語厳盛、帯彼挙状、雖令□　□去年・去々年二ケ度雑掌空令帰国畢、然間（後欠）

ここに現われる監代俊氏・国材は、延慶二年（一三〇九）正月日、大宰府在庁官人等解案に「少監橘朝臣国材、権大監清原真人俊氏」と連署しているので、この文書はそれより若干遡るものであろう(31)。

文書の天地が切断されているので事情を十分明らかにすることはできないが、いうまでもなくこれは大宰府府官(32)に関する文書で、監代氏行たちが府目代・厳盛を語らい、「宗家の輩」を越えて監職に補任されることの不法を、少監惟宗為有が訴えたものである。これによって、府官は上衆（大監・少監）、中位（監代）、下品（典・府老）に分れ、一種の家格があったこと、府官が専ら寺社の仏神事・節会に携わるものと考えられていたことなど、注目すべき事実が判明するが、なにより、大宰府の設置、府官の定補が「□□□〔天〕皇御宇大化年中」のことと考えられている点に目を向けなければならない。この闕字は、一応「孝徳天皇御宇」とうずめるほかないであろう(33)。もとより大化から約六百五十年ものちの所伝を、軽々に史実とみることはできないが、前掲の諸例を考慮すると、これを直ちに単なる伝承、誤伝として捨て去るのも早計ではあるまいか。府官もまた在

料とはなりうるであろう。

でのべてさきのような主張をする動機を見出すことは困難であり、やはり一つの参考史

庁官人・下級荘官と同じ意味での職人であるが、少なくともこの文書において、偽りま

(ル)　用明天皇

山科家旧蔵「大谷氏所蔵文書」文永十一年(一二七四)正月廿五日、蔵人所牒写に「御厨子所供御人者、自　用明天皇御宇以来、代々所被建立也」とあり、この所伝は、直接には六角町四字供御人、広くは「三条以南魚鳥精進菓子已下交易輩」——生魚供御人・鳥供御人・精進供御人・菓子供御人等、御厨子所に属する供御人の起源に関わることとして、同所預紀宗信によって主張されている。はるか後年、「山科家古文書」寛正六年(一四六五)六月日、某申状に「内蔵寮供御人等者、自　用明御宇以来……」といわれ、『山科家礼記』[34]延徳三年(一四九一)八月〜十二月記の表紙にも「当寮供御物之始、用明天皇御宇自被定置国之供御人以来、延喜十一年宣旨趣、建久御牒明白候也」とあるのは、御厨子所に対する内蔵寮の支配が進んだ時期[35]の変形であり、元来は御厨子所に関わる所伝であったと思われる。

もとよりこれについても、傍証は全くないが、正史には現われぬこうした所伝が、内廷の諸機関、供御人等に伝えられている事実そのものに注目する必要があろう。

（補説）

ここで豊田武が前掲「中世の鋳物業」で言及した莚作手についてふれておきたい。

豊田はそこで、莚作手が「鳥羽院御宇」「天永年中」以来、交通税免除の特権を保証されて交易に携わっていたと指摘しているが、その根拠としたのは「京都御所東山御文庫記録」内四十五の次の文書である。

掃部寮

　定補　吹田・豊島幷諸国御莚作手事

右於莚御作手者、鳥羽院御宇去天永年中、被召当寮御作手、令備進御年貢莚以下物等、無指所券（ママ）間、於五畿七道関官舎市津、可停止津料例物之由、被　宣下畢、諸国宜承知、敢莫違失、故下

　建治元年正月日　　年預主殿允伴朝臣　判

掃部寮下文案ともいうべきこの文書は、内容は過所《かしょ》でありながら補任状の形をとり、「所券」（「所帯」の誤りか）の如き誤写があるだけでなく、文永十二年四月廿五日の建治改元の事実に明瞭に反している。たしかに豊田の指摘する通り、掃部寮に属する莚作手は『三長記』建久六年十一月十九日条、『民経記』貞永元年十二月十七日条に現われ、また元暦

元年七月廿四日、待賢門院御莚料藺田四段小が平家領として点定されたことを不法として訴えた一院御座作手[36]も、莚作手にして院に属した人々とも考えられる。前述した河内国大庭御野もこれと関係する可能性があり、大和・山城・河内などに給免田をもつ莚作手が、摂津の吹田・豊島にも一つの根拠を有していたことは、十分ありうることである。そして、「鳥羽院御宇」「天永年中」以来、彼等が他の供御人・作手と同様、天皇の名による保証を得て、諸国を自由に往反していたことも、恐らくは事実であろう。そのことを記した真正な文書の存在も、推定してまず誤りないと思われるが、この文書自体は、やはり後世の作と考えざるをえない。ではそれはいつごろの作であろうか。

「京都御所東山御文庫記録」はこれにつづけて、次の同筆の文書を収録している。

御服所方丹波莚事、光弘就望申、雖仰付、自新御所依有御成敗、如元本百姓被返付之上者、任先例可致商売也、依仰所下知如件

応永廿八年八月廿四日　　左衛門尉 判

この下知状もいずれかの官司の発したものと思われるが、文言、様式上からみて、研究の余地があり、軽々に正しい案文とは断じ難い。豊田が『中世日本商業史の研究』で指摘しているように[37]、豊島莚とともに丹波莚も有名であり、ここに記されている内容は十分検討に価するとはいえ、文書自体はやはりこの年以後、根拠となる文書に多少の手を加えて

作られたものである可能性は大きい。とすれば以上の二通の文書は、室町後期の事例として、むしろ次節の諸例のなかにいれて考えるべきであろう。

以上、列挙した十一人の天皇のうち、天智・孝徳（？）・用明を除く八人の所伝については、他のほぼ同時代の傍証によって、それが事実であることをおおよそ確認できたものと思われる。とすれば、少なくとも平安末・鎌倉期の供御人、「職人」関係の文書については、そこに現われる天皇の所伝がきわめて古い時代のことというだけの理由で、すぐに「後世の仮託」ときめつけ、無視してしまうのは、学問的な態度とはいえないであろう。こうした所伝を記した文書が紙背文書に多く、その所伝自体、正史にほとんど現われないという事実を考慮すれば、これを一つの手がかりとして、通常の文書伝来、史書編纂の経路からはずれた、古代・中世の薄明の世界をかいまみることも決して不可能ではない、と私は考える。鎌倉時代までの供御人、「職人」は、決して「史実に暗く、又古文書の智識に貧弱」だったとはいえないのである。

ところが、それは鎌倉期までのことで、さきに燈炉供御人に関連してのべたように、南北朝初期、早くもこうした所伝には混乱と誤りが現われる。そしてその傾向は時代を追っていよいよ著しくなり、屈折の度を強めていくのであり、「常軌を逸し」たという批評も、この時期になれば的はずれではなくなってくる。なぜ、そのような変化、屈折が現われてくるのか。次節ではそのような点をできるだけ追究してみたい。

二　天皇の伝説化と文書の偽作

南北朝内乱をこえて室町・戦国期に入ると、天皇に関する供御人、「職人」の所伝には、明らかにある「屈折」が現われてくる。その根は同じであろうが、現象的には二つの現われ方がある。一つは、正当な文書に姿をみせる天皇自体が神話・伝説上の人物になっていく傾向であり、他の一つは、なんらかの根拠とすべき史実、あるいは正当な文書があるにせよ、天皇、皇族に仮託した偽文書が作られるようになる方向である。この後者の動きについては、のちにも多少のべるので(38)、ここでは前者に重点をおきつつ、後者についても若干の補足を試みておきたい。

さきに用明天皇に関連してあげた、寛正六年六月日、某申状(39)は、前欠であるが、内蔵《くらの》頭山科《かみやましな》家の側から発せられた申状の案文で、以下のようにのべている。

右子細者、就御即位儀御陵織手被懸公役事、去年彼等先規不致沙汰間、依歎申御免候之処、又今度号御大儀、被入配符候、自　神武御門御宇御金形給以来、雖為前々如此御大儀不致沙汰之上者、忩被留催促之様、公方様江被申候者、忝可畏入之由、彼等申候、幷内蔵寮供御人等者、自　用明御宇以来供御人等雖為如此御大儀、諸公事無被仰出儀候、然間彼等同前歎申候（下略）

内蔵寮に、蔵人方織手の流れをくむ御綾織手が属していたことは周知の事実であるが[40]、この「神武御門御宇」よりの「御金形」というのは、この織手の間に伝わる伝承であろう。

そして、この「神武以来」という伝承は、つぎの「山科家古文書」年月日不詳の文書にも現われる。

かわせこけいつしんてこん上

右、我らか御れうのはたふたの事、神むよりのはたふたと申事、此方よりハゆめ〳〵申たかう事なく候、八十ニあまり候へとも、神むと申事はしめてきゝ申候、せんそよりの御れうのわひ事のたんハ申上候し、神むよりのしせうと、老ニ申たる人（此上ハふうをかけられ、しやうはいをいたし、かんにんをつかまつるへく候、）候ハヽ、なんときもうけ給候て、たいけつ可申候。ほゝつしんてこん上如件

この「御れうのはたふた」[41]とはなにか、「かわせこけい」という人の「しやうはい《商売》」は何なのか、明らかでないが、戦国初期とみられるこのころ、「神むよりのしせう《支証》」と

言う人々があり、一方、八十余の老人「かわせこけい」はむしろそれを否認している事実を、この文書から知ることができる。「神武以来」という伝承自体、この場合はまだ定着したものではなかったのであろうが、室町・戦国期、「職人」の一部に、このような伝説上の天皇に関わらせて、自らの起源の古さを主張する動きがでてきた点に注目しなくてはならない。

祇園社に属して「職掌人」といわれた獅子舞たちが、自らの「芸能」の起源について、応永四年(一三九七)六月二十三日の申状(42)で、

右師子楽者、為天照太神侍従、其後上宮太子始而被定置諸社、自其已来至于今無退転致奉公者也

とのべているのも、同様の例として加えることができよう。ここではついに聖徳太子から天照大神までが登場するが、これは平安末・鎌倉期の供御人、「職人」の主張の仕方とは、明らかに異質といえるであろう。

さらに別稿でふれたように(43)、永正七年(一五一〇)ごろ、年来、塩商売に携わっていた西岡宿者に、淀魚市の代官が新たな公事をかけたのに対し、その不当を訴えた西岡の本宿清水坂の申状の中に(44)、坂者――山門西塔院寄人、祇園犬神人《いぬじにん》が「延喜御門以来」(45)正月元三日に万歳物を売り賦り、千秋万歳、寿命長遠の祝言を行なっており、また坂者に対

する公事は「延喜・天暦之御門より至今」すべて免除され、「或船にて、東国は駒蹄至まて、西国者波路之末、千嶋百嶋まて、無其煩」(46)商売をしてきたといわれているのも、全く同じ意味を持つといえよう。

宿者――非人が塩売をはじめとする商売に携り、「諸国関々橋賃・船賃以下、悉不致其沙汰」(47)、自由に往反する特権を保証されていたことは、これによって明らかであるが、南北朝期、犬神人の起源が延久年間といわれている事実を考えると(48)、この「延喜御門」「延喜・天暦之御門」はすでに伝説と見なくてはならない。とすればそれは、盛田嘉徳(49)・間瀬久美子(50)によって詳細に研究された、いわゆる「河原巻物」「長吏由緒書」にしばしば現われる「延喜御門」につながることは間違いないといえよう。

以上のように、室町・戦国期になると、供御人、「職人」の文書――もとより真正な文書――に現われる天皇は、それ自身、実在しない人、あるいは実在しても伝説化した存在になってくるのであるが、「職人」たちがその起源の正統性を主張するために偽文書をさかんに作成しはじめるのも、ほぼこれと同じ時期のことである。粟津橋本供御人が、建保・嘉禄などの元号をもつ偽文書を作成したのは、寛正六年(一四六五)、四宮河原関役の免除を要求した訴訟のときと思われ(51)、菅浦供御人の文書偽作も文安二年(一四四五)のころであり、仲村研「中世における偽文書の効用」(52)が明らかにしたように、保内商人が保元二年十一月十一日、後白河天皇宣旨を偽作したのも、応永二十五年(一四一八)以前、十五世紀初頭のことであった。鋳物師の偽文書の作られる起点が、宝徳年間だったことにも、注目しておかねばならない[53]。このように、十五世紀に入ると、主として訴訟を有利に導くために、ある程度の史実を背景に、あるいは正当な文書を下敷にして、特定の天皇との関係を強調した偽文書が「職人」の間でさかんに作られはじめるので、戦国期に入り、この傾向がますます顕著になることは、すでに指摘されている通りである[54]。

注目すべきは、以上の二つの動向――伝説上の皇祖・天皇の正当な文書への登場と、天皇との結びつきを主張する偽文書作成の根底に、「職人」の起源、その芸能の由来を語る説話ともいうべきものが、次第に形をなし、戦国期から織豊期にかけて、「職人」の由緒書として文字に定着していく動きがあったとみられる点である。伝説上の皇祖・天皇はその中に姿をみせるのであり、偽文書はその一端を文書の形にしたものということができよう。

鋳物師・木地屋・桂女《かつらめ》・獅子舞・マタギ等々、こうした事例は多く[55]、「職人」は、ほぼ例外なしに由緒書を持ち伝えているといっても、決して過言ではなかろう。仲村が前掲論稿で紹介された保内商人の天文二十年(一五五一)十二月の申状は、まさしく伯楽商人の由緒書以外のなにものでもなく(56)、古代以来の修理職領で、供御人ともいわれた杣工《そま》の根拠地、丹波国山国荘の名主中が作成した偽文書、応永六年八月十五日、後小松天皇綸旨と天正十四年(一五八六)の由緒書(57)もまた同様である。

さらに喜田貞吉が引用している享保四年(一七一九)の「弾左衛門書上(58)」に、「禁中様御召蘭金剛、大和国長吏指上、御扶持代物にて頂戴仕候」とあるのを、前述した莚作手とその由緒書との関連でとらえてみることも、可能なのではあるまいか。

そしてさきにのべたように、被差別部落に伝来した「河原巻物」「長吏由緒書」も、まさしく戦国期にすでに形成された伝承をもとに作成されたことは明らかであろう。この点からみても、それは「職人」の由緒書と全く同じ本質を持つといわなくてはならないが(59)、ここではさらに、一、二の例を新たに加えておきたい。

蓬左文庫所蔵『世態志(60)』には、つぎのような「歎願書」が収められている。

大坂穢多渡辺村ヨリ歎願書

此度御用金被　仰付、私共身分ニ取、冥加至極難有仕合奉存候、就而者私身分之義者、元来往古　神功后皇ニ韓御征伐之砌、御供被　仰付、彼地江罷越候処、彼地之風習一体獣肉を食物と致候ヨリ自分食習ひ、帰朝後も於日本獣肉食候ヨリ、神国清浄之地ニ而穢肉を食シ候条、朝勤不相成旨を以、浄人穢人被為分、私共江者以来・

切不浄懸り之　御用可相勤様被　仰渡候ニ付、其後陵等之　御用茂度々相勤罷在候、且染習難止穢肉食シ来候処、猶又其忘(ママ)獣類等之不浄物を私共江被下置、取扱仕候様被　仰付候処ヨリ、終ニ人間之交りも不相成様成行之事、悲歎残念之次第ニ御座候、然ル処、先年以来異国ヨリ之和親交易相願候処、逐〻攘夷御規限被　仰出候ニ付、私共江先鋒被　仰付候ハヽ、一統死力を尽し相働も、御国恩を奉報度旨出願可仕存心ニ候処、追〻御和親ニ相成候趣奉承知、然ルニ右外国人儀者、一体ニ獣肉を食し候風儀ニ有之、左候得者私共獣肉食候ヨリ御国地を穢し奉り候故、四民之外ニ御達させられ候、誠ニ以歎ケ敷次第ニ奉存候、何卒私共身分ニ於而、穢多之二字を御除キ被為下候ハヽ、広大之御慈悲難有奉存候、尚又被　仰付候御用金も、銘〻家財を傾ケ奉献納候間、此段御聞届ケ被下候様、奉願上候、以上

卯(慶応三年)五月

この「歎願書」について、ここであれこれのべる必要はあるまい。幾重にも屈折した表現を通して、きびしい差別の地底からわきおこってくる解放への強烈な要求を、われわれはそこからよみとることができる。そして、開国が、浄穢の差別に対しても、このような積極的な影響を及ぼしている事実にも、目を向けておかねばならない。

しかし当面の問題に即していえば、この渡辺の地が古くからの天皇直領、前述した大

江御厨の内にあり、供御人を統轄する渡辺惣官――渡辺党の根拠だったことを、見落すべきではなかろう[61]。さきの莚作手の場合といい、少なくとも畿内周辺については、供御人と被差別部落との関わり、その連続、非連続の問題は、真剣に追究されてよい課題ではないかと思われる。

　同時にまた、桂女が自らの職業の由来、特有なかぶりものの由緒を神功皇后に求めているのと同様、この村の人々もその生業、恐るべき差別をうける原因となった生業の起源を、この伝説上の皇后に関連させて理解していることも、注目すべき事実であろう。恐らくそれは渡辺の人々に伝わる由緒書に記されていたものと思われるが、瀬戸内海の特異な専業漁民として知られる能地《のうじ》の漁民も、また「此処の海人は何国にても漁をすれとも障方なく、運上も出す事なし」という「特権」を、神功皇后によって保証されたとする由緒書――「浮鯛系図」を保持していた[62]。このように、近世社会において、多少とも卑賤視された人々の間に、その生業の根拠を物語るものとして神功皇后の伝説が生きつづけていることは、恐らく朝鮮民族に対する根強い蔑視にかかわる問題をそこにひそませていると思われ、今後追究さるべき重要な課題になりうるであろう。

　このような事例は、なおいくらでもあげることができようが[63]、天皇・皇族と自らを結びつけた「職人」の由緒書・偽文書を、近世社会に「残存」するおくれた遺物、荒唐無稽な伝説とみる見方が、いかに誤っているかは、以上によって明らかであろう。それは中世後期から、「職人」たちの「芸能」そのものの起源を説明するものとして作りはじめられ、近世に入るころには、「職人」の生業・組織のあり方、さらには社会内部でのその位置づけを規定する、きわめて現実的・実体的な意味をもつものとして形をととのえ、多くは近世三百年を通じて、その生命を保ちつづけているのである。

　このことを最もよく示しているのが鋳物師の場合であることは、すでにしばしば言及してきたが、その保持する偽文書・由緒書の形成過程は、戦国大名による天皇の権威の利用という程度の視角からでは、到底説明し難いといわなくてはならない。後章でも若干ふれるように[64]、天文十七年（一五四八）以降、「諸国釜屋公事物以下、致再興之沙汰」という文言を挿入、改竄した綸旨を帯して大内氏の領内に下った真継《まつぎ》久直は、大内氏の全面的協力を得て、奉行人の連署奉書、守護代施行状を与えられ、被官図師吉次とともに、大内氏領国を順次、廻国遍歴し、鋳物師支配の再興、その再組織に力を注いでいる。注目すべきことは、そうした久直・吉次に対し、石見の銀山を大内氏の下で支配する小笠原長雄と、その被官山根常安が、「当国鋳物師頭領」たるべき「先例之筋目」を明らかにする「証跡」の「調進」を求め、久直がそれに応じている点である。大宰府鋳物師平井氏や近江の鋳物師の場合にも、同じ動きがあったとみられるが、ここで久直が調え、山根・平井氏などの鋳物師に与えた「証跡」には、あの著名な偽蔵人所牒も含まれていたのではあるまいか。また、平井氏や近江の鋳物師に久直の与えた「紋」はまず確実に菊花の紋だったと思われる。そして、畿内、諸国の鋳物師たちとのこのような直接的接触を通して、そこに現実に生きている慣習・伝承などを知った久直が、それらをとりいれつつまとめたのが、天文二十二年（一五五三）の「鋳物師由緒書」だったのではなかろうか。こうして作られた偽牒・由緒書などを新たな武器として、久直はさらに全国的に鋳物師の組織化を進めるが、それがほぼ形をなしたころ、天正四年（一五七六）の年紀をもつ「鋳物師職座法」が、偽牒などの内容を含めつつ七箇条に整えられたのであり、この座法・偽牒・由緒書は、いわば三位一体をなして、近世を通じ、真継家の支配する鋳物師組織を支え、鋳物師自身の生業のあり方を規制しつづけたのであった（この点、第三部第三章第二節で後述する）。

近世の「海商法」として周知の「廻船式目」の形成も、ほぼ同様とみてよかろう(65)。中世、「職人」の一つに数えられた廻船人は、すでに平安末期には姿を現わしているが(66)、戦国期、「舟道者(67)」といわれるようになるまでの間に、彼等の生活そのもののなかで形をなしてきた慣習と伝承を、三十一箇条の条文にまとめたのがこの式目であった。前述してきた他の「職人」の偽文書・由緒書も、その個々の形成過程は明らかにされていないが、おおよそこれらと近似した道筋を通って作成されたものと考えられる。

とすれば、これらは決して古い遺制の残存や伝統の保守ではなく、ある場合はギルドの法にも比較しうるような新たなものの創造であったといわなくてはならない。その意味で、宮地正人のいうように、[68]「中世以来の朝廷の諸支配の残存形態としてのみこの問題を考える」のではなく、「近世国家特有の問題」をそこに追究する必要があるので、すぐれた職・技能の「天下一」という自負が「職人」のなかに現われてくるという宮地の指摘をはじめ、このような観点から開拓すべき未開の分野は、きわめて広いといえよう。

とはいえ、われわれは近世の「職人」の組織が、いままでのべてきたような、やはり荒唐無稽ともいうべき天皇・皇族伝説に支えられることによって成り立っているという事実を直視しなくてはならぬ。この種の「法」としては、最も純化された形を示す「廻船式目」ですら、しばしば後堀河天皇綸旨の形式をもつ偽文書として現われてくるのであり、宮地が注目した、朝廷からの受領・位階の授与を求める近世の職人層の動向を、内面で規制しているのも、恐らくはこうした伝説の存在であったろう。

たしかに多くの「職人」たちは、中世から近世への転換期の激動を、このような伝説をつくり出しつつのり切り、近世社会の商工身分の中に自らを位置づけていった。しかし、さきの渡辺村の人々や、桂女・坂者・能地の漁民の場合、かつての特権はこの激動の中で完全に逆転し、室町期から次第に強まりつつあった彼等に対する差別と賤視は、きびしい身分制として制度化されたのである。過去の「栄光」を語り、その生業の起源を天皇の名において正統化しようとする由緒書・巻物は、この動きに抗する屈折した心情の中から生み出されたものと思われるが、逆にそれ自体が近世社会における彼等の身分を長い架空の「歴史」の力によって固定化する結果をもたらしたことは、さきの渡辺村の「歎願書」がよく物語っているといえよう。それ故、この角度からみれば、これはまことに恐るべき「新たなものの創造」であり、天皇・皇族伝説そのものがカースト的な分業編成を残した身分制を支える役割を果していたといわなくてはならない。

そして同様の賤視の下におかれた狭義の芸能民、とくに庶民と深く結びついた雑芸に携わる人々の中に、伝統的な天皇が生きていたということは、たやすく見逃し難い事実である[69]。それがどの程度、近世の庶民の中に浸透していたか、幕末にそのことがいかなる意味をもったか等々も、やはり今後の問題であろうが、しかし近松門左衛門が「職人尽し」を含む著名な作品に「用明天皇職人鑑」という題名をつけ、職人の天皇への奉仕を描いているのは、恐らく単なる思いつきではあるまい。あの鎌倉期の文書に現われる「自　用明天皇御宇以来」という文言が、幾重かの変形を通して近松の耳に届いていたことは十分にありうる、と私は考える。もしもこれが事実とすれば、中世の供御人文書、そして中世末〜近世初頭の「職人」由緒書の影響は、意外に広く深く、近世の社会の内部に及んでいたといえるのではあるまいか。

近世における天皇の問題を全く過去の遺制とみる見方、幕末に天皇の存在すら知らぬ人々が多かったという一面の事実を強調するだけでことたれりとするような研究段階が、もはや完全に過去のものとなったことは確実である。しかし「穢れ」ありとされた人々をはじめ、少なからぬ人々をきびしい差別と賤視の下におきつつ、一方で「経済社会」といわれるほどの発展をなしとげた近世社会の、さまざまな側面を総合して、豊かな近世社会像が浮かび上るまでには、まだ長い時間が必要のように、私には思われてならない。

結

これまでもしばしば、南北朝内乱は前近代を大きく前後に分つ転換期といわれてきたが、ここでとりあげてきた問題に即してみてもそれは明らかである。中世、主として供御人文書に現われる天皇のあり方について、鎌倉期のそれは古代に通じ、室町期の場合は近世につながる。

もとよりそれは、天皇の権力のあり方の大きな変化、南北朝内乱を境とする決定的な弱化と直接につながる現象である。しかし前章にものべたように、その根底に「職人」――非農業民のあり方の大きな転換があった、と私は考える。鎌倉期までの「職人」は、天皇または寺社につながることによって、基本的には特権を保持しつつその生業を営み、独自な世界をなお広く保っているが、室町期以降、分業の深化とともに、それ自身の職業、「芸能」によって自らを保つことが可能となり、独自な「道」をそれぞれに深化させていった反面、農業民を基礎とする世界に圧倒され、ある部分の「職人」の特権は逆転し、社会的な差別の対象とされていく。この意味で、日本の社会の体質は、まさしくこの内乱を境に大きく転換するが、同時にこの転換を通じて、天皇と被差別民との不可分の関係が、くっきりと浮び上ってくる。本章でのべた供御人関係文書の性格の変化、偽文書・由緒書の成立も、この転換の一つの結果であることはいうまでもない。

とするならば、この論点は、もはや中世の分野の研究のみにとどまっていては解明し難いということになろう。それは、古代・近世はもとより、近現代、さらには民俗学・民族学等々の研究者の協力なしには完全な解決は望み難い。そうした条件の成熟を心から期待しつつ、次章ではこの問題にも関連する「散所」について、若干、考えてみたいと思う。

（1）ここで「職人」というのは、拙著『蒙古襲来』（日本の歴史10、小学館、一九七四年）〔⑤〕二六六頁以下で若干ふれたように、狭義の芸能民をも含む、広義の「職人」をさすが、終章Ⅰであらためて詳述する。

（2）第一章で言及した中村直勝の見解は、供御人の文書に偽文書が存在するという正当な指摘から出発しながら、結局、供御人たちが「史実に暗く、又古文書の智識に貧弱」であり、「課役を免れ、利益を壟断」するため、天皇に自らの起源を仮託するような「常軌を逸したる方法」をとったとする見方をすべてにおし及ぼす独断に陥ったものといわなくてはならない（七五頁前掲「戦国時代に於ける皇室と国民」、七七頁前掲「禁裡供御人に就いて」）。

（3）第一章参照。

（4）前掲『菅浦文書』上巻、二八六号。

（5）第一章第三節A・Bで詳述したように、瀬田勝哉は前掲〔第一章注(69)〕論稿「菅浦絵図考」で、著名な絵図をはじめ、『菅浦文書』の中の多くの文書について、きびしい史料批判を加えているが、絵図については全く的確であり、貞応の下文をはじめ、いくつかの文書についての疑問は首肯できるとはいえ、私はなおこの所伝は生かしうると思っている。

（6）前掲〔第一章注(23)〕『中世鋳物師史料』にすべて紹介されているので参照されたい。

（7）第三部第一章。

（8）『師守記』第七（史料纂集）。

（9）『日本歴史』二九四号（第一章注188所掲）。

(10)第一章注(109)拙稿「中世都市論」、及び第二部第一章参照。

(11)『平戸記』仁治元年閏十月十七日条に記されている嘉禄二年十一月三日、官宣旨案(鎌補2・補九〇三)。

(12)第三章参照。

(13)例えば、「師守記貞治三年五月巻紙背文書」(『師守記』第七)貞和四年七月日、陣官人等申状に「放生会御行□神馬役東豎遊相撲惣役立合終日役供給料所」である山城国大隅松井郷内桜島里・栗栖里は「延久三年被定置以来」といわれている。

(14)この点については橋本義彦「貴族政権の政治構造」(『平安貴族』(平凡社、一九八六年)所収)参照。なお『玉英記抄』衣服、建武元年九月七日、宣旨に「延久二年符」とあり、服制に関する制符もこのときに定められていたことを知りうる。

(15)図書寮叢刊『壬生家文書』一、八四号、応徳元年十二月十九日、採銅所預等連署解案断簡(平4・一二一六)。

(16)この磯部信貞申状は蓬左文庫所蔵「毘沙門堂記」にも収められている。ここで信貞が副進した七通の院宣・綸旨案のなかに、正応五年(一二九二)六月廿五日、綸旨案がある。また『綸旨抄』所収の年未詳二月十七日の宣旨の上卿権中納言公貫は公賢の誤りであろうが、洞院公賢が権中納言だったのは、延慶三年(一三一〇)三月九日から文保二年(一三一八)八月廿四日までであり、この申状の年代もほぼ推定しうる。

(17)注(16)の申状の具書案の中に、弘安八年(一二八五)十一月廿五日、院宣案があり、「磯部氏中、以帯道理之仁可計補由事」といわれていること、この相論の論点が藤原姓であった信貞が磯部に改姓し、行種から供御院預職を譲られたことの正当性をめぐって展開されている事実からみて、磯部氏の人が代々この職を世襲するのは動かぬ例になっていたと思われる。

(18)『経俊卿記』建長八年八月十一日条に「大炊寮供御院預行種中、御稲田事」とあり、同記、正嘉元年七月廿二日条にも「大炊寮供御院預職事」とあって、供御院は大炊寮の管掌下にあった。

(19) 注(16)の申状の具書案に、弘安八年十二月十六日、寮家任符案につづいて、同九年二月廿三日、寮家挙状案、同年三月廿日、宣旨案がみえる。これによって供御院預の補任は大炊頭が行い、その挙状によって宣旨が下る手続だったと推測される。寮頭中原師顕は、この補任権を手がかりに、預職を競望したのであろう。鎌倉後期、内蔵頭と御厨子所預の間でも、同性質の争いがおこっており、このような得分をめぐる相論は、各官司で次第に激しさをましていたものと思われる。

(20) 雑供戸の一、鵜飼が山城国の水面について特権を与えられ、桂御厨贄人、あるいは桂贄人といわれるようになるのも、同じ延喜五年のころであろう。第二部第六章参照。

(21)『箕面市史』史料編一、四九九号〔鎌36・二八三八九〕。

(22) 第一部第三章参照。

(23)「勝尾寺文書」の大庭御野関係の売券は、ほとんどすべて、四条源次郎入道に充てたものである。四条洞院に屋地をもつこの人物は、恐らくこの御野の作手と深い関係をもつ商人だったのではなかろうか。これらの点については『守口市史』本文篇、第一巻、一四二〜一四三頁参照。

(24)『薩藩旧記』所収の「台明寺文書」嘉応元年(一一六九)十月九日、同寺僧解、承安三年(一一七三)十一月十五日、同寺僧解(『平安遺文』七―三五一五・三六四五)は、ほぼ同文の文書であるが、この「天智天皇御宇」の部分を「神武天皇御宇」としている。「写本在台明寺」「写本清水台明寺文書」と注されているこの二通が、なぜ応保の「天智」を「神武」にかえているのか、「原本」が失われている現在では、判断し難い。もしもこれが正文の忠実な写ならば、ここに一つの新たな問題が生ずることとなろう。しかしわずか十年たらずの間に所伝を変更している不自然さを根拠に、これを後世の改竄とするならば、むしろ本論の趣旨を補強することになる。疑問を残したまま、後考を期す。

(25)この文書は、大日本古文書では、美濃国茜部荘地頭代伴頼広陳状とされており、これまでこの文書によって、同荘地頭職が承久の乱に当って、「謀反人弥四郎兵衛尉貞房」の手から没収され、長井氏に勲功賞として与えられたことが主張されてきた。たしかに茜部荘地頭代に伴頼広という人はおり、内閣文庫に所蔵されているこの文書が、茜部荘に関する他の二通の文書とともに一巻にまとめられて美濃国古文書の中に収められているため、この解釈はいままで疑われることがなかったのである。

しかしこの文書のなかに「雖自今以後、於貞房已下悪党等之跡者、可為頼広進退也」という文言がある点からみて、この解釈には不自然な点があり、また「今度罷下之時者、触縁罷越(大和)宇多郡狩之畢」とあることからみて、頼広が大和の近辺の荘に関係していることは明らかである。このような疑問を抱いて他の文書を検索すると、『東大寺文書之六』二三七号に、貞応三年二月廿三日、右兵衛尉大江貞房が黒田荘出作延成名田内弐段を売渡した文書(鎌5・三二一七)がみえ、『三国地誌』巻百、年月日不詳、伊賀国黒田庄住人長部延利申状に「当御庄住人兵衛尉貞房種々反《(ママ)》当悪行依非事、蒙武家御勘□《(気)》、其身之一類被削跡畢」とある点が注目されてくる。一方、菊池武雄の調査によると、頼広は年預五師祐承なる人物とともに現われるので(「東大寺文書」第四回採訪五五)、この文書は寛喜のころ、広くみても嘉禄〜文暦の間の文書と推定できる、という(この点故菊池武雄氏の御教示による。同氏の御好意に深く謝意を表する)。とすれば、さきの「当庄」は茜部荘ではなく、伊賀国黒田荘、あるいは同国の大江貞房の所領があった荘とみて間違いなく、ここに現われる「至尊供御幷殿下御贄」をとった「河」は、天喜四年(一〇五六)の文書(『平安遺文』三—七六三)で簗瀬村の南を限って流れるとされた「供御川」であろう。そして、すでに小泉宜右「伊賀国黒田庄の悪党」(稲垣泰彦・永原慶二編『中世の社会と経済』東京大学出版会、一九六二年所収)によって明らかにされている鎌倉末期の供御所、贄司は、決してこのとき悪党が新たに自称したことでなく、「自　天智天皇御時」という所伝をもち、十一世紀半には確実に実在した供御所であったことも、これによって明らかとなる。しかもこの国の供御所が「殿下御贄」をあわせて貢献している点も注目すべきで、勧学院領中にみえる志摩国和具、播磨国高嶋の贄も、恐らくはこれと同じような形で貢進されたものと思われる(「御摂籙領渡庄目録」)。供御人だけでなく、諸国の供御所もまた摂関家の支配が重なっていた点、とくに注目しておかなくてはならない。

(26) 第一章注(69)で詳述したように、瀬田勝哉の疑いにも拘らず、私はこれを正文と認めたい。なおここで若干の補足を加えると、瀬田は前掲論稿で永仁の下文を文安の相論のさいに作成されたとし、内蔵寮目代・山門檀那院にとって、偽作はたやすいことといっているが、同じころに作成されたとみられる文永十一年十一月日、蔵人所下文〔鎌15・一一七六二〕が全く様式を逸脱していることを考えると、これはたやすく断定し難い問題といわなくてはならない。文安のころ、蔵人所牒・同下文は、恐らくはほとんど発給されていないと思われ、公家・官人の文書についての感覚もかなり鈍化しているとみられる点を考慮すると、それを様式通りに、文言も不自然なく偽作することは、むしろかなり難しいことだったのではあるまいか。

(27) この文書群に対する疑問については、第一章第三節A粟津橋本供御人の項参照。

(28) このほか、『高野山文書之八』又続宝簡集百二、一七四六号、年月日未詳、肥後国司(?)解〔平9・四七一九〕にみられる甘葛汁を貢進し、専当によって管理される野部山供御所、「新出厳島文書」(『広島県史』古代中世資料編Ⅲ所収)九三号、仁安元年十二月十七日、伊都岐島社領安芸国志道原荘倉敷内畠在家立券文〔平7・三四〇四〕にみられる供御人など、中世においても諸国に、供御所の痕跡が残っている。なお脇田晴子は前掲『日本中世都市論』八七頁でこの供御人を厳島供御人としているが、神人＝厳島神人・感神院神人・供御人は、はっきりと書き分けられており、私はこれを天皇の供御所に属するものと考える。

(29) 第一章注(36)所掲、勝浦令子・鬼頭清明の論稿参照。

(30) この大般若経六百帖については、すでに『わかさ名田庄村誌』四七〇頁以下に概略が紹介されている。承元・建暦などの奥書をもつこの経は、貞和二年(一三四六)、三重村の常住によって洛中よりもたらされたものを中心としているが、そのなかで巻二五二～巻二六〇までの九帖は、鎌倉後期の文書の裏に経を刷ったもので、三重村にもたらされるより前に、京において、この部分が補充されていたのではないかと思われる。『名田庄村誌』の筆者は、これを裏打紙文書としているが、後藤紀彦とともに筆者が調査したところでは、経そのものの紙背文書とみて間違いない。以下に掲げる文書は、巻二五四の紙背にある。明和四年(一七六七)の補修で、巻子本が現在の折本の形に改装されたとき、裏打に使われた紙は厚く、文書の判読は現状では困難をきわめ、短時間のうちに後藤とともに筆写しえた部分はごくわずかであり、ここに紹介する文書も、なお不正確な点があろうかと思う。しかし国衙及び国衙領関係の文書を含むこの貴重な史料の全面的紹介が一日も早く行われることを期待し、ここにあえてそのうちの一通を掲げる次第である(なお読解には、佐々木銀弥・新田英治・須磨千頴・後藤紀彦諸氏の御教示を得た)。

(31)「西大寺文書」九、治承記紙背、(延慶二年正月日)大宰府在庁官人等解案(『大宰府・大宰府天満宮史料』巻九)(鎌31・二三五七六)。

(32) 府官については、石井進『日本中世国家史の研究』(第一章注83所掲)六三頁以下参照。

(33) 重松明久「白鳳時代の年号の復元的研究」(『日本歴史』三二九号、一九七四年)は、大化の元号を持統朝のものとしているが、一応、通説に従い、このようにしておく。
(34) 『山科家礼記』第五(史料纂集)。
(35) 前掲〔本巻八二頁〕小野晃嗣「内蔵寮経済と供御人」及び第一章参照。
(36) 「白河本東寺百合古文書」一八八、元暦元年七月廿四日、一院御座作手解、同上、元暦元年七月廿六日、藤原親能書状、同上、元暦元年七月日、一院御座繭田坪付注文(『平安遺文』八―四一八五・四一八六・四一八八)。御座作手については、別に追究してみる余地はなおあると思われる。
(37) 同書三七頁(なお建治・応永の文書とその所在については、豊田氏から、戦前「御府文書」といわれていた「東山御文庫記録」より手写された史料の全文を御教示いただいた。氏とは多少異なる論旨をのべる結果になったが、御好意に対し、ここに深謝の意を表する)。
(38) 第三部第三章。
(39) 本章第一節(ル)、及び「山科家古文書」。
(40) 竹内理三は、弘安八年(一二八五)、殿下細工所織手・蔵人方織手・織部司方織手が活動している事実を、『日本歴史』七二号(一九五四年)「殿下細工所織手」で紹介したが、このうち織部司方織手は大宿織手、大舎人織手といわれるようになったと考えられているので、蔵人方織手が御綾織手になったものと思われる。これらの点については、『京都の歴史3　近世の胎動』(学芸書林、一九六八年)、九一・五三六頁以下参照。

(41)「御れう」は「御料」、「こけい」はあるいは「後家」とも解せられる。そして「はたふた」がもしも「機札」であるならば、これも織手と関係があることになるが、なお後考を期したい(なおこの文書の読解については、佐藤進一氏から種々御教示いただいた)。

(42)『八坂神社文書』上、一一五三号。三社棟梁藤井行貞・同国清・同国次連署重申状案。この三社棟梁は「祇園社御師子十六座輩」を代表する人々であった。

(43)「非人と塩売」(『年報中世史研究』四、一九七九年)〔⑪〕。

(44)豊田武は『中世日本商業史の研究』(前掲)の中で、淀魚市に関連して塩商売を営む西岡宿者にふれ、『八坂神社文書』上、一二五三号と「北風文書」乾の文書断簡に言及しているが、この二通の断簡は内容・文言から見て接続することは確実である。そして豊田のいう通り、『実隆公記』永正七年四月四日・同八日・同廿一日条には、魚市の代官が西岡から公事を取ろうとし、実隆自身もこれに疑問を持っている記事があるので、まず間違いなく永正七年の文書であろう。

(45)この行事は、増補続史料大成『八坂神社記録』一、「社家記録」貞和六年正月一日条・正平七年正月一日条にみえる「富祝」に当るのではなかろうか。

(46)この文言については、第一章注(218)参照。ここでも東国は馬、西国は船といわれている点、東日本と西日本の性格を示すものとして、興味深い。拙著『東と西の語る日本の歴史』(第一章注232所掲)参照。

(47)注目すべきは、宿者が商売をし、「当坂鎮守大伽藍仏供灯明、同長棟非人湯粥等にも施行仕候」といっている点である。この長棟非人は足利義教の建立した「長棟風呂」を含む施設に収容された非人であろう。

(48)『八坂神社文書』下、一三三三号、康永三年、感神院所司等申状案。

(49)『河原巻物』(ものと人間の文化史26、法政大学出版局、一九七八年)。

(50)「幕藩体制下における「河原巻物」の成立と変遷——「弾左衛門由緒書」と諸国の「河原巻物」をめぐって」(『部落問題研究』六四号、一九八〇年)。

(51)第一章第三節A粟津橋本供御人の項参照。

(52)『日本歴史』三〇三号(一九七三年)。

(53)第三部第三章参照。

(54)前掲中村直勝「禁裡供御人に就いて」「「座」の有する偽文書の意義」など。例えば天文十四年(一五四五)の相論に関連して粟津橋本供御人が作成したとみられる正和五年の蔵人所置文、「橋文書」にみえる嘉吉元年の年紀をもつ薬商人に関わる綸旨等を直ちにあげることができる。

(55)第三部第三章参照。

(56)仲村研編『今堀日吉神社文書集成』(雄山閣出版、一九八一年)五六七号。伯楽相論に関連して書かれたというこの申状で、保内商人たちは、後白河院のとき中野之坊太郎という商人が、猿沢池の大蛇を退治した功により、馬牛売買などについて諸役免除の特権を認められ、さきの宣旨を与えられたとのべ、さらに商売のさいには、「末代のまつり事の表示と候て、当郷商人の持申はうを弓のすかたにこしらへ申、杖をハさきニハかふろの形をまねひ、もとハはたさほのやうニ拵、ねほりの竹を持候てありき候」と記している。これは源頼政と鵺の話にも似た伝説にその特権の根拠を求める鋳物師の由緒書と全く同質であり、またここに記された保内商人の商慣習は、鋳物師の偽文書にみえる「海道辺鞭打三尺二寸者、可為馬吻料、若依悪路馬荷持落事在之、地頭政所可被負送」という特有な文言や、桂女のかぶりものなどと共通したものがあり、二三七頁の文書にみられる織手の「御金形」や「神むよりのはたふた」なども、この「ねほりの竹」などと同性質のものと考えられる。

なお前掲『今堀日吉神社文書集成』九五五号に、村田惣吉の記した「今堀のお手判(院宣)の伝説」が収められているが、それによると、坊太郎は「全国何処へ行っても道端両三尺以内は私の牛馬は稲を食べてもかまわんと云うお許しを賜」ったといわれている。これはまさしくさきの鋳物師の偽文書の「海道辺鞭打三尺二寸者、可為馬吻料」という文言と一致する。こうした由緒書が当時の慣習、民俗を吸収して成立したことを、これはよく物語っているといえよう。

(57)　野田只夫編『丹波国山国荘史料』(史籍刊行会、一九五八年)一二三号・三四九号。

(58)　喜田「エタ源流考」(『民族と歴史』二―一、一九一九年)九八頁。

(59)　第三部第三章。

(60)　奥書に「右原本、長谷川行氏所蔵、大正二年春借用謄写校正」とあり、慶応二年以降、第二次長州征伐に関連する文書が多数書写されている。蓬左文庫には別に『時事筆叢総目録』なる書があり、八十九巻に及ぶ『時事筆叢』の総目録が書上げられているが、その第四十九巻に「同年　摂州渡辺村穢多江用金申渡ニ付、穢多の称指除願」という一項がある。この「同年」は目録の上では慶応二年であるが、恐らくこの文書そのものをさすのであろう(なおこの文書については、小田雄三氏の御教示によって記した。厚く謝意を表する)。

(61) 第一部付論1。ただ、渡辺惣官の統轄した供御人が直ちに近世の被差別部落につながる、というのではなく、供御人の根拠が都市となったことと関連させて考える必要があろう。

(62) 能地漁民と「浮鯛系図」については、河岡武春「「浮鯛系図」覚書」(『芸備地方史研究』一〇号、一九五五年)、「浮鯛抄」(広島県教育委員会『家船民俗資料緊急調査報告書』一九七〇年)に詳しく紹介されている。

(63) すでに別の機会(拙著『日本中世の民衆像』序章II注30所掲)でふれたが、金森敦子「江戸社会における石工の位置」(『日本の石仏』季刊八号、一九七八年、日本石仏協会刊)が紹介した、文治三年五月十一日の年紀を持ち、「石破先祖根本之証」と題する、信濃高遠の石工に伝えられた由緒書は、石破の淵源を中国の黄帝に求め、「唐国の石細工」の流れを汲んでいることを冒頭に記している。同じ『日本の石仏』誌上に望月友善が「中世の石大工」と題して詳細に紹介しているように、伊姓を持つ宋人の石工は日本の各地で足跡を残しており、この由緒書にもそうした事実が反映しているものと思われる。

(64) 第三部第三章、及び前掲『中世鋳物師史料』解説参照。

(65) 『鎌倉遺文』第五巻には、「廻船式目」の諸本がおさめられているが、長沼賢海『日本海事史研究』(九州大学出版会、一九七六年)第一編「大船廻法研究」は、この式目の七二種の異本を校合した詳細な研究である。

(66) 拙稿「中世前期の水上交通について」(『茨城県史研究』四三号、一九七九年)[⑩]。

(67) これは廻船人の「道」をさすと思われ、興味深い呼称である。

(68) 宮地「朝幕関係からみた幕藩制国家の特質――明治維新政治史研究の一前提として」(『人民の歴史学』四二号、一九七五年、五三頁前掲『天皇制の政治史的研究』所収)。

(69) 盛田嘉徳『中世賤民と雑芸能の研究』(雄山閣出版、一九七四年)。そこで指摘されている、土御門家と「しのだづま」を語る陰陽師との関係も「土御門文書」天和三年五月十七日、綸旨案、同年九月廿五日、朱印状案等によって、鋳物師と真継家と同様の関係であったことを知りうる。

第三章　中世前期の「散所」と給免田

――召次・雑色・駕輿丁を中心に

序

「散所《さんじょ》」が被差別部落形成史の上で注目されるようになったのは、決して新しいことではない。古く江戸時代には本居内遠が、近代に入ってからは柳田国男・喜田貞吉などが、この角度から「散所」をとりあげたのをはじめ、戦前、森末義彰・西岡虎之助の実証的な論稿も発表されており、その輪郭はある程度まで明らかになっていたのである(1)。

しかし「散所」を中世賤民の基本的な存在形態と規定し、それを中核にすえて、被差別部落史のみならず、中世史の全体像を構想したのは、いうまでもなく林屋辰三郎であった。一九五四年に発表された画期的な論稿「散所――その発生と展開」(2)において、林屋は「散所と河原とは古代における人間の身分的差別が、中世に至って地域的表現をとったもので」、それこそが「部落史の序章」となるべきだと強調する。そして「散所」と荘園は「中世における領有の二つの形態」で、「散所」は「土地からの地子物を免除して」「住民の身柄ぐるみの隷属を強制するという形態」であったこと、また「散所民は商人・職人の源流をなし、散所的領有がやがて「座」商業を形成する前提」となったことを主張したのである。楠木正成を「散所長者」とする試論を含むこの林屋の論稿は、その鋭い洞察力によって、ことの本質に強い光をあてたものであり、それだけに、戦後の被差別部落史、さらには商工業史に決定的な影響を与えた。戦前の都市研究を背景に、戦後、この分野で多くのすぐれた労作を発表した原田伴彦の主張も、林屋説と深く関連しつつ形成されたものと思われる。(3) そして、中世の商工業者を本来的に賤民的な身分とみて、「座」の発展に伴うそこからの解放が商工業発展の方向とする原田の説は、(4) 林屋の説と共鳴しつつ、現在にいたるまで、被差別部落形成史の基調をなしているといっても過言ではなかろう。

しかし、林屋の主張に対する疑問や批判が全くなかったわけではない。渡辺広は早くも一九五六年に、「散所」の語義は「本に対する散所」であって、「最初から地子物の運上を予定せぬ地域」、「荘園の一部」に存在する「地子(租税)を免除された特定の地域」

を散所とみることを疑問とし、「散所本来の意味は賤民ではなかった」と主張している(5)。また横井清も、一九六二年、「部落史研究は、たしかに一つの段階を終了した」(傍点横井)と明言し、「散所民といわれれば、たんに隷属民なることを連想する」ような発想、「かれらがすべて徹底的な差別＝賤視をこうむった」という「ごく安易」なうけとり方に対する反省の必要を強調、「中世封建社会における諸関係のなかで保護をうけることと特権を認許されることとの持つ意味を、「散所」という歴史的な環境のなかで明らかにし直してみ」なくてはならないとのべている(6)。この横井の提言は、十余年後の現在においてみても、まことに的確であり、「散所」の研究はこの視角で進められたとき、はじめて林屋の洞察を深化・発展させ、真に新たな視野をひらきうるのではないかと考えるが、しかしその後の研究は必ずしもすぐにこの提言を結実させるにはいたらなかったのである。

　そしてようやく一九六九年、脇田晴子がその著書『日本中世商業発達史の研究』のなかで、「散所」について詳細に論究した(7)のが契機となって、「散所」をめぐる論議がにわかに活発化し、研究は明らかに新しい段階に入った。脇田はそこで、散所とは本所《ほんじょ》に対する散在の「所」である、と規定する。そのうえで、その「所」に属する「従属奉仕集団」それ自体が、散在所領として「散所」ととらえられたとのべており、そうした第一次の散所に属した人々は必ずしもすべてが卑賤視されたわけではなく、その後の発展のなかで、多くの人々が土地との結合を強めていったのに対し、土地に対する権利をもちえなかった人々――狩猟民・漁撈民・商工業者・芸能民等々の非農業民、土地をもたぬ農民たちが、第二次的散所として、卑賤視の対象となったと主張した。

この脇田の見解には、一面、なお林屋説の影響をうかがうことができるが、散所の語義の理解についても、その存在形態についても、林屋の見解と異なる視野をひらいており、おのずとこれを契機として、両者の応酬が行われることとなった。林屋が脇田の「散在所」説を批判して、「散所」と雑色《ぞうしき》・召次《めしつぎ》を分けて考えることを誤りとし、散所民の非農業的性格を強調するのは、卑賤視の職業起源説につながると警告した(8)のに対し、脇田も多くの史料を提示して自説を補強しつつ、これに反論(9)、一歩もひかぬ姿勢を示したのである。この論争自体はいまも結着がついたとはいえない、と私は思うが、他方、これと並行して、林屋とも、脇田とも異なる視角から散所を論じた丹生谷哲一の二篇の論稿が発表され、論議はさらに一段と具体的な展開をみせるにいたった(10)。

丹生谷は第一の論稿「散所発生の歴史的意義(11)」において、散所は本所に対応するもので、浮浪賤民層ととくに関係なく、むしろ令制中下級官人層再編の問題としてとらえるべきだと主張し、散所と六衛府の制との関連に注目している。そして第二の論稿「散所の形成過程について」[12]では、「散所」を冠してよばれる階層——随身・楽人・召次・雑色・衛士《えじ》・法師・神人《じにん》・声聞師《しょうもじ》・陰陽師《おんみょうじ》等々に目を向け、これらの人々がいずれも律令官職制における中下級官人層、広義の舎人《とねり》層につながり、就中、天皇に職能的に近侍・伺候する人々、超越的な天皇の私的官人ともいうべき人々だったと指摘したのである。

　これはきわめて注目すべき指摘だと私は考える。さきの横井の提言を生かし、林屋と脇田の論争を発展させうる道が、ここにはじめて本当にひらかれたということができよう。しかも、この丹生谷の論稿につづいて、権門と随身・召次・雑色の関係、さらに散所との関連を豊富な史料によって追究した中原俊章の力作「中世随身の存在形態——随身家下毛野氏を中心にして」[13]が発表されており、研究を飛躍的に前進させるための基礎も、着実に築かれつつある。

　だがしかし、こうした多くの労作の出現にも拘らず、「散所」に関する残された未解決の問題は、なお少なからず存在しているといわなくてはならない。散所雑色・散所召次等々の人々は、脇田のいうように、果してそれ自体「所領」として扱われたのであろうか。中原は随身下毛野氏の所領について言及しているが、雑色・召次自身の「所領」はなかったのであろうか。また、林屋のように、「散所」を特定の土地と考えた場合にしても、果してそれは本当に「不課の地」だったのであろうか。たとえ「不課」であったとしても、林屋のいうように、散所民のきびしい人身的隷属性からくる「不課」、あるいは河原等に準ずる意味での「不課」だったのだろうか。これらの問題は、丹生谷・中原の労作にもとづいて、あらためて考え直してみる必要があろう。

さらにまた、散所が河川等の交通の要衝に分布するという林屋の指摘、散所民のなかには非農業民が多かったという脇田の主張と、「散所」を冠する人々が天皇・院・摂関家に近侍する中下級官人だったとする丹生谷・中原の説とは、一体どのように関連してくるのか。そこに、第一章でふれた、天皇と供御人《くごにん》・作手《つくて》――非農業民の関係につながる問題が伏在していることは明らかであろうが、これらの問題を統一的にとらえる視点が確立されなくてはならない。

そして、こうした事実と、中世後期以降、散所・河原者が次第にある種の卑賤視の対象になったという事実とを、総体的にとらえるためには、どのような観点が必要なのか。それはすでに十数年前、横井が鋭く指摘した、現在の被差別部落史の盲点ともいうべき保護と賤視、特権と差別の問題を解かなくては、解決し難い問題であろう(14)。

いまこのような大きな問題のすべてにふれることは到底力に余るが、主として散所雑色・散所召次の給免田の問題を中心にすえ、その実態を考えることによって、多少なりとも問題の本質に近づいてみたい。

（付記）本章を発表した一九七六年以後、被差別部落形成史の研究は、中世の分野においても目ざましい発展をとげ、散所についての論議も一段と深化した。当然、ここでその経緯についてふれるべきであるが、別稿[15]ですでに多少言及したので、当面、それにゆずることとし、ここでは本論の中で、必要な限り補足を加えるにとどめる。

一　散所召次について

中世、院に伺候して雑事に従った召次に、御壺召次（京召次）と散所召次（田舎召次）があり、近衛随身が召次長としてこれを統轄していたことは、すでに森末・丹生谷・中原等によって詳細に究明されており[16]、いまとくにそれにつけ加えるべきことはない。しかし、康和五年（一一〇三）当時、京・田舎あわせて八百九十人、散所召次のみで六百三十五人を数えた召次[17]に対する給付、その経済的な基礎については、これまでの論稿でもなおほとんど言及されていない。それ故、ここではまず、召次の給免田について管見に入った限りの事例をあげ、その点を追究してみたい。

高野山天野社領和泉国近木荘《こきのしょう》の「正応五年近木庄領家方正検田目録案」[18]に記載された、内膳給・櫛造給・御酢免などの給免田が国衙領近木郷以来のものであることについては、

第一章でもしばしばふれたが、そのなかに、「召次給参拾肆町伍段」があり、別に「召次雑免拾壱町」を見出すことができる。また大分時代は降るが、応永二十九年(一四二二)十月「近木庄領家・地頭方散用状案」[19]には、地頭方の田地も書上げられており、そこにも「召次給十二町八反小四十歩」が記されている。この散用状に記載された領家方の各種給免田は、さきの正応五年(一二九二)のそれとほぼ同様なので、地頭方の場合も領家方と同じく、国衙領以来の給田とみてよかろう。とすると、国衙領近木郷には、本来、四十七町三反小四十歩の召次給田と、十一町の召次雑免田が存在したことになる(二二六頁表3参照)。

また、建久九年(一一九八)六月日、召次の訴えを却け、馬庭村領主源光賢の下知に従い、加地子以下雑公事を勤仕せしめた後鳥羽院庁下文案[20]には、つぎのような在庁勘状が引かれている。

件馬庭村者、往古全非召次之名田、即光賢相伝之私領也、但為光賢先祖之沙汰、為募権勢、立召次二名、所謂恒則・久則是也、其後亦一名相加、有恒也、以上三名分給田三町者、以馬庭作田之内、令引募畢、当国之習、雖為権門寄人・諸社神人、請作人領之日、至領主雑事者、無懈怠令勤仕、是例也

下文は給田三町を除いて、さきの命を下しているのであるが、この史料によって、召

次給を中核とする召次名がいかにして設定されたかを、ある程度明らかにすることができる。さきの近木荘の給田と雑免田との関係も、恐らくはこの召次給と召次名とのそれに准じて考えることができよう。

そして、建長元年(一二四九)六月二十八日「和泉国木嶋《きのしま》郷土生《はぶ》度田数注文案」[21]にも、「召次給一丁」が記されている点をあわせ考えれば、和泉国には、ほぼ一人一町を基準とするかなりの田数の召次給と、召次雑免田ないし召次名田が諸郷に散在していたものと思われる。

同様に、近江国にも、例えば嘉慶二年(一三八八)十月十一日、後円融上皇院宣にみえる「近江国浅井召次領并番代」[22]などから察せられるように、召次の給免田が諸郡にわたって散在設定されていた。

さきごろ福田栄次郎は「近江井口日吉神社文書」の内容を紹介しつつ、室町期の山門領荘園の様相を論述した興味深い論稿「山門領近江国富永荘の研究」[23]を発表した。そのなかで福田は、室町期の富永荘が「庄之田地」と、「聖供米」を免除された「召次之下地」とに大別されており、雨森堀入道という「土豪」が召次と号して「庄の下地」を違乱したという注目すべき事実を紹介するとともに、富永荘はその西南に位置する丁野郷と、応永七年(一四〇〇)以降、高時川の用水をめぐって争ったとのべている。

一方、それから百五十年を遡って、鎌倉中期、『経俊卿記』建長八年(一二五六)八月十四日条、及び正嘉元年(一二五七)四月十九日条の奏事目録には、法勝寺領丁野保の召次が狼藉し、実検のために院庁の使が遣わされたという記事が見られる。大分時期は隔っているとはいえ、この二つの事実をあわせ考えれば、伊香郡の富永荘・丁野保に、早くから召次の給免田が存在していたことは間違いないといえよう。

『葉黄記』寛元四年(一二四六)九月八日条の左の記事は、このことをさらに裏づけている。

重時朝臣送使者重家、淳賢、近江国伊香郡召次案主職事、政恒法師依為関東家人執申之、早可奏之由返答了、十四日申事由、遣院宣了

これによって、伊香郡召次、あるいは召次領の管理の一端を担う案主《あんじゅ》職が存在し、六波羅探題北条重時の推挙によって、関東御家人がこの職に補されようとしている事実が判明する。これは伊香郡の召次の実態を物語っているだけでなく、きわめて注目すべきことといわなくてはならない。散所召次は賤視されているどころではない。鎌倉期には関東御家人がその案主職になることを望み、室町期にも、「土豪」といわれるほどの人が、自ら「召次」と称してはばからなかったのである。

このような召次の給免田が設定されたのは、和泉国馬庭村の例も物語っているように、

おそくとも平安末期――「下毛野氏系図」によれば、十一世紀半まで遡ることができる。長寛二年（一一六四）九月廿五日、近江国に下った官宣旨[24]は、感神院の日別御供料を便補した坂田北郡細江郷内の保田に対する、延暦寺西塔悪僧慶救の押領を停止したものであるが、そこに引用された感神院所司等解は、当初、犬上郡内に立てられた保を坂田北郡に移した事情について、つぎのようにのべている。

件保難済所当、動及闕如、因茲相尋他所之処、保延年中依有便宜、以散位源保之坪付、触国司欲立替当郡之刻、召次・大番等申云、自往古無指領主、自号開発由、不信用国司庁宣之間、日別御供殆及牢籠之時、保司勝尊幷所司等、烈参鳥羽院之陣、経奏聞之日、被下院宣云、日別御供者、殊勝之御祈也、雖召次・大番之領作、於三十町所当米者、無懈怠慥可弁済之由、賜庁御下文畢、其後住人承伏、弁償御供（下略）

この郷に、自ら「開発」と号する召次・大番舎人がいたことは、これによって明らかであるが、この召次・大番の「領作」する田地と、感神院の「保田」との関係は、文治三年（一一八七）十月十七日、後白河院庁下文[25]によって、さらに明確に定められた。このとき、感神院社司等の要請によって、「召次等給田伍町玖段・大番給田参段小」を除く「細江郷内五条拾壱弐両里」の田地は、国司の入勘、勅院事・国役雑事等を停め、保田として日別御供の勤を専らにすることとなったのである。これは感神院領坂田保の確立を意味するとともに、召次・大番舎人の開発、領作した田地が給田として確定したことを示しており、ここから、われわれは給免田の成立過程の一端をうかがうことができる。

愛智郡の召次の場合も、恐らく事態は同じであったと思われる。ここには、長治三年（一一〇六）、院召次勾当成行という人がおり、日吉保の田堵《たと》として、日吉社及び愛智新宮の神事を勤仕しているが[26]、鎌倉期に入ると、このような召次の「所領」は「召次保」の形をとるにいたったと思われる。『経俊卿記』文応元年（一二六〇）九月十五日条、左大弁宰相平成俊奏事目録に、

久則申、愛智郡召次保司事

仰、早可仰武家

とある点から、それを知りうるが、この久則はまた、同記、正嘉元年六月八日条の蔵人平高輔奏事目録にも、

姉小路中納言申、散所召次訴事

仰、江六法師破却神人殺害下手人住宅、不可有其科歟之由、可問答久則之旨、可仰

という形で登場する。これは同年五月八日、召次が江六法師による住宅破却を訴えたの[27]に対し、五月十日、賀茂神人等がここにみられるような反論を加えたので、あらためて

召次側の主張を久則に問うたものであり、この点からみても、久則が召次を統轄した人物だったことは間違いない。中原俊章が指摘するように、「久則とは秦久則、時に院随身で左将曹であり召次長でもあった」人物である(28)。久則自身が愛智郡召次保司だったかどうか、これだけではなお明らかとはいえないが、さきの案主職の場合と同様、ここでも問題が武家に関係している点には、注目しておく必要があろう。

この愛智郡の召次領の実情は、多少降って、至徳元年（一三八四）から翌年にかけて行われた、吉田郷召次番米をめぐる院庁召次番頭国永と右将曹秦久弘の相論を通して、さらに具体的に知ることができる(29)。これは久弘が、永徳二年（一三八二）及び翌年の二回にわたり、庁官盛秀を語らって院宣を謀作、番米を押妨しようとしたことからおこった事件であるが、このとき、番頭国永が申状に副えて進めた院宣・綸旨等のなかに、つぎのような文書が存在する(30)。

（後筆カ）「油小路殿

日野大納言家　御奉行」

院庁召次番頭国永名主助清申、近江国愛智郡是末・是安・吉友・久友等番米、地下名主百姓等抑留事、資重（安倍）状（副助清重申状具書）如此、子細見状候歟、度々被仰下院宣候了、于今無沙汰之条、太以不可然、為得分各別事云々、厳密可被加下知、於難渋之百姓等者、

可被処罪科之由、治部卿（日野俊光）殿御奉行所候也、仍執達如件

（後筆カ）「正和三　七　廿二」

七月廿二日　　前壱岐守行清

謹上　右将曹殿

これと同趣旨の院宣が、吉田定房の奉行によって、元応元年（一三一九）八月十二日に再度発せられているが、さきに番頭国永といわれたのは、実名ではなく、名の名前であったことを、この文書から知ることができる。是末以下も恐らく同様であろう。とすると、愛智郡の召次領は和泉国の場合と同様、いくつかの名に編成されており、それを統轄する番頭がいたこと、名主＝召次自身は地下の名主・百姓から、番米を得分として収取していたことになろう。また充所の右将曹が随身秦氏の人だったことは間違いないが[31]、前述してきたことから考えれば、この人は召次長としての資格だけでなく、愛智郡召次保司として、この院宣をうけていると考えることも可能である。

このように、吉田郷をはじめ、愛智郡の各所に散在する召次領は、延文二年（一三五七）、白子彦六の濫妨をうけるなどのこともあったが、永徳二年、さきの秦久弘の押妨によって、またもや相論の渦中におかれるにいたった。この相論自体は、至徳二年（一三八五）、使庁の裁定により、盛秀・久弘による文書謀作の罪が確定したが、ここに注

目すべきは、久弘が謀作した院宣において、番頭国永が「壁塗男」といわれており[32]、この院宣を奉行せずとのべた山科侍従の書状もまた「壁御大工与三左衛門尉」に充てられている事実である。国永の実名は明らかでないが、この召次番頭はまぎれもない「壁塗」「壁大工」だったのである。こうした「職人」が召次になっている事実をどこまで一般化しうるかはなお問題であろうが、召次の性格を考えるうえで、これはきわめて重要なことといわなくてはならない[33]。

このほか、文和三年(一三五四)三月二十八日、左衛門尉源某は、桑田召次保の下末次名主職を尼円妙に充て行なっている[34]。これは丹波国の桑田郡であり、とすると、丹波国にも名で編成された召次保が存在し、とくにそれを桑田といっている点からみて、あるいはこの国の場合も、諸郡にわたって給田が存在していたのかもしれない。

以上、なお多くの見落しはあろうが、散所(田舎)召次の給免田が和泉・近江あるいは丹波などの国々の各地に散在していたことを確認してきた。鎌倉期にはすでに名前の固定した名で編成された召次領・召次保、保司・案主による管理、地下の名主・百姓から番米を収取する召次、番に編成された召次を統轄する番頭、このようにのべてくると、だれしもすぐに、摂関家大番舎人と大番領のことを想起するであろう。摂関家大番領の実態については、すでに牧健二・清水三男・小島鉦作・渡辺澄夫等によって、詳細に解明されているが[35]、この院庁召次と召次領は、これと全く同じ、といってよいほどに酷似している。前に掲げた長寛二年の官宣旨で「召次・大番」と並記されたのは[36]、決して偶然ではない。

もちろん、召次の実態は大番舎人ほど詳しく明らかにすることはできない。例えば、近江の大番舎人の給免田は、「一人別、給田壱町・雑免田参町・在家四宇」と均等であったが、召次の場合、ここまで細かくは確認できない。しかし和泉国の場合から推して、恐らくこれも同様に給田は人別一町であり、他の雑免田・在家についても均等であったろう。また逆に、これまで舎人自身の「負担」と考えられてきた番米は、召次の実情からみて、「得分」と見る方が自然であり[37]、番頭についても、これを「京番頭」とみるよりも、有力な名主＝召次が番頭になったと考える方がよかろう[38]。

そして、このように考えてくれば、いかに「散所」を冠してよばれていたとしても、中世前期、散所召次が卑賤視されたなどということは、全く不可能といわなくてはならない。大番舎人が名主級の人々であり、案主・保司といわれるほどの人々は関東御家人である場合が多いことは、すでに周知の事実であるが[39]、召次の場合も、前述した通り、これと同様であった。召次領はたしかに「不課」という一面をもっているが、それは給免田なるが故であり、その年貢は番米として、召次自身の手中に入ったのである。また

「散所」といわれていても、各地の召次領に脇田のいうようななにかの「所」があったとは考え難い。これはやはり、京—御壺(本所)に対する田舎—散所とみるべきであろう。

とはいえ注目すべきは、召次のなかに、さきにあげた壁塗のような「職人」——非農業民が存在したことである。これは大番舎人の場合にも共通する特質で、渡辺が指摘したように、大番領は湖海に面した地に散在し、大番舎人は、本来、魚貝を貢進する贄人《にえびと》の系譜をひくものと考えられる(40)。これは天皇・摂関家に近侍した人々の性格を考えていくうえで、きわめて注目すべき事実といわなくてはならない。また、鎌倉後期以降、しばしば「悪党」といわれた畿内及びその周辺の武士団の性格も、この点を考慮にいれなくては理解できないであろう(41)。

しかしそうした舎人・召次の非農業民的性格は、決して直ちに卑賤視に結びつくものではない。むしろ「壁御大工」といわれた召次の例が示しているように、それは特権を認められた「職人」(42)的な側面からとらえられる必要がある。給免田を保証されていること自体、そのことを端的に物語っているといえよう。

こうした召次の性格は、御壺召次が室町・戦国期、「召次座」を結んで材木の商売を行い、駕輿丁座とともに、商人として活動している事実(43)からもうかがうことができる。御壺召次については、その存在形態、給付方式などを別個に追究する必要があり(44)、また散所召次の室町期以降のあり方も、まだ明らかにしえていない。しかし散所召次のなかにも、恐らくそうした方向に進んでいた人々は、かなり多くいたのではなかろうか。

ではしかし、同じく「散所」を冠して現われ、散所の代表的な例とされてきた雑色の場合はどうであろうか。召次に即してこれまでのべてきたことが、この場合もあてはまるかどうか、次節で考えてみたい。

二　散所雑色について

平安末期から鎌倉初期、摂津国橘御薗・長渚浜《ながす》・猪名《いな》荘・水成瀬《みなせ》郷・草刈・山崎、山城国山科《やましな》・桂・淀等々に根拠をおく摂関家散所雑色については、すでに多くの人々によって、さまざまな視角から論じられている。例えば林屋は、前述したように、これらの地が水陸交通の要衝に位置する点に注目し、散所民がきびしい人身的隷属を強いられ、雑役を勤仕する一方、狩猟・漁撈等に携わり、のちには商人化していくことを強調するとともに、「不課の地」である散所こそ、部落史の原点ともいうべき地域であると指摘する。(45) これに対し、脇田は林屋と同様、散所民の非農業的性格に注目するが、それは散所の第二次的な形態であり、農民的な人々をも含む本来の散所民のうち、土地と結びつきえなかった人々が、農業的な中世社会のなかで賤視の対象となったと論じている。そして散所とは土地をさすのではなく、散在の「所」に付属した人身的な隷属民集団そのものとみるのである[46]。この林屋・脇田の見方は、いずれも事実の一面を正しくとらえているが、そのどちらの立場に立ってみても解釈のできぬ事例が存在する、と私は考える。

森末はさきの論稿で多くの散所の事例に言及しているが、そのうち、大庭《おおば》散所については所在不明としている[47]。しかしこの散所が、古くから掃部寮《かもんりょう》の支配下におかれていた河内国大庭御野のなかにあったことは、以下の史料によって明らかといえよう。

まず『経俊卿記』建長八年(一二五六)六月十三日条に、

先参院、以姉小路中納言(顕朝)奏条々、掃部寮中大庭散所雑色妨事、可尋申大殿(近衛兼経)之由、被仰下

という記事がみえ、同記、康元二年(一二五七)三月十六日条にも、

師光朝臣申、大庭散所雑色事

仰、重可申本所、不被究本家沙汰者、武家不可承引歟

と記されている。これは摂関家――近衛家経の支配下にある大庭散所雑色と、掃部寮――掃部頭中原師光との間に係争がおこっていることを示しているが、この事実を前提としたうえで、つぎの文書[48]をみれば、事態はさらに明らかになろう。

関白家前太政大臣家政所下　掃部寮
　可早任先例、弁済所当以下雑事、停止引籠他名事
右、彼寮家解状云、当御野之内散所人者、雖不従□　□名所当、□□紅花・月充恒
例之夫薦・名所当之運送等、自昔所勤也、而近年、本在家幷本田畠之外、引籠他名、
不随公役、未済数百石（ママ）、幷移花等勤、新儀之□　□、甚無謂、早彼年〻未済分、任
員数可令究済、自今以後、本在家・本田畠之外、不可引籠他名之由、欲（被脱）仰下者、可
早任先例難（辨）済所当已下物、停止引籠他名之状、散所雑色人等宜承知、不可違失、故
下
　　安貞元年十二月　日　　　　　　　　　案主惟宗
別当左中弁平朝臣（有親）　　　　　　　　大従（ママ）
　右中弁藤原朝臣（親俊）
　治部権少輔藤原朝臣（経光）
　散位（ママ）

この文書自体は写で、誤写や写し落しもあり文意の通じにくいところもあるが、内容といい、加署した別当・家司といい、とくに矛盾はみられず、関白前太政大臣（近衛家実）家政所下文とみてよいのではなかろうか。これが認められるならば、この下文は建

長・康元の相論を遡った延長線上に位置づけることができるので、「当御野」は大庭御野、「散所雑色人」は大庭散所雑色とみて間違いなかろう。大庭御野の田畠に関わる同じころの売券は「勝尾寺文書」に多数見出しうるが、そこに負担として記された品目のなかに、畠地子・宿直米とともに「公役紅花」があり、「薦田」という田地が存在していることも、この文書の内容の真実性を別の面から裏づけている。[49]とすると、この散所雑色は、御野の年貢課役の賦課されぬ「本在家・本田畠」、つまり給免在家・給免田畠を保持していただけでなく、御野の他の名田畠をも、自名に引籠めようとしていたことになる。

こうした散所雑色の動きは、建長・康元をこえて、建武四年（一三三七）にいたるまでつづいていた。この年七月二十五日、大炊権助中原師音に充てて下った光厳上皇院宣[50]は、掃部寮領河内国大庭御野内散所名の土民が、年貢を抑留し、勅裁を叙用しないことについて炳誡を加え、寮家の管領を全うすべしと命じている。散所雑色の給免田は、このころまでに、「散所名」という形に固定しているのである。[51]

大庭御野が文徳天皇の大宝年中に設定されたという伝えをもち、恐らくは莚作手のような商工民だったと思われる大庭御野供御人の根拠であったことは、すでに指摘した通りである。[52]とすれば、この御野に給免田をもつ散所雑色もまた、こうした非農業的な生業を一方で営んでいたと推測することは、十分な根拠をもっている。散所雑色が非農業民的性格をもつという林屋・脇田の指摘は、この場合にもあてはまるのであるが、しかしその実態は、両者の所説とはかなりかけはなれたものといわなくてはならない。

さきの文書によって明らかなように、この散所雑色は「本在家・本田畠」のほかの名田については、御野に公役を弁じていたのである。たしかに、この給免田畠・在家には御野の課役は賦課されなかったが、さきの召次の例からみて、その年貢・雑役は雑色自身の手中に入ったと考えなくてはならない。少なくとも鎌倉・南北朝初期の時点では、「散所名」は決して「部落史の序章」となりうるような地域ではなく、散所雑色がその非農業民的な性格から卑賤視されていたとも、到底考えられない。それどころか、散所雑色は摂関家の威をかり、給免田畠を根拠として、たえず御野の田畠をとりこめようと試み、保証された「特権」を背景に、掃部寮領を威圧しつづけていたのである。

また、散所雑色は「土地と結びつきえなかった」わけでもない。たしかにこの散所雑色領が、人的な従属関係を通して成立した所領であったことは事実であるが、散所は決して隷属民集団――人間そのものではなく、散所雑色領――土地をさすと考えなくてはならない。そして雑色自身は給免田畠の年貢等を収取しつつ、散所名の名主としての地位を保ち、一方で非農業的な生業に従事していたのである。それ故、召次と同じく、彼等も「職人」的性格をそなえていたといえるであろう。

では、こうした大庭散所雑色の性格は、どこまで一般化しうるであろうか。「勝尾寺文書」には、大庭御野のすぐ近辺とみられる「草苅」の田畠に関する売券も、多く存在している(53)。摂津国草苅に散所があったことは「近衛家領目録(54)」によって周知のことであり、河内の大庭散所雑色も、恐らくこの草苅の散所雑色と緊密な関係をもつ集団だったと思われるが、これについて、つぎのような興味深い史料が存在する(55)。

□(近)衛府生下野毛(マヽ)武清謹言上

来二月十一日内大臣殿(近衛家基)御春日詣舞人役、可参勤由被仰下上者、尤可勤仕処、不階過法間、難参勤子細事

副進

院宣案

□(右カ)舞人役事、為避近御吉事、尤□(可)参勤之処、不肖尫弱身候之間、□中入子細也、其故者、草苅散所事、武秋任相伝奉行之、而去嘉禎之比、□(武)茂奉行之時、以草苅散所領内□延・末光両名、譲賜武清之親父□(武)遠之間、多年領知之、其後武清□(拝)領之処、近年為天王寺〻官□(幸)順、無是非所被押領也、然間武秋□(沙)汰惣散所領、幸順同依令押妨、□(連カ)〻令訴申之間、令治定者被引□彼両名、可落居之由相存之処、□不事行之刻、

去年十二月九日新□(日)吉小五月会之時、競馬役可勤仕、□有訴訟者可申上、可有御計
之由［
］行被下　院宣之間、即令勤仕□(畢カ)、［　］案文進覧之、此上者、忩被
召決、□□(任)道理、可有御裁許哉、且自［　］近衛殿令申下　院宣候歟、［　］被申
左大弁宰相殿(吉田経長)歟、両様［　］速御沙汰令落居候者、□□(舞)人役者、早可令参勤候、仍
言上□□(如件)

弘安三年(一二八〇)のものであることが確実であるこの折紙[56]は、後述するように、下毛野氏の散所知行の実情の一端を知りうる史料としても貴重であるが[57]、当面の問題に即していえば、この史料によって、草苅散所が「散所領」といわれ、その内部に「領知」の対象となるような□延名・末光名などの名が存在したことを明らかになしうる点に、注目しなくてはならない。それは疑いもなく草苅散所雑色の名であり、大庭散所と全く同じ事情をそこに想定することができる。また、草苅はここでは地名となっているが、はるか後年のことではあれ、『七十一番歌合[58]』に「木こり」に対する「草かり」が現われることを考えれば、この散所雑色も非農業民的な性格をもっていたとして、間違いない[59]。とはいえ、この「草苅」の場合も、やはり給免田畠を保証された「職人」とみるべきで、少なくとも鎌倉期には、卑賤視の対象となったとは到底いえないと思われる[60]。

これまでの研究につけ加えうることは以上でつきるが、私はこの二つの事例をもって、一般的な散所雑色の存在形態をおしはかることは、決して無理なことではないと考える。散所雑色も給免田を与えられ、散所領は名に編成されていたのである。とすれば、それは大番舎人・散所召次のあり方と、本質的には全く同じといわなくてはならない。実際、このように考えたときにはじめて、寛徳二年(一〇四五)、殿下散所雑色と号して東大寺に地子を納めなかった摂津国水成瀬荘の田堵が、十二世紀に入って寺役を勤仕するようになったという事実を、[61]整合的に理解することができる。これによって、彼等が散所雑色の地位を「放棄」したと考える[62]必要は全くない。もとよりそこにいたるまでにはさまざまな経緯があったとしても、彼等もまた大庭散所雑色のように、給免田を確保したうえで、東大寺領に属する名田畠については寺役を勤めていたとみればよいのであろう。恐らく彼等は山崎散所雑色として、中世もその地歩を保ち、その給免田畠は山崎散所(領)の一部となったものと思われる。

そして散所雑色のあり方をこう考えれば、丹生谷が推定したように、右衛門志・左兵衛志などの官途をもつ散所雑色が存在したことも、十分ありうることであろうし、[63]『古今著聞集』の話で、下毛野武正が山崎を「所領」として与えられていること、のちには江州左散所、河内右散所が荘園と並ぶ所領単位として、下毛野氏に相伝されていることも、(64)自然に理解しうる。散所とは「散所領」のことであり、まぎれもない「所領」だったのである。その意味で、巨視的にみれば被差別部落形成史と関わりがあることは事実としても、中世前期の散所を、これまでいわれてきたような根拠から、部落史の「序章」、あるいは「原点」とすることは、短絡的な誤り、と私は考える。(65)また、散所雑色を非農業民なるが故に卑賤視されたとみることもできない。大番舎人よりも地位は低かったとはいえ、彼等は多少とも「特権」を保証された下級の官人ないし準官人であり、名田をもつ武士的な性格をそなえた人々とみる方が事実に即している。(66)

ただ、散所雑色と散所領(雑色領)の管理組織については、舎人・召次のように明らかにすることができない。とはいえ、中原がすでに究明したように、下毛野氏が雑色長として、散所領の保司——預所ともいうべき立場を世襲していた事実は確実であり、(67)前掲の史料によって、それをさらに明瞭に裏づけることができる。これまで知られてきた淀左方・同右方、山崎だけではない。鎌倉中期、下毛野氏は草苅散所を知行し、大庭散所の文書が同氏(調子氏)に伝来している点からみて、この散所もその支配下においていたと考えられる。そして、同氏が預所であった近江国穴太《あのう》荘も、恐らくは荘園化した散所雑色領だったのではあるまいか。(68)とすれば、下毛野氏は、一、二をのぞき、ほとんどすべての散所領を領知していたことになろう。

しかも別にのべたように、この下毛野氏は院政期以降、蔵人所に直属する鷹飼職を長く世襲し(69)、河内国交野禁野に設定された鷹飼免田を保持していたのである。供御所ともいわれたこの免田は、十二世紀末、摂関家領楠葉牧の住人の地子、禁野役対捍に悩まされてはいるが(70)、やがて一個の単位として固定し、戦国期まで変ることはなかった(71)。こうとらえれば、この鷹飼の存在形態もまた、さきの雑色・召次・舎人と、なんら変りないということもできよう。ただ中世の鷹飼の一般的なあり方については、それと密接な関係をもつ犬飼・餌取、そして鳥供御人などとも関連させて、別個に考えなくてはならないが(72)、中世前期の蔵人所直属の鷹飼下毛野氏は、その芸能によって天皇に奉仕する、まぎれもない「職人」であった。

こうした中世における非農業民と天皇・摂関家との深い関わりの意味を解き、被差別部落形成史との巨視的な関係を明らかにするためには、視野をさらに広く、古代・近世にまでおし及ぼさなくてはならない。しかしそれはすべて今後にゆだね、いまのところ「散所」を冠してよばれた事例は知られていないが、雑色・召次と同じあり方をみせる駕輿丁について一言し、南北朝期以降、こうした人々がひらいた道筋を明らかにしていきたい。

三　駕輿丁について

天皇の行幸に供奉した左右近衛府、左右兵衛府所属の駕輿丁については、古く三浦周行がとりあげ[73]、ついで豊田武によって詳細にその活動が追究されている[74]。しかし豊田の論稿は、南北朝期以降、四府駕輿丁座を結んで、広範囲にわたり各種の商業活動に従事した時期の駕輿丁に重点がおかれているため、鎌倉期の彼等の存在形態については、なお究明すべき余地が残されているといえよう。豊田はそこで、鎌倉期の「未曾有の俸給不渡時代」を克服すべく、駕輿丁が商業活動にのり出したと指摘したが、これは大まかにいえば当っているとはいえ、不正確といわなくてはならない。じつは駕輿丁も召次・雑色と同様、恐らく平安末期以降、給免田を若干なりとも各地に与えられていたと思われるので、以下、管見に入った限りで、その事例をあげてみたい。

周知の史料であるが、寛喜三年（一二三一）のものと推定される右近駕輿丁近江国犬上郡住人等中状[75]は、元来、犬上駕輿丁は臨時役を免除されているだけでなく、この年、右近駕輿丁のうち在京のものは二、三人を残してすべて餓死したため、近国の駕輿丁をもって行幸役等の課役を勤仕している状況なのに、公卿勅使の課役が賦課された不当を訴えている。これによって、駕輿丁が「住人」といわれるほどの人々で、課役免除の特権をもっていたことを明らかにしうるが、同時に、犬上郡の各所に右近駕輿丁の給免田があったことを推定することができよう。

また、『経俊卿記』建長八年(一二五六)四月二十日条に、右近・左兵衛府駕輿丁と修理職領田上杣人とが中郷について相論している記事がみえ、先例に任せよ、という裁定が下っている。とすると、ここにもこれよりかなり前から、駕輿丁の給免田が設定されていたと考えられる。大分のちのことであるが、応永四年(一三九七)二月廿五日の室町幕府管領奉書案(76)は「右近府庁頭前大蔵少輔［　］」の訴えに応じ、「近江国勢多郷内大江［　］駕輿丁名」の年貢を沙汰すべし、と円明坊法印に命じている。このことから、栗太郡には右近衛府・左兵衛府所属の駕輿丁給免田が各地に存在し、室町期、さきの「散所名」と同じく、それが駕輿丁名という形に固まっている事実を知ることができる。

このほか『三長記』建仁元年(一二〇一)七月二十六日条に、右近府駕輿丁が、召次久宗と山門神人の濫妨を訴えている記事がみえるが、これも恐らく近江に関することであろうし、蒲生郡に駕輿丁という地名が残っているのも、その痕跡かもしれない。いずれにしても、近江国の諸郡に、その給免田が散在していたことは間違いない。

駕輿丁給田はまた、山城国にも存在した。「斉民要術紙背文書」(77)の山城国富野《との》郷下知状目録のなかに、文治二年(一一八六)九月五日の下知として、「駕輿丁給拾参町可引募事、御下知雖為明白、被押妨之」とあり、このころ駕輿丁給田が武家の押妨に脅かされていたことを知りうる。この給田のその後の状況は定かでないが、前述した諸例を参照すれば、これもある形で固定したとみてよかろう。

さらにまた摂津国にも、駕輿丁の根拠を見出すことができる。「勘仲記弘安十年八月巻」の紙背には、摂津国菅井・神田村の駕輿丁宗正法師の建治以来の狼藉・罪科を訴えた、弘安九年(一二八六)の年預府生惟宗景直の訴状が三通現存している(鎌21・一五八四〇—一五八四二)。宗正法師は本府に背き、公事に従わず、院宣・府宣にも拘らず、権門の威及び武威を募り、傍輩の公事を打止め、さらには傍輩を搦め取り、殺害し、沙汰人の子息を刃傷する等々の悪行を働いた、と景直はくり返し訴え、武家に命じてその身を召出すか、別当宣を以て下部を遣わして召上げるか、いずれにせよきびしい処置をとってほしいと要求したのである。これに応じて本府(近衛府)の使が「公田」を点定しようとしているが、この点からみて、この村に駕輿丁宗正法師の給免田・名田があったことは間違いない。さらに景直は、このような事態に対し、「方々有厳密御沙汰、被召出□(其)身、不被行罪科者、散在当国□江州之駕輿丁等、積習如此之□行、令対捍府役、令忽諸公事歟」とのべているので、近江と同様、摂津国にもこの村だけでなく、駕輿丁とその給免田が各地に散在していたことは明らかであろう[78]。しかしこの景直の言によれば、散在の駕輿丁は近江・摂津のみとなるので、さきの山城国の給田は、この訴状でも「人数尫弱」といわれた「在京駕輿丁」の給田だったと考えるほかなくなる。ただ前述した御壺召次やこの在京駕輿丁のような人々の給与形態については、必ずしも給田のみに限られていたとはいえないので、機会をあらためて考えてみたいが、以上によって駕輿丁の存在形態も、地位の高下はあれ、舎人・召次・雑色と基本的に同じだったことは明らかにしえたと思う。

　とすれば、駕輿丁が「住人」といわれ、さきの宗正法師のように「武威」を募ることのあったのも当然といえよう。実際、駕輿丁は都でもしばしば乱闘をおこしている。例えば仁治三年(一二四二)八月二十一日、西園寺公経の今出川亭への行幸に当って、「重役公人」と称して門内に入ろうとした左近駕輿丁が、これを禁制する守護の武士と喧嘩、凌轢され、これについて駕輿丁・同が訴訟に及んでおり[79]、正応二年(一二八九)十二月十六日にも、西園寺で駕輿丁と兵士が闘乱に及んでいる[80]。駕輿丁もまた武士的な性格を一面にもっていたのであるが[81]、反面、門内に入るのを阻止され、さきの宗正法師が年預景直の「重代之下人」といわれているように、舎人や召次に比べて、その地位が低かったことは事実であろう。

こうした駕輿丁の統制、その給免田の管理組織も、まだ十分明らかになしえていないが、召次長、雑色長に当る御輿長がその一端を担ったことは間違いなかろう。また、さきの史料によれば、近衛府年預のような四府の年預も(82)、それぞれ直接の統制に当っていたと思われる。その両者がいかなる関係にあるのか、また後年、駕輿丁集団を統率した兄部(83)は、この時期にも存在したのか等々、問題は多く残されている。

豊田が明らかにしたように、おそくとも南北朝期、恐らくは鎌倉期から、駕輿丁たちは各種の商業活動に携わり、やがて室町・戦国期、商人として大きな勢力をふるうにいたったのである。それはたしかに、召次などに比べて駕輿丁の地位が低く、給免田も多分少なかったことにもよるのであろうが、ただ、豊田のいうほどの「俸給不渡」が鎌倉期にあったとは考えられない。召次・雑色のあり方から考えて、むしろ当初から駕輿丁自身が非農業民的性格を備えていたとみる方が自然であり、さきの要因がそこに加わったときに、あの顕著な商業への進出が行われたとするのが、事実に即した見方といえるのではあるまいか。

室町期の四府駕輿丁座の人々が、鎌倉期、「人数尫弱」といわれた在京駕輿丁の後身なのか、それとも京に進出した散在駕輿丁の姿もそこに加わっているのかも、今後の問題である(84)。しかしこうした駕輿丁の動向は、鎌倉期の下級官人ないし準官人の南北朝期以降にひらいていった道がどこにあったかを、よく物語っているといえよう。

四　その他の「散所」について

「散所」を冠してよばれた人々は、丹生谷によれば、このほかに、随身・楽人・衛士・法師・神人・陰陽師・声聞師・禰宜・公人《くにん》などがあったといわれる。このうち、随身・衛士には丹生谷・中原がすでに言及しており、これまでのべてきた人々とも重なり合うと思われるので、ここでとくにとりあげる必要はあるまい。また寺院の童子や楽人・陰陽師・声聞師などについては、その存在形態を独自に追究する余地がなお残ってはいるが[85]、いまはその用意をもたない。それ故、ここでは神人と法師——「非人」について、若干ふれておきたい。

散所神人に関しては、春日社神人について、永島福太郎・森末義彰が詳しく言及しているので[86]、あらためて論ずるまでもないが、当面の論点に必要な限りでのべることとする。森末は、東西金堂修二月夜荘厳頭役に関する「中臣祐賢記」建治三年（一二七七）四月二日条の廻文[87]に「神人交名者、本社・散所事候」とあり、同月十六日条には同じ課役について「本社幷散在神人」といわれている点から、「散所神人」は「散在神人」にほかならぬとし、散所は本社・本所に対する呼称であったとのべている。(88) これは的確な指摘であるが、ただ、さきの四月二日の廻文に、つづけて「又他国和泉神人事者、近日無左右難叶候哉」と記して、散所神人を他国の神人と区別しており、四月十六日条では本社神人に対して散所神人のことを「国中散在神人」ともいっている。また同記、弘安元年(一二七八)閏十月十二日の廻文に、(89)「和泉国散在神人交名・同雑免田幷当国散所神人交名」とあるので、散所神人は大和国の散在神人をさし、他国の散在神人とは区別されていたものと考えなくてはならない。「中臣祐明記」建久四年(一一九三)四月五日条(90)に、「散所神人、八条・井上・ミナミ山・マヒノ庄ヨリ数人令参上」という記事があり、これらがみな大和国の荘園であることも、(91)この推測を裏づける事実といえよう。

いま大和の散在(散所)神人については、そのあり方を究明しうるだけの用意がないので、和泉国散在神人について、若干ふれておきたい。(92)この神人は「自往古募二百廿八町之雑免田、長日御供菜四季魚貝・節析焼米以下、恒例・臨時之社役等令弁勤之、其身者号神奴、二百余宇之在家、(94)遁国衙等役」といわれ、(93)とくに「和泉国日次《ひなみのく》供《さい》菜魚貝」を貢進することによって知られた海民的な神人集団であった。その雑免田は前述した近木荘領家方に六町、地頭方に四町五反、(95)日《ひ》根荘《ねのしょう》に一町五反、(96)そのほか和田上中条・(97)春木荘・吉見荘・中村荘・恩田荘・谷川荘等々に広く散在しており、(98)さきの数字からみて、人別雑免田一町、免在家一宇を均等に与えられていたのではないかと思われる。

これは前述した舎人・召次などと比べて、なんら異なるあり方を示すものではない。和泉国散在神人も免田・免在家を特権として保証され、春日社に魚貝を貢進しつつ、その権威を背景として魚貝の交易に携わる人々であり、ときに春日社の動員に応じて、同社の武力的・警察的な機能を担う集団の一員として活動する人々であった。大和国の散在神人――散所神人のあり方も、もとよりこれと質的に変るものではなかったろう。

春日社だけではない。紀伊国日前宮《ひのくま》にも、御鉾神人・散所神人・本神人などとよばれる神人集団が存在した(99)。永仁三年(一二九五)三月、同宮領の諸郷の検田畠帳(100)には、権内人・御乳人をはじめ、田所・案主・承仕《しょうじ》・雑色・御厩《みまや》・験子・神子・楽人・陰陽師・庭掃・算銭、さらに鍛冶・番匠・木工・塗師《ぬし》・檜物師・深草・銅細工・鵜飼等々、各種の「道々」の人、「職人」の給田が見出されるが、それとともに多くの神人給・散所神人給が散在している(101)。後述するように、給免田を与えられる人々がそれを給与した支配者にきびしい隷属関係でしばられていた、とする見解からすれば、あるいはこの事例も、各種の「職人」の隷属度の強さ、ひいては散所神人の隷属性を物語るものといえるのかもしれない。しかしそれでは、下級神官、荘官のすべてを同じようにみなければならなくなる。それ故私は、この見解を一個のドグマであり、そこには無自覚的にせよ偏見がひそんでいるのではないか、と考える。そして、たとえ「散所」を冠されていても、ひとしく給田を保証されている点で、この神人と神官・荘官・手工業者等々との間には、なんらの差もないとみるのが自然な見方であると思う。

あるいはまた、前掲の史料で、神人が自ら「神奴」といい、春日社もまたそうみていた事実から、散所神人のみならず、神人が社会的に卑賤視されていたとする考え方もあろう。しかしこれも誤りと私は考える。さきの夜荘厳頭役の免除を要求した神人たちは、「異平民為遁如此之役、雖無別給恩罷入テ神人、励昼夜之勤労」とのべ、自らが「平民」と異なる特権をもっていることを強調している(102)が、まさしく彼等が「神奴」だったという点にこそ、その特権の根拠があったのである。そして、天皇と神との違いはあれ、さきの舎人・召次等や供御人の場合も、事情は全く同じであったとしてよかろう。官位をもつ神人・供御人がいたり、「権門之神人・召次」とか「当国土民皆以諸社神人・院宮供御人・召次・大番舎人等也」などと併称されるのは決して故のないことではない。中世前期——平安末・鎌倉期から南北朝期にかけて、これらの人々は、天皇・院・摂関家、あるいは仏・神と、ある場合は「奴」といわれるような関係を結ぶことによって、給免田を公的に保証され、特権をもつ非農業民的、武力的な集団として、平民百姓と自らを区別していたのであり、卑賤視されるどころか、むしろときには侍身分の人として平民を威圧し、脅していたといわなくてはならない。

かつて石母田正は、「降魔の相」を現わして荘民を調伏しようとした東大寺八幡宮の神人について、「神々の権威に寄生し、百姓を抑へる堕落した執達吏」「有力者に対しては追蹤怯懦、百姓に対しては猛悪なる人間であり、中世社会に於て最も腐敗せる人種」と、口をきわめて罵倒した[103]。これは神人のさきのような一面をついた発言であり、戦時下の情況の中においてみる限り、当時の被抑圧者の激しい憤りが、中世の史実を通して噴出したものということはできよう。しかしこの激情を、いま無批判にうけつぐことは重大な誤りを招こう。なぜならこの発言は反面で、悪党を抑圧し、秩序整然たる「政道」を実現しようとしたこの時代の統治者の立場に、そのままつながっていくからである[104]。

たしかに神人が石母田の指摘したような側面をもっていたことは事実であるが、他方、日本の商工業を、また芸能を、たくましく担い発展させていたのが、ほかならぬこれら供御人・神人などの「職人」たちだったことを忘れてはならぬ。石母田の視点からすれば、この側面は完全に切落されてしまうので[105]、こう考えれば、石母田の圧倒的な影響下に開花した戦後の中世史研究の主流が、この方面の問題についてはほとんど成果をあげえず、多くのドグマの横行を許してきた理由も、自然にとけてくるであろう。

そして、戸田芳実が、「武士団という暴力組織によって百姓と対立した」「在地領主」に対し、「百姓の側に定着した一つの意識形態が、武士＝屠児という観念」であり、それが「勤労生産者として殺生を業とする人々」に及んだところに、「荘園体制下の底辺をなした被差別者大衆を生み出す思想的基盤の一つ」を求めたのは、[106]なお多くの複雑な問題を残すとはいえ、鋭く問題の所在をついた指摘といわなくてはならない。さきの、特権をもつ神人――「神奴」と平民百姓との問題は、この指摘につながる問題であり、これまでのべてきたように、もう少し時代的に広く、巨視的な意味ではあるが、やがて被差別部落形成史に関わってくることは間違いない、と私は思う。[107]

しかし、このように考えてくれば、直ちに散所法師、さらには犬神人《いぬじにん》・非人の問題につき当らざるをえない。掃除法師ともいわれ、築地・池堀などの土木に従事した散所法師については、森末の詳細な研究[108]をうけついで、多くの研究が発表され、すでに、それが散所非人であることは明らかとなっている。[109]いまそれに加えうることは少ないが、ただ「散所」という言葉についての先入見を去って、さきのように解してみたときに思いつく点にのみ、ここではふれておきたい。

森末は文保二年(一三一八)、後宇多法皇より東寺供僧・学衆に寄進された散所掃除法師十五人が、鎌倉末期には検非違使の、永徳元年(一三八一)以降は侍所の管轄下におかれていたことを指摘している[110]。この指摘の一部は、松尾剛次の批判[111]によって、成り立たないことが明らかにされているが、「散所法師」——非人の統轄者が、本来、検非違使であったことは、その後の丹生谷哲一の研究[112]によっても明らかといってよかろう。これは、祇園社に所属したと考えられている今小路散所法師[113]の場合にもあてはまりうることであろう。いま鎌倉期の法師たちのあり方を十分明らかにすることはできないが、後年の状況からみて、若干の田畠、屋地を給されていたとしても、決して不自然ではない[114]。さらに『為房卿記』康和五年（一一〇三）八月十二日条に、院司、蔵人所衆、武者所、諸司官人、鳥羽殿侍、京・田舎召次、各種の工匠と並んで、鳥羽殿庭掃百二人、法勝寺庭掃四十二人、尊勝寺庭掃三十人がみられること、仁安四年（一一六九）の「長福寺縁起」に、掃除を負担する田堵を見出しうる点[115]、さらに前述した紀伊国日前宮の庭掃が給田を与えられている事実[116]等々を考えあわせれば、庭掃・掃除法師が、さきの召次・雑色のように、なんらかの給田畠・免在家を与えられていたとみても、とくに無理とはいえぬであろう。

こうした法師——非人の集団は、元来は検非違使の管轄下におかれ、長者に率いられて、京中の掃除、あるいは土木工事に当っていたが、ときとともに寺社の専属の形をとるようになっていったものと思われる[117]。これは、もともと修理職に属していた番匠、造酒司の支配下にあった酒麴売《しゅきくうり》が、官司との関係を保ちつつも、それぞれの寺社の専属になっていったのと、全く同じ過程であり、(117)東寺に寄進された散所法師——散所非人に対して、のちのちまで検非違使及びその権限を継承した侍所が課役を賦課してやまなかった理由も、こう考えれば自然に理解できよう。

もしもこの推定が認められるならば、別の機会に多少詳述したように(118)これらの法師——「非人」たちが、「散所」であるが故に卑賤視された、と直ちにいうことはできないであろう。それはやはり、後年の「散所」のあり方から類推した「散所」の語の拡大解釈といわなくてはなるまい。

東寺に属した散所法師は、室町期、犯科人の住宅破却に従事しており、(119)その点でも、祇園社に属した犬神人と全く同じ性格をもっている。南北朝期には「非人」といわれ、平安後期、河原をひらいて住みついたというこの犬神人も、最初から卑賤視と結びつけて考えられるのが普通である。(120)しかし犬神人は他の神人の場合と同じく、早くから河原畠を社恩(給畠)として与えられており、(121)また文和二年(一三五三)五月の申状(122)では、自らを「山門西塔釈迦堂寄人」といい、「職掌人」「重色人」であることを強調、社頭警固・掃除・御行供奉等、神事に従う自らの職掌とそれに伴う特権を、なんらの恥ずるところもなく堂々と主張している。これはその生業を恥ずべきこととして卑屈な訴状を書かなくてはならなかった近世の「穢多非人」[123]とは明らかに異なる姿勢であり、「清目《きよめ》」という職掌を「重役」といって憚らなかった興福寺の奈良坂非人たちと全く同じといえよう[124]。それは決して卑賤視された人々による裏返しの特権の主張などではなく[125]、自らの「職掌」——清目、掃除の重要さ、大切さの自然な強調とみて誤りない、と私は考える。

もとよりこうした職掌自体を穢れたものとして賤視する見方は、すでに早くからあり、鎌倉後期以降、いよいよそれが強まっていったことは事実である[126]。しかしそれはなおすぐに、日本の社会で支配的になったわけでも、また制度的に非人身分を固定させるほど強かったわけでもない。

寺僧を長吏とし、特定の職掌に伴う特権を保証され、﨟次をもつ座的集団に組織されつつ[127]、強力な武力集団として畿内とその周辺で活発に活動する鎌倉・南北朝の「非人」たちは、制度的には神人・供御人・召次・雑色・駕輿丁などと基本的には同じ位置づけを与えられていた[128]。彼等は「清目」という職掌をもつが故に「職掌人」[129]とよばれており、広い意味でこれも「職人」の身分に入れることは、決して無理ではない、と私は思う。

黒田俊雄は、豊かな示唆に富む論稿「中世の身分制と卑賤観念」[130]において、非人を身分外の身分と規定し、「権門体制＝荘園制社会の支配秩序の諸身分から原則としてはずれ」た人々とみているが、以上のように考えるならば、少なくともこの点は事実に反しており、「非人」という言葉の響きにとらわれた見解といわなくてはならない。
また、非人の旺盛な武力的活動に対し、「猛悪なる賤民集団」と見る見方は、当時もありえたであろうし、また前述したかつての石母田のように、現在もありうるであろう。しかし非人たち自身は、「非人」とは「猛悪を好み、謀反を構え」てはならぬものであり、「有情之人類」として決して恩知らずであってはならぬ、と強調しているのである。(131)これはむしろ「遁世者一般」をさす「非人法師」の用法に通ずるものがあり、さきの「神奴」と神人の場合と同様、そのこと自体が彼等の「特権」の根拠となっていた、と推測することはできても、さきのような見方では到底とらえることのできない側面といわなくてはならない。(132)

さらにまた、それにも拘らず実際に展開された非人の武力行動をもって、もし「悪党的」というならば、それはさきの神人をはじめ召次・雑色にいたる人々、別の視角からいえば畿内とその周辺の武士団のすべてに共通する特徴にほかならない。非人のみをことさらにとり出して「猛悪」ということは、事実を素直にみる限り不可能といえよう。そして、こうした非難と賤視、さらには禁圧を一方の世界から加えられつつも、賤視によって心を曇らされることなく、非人たちをも含む「職人」たちの世界は、鎌倉・南北朝期、なお広く独自な世界を保持していたのである。とすれば、一方の世界からの観点のみで、この時期の社会の全体像がとらええないことは、もはや自明のことなのではあるまいか(133)。

五　給免田制について

これまで給免田制については、おもに工匠給免田を中心に論じられてきたが、そのとらえ方は大きく二つに分れているといえよう。

一は、名田制とともに、荘園領主の自給的支配体制を支えたものとしてこれをとらえる、永原慶二・佐々木銀弥の見解である。都市に居住する荘園領主の経済と、在地領主の経済との間に「断絶」を見出す永原は、給免田を後者のなかでとらえ、「村の手工業者」が領主に編成された形とする(134)。佐々木も給免田の給与者――在庁官人等に対し、工匠がきびしい隷属を強いられたとみており(135)、いずれにせよ、給免田を農工未分離、自給経済維持の方向でとらえ、それを媒介として、領主は工匠を自己の経済内部に編成したとみる点で共通している。

これに対し、浅香年木は給免田を与えられた工匠は、むしろ在地領主に近い存在であるとし(136)、横井清も田所・公文等の荘官給免田と工匠、さらには狭義の「芸能民」の給免田の「諸職」としての共通性に注目する。[137] そして脇田晴子は給免田に対する被給者の権限は年貢徴収者にほかならず、その散在性からみても、これは手工業者の農業からの分離を保証した体制であると主張し、永原・佐々木の見解に批判を加えたのである。[138]

前節までにのべてきたように、私も基本的に後者の方向で給免田制を考えている。もとより、前者のいうように、領主の館の周辺に住まわされた下人所従的な手工業者があったことも事実であろうが、[139] 少なくとも名田制と対置された給免田制については、疑いもなく後者の見方の方が事実に即しているといわなくてはならない。とはいえ、後者の見解のなかにも、なお前者の影響があり、また卑賤視についての「通説」の浸透もみられるので、ここでこれまでのべてきたことをまとめつつ、給免田制について、若干、敷衍しておきたい。

工匠をはじめとする非農業民――供御人・神人、さらには大番舎人・召次・雑色等々の給免田が確定するのは、後三条天皇の延久新政を重要な画期とする十一世紀後半から、[140] 十三世紀前半にかけてのことであった。混乱し切った人と土地に対する諸権門の支配関係を整えるべく、院政政権はたびたび荘園整理令、新制を発して、田畠の帰属を明確にするとともに、交名を注進させて、供御人・神人等の定数を確定することにつとめた。[141]

前述した大庭散所雑色と掃部寮の争いのような摩擦・衝突はいたるところにおこり、その激動の収束は武家政権の確立をまたなくてはならなかったのである(142)。このようにして形をなしてきた給免田制の特徴は、次の諸点に求められる。

第一に、各集団の成員——本供御人・本神人等には、基本的に均等な給免田畠・在家が与えられたことに注目すべきであろう。近江国大番舎人・御稲田供御人(143)・賀茂社領安《あ》曇《ど》川《かわ》御厨《みくりや》供祭人(144)・和泉国春日社神人等の場合をその実例としてあげることができるが、しかしこれは、他のすべてに共通した原則といってもよいと私は考える(145)。かつて渡辺澄夫は畿内荘園の特質を均等名に求めたが(146)、恐らくそこにも同一の原理——課役の均等な割付けとそれに対応する給免田・名田の均等配分の原理が働いていたものと思われる。

しかし荘園の場合と異なり、召次や供御人たちの給免田は、一国内に、あるいは国をこえて、広い範囲に散在していた。前述した諸例にさらにいくつかの事例を加えるならば、和泉国網曳《あびき》御厨の内膳供御人の給田六十五町は、近木荘領家方十三町五反、地頭方十町八反小(147)、木嶋郷土生度六町(148)のほか、佐野・鶴原荘等に散在しており、酢造の給田御酢免は、近木荘領家方三町、地頭方一町九反三百歩、土生度五丁三反(別に宜秋門院御酢免田三丁一反小三十歩)のほか、草部郷(149)にも存在していた。また河内国大江御厨の供御人の給免田は、河内国内だけでなく摂津にも散在していたと思われる(150)。とするならば、荘園をそれぞれ一個の自立した経営単位とみる見方に立って、ある荘園の検注目録に記載された給免田畠をすべてその荘園所有者あるいは在地領主が支給したものと考え、給免田の被給者の隷属性を云々することは、全く現実ばなれした虚像でしかないといわれるであろう。こうした論者も、下司給・公文給などについては、そう考えてこなかったはずであり、さきに敢て「偏見」といった根拠はここにある。給免田は広く荘園公領制の全体の中においてとらえられる必要があるので[151]、それは決して個々の荘園支配者や在地領主の恣意、私的な意志のみによって定められうるものではなかったことを確認しておかなくてはならない[152]。

しかし、このように散在する給免田を中心に、通常の名田を加えて、一個の自立した所領単位が成立することは、しばしばありえた。さきの網曳御厨・大江御厨等々もそれであるが、こうした所領は保・名とよばれることが多かった。大番保・召次保・散所名などはその一例であるが[153]、和泉国草部郷には御酢免を中心に、御酢保が成立しており[154]、同国陶器保もまた、大膳職陶器寄人の給免田を中心とする単位であったろう[155]。畿内のみではない。若狭国細工保・織手名や丹後国細工所保・讃岐国土器保・尾張国御器所《ごきそ》保等々は、みな同じようにして成立した所領であった。そしてさらに、若狭国大田文《おおたぶみ》にみえる国掌名・御厨名・雑色名はもとより、在庁名自体も、全く本質を同じくする単位といわなくてはならない。在庁も、細工も、この点ではなんの区別もないのである。

ただここで見落してはならないのは、この場合でも、給免田を保証された人々の帰属と、所領自体の帰属とは別であった点である。鴨社堅田供祭人の本拠、堅田御厨の地が山門領であり[156]、粟津橋本供御人の給免田を中心に成立した粟津橋本御厨が独自に伝領されていることなど[157]、こうした例はいくらでもあげることができる。ある荘園に給田を与えられている下司・公文が、在庁であるとともに鎌倉殿御家人になっている事例は、西国では一般的とすらいえるであろう。これまでしばしば、中世では人の支配と土地の支配とは、通常いわれるような意味では決して統一されていない、といってきたのは、このようなことを考えたからにほかならない[158]。

さらに、いまの例からも知られるように、給免田を与えられた人々は、必ずしも特定の権門のみに縛りつけられていたわけではなかった。津江御厨供御人(今宮供御人)が祇園社の大宮駕輿丁になり、禁裏駕輿丁が祇園社の綿座神人を兼ねるようなことは[159]、中世の当初からありえた。さきの番匠・酒麹売なども同様である。たしかに寺社と結びついた人々の場合、「寺奴」「神奴」という論理が働いていたことも認めなくてはならないが、その関係は決して単純に「奴隷的」とはいい切れない「自由」な側面があったことを見落すべきではなかろう[160]。

以上のような意味で、給免田制は名田制と並んで、中世の土地制度――荘園公領制を支える基本的な柱であった。そして、給免田を保証された「職人」と、名田制の下におかれた平民百姓とが、社会的分業にもとづく中世の二大身分であった、と私は考えてみたい。もとより「職人」のなかには給免田を与えられなかったものもありうる。別にのべた廻船鋳物師はまさしくその一例であるが[161]、この場合でも免在家は保証されていたであろう。

清目から傀儡師・陰陽師、そして各種の工匠は、「職人」といわれた田所・公文・下司等の荘官にいたる武士とひとしく、給免田畠・在家を保証されているという点で共通した土地制度上の位置づけを与えられており、その意味でみな「職人」身分といわなくてはならない[162]。その「職掌」「芸能」にはもとより差異はあり、保証される田畠に大小はあったとしても、そのなかの一部の人々のみをとくにとり出して、卑賤視されたとみることは、やはり、裏返された「偏見」なのではあるまいか。卑賤視の問題は、さきの事実を事実として認めたうえで、あらためて考えてみる必要があるのではなかろうか。

遍歴・漂泊の問題にしても同様である。中世前期には、そのことによって、人が社会的に賤視の対象となったと直ちにいうことはできない、と私は考える。「職人」のうち、とくに天皇及び一部の寺社とつながりをもつ人々のなかで、諸国自由往反の権利を保証された集団があったことについては、第一章で詳述したが、この場合の「遍歴」も課役免除の結果であり、それ自体一個の特権にほかならなかったことを考えなくてはならない。

そしてこのように考えたときにこそ、かつて横井が提起した「保護」「特権」と「卑賤視」「差別」との関係にかかわる問題を、[163]それぞれの社会の構成、あるいは構造と関係させつつ、真に歴史的にとらえる道がひらかれうるのではあるまいか。[164]

結

中世後期に入ると、「散所者」という言葉には、明らかに卑賤視のひびきが入ってくる。また遍歴・漂泊する人々に対する警戒も露骨になり、さらには特定の「職掌」を穢れ多きものとする見方も、社会で支配的になりはじめる。中世前期について本章でのべてきたことを前提として、こうした転換の根源をさぐることは、すべて今後の課題とせざるをえない。[165]

ただそこに、さきにふれた「職人」と平民百姓との激しい矛盾が深くからんでいることは、まず間違いないと私は考える。これを「分裂支配」の体制とその結果、と規定することはまぎれもなく正しい。しかしそれは一個の解釈にすぎない。この矛盾がいかなる性質のものなのか、それが双方に残した、たやすく消し難い刻印は、その後の時代にいかなる意味をもったのか等々をきめ細かく辿り、日本の民族的体質までを明らかにしなくては、さきの転換の根源を真に明らかにすることはできないであろう。そして、この方向に進もうとするとき、必ずやおこるであろう「体質論に堕するもの」という批判に対しては、こうお答えしておきたい。われわれが前においているのは、日本民族の体質そのものを根底的に変革するほどの大きな課題ではなかったのか、と。

(1)　盛田嘉徳『中世賤民と雑芸能の研究』(第二章注69所掲)第一部第三章「散所に関する研究の変遷」に、散所の研究史は略述されているが、それ以後の研究の進展は著しいものがある。これについては、本章の序と同様、「感性的」な整理との批評をまぬかれぬと思うが(大山喬平「中世の身分制と国家」岩波講座『日本歴史』中世4、一九七六年)、さし当り、拙稿「中世身分制の一考察――中世前期の非人を中心に」(『歴史と地理』二八九号、一九七九年)[⑪]でも若干、言及しておいた。

(2)　『古代国家の解体』(東京大学出版会、一九五五年)Ⅳ第二。同書Ⅳ第三「「山椒大夫」の原像」も散所長者にふれたすぐれた論稿である。

(3)　戦前『中世における都市の研究』(大日本雄弁会講談社、一九四二年)を刊行した当時の原田は、西欧の自由都市との対比において、日本の中世都市のあり方を具体的にとらえようとしている。その観点は一九五〇年代前半までの論稿にも貫ぬかれているが、五〇年代後半に入ると、原田の中世都市研究の視点に、被差別部落の問題がはっきりと入ってくる。「近世都市と身分制度」（一九五五年）、「中世賤民の一考察」（一九五四年）（いずれも『日本封建都市研究』東京大学出版会、一九五七年所収）は、そうした観点からの力作であり、林屋の説との深い関連をうかがわせる。

（4）前注「中世賤民の一考察」参照。

（5）『未解放部落の史的研究』（吉川弘文館、一九七七年）第二章、第三「散所のことなど」。

（6）「中世における卑賤観の展開とその条件」（『中世民衆の生活文化』東京大学出版会、一九七五年所収）。

（7）前掲（第一部第一章注（13））『日本中世商業発達史の研究』第二章第二節。

（8）「散所――その後の考説」（日本史研究会史料研究部会編『中世の権力と民衆』創元社、一九七〇年所収）。

（9）「散所の成立をめぐって――林屋辰三郎氏の反批判にこたえる」（『日本史研究』一一三号、一九七〇年）。

（10）この間、井上満郎「散所――その語源論について」（『日本史研究』一一四号、一九七〇年）も発表されている。

（11）『日本歴史』二六八号（一九七〇年）。

（12）『日本史研究』一二二号（一九七一年）。

(13)『ヒストリア』六七号(第一章注122所掲)。
(14) 川嶋将生「中世声聞師の一考察」(『日本史研究』一〇二号、一九六九年)、浅香年木「阿波忌部と御衣御殿人」(『石川工業高等専門学校紀要』第六号、一九七四年)も、それぞれの視角からこの問題に迫っている。
(15) 注(1)拙稿「中世身分制の一考察」。
(16) 森末義彰『中世の社寺と芸術』(畝傍書房、一九四一年)第四篇「散所」、及び注(12)丹生谷・注(13)中原論稿参照。
(17)『為房卿記』(部落問題研究所編『部落史に関する綜合的研究』史料第三、柳原書店、一九六二年所収。以下『綜合的研究』と略称する)。なお京都大学中央図書館には、菊亭家に伝来した「下毛野氏系図」「秦氏系図」の二巻が所蔵されている。後者の末尾近くに、

慶長三年九月十日書之在判
右二巻以随庵貴毫写了
裏書如斯
延宝七年二月十日書之　藤原(花押)

とあり、この二巻が慶長の書写本を、延宝に再写したものであることを知りうる。前者はすべて下毛野氏の系図であるが、後者は秦氏のみでなく中臣・播磨・佐伯・身人部・尾張・道守・大石・葛井・豊原・佐々部・茨田・三池等の諸氏についてもごく簡略な系図を記し、さらにさきの奥書のあとに、鎌倉初期の競馬の番文を記録した多彩な内容を持ち、大部分の人

名に詳しい注記が付されている。

系図はいずれの氏の場合も、院政期が中心で、一部、摂関期に遡り、わずかに鎌倉初期まで降るが、その記事を、平安後期から鎌倉初期の随身下毛野氏について、諸記録を詳細に調査した注（13）中原俊章の労作と照合してみると、見事に一致し、正確な系図であることは間違いない。中原の研究の綿密さは、逆にこれによって証明されたともいえるが、その研究に若干の補足を加えることもできる。以下、必要な限りでこの系図によって、本章に補足を加えるが、まず注目すべきは、下毛野敦季（中原は敦末として記述）の注記に、「始被立置諸国召次千人内五百人知行之、義家朝臣陸奥国任之時也」とある点である。この召次の数は、康和の人数とほぼ一致しており、恐らくこの記事は事実を伝えているのであろう。とすると京・田舎（散所）の召次の置かれたのは、義家が陸奥守であった永保三年（一〇八三）から寛治二年（一〇八八）までの間のこととなる。以下にのべる召次の給免田――召次領の定まったのもこのときのことであろう。そして敦季と並んで、あとの半分を知行したのは、中原の研究によってみると、あるいは中臣近友だったかもしれない。康和のとき、三七三人の田舎召次を知行したのは、もとより中原の指摘する通り、敦季の子近季であるが、二六三人を支配する国頼は、本系図にも現われない（なおこの二巻の系図の所在は、田中左織氏の御教示によって知り、調査に当っては、今谷明・西山良平氏に種々便宜を計っていただいた。厚く謝意を表する）。なお後注（69）下毛野氏略系図参照。

（18）『高野山文書之六』又続宝簡集八十一、一四七三号（鎌24・一八六三〇）。

(19) 同右文書一四七六号。
(20) 「井手文書」(『鎌倉遺文』二―九八七)。
(21) 戸田芳実編『泉州久米田寺文書』(岸和田市刊)一〇号文書。
(22) 大日本古文書家わけ第十九『醍醐寺文書之八』一八一八号。
(23) 『駿台史学』三六号(一九七五年)。
(24) 「古文書纂」二(『平安遺文』七―三三一〇)。
(25) 「民経記寛喜三年自四月十六日至四月二十九日巻紙背文書」(鎌1・二七六)。
(26) 長治三年三月八日、日吉社交名注進状、年月日未詳、近江国愛智郡鵜供御人等解(『平安遺文』四―一六五二・一六五三)。この召次勾当成行については、戸田芳実「王朝都市と荘園体制」(岩波講座『日本歴史』古代4、一九七六年)が、まことに興味深く注目すべき事実を明らかにしている。それによると成行は中原氏、愛智郡長野郷に居住し、愛智郡司であるとともに、日吉神人となって借上を営んでいた。第一章の論点との関連でいえば、すでに平安末期、院召次と日吉神人とを兼ねる人のいた点も注目すべきであるが、この中原氏はのちに御家人となっているのである。さきの伊香郡の政恒法師のようなあり方は、召次の統轄者となるほどの人々には共通していたとみて間違いない。
(27) 『経俊卿記』同日条参照。
(28) 注(13)中原論稿三七頁。
(29) 「京都御所東山御文庫記録」甲七十一に、至徳元年後九月日、院庁召次番頭国永申状幷具

書案、至徳二年六月十二日、諸官評定文があり、以下はそれによる。
(30) 前注具書案。文書中にみえる資重は、『公衡公記』正和四年四月二十五日条に院庁年預としてみえる安倍資重であろう。
なおこの文書は、橋本初子「別形態の院宣・綸旨――「御奉行所候也」という文書について」(『史林』六二ー五、一九七九年)のとりあげた様式の文書である。橋本はこうした様式の文書の充所は「官の職制の枠外にある」神職のみといわれたが、このような近衛府の官人に対しても発せられており、充所についても、橋本が奉者について指摘したのと同じ範囲を考えた方がよいのではあるまいか。
(31) 『公衡公記』正和四年四月十一日条に右将曹秦久友が新院御随身として現われるが、この人ではあるまいか。
(32) 注(29)具書案の中にみえる謀書とされた院宣案を左に掲げる。
近江国愛智召次領畨米事、不被返付壁塗男、如元知行不可有相違之由、山科侍従殿御奉行所候也、仍執達如件
永徳二年十二月九日　　左衛門尉景定奉
謹上　右将曹殿
なおこの相論に関する至徳二年六月十二日の諸官評定文は、使庁の訴訟裁判の行われたことを示す最も時期の降った文書であろう。
(33) なお愛智郡の召次領については、「京都御所東山御文庫記録」乙七十三、暦応年間、訴陳

文書目録に「山門東塔南谷与秦久幸相論近江国愛智四ケ郷内召次領事」とある点も参照されなくてはならない(この文書は山口隼正氏の御教示によって知った)。

(34)『大日本史料』第六編之十九、五五一頁「京都大学文学部国史学研究室所蔵文書」地蔵院文書(この文書は清田善樹氏の御教示によって知った)。なお同文書には関連文書が若干点存在する。

(35) 牧健二「摂関家の大番役及び大番領の研究」(『史林』一七—三・四、一九三二年)、「摂関家の大番領と和泉国大鳥庄」(『歴史と地理』三〇—一・二・三、一九三二年)、小島鉦作「摂関家大番領としての摂津国猪名庄」(『歴史地理』六〇—五、一九三二年)、清水三男「摂関家大番保」(『日本中世の村落』日本評論社、一九四二年)、渡辺澄夫『増訂畿内庄園の基礎構造』(第一章注197所掲)下、第二編第一章。

(36)『平安遺文』の編者及び牧健二は、これを「召次大番」と解しているが、前述したところからみて明らかなように、こう訂正すべきであろう。

(37) 牧健二は注(35)の第一論文でこれを「庄家役」とし、渡辺も注(35)著書八頁で、「舎人の任務は、のちには番米の負担に転化する」と解しているが、これは誤解であろう。

(38) 牧は番頭を専ら「京番頭」と考えたが、これは注(35)渡辺著書二九頁以下の指摘の通りであろう。

(39) 飯倉晴武「畿内在地領主の一考察」(『書陵部紀要』十五、一九六三年)で指摘されているように、和泉国御家人和田氏は「殿下雑免」「殿下御方案主職」を相伝する大番舎人であった。また「民経記寛喜二年七月巻紙背文書」文治二年二月一日、後白河院庁下文案(前欠)〔鎌1・二〇四〕に「可令催済末寺庄薗作人、号駕輿丁・御□□(稲田カ)供御人・会賀庄宿直人・殿下大番舎人・散所舎人・東北院領郡□□薗住人、兼借武士威、致対捍仏聖灯油修理用途所当」とある点も参照する必要があろう。「散所舎人」も存在したのである。

(40) 注(35)渡辺著書五六頁。

(41) 拙著『蒙古襲来』(第二章注1所掲)〔5〕で、このような武士団を「職人」的武士団と規定したが、もとより「開発領主」的な面を備えていたとはいえ、中世前期の畿内及びその周辺の武士団は多少ともそうした性格をもっていた。

また小田雄三「鎌倉時代の畿内村落における刀祢について——中世村落の一考察」(『年報中世史研究』二号、一九七七年)は、和泉の大番保保司友貞が、大鳥荘名主であるとともに大鳥郷村刀禰であり、また大鳥社供菜浦の供菜備進を命ぜられていたことを明らかにしている。小田は断定していないが友貞は大鳥社神人であったと見てよかろう。そしてさらにこの友貞の流れをくむ人が御家人であり、鎌倉末・南北朝初期の悪党の中心人物だったと、小田は指摘しているが、まさしくこれは、大番舎人・召次等、注(39)であげたような地位を持つ人々の実態であり、畿内の「職人」的武士団の特質をよく示す事例といわなくてはならない。

(42) ここでいう「職人」については、終章Iでものべるが、前注拙著三六六頁以下参照。

(43)「京都御所東山御文庫記録」甲七十一、康正二年五月日、御壺召次中状、同甲七十、永正十四年七月日、召次菊千代重申状等参照。

(44)　御壺召次の衣服料が最勝光院に充てられていたのは「東寺百合文書」で明らかであるが、「京都御所東山御文庫記録」甲七十六、年月日未詳の注文によると、幸若・幸松・幸光・辰鶴・菊若・辰一・幸乙などの御壺召次衣服料が、それぞれ円勝寺・金剛心院・石清水八幡宮社務・同田中・得長寿院・最勝光院の負担となっている。なお、召次が幸若・辰鶴のような名前であった点は、『師守記』康永四年三月十六日条等参照。御壺召次の給付はこうした方式のみでなく、「吉続御記裏書」(吉続記紙背文書)年月日未詳、御壺召次禅重申状によれば、禅重は河内国小高瀬上荘公文職半分を相伝している。この分野にも今後究明する必要のある問題が多い。

(45)　前掲「散所——その発生と展開」のほかに、『綜合的研究』史料第三、解説「中世的隷属民の成立」参照。この指摘は「散所」——とくに中世前期の「散所」に関する限り明らかに誤りであり、「散所民」の「きびしい人身的隷属」についても、散所非人を含めて、事実ではないと私は考える。後述する「散所領」＝「散所雑色領」はありえても、「散所」という場はないといっても差支えない。この林屋の誤りはその批判者である脇田にも影響を与え、同じく林屋を批判する石尾芳久『民衆運動からみた中世の非人』(三一書房、一九八一年)も「散所」をそれ自体、一つの場そのものと見るという誤謬の上に立って議論を展開することになっているのである。とはいえ、林屋のこの指摘が、「散所」という言葉を度外視すれば、非農業民の集住する場——前掲拙著『無縁・公界・楽』[⑫]であれこれのべた場の特質を鋭くいい当てていることは間違いない。その意味で林屋のこの論稿は、いまもなお戦後の被差別部落形成史研究の重要な出発点の一つというべきであり、余人の追随を許さぬ鋭い直観力に裏づけられた林屋の学風の特質は、まさしくここによく現われているといってよかろう。

(46)　前掲『日本中世商業発達史の研究』第二章第二節。この書で脇田の展開した散所論に対し、林屋が「散所——その後の考説」(注8所掲)で反論、脇田が「散所の成立をめぐって——林屋辰三郎氏の反批判にこたえる」(注9所掲)で再反論を試み、さらにその所論を「散所論」(部落問題研究所編『部落史の研究』前近代篇、一九七八年)で発展させたことについては、すでに周知のことであり、新著『日本中世都市論』(前掲)も、もとよりこの基調によって、論じられている。これについては別稿(注1前掲「中世身分制の一考察」)でもふれ、また付論3でもとりあげるが、ここでふれた点についていえば、「近衛家所領目録」に現われる草苅散所等々の「散所」は、人的集団そのものではなく、「散所(雑色)領」であり、散所雑色の給免田を中心とした所領とみるべきである(後述)。また、脇田は土地と結びついた散所雑色は荘民となってその地位を放棄したとするが(前著一七七頁)、これは誤りであり、第二次的散所を土地と結びつきえなかったとするのも後述するように事実ではない。脇田のこの見方は「奉仕の座」から「営業の座」へという、そのシェーマと不可分であり、これについては付論3で詳論する。

(47)　注(16)森末前掲書二四六頁。

(48)　「調子文書」。

(49)　「勝尾寺文書」(『箕面市史』史料編一、一二三号、嘉禎元年十二月廿六日、僧定忍・高階守久畠地売券〔鎌7・四八五六〕、同一三二号、嘉禎元年十一月廿八日、壬生貞安田地売券〔鎌7・四八五七〕、同一四一号、嘉禎三年十一月十九日、大中臣為近畠地売券等〔鎌7・五一九三〕参照。

(50)「押小路文書」。

(51)『園太暦』巻二、貞和四年二月五日条に「今日掃部頭師香来、寮領河州大庭、為兵粮料所師泰濫妨之上、充賜軍勢云々」とあるのも、この所領に関連する史料である。

(52)『守口市史』本文篇第一巻、一四二〜一四三頁。なおこの御野については、第二章で詳述した。

(53)「勝尾寺文書」〔注49所掲〕三六・四九・九八・一〇九・一一四・一一五号等々、多数の関連文書があるが、草苅の田畠は、国分寺荘・橋寺荘・味原御牧等に散在していたことには、注目しておく必要がある。

(54)「近衛家文書」〔『鎌倉遺文』一〇―七六三二〕。

(55)「勘仲記自弘安六年正月一日至三月廿九日巻紙背文書」〔鎌19・一四二三一〕。

(56)本章を発表のさい弘安四年としたが、『一代要記』弘安二年十二月九日条に、新日吉小五月会を延引したとの記事があり、『春日社記録』日記三「中臣祐賢記」弘安三年二月十二日条に「恒例御祭、上卿内大臣殿家―基、近衛殿御参行事」とある点から、弘安三年の文書であることは明らかである。『鎌倉遺文』一九―一四二三一も弘安四年とするが誤りである〔林明美・藤田明良・堀部誠・水谷桂子等の諸氏の御指摘による。記して謝意を表する〕。

(57) ここに現われる武秋は、「近衛家領目録」に、近江国穴太荘・山城国調子荘・淀右方散所を知行したことで知られている下毛野武茂の子息である。『葉黄記』宝治元年五月九日条参照。なお注(17)前掲「下毛野氏系図」によると、武秋の父は武用となっているが、武茂と同一人であることは間違いない。その祖武忠は前述した敦季の子、関白師実・師通の番長官人、白河院官人を経て、師実の官人に帰参、「知行散所雑色」を知行した「御鷹飼」であり、その子息武正も「散所長」として「散所雑色」を「知行」、関白忠通の官人、「右近将曹年預」となった「御鷹飼」であった。武正の子武成も同じく「散所」(長の意)、「散所」を知行し、近衛基実の官人、ついで基通の官人となり、武正の別の子息諸武も「散所長」で「散所知行、御鷹飼」、基房・基通の官人であった。武秋はこの武成の曾孫であり、草苅散所の奉行は、もとより父祖からの相伝であった。また以上によっても明らかなように、この武忠流は近衛家と不可分の関係を持っており、武成の別の曾孫武利の注記に「当殿下」とあるのは近衛家実、その子左大将は家通、「左大将殿御死去後」とあるので、元仁元年(一二二四)以後、安貞二年(一二二八)家実の上表までの間に、この系図の原形は成立したものと思われる。武成の孫武直の注記に寛喜二年(一二三〇)という年が現われるが、恐らくこれは追記であろう。

注(69)下毛野氏略系図参照。

(58) 『群書類従』第二十八輯、雑部所収。

(59) 注(53)の売券をみても「くさかり」として人をあらわしている場合も、明らかに存在する。

(60) 前注のように田畠を売買している点も、その根拠となりうると思う。
(61) 寛徳二年五月十八日、関白家政所下文案(『平安遺文』二—六二三)等。
(62) 脇田は注(46)前掲『日本中世商業発達史の研究』一七七頁でこのようにのべ、人と土地との統一的支配を強調しているが、前にものべたように、私はそのようには考えない。この点、丹生谷が二六七頁前掲の第一論文で、散所雑色が一方で田堵であり、また院の随身近衛将曹中臣近友がこれと密接に関わっている事実を指摘しているのは、的確である。
(63) 丹生谷前掲注(12)第二論文一六頁。ただこの推定通りとすると、摂政家政所下文に散所雑色自身が連署したことになる。ありえないことではないが、あるいは雑色を管理する立場——例えば番頭のような立場に立つ人だったのかもしれない。なお、そこに現われる佐伯氏は、注(17)前掲「秦氏系図」によって院政期、秦氏と同じような家柄だったことを知りうる。
(64)「調子文書」応永十七年十一月十九日、下毛野武遠譲状。このうち、近江国左散所が野洲郡三上荘や勢多郷大萱内に散在していたことは、すでに注(16)森末前掲書二四四頁に指摘されており、同文書、明徳元年十一月廿三日、室町幕府管領奉書、明徳三年閏十月九日、同奉書等によって明らかである(『綜合的研究』史料第四)。河内右散所がさきの大庭散所につながることは、『師守記』貞和三年九月四日条に「河内国大庭御野内右散所名事」とあるので、間違いない事実である。「調子文書」によると、下毛野氏は調子荘を本領とし、ここにあげた散所領のほか、近江国穴太荘(これも散所領と関係があろう)、丹波国石田本荘・同新荘を所領としていた。

(65)『中右記』元永二年四月卅日条、同年五月十二日条には、摂関家の山科散所が「院白河新御所庭払」に寄進される動きのあったことが記されている。このように、散所雑色のなかに「庭払」を職掌とするものがあったとしても、後述するように、これをすぐ卑賤視に結びつけることはできないと思われる。

(66) 石尾芳久は注(45)前掲書五五〜五八頁で、本章でのべた拙論を批判している。その論点の一つは「散所の雑色をもって」、私が「律令制の中下級官人」と解しているという点で、石尾はそれを「官人ではなくして人格的主従関係のなかに設定された従属者集団」とし、「河内国大庭散所と大庭御野供御人との深い関係という事実は、都市荘園領主と主従関係にある市場聚落、ないしは、それと必然的な関係にある商手工業者集団の設定を示す」と主張している。

大日本古文書家わけ第六『観心寺文書』七一号、建徳二年後三月八日、弾正少弼和田某施行状などによって明らかなように、大庭の地は南北朝期「河内国大庭関」としてその姿を現わしており、それが都市的な場であったことは石尾のいう通りである。とはいえ、それを直ちに石尾のように理解するわけにはいかない。

私は丹生谷・中原の説を「「散所」を冠する人々が天皇・院・摂関家に近侍する中下級官人」とみる説とのべたが、丹生谷・中原もそれを「律令制」の中下級官人とみているわけではない。石尾は「官人」ではないというが、前述したように、散所雑色領を知行し、「散所長」であった下毛野氏はまぎれもなく、近衛将曹という近衛府の官人（これは石尾が官僚制の原理に基づいて理解している官人そのままではない）であるとともに、院の官人でもあり、摂関家の随身でもあった。そして同時に天皇の鷹飼だったのである。すでに中原も指摘したように、下毛野氏の武忠流は近衛家に、秦氏は後白河院から九条家と結び、主従関係を結んでいることは事実であり、「下毛野氏系図」によってみると、下毛野氏の敦季流は依然、院とも関わりを持ちつづけている。

この院・摂関家との関係を、石尾のように「人格的主従関係」ということは、もとより差支えないが、さりとてそれを「官人ではなく」「従属者集団」ときめつけるのは事実に反している。脇田も新著で強調しているように、この場合の「従属」は、従者の側に主を撰択する余地のある主従関係——佐藤進一の規定に従えば家礼型の主従関係とみるべきである（「時代と人物」、佐藤進一編『日本人物史大系』第二巻、中世、朝倉書店、一九五九年）。そしてこのように従者——随身であり、雑色長であるとともに、「官人」であり、また鷹飼・競馬などの職能によって奉仕するという点、摂関家・院に臣従しつつ天皇の近衛官人でありうるという事実そのものに、日本の中世国家、とくに畿内・西国を基盤とする公家の権力機構の特質がよく現われているといわなくてはならない。供御人が摂関家の細工、院の作手を兼ねたと、さきにしばしばのべたことと、これは全く同じ事態なのである。

石尾はまた「武士的性格の主従制においては、集団が一括して——すなわち集団そのものとして、主従関係に入るなどということは考えられない」というが、西国御家人が守護によって作成された交名の注進によって、まさしく国ごとに一括して鎌倉殿と主従関係に入った事実を、石尾はどう考えるのか。この関係は武芸という職能を通して、さきのような構造を持つ「公家」に奉仕する職能集団――「職人」的武士の集団と、その首長との関係であり、鎌倉殿は御家人の主であるとともに、そうした「職人」的武士団の長の性格をも兼ね備えていたのである。

さらに給免田は「主従制に対する恩給制という以外に把握しようが」ない、と石尾はのべているが、ここでのべた召次・雑色の給免田をはじめ、「道々の者」の給免田も、決して私的な主従制に基づいて恩給されるのではなく、さきのような職能による奉仕に対して、「公家」によって公的・国家的に認められた給付の一形態にほかならない。それ故、現実は石尾のいうように、「遍歴する職人集団は原則として荘園制的土地制度の枠内にあるものではない」ということにはならないので、給免田畠・免在家を保証された職人集団は実際に諸国往反自由の特権を与えられて遍歴しているのである。石尾がこのような視点から「職の体系」を主従制ととらえるのは、石尾自身の論理としては首尾一貫しているとはいえ、それだけでとらえられないところに、日本中世の国家と社会の特質がある。惣じてそれは石尾の駆使する主従制・官僚制・家産制等の概念では間違いなくとらえ切れない問題なのである。たしかにこうした職能による公的・国家的奉仕、それに対する国家的な給付、給免田の「恩給」、そこに結ばれる人的な関係に明晰な規定を与えることは「困難な課題」にちがいない。かつてそれを「統治権的な人的支配関係」と表現してみたことがあるが（前掲拙稿「中世都市論」

⑬〕)、もとよりそれではなお不十分であり、今後、日本の封建制そのものの特質を考えてゆく過程で、さらに追究してみたいと思っている。

(67) ただ注(62)でふれたように、寛治五年(一〇九一)ごろには、なお中臣氏も散所雑色の管理に関与した形跡があり、下毛野氏の世襲が固まるのは、十二世紀のことと思われる。前掲「秦氏系図」の中には「中臣氏系図」も記されているが、近友は関白師実が大臣大将のとき、番長、のちに官人、府将曹、御馬使となり、白河院の院号の始に、左将曹、召次預となっている。恐らく師実の随身であったとき、散所雑色に関与したのであろう。また「秦氏系図」にみられる兼行は、下毛野敦重の外孫で、白河法皇に仕えるとともに、忠通の官人となり、散所長になっているのである。

(68) 「朽木文書」文永元年十月日、下野武秋田地寄進状(『鎌倉遺文』一二―九一七六)によると、武秋は穴太御薗一色田を相伝しており、このときその三段を日吉十禅師宮御供田に寄進していることは、この推測を証明するものといえよう。なお、雑色との関連は明らかでないが、注(16)森末前掲書二四六頁に、応安元年(一三六八)のころ「穴太散所法師原」が道普請を行なっていたと指摘されており、原田も注(3)「中世賤民の一考察」の付論「石工と脱賤民化」において、穴太の散所法師は石切り職人ではなかったか、という注目すべき推定をしている。注(32)でのべた召次と壁塗の事例を考えれば、雑色との関係も十分ありうることであろう。前掲「下毛野氏系図」敦季の注記に、「白河院御宇之時被候本府、而依召致忠勤、法勝寺造立之時、堀池立石殖樹為行事依奉公院号之時任将曹」とある点はその意味で注目されるので、召次・雑色の従えている人々の中にはこうした作庭者がありえたのではなかろうか。この点は丹生谷もすでに指摘するところであり、調子氏(下毛野氏)の所領穴生荘に「散所法師原」がのちに見られることも、このことと関係があろう。ただ原田が、「賤民」＝散所法師から「脱賤民」＝石切り職人と考えている点は、ここでのべたように、私には従えない。

(69) 下毛野氏が鷹飼として姿をみせるのは、仁和二年(八八六)のことと思われ(『政事要略』六十七)、『権記』長徳四年(九九八)十一月廿五日条に右近府生下毛野公奉、『春記』永承三年(一〇四八)の記事に右近番長行武、『康平記』康平五年(一〇六二)正月廿日条に右近番長公久、『中右記』嘉承二年(一一〇七)正月十九日条に右近府生行高、『長秋記』天永四年(一一一三)正月十六日条に左近府生敦利・同行忠・御随身敦信、同天承元年(一一三一)正月十九日条に右近府生敦方が、いずれも鷹飼として姿を現わす(『栃木県史』史料編・古代による)。ただ『朝野群載』巻八、寛治三年(一〇八九)八月二十三日、禁野御鷹飼補任申文を発しているのは右近衛番長中臣近時であり、散所雑色に対する管理の場合と同様、寛治のころに中臣氏も鷹飼になっていて、下毛野氏の世襲はなお完全に安定していない点、注目しておく必要がある。中原が前掲論稿で指摘したように、ここには恐らく院と摂関家、摂関家内部の対立がからんでいるであろう。

なお前掲「下毛野氏系図」で、鷹飼と注記された人々(傍線)の略系図を掲げておく。

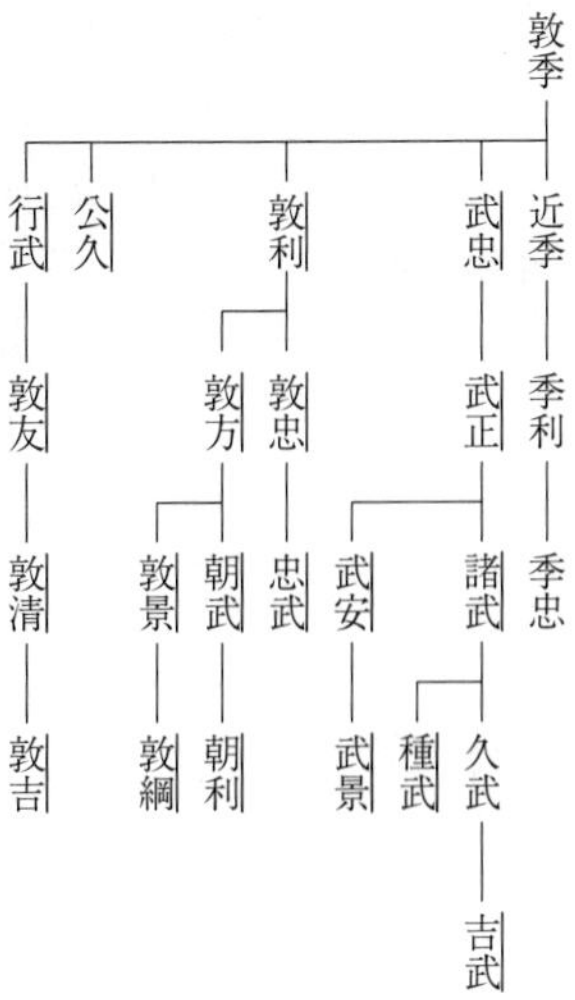

(70) 下毛野敦方は鷹飼職を永暦元年(一一六〇)十二月十一日、二男友(朝)武に譲ったが、応保元年(一一六一)十二月廿三日、交野鷹飼武安・友武は鷹飼免田の作人が地利を弁ぜず、楠葉牧の住人が鷹飼の住宅を追捕すると訴えている(『山槐記』)。また「調子文書」文治三年(一一八七)九月日、別当民部少輔兼和泉守藤原長房は、楠葉御牧南条司にあてた下文〔鎌補1・補五八〕で、乙延名主守貞が供御所免田を兼作しながら、御牧の権威を募って禁野役を対捍することをいましめ、鷹飼忠武の下知に従うべきことを命じている。長房は御牧を管理する摂関家の所の別当であろうが、これはさきの問題の連続と解せられる。なお建保六年(一二一八)四月日、蔵人所牒〔鎌4・二三七一〕は、下毛野朝俊(利)の譲与に任せて能武を鷹飼職に補任、宝治二年(一二四八)十二月日の牒〔鎌10・七〇二七〕は能武の武貞への譲与を認

めて、武貞をこの職に補任しており、下毛野氏の世襲は安定している。この能武は、「近衛家領目録」によれば、武茂（注57参照）と並んで淀左方散所を知行した人である。

（71）「京都御所東山御文庫記録」甲六十八、天文六年（一五三七）十月一日、後奈良天皇綸旨は、四辻前大納言公音にあてて、「河内国禁野交野御鷹飼料所」の朝役を専らにすべきことを秦兼照に下知せしめている。下毛野氏の世襲はこのころには崩れているようであるが、鷹飼免田が長く維持されたことは、これによって明らかであろう。

（72）第一章及び前掲拙著『蒙古襲来』一〇四～一〇五頁参照。

（73）『法制史の研究』（岩波書店、一九一九年）第二十「座の研究（其二）」。

（74）「四府駕輿丁座の研究」（第一章注162所掲）。

（75）「民経記貞永元年閏九月巻紙背文書」（鎌6・四三三七）。

（76）「古文書纂」（京都大学文学部架蔵影写本）。

（77）『神奈川県史』資料編Ⅰ、古代・中世（1）、七五二号。

（78）「民経記天福元年五月記紙背文書」年未詳七月八日、右衛門少志資□書状に「右兵衛府加与丁附田切符」とあるのも参考になろう。

（79）『経光卿記抄』。

（80）『伏見天皇宸記』。

（81）注（13）中原論稿二〇頁で指摘されているように、召次のなかにも「博戯輩」があり、また例えば『経俊卿記』暦仁元年十月廿二日条には、北白川殿で御壺召次と庁年預資高とが闘

乱をおこしたと記されているが、雑色をもふくめて、このようなことはしばしばおこってい
る。「京中雑人」といわれ、ときに「遊手浮食の輩」といわれた人々は、じつはこのような
人々ではなかったか、と私は考えている。

(82) 年預については、大炊寮年預について、橋本義彦「大炊寮領について」(第一章注188所掲)
で言及されており、中世の官司の組織を考える場合の鍵になる問題の一つであるが、今後の
課題として考えてみたい。なお、前掲「下毛野氏系図」「秦氏系図」にも府年預となった
人々が多く見出される。

(83) 注(74)豊田論稿参照。

(84) 近江国の保内商人のような商業集落は、このような散所の召次・雑色・駕輿丁・神人
等々の系譜をひいているのではなかろうか。こうした道筋をひらいていった人々として、摂
関家の御厩舎人・居飼等もあげられるであろう。中原前掲論稿でもすでに指摘されているが、
前掲の「下毛野氏系図」には「御馬使」となる人が多く、「秦氏系図」にも、召次長、御厩
案主となっている人を多数見出すことができる。研究すべき問題はなお非常に多く残されて
いるといわなくてはならない。

(85) これについては芸能史・宗教史の分野での研究は少なからずあるが、例えば後述する紀
伊国日前宮の陰陽師給、また和泉国の十生供御人とその給免田等々を視野の中に入れ、中原
が前掲論稿四六頁で注目し、第一章でものべたように、舞人多忠節が田原御栗栖＝供御所に
給免田をもったと思われる甘栗供御人の沙汰人として現われる事実まで考慮にいれれば、解

明すべき問題はなお多いといわなくてはならない。

(86) 永島福太郎『奈良文化の伝流』(中央公論社、一九四四年)、及び注(16)森末前掲書。

(87)『春日社記録』日記二(鎌17・一二六九八)。

(88) 注(16)前掲書二五五～二五六頁。

(89)『春日社記録』日記三(鎌17・一三二一五)。

(90) 同右、日記一。

(91)「マヒノ庄」は城下郡舞荘である(本章発表のさい不明としたが、丹生谷氏の御教示により、このように修正する)。

(92) 第二章第三節D網曳御厨供御人の項参照。なお最近、丹生谷哲一は「和泉国における春日社神人」(『忠岡の歴史』三号、一九八三年)を発表し、この国の春日社神人について詳細に論究するとともに、散所神人は大和国の神人だけでなく、和泉・山城等の神人も散所神人といったこと、散所神人は黄衣神人をさすことなどを、本章の論旨を批判しつつ明らかにしている。これに従って、本章の当該箇所二九七頁は一部訂正されなくてはならない。和泉国神人の記述についても、この論稿を是非とも参照されたい。

(93)「中臣祐賢記」文永十年十二月日、勧学院政所下文(『春日社記録』日記二)(鎌15・一一四八二)。

(94)「中臣祐定記」嘉禎二年十月四日条(『春日社記録』日記一)。

(95) 注(18)・(19)文書。

(96)「勘仲記自弘安七年十月一日至十一月卅日巻紙背文書」和泉国日根荘預所陳状(鎌19・一四三三三)。この陳状で預所は、百姓等が春日社神人の権威を募って狼藉をすると難じている。また「勘仲記自弘安五年七月一日至九月廿八日巻紙背文書」には、弘安四年後七月十三日、狼藉張本交名注進状(鎌19・一四三九三)があり、吉見村の左衛門尉明村をはじめ六人、岡本村四人の名前があげられている。この相論が建治三年(一二七七)以来のことだったことは『春日社記録』日記二によって知りうる。

(97)「和田文書」永仁二年十一月七日、沙弥性蓮譲状(鎌24・一八六九一)の嫡子得分のなかに、春日雑免二町一反大三十歩がみえる。

(98)『春日社記録』のなかに、吉見神人・春木神人のような形で頻出する。また周知のように、建武四年(一三三七)六月、春日社供祭備進市荘神人等は、堺浦魚貝売買の輩が吉野に通じたと疑われ、売買を停止されたために神供が欠如すると訴えているが、これもいうまでもなくこの神人たちの動きである。

(99)紀俊嗣所蔵「日前神社文書」神事記。以下、この文書については、宇野脩平採訪、鈴木行三筆写の神奈川大学日本常民文化研究所架蔵の写本を使用する。

(100)内原郷・有家郷・和太郷・秋月郷・大田郷・吉田郷・津秦郷・本有真郷・新有真郷等の検田畠取帳が現存する。

(101)注(100)の取帳には散所神人給はみえず、「神人有弘給」のような形で、非常に多くの神人給がみられるが、ほぼ同時期のものと思われる「諸郷畠田段別名寄帳」には「散所神人給」

を見出すことができる。

(102)「中臣祐賢記」(文永六年正月日)春日社神人等申状(『春日社記録』日記二)(鎌14・一〇三五五)。

(103)『中世的世界の形成』(伊藤書店、一九四六年、のち東京大学出版会より再刊)第四章第一節三、二一三頁及び同章第三節一、二七七頁。

(104)前掲拙著『蒙古襲来』三七〇頁参照。

(105)これに対して、ここで石母田によって批判された清水三男は、神人のこのような側面に目をそそぎつづけた。これは三浦周行・中村直勝以来のことであり、林屋・黒田・横井・脇田をはじめ、この学風をうけついだ人々によって、この面の研究が積極的に進められてきたのは決して偶然のことではない。拙稿「悪党の評価をめぐって」(『歴史学研究』三六二号、一九七〇年)〔⑥〕、拙著『中世東寺と東寺領荘園』(第一章注3所掲)〔②〕序章第一節参照。

(106)「国衙軍制の形成過程」(注8前掲、日本史研究会史料研究部会編『中世の権力と民衆』所収)。

(107)この点については、拙稿「日本中世における「平民」について」(名古屋大学文学部編『名古屋大学文学部三十周年記念論集』、一九七九年所収)〔⑧〕で若干言及した。

(108)注(16)森末前掲書、第四篇四イ「東寺散所の成立とその発展」。

(109)とくに注(46)脇田「散所論」参照。なお前掲拙著『中世東寺と東寺領荘園』第Ⅱ部第七章第二節「散所法師について」で紹介した「後深草院崩御記」は、この点を確証する史料である。また「東寺百合文書」ユ函四九号、永和四年六月三日、六条河原者彦太郎・五郎連署東寺掃除人夫請文は、針小路東雀塚の管領を充て下された代りに、人夫六十人を沙汰することを約束しており、これが直ちに散所法師というわけではなかろうが、掃除と河原者との関わりを明証している。

(110) 注(16)前掲書二七九～二八一頁参照。「東寺百合文書」よ函一九九号(十六下)、散所方文書目録に、「六通　別当宣等当寺散所可随長《(庁カ)》役由催促事」とあることにも注目すべきであろう。なお、永徳元年に散所法師の最初の請文が東寺に提出されていることも(「東寺百合文書」し函四八号(十二乙—十三))、この年の意義を考えるうえで、見落し難い事実である。

(111) 松尾剛次「天皇支配権と中世非人支配」(『日本歴史』三九四号、一九八一年)。これまで散所法師が検非違使の支配下にあったことを示す根拠とされてきた鎌倉末期の別当宣等の文書が使庁の裁判過程を示す文書であり、それ自体、散所法師＝非人が使庁の支配下にあったことを示すものでないという松尾の指摘は、その結論はともかく、それ自体は的確である。なお使庁の裁判については、橋本初子「中世の検非違使庁関係文書について」(『古文書研究』一六号、一九八一年)参照。

(112) 「中世における非人施行と公武政権」(『大阪教育大学歴史研究』一七号、一九七九年)、「検非違使とキヨメ」(『ヒストリア』八七号、一九八〇年)で、丹生谷はケガレ——キヨメの管理統轄者が検非違使であったこと、非人の施行が検非違使によって統轄されていたことを詳細に解明している。なお前掲拙著『中世東寺と東寺領荘園』で紹介した史料によっても、そのことは十分推定しうる。松尾の批判にも拘らず、この事実は動かぬものと私は考える。

(113)『八坂神社文書』下、一二七四号。

(114) この点については、機会をあらためて考えてみたいが、南北朝・室町期、散所法師が地子を免ぜられた屋敷をもち、また別に田畠を耕作していたことは、森末前掲書二六〇頁参照。南北朝期の東寺領東西九条女御田名寄帳に、「散所」のものが名請人として現われること(『綜合的研究』史料第四、柳原書店、一九六五年)、「東寺百合文書」ひ函一一五号㈢(三四―四三)、東山々荘普請方所出人数注文に、上野荘・上久世荘等の荘園と並んで、「散所」が所領の単位となっている点も、あわせて注意すべき事実である。

(115) 治承元年十二月日、山城国長福寺縁起并資財帳(『平安遺文』八―三八一七)。赤松俊秀「梅津長福寺――花園天皇旧跡」(『京都寺史考』法蔵館、一九七二年所収)参照。ただこの場合は、一般的な掃除役であるとも見られる。

(116) 注(99)「日前神社文書」。有家郷に紀官という庭掃の給田が二反みられる。

(117) 前掲拙著『蒙古襲来』三八一～三八三頁参照。これについては第二章でものべたが、拙稿「造酒司酒麴役の成立について――室町幕府酒屋役の前提」(第二章注186所掲)参照。

(118) 注(1)拙稿「中世身分制の一考察」。

(119) 横井清「室町時代の京都における町屋支配について」(注6所掲『中世民衆の生活文化』所収)一五四～一五五頁参照。

(120) 林屋辰三郎「中世的隷属民の成立」(注45所掲)。

(121) 早稲田大学図書館編『早稲田大学所蔵荻野研究室収集文書』上巻(吉川弘文館、一九七八年)、一七六号、永享九年卯月廿九日、祇園執行顕縁請文案に「祇園社領之内、四条五条河原畠事、犬神人自往古社恩之由承候歟」とあるが、これは平安後期までその起源を遡りうるであろう。

(122) 『八坂神社文書』上、一二四六号。

(123) 蓬左文庫蔵『世態志』所収、慶応三年五月「大坂穢多渡辺村ヨリ歎願書」などはその好例である。第二章第二節で全文紹介した。

(124) 「神宮文庫所蔵文書」寛元二年四月日、大和国奈良坂非人陳状案(鎌9・六三一五)に「彼者末寺清水寺一伽藍之清目歟、是者本寺最初社家方々之清目重役之非人等也」、あるいは「本寺重役清目之非人等」とある。なおこれについては、拙稿「非人に関する一史料」(『年報中世史研究』創刊号、一九七六年)〔⑪〕参照。

(125) こうした裏返しの特権の誇張が現われるのは、室町期以降である。たしかに特権と差別とは表裏をなす、と「論理的」にはいいうるが、この鎌倉期の事例と室町期から近世にいたるそれとを、おしなべてこの「論理」をもって処理することは、これこそ超歴史的という批判を免れぬであろう。この点については、第二章参照。

(126) 永原慶二「富裕な乞食」(前掲〔序章Ⅱ注(33)〕『日本中世社会構造の研究』所収)が論じている『今昔物語』の世界から、「塵袋」、さらに「壒嚢抄」と、こうした見方が次第に強まっていく過程を辿ることができる。

(127)『綜合的研究』史料第四、九一〜九九頁のほかに、宮内庁書陵部所蔵文書「古文書雑纂」のなかにも、一紙の断簡があり、注(124)拙稿で紹介した。またこの奈良坂非人については、大山喬平「奈良坂・清水坂両宿非人抗争雑考」(『日本史研究』一六九号、一九七六年、『日本中世農村史の研究』岩波書店、一九七八年所収)に詳細である。

(128) 奈良坂・清水坂の非人が給免田を与えられていたかどうかは明らかでないが、免在家はまず間違いなく保証されていたであろう。

(129) 職掌人は色掌人ともいわれ、伊勢神宮では大内人・物忌・小内人等をふくみ、祇園社では犬神人のほか師子舞・田楽をさし、若狭国大田文では舞人・陪従を職掌人といい、給免田を与えられている。「壬生官務家日記抄」弘安四年閏七月九日条に「依異国事、諸社職掌人可警固本社事、幷寺社権門領本所一円地庄官以下、随武家下知、可向戦場事」という記事がある。職掌人をさきのような人々と考えれば、これらの人々がそれまで諸社を警固していた地頭・御家人・荘官等と、ともあれ代りうるだけの武装集団だったことになろう。また身分的にも、御家人・荘官等と、それほど大きく違う人々と考えられていなかったことになる。これもここでのべたことを支える事実なのではあるまいか。

(130)『部落問題研究』第三三輯(序章Ⅱ注12所掲)。

(131) 注(124)・(127)史料参照。

(132) 注(6)横井清論稿参照。

(133) 前掲拙著『蒙古襲来』「二つの世界、二つの政治」「百姓と「職人」」の章参照。黒田俊雄は近著『歴史学の再生』（校倉書房、一九八三年）の「中世社会論と非人」で本章を含む拙論に全面的な批判を加えている。「太古のいにしえ、人びとには本源的でかつ自由な〈大地と海原〉があり、そこには私的な支配や差別のない生産と生活があり、それを保証してきたものこそ〈天皇支配権〉であった」――太古の人民の自由が天皇によって保証されたという、黒田による拙論の「要約」が、正確であるかどうかの判断は、本書の読者にゆだねるほかない。またそのほかの論点、非人についての批判については、詳細は別稿にゆずるが、当面、黒田の批判にも拘らず、私は本章の論旨を依然として保持する。また「職人」については、終章Iで若干言及する。

(134)　前掲『日本中世社会構造の研究』第一部第三「荘園領主経済の構造」、及び『日本の中世社会』（岩波書店、一九六八年）Ⅲ三、2参照。なお永原は、散所・乞食・非人などを「村落共同体からの流出民」としてとらえ、最初から「賤民」と規定し、まさにそれ故に、中央領主はこうした「賤民」を組織することによって、農民支配の条件をかためたとしている。これはある意味では対極的な立場にありながら、林屋の認識と共通しており、論理的には整った構想といいうる。しかし、事実はこの認識とかなりかけはなれていることは、すでに本文でのべた通りである。

(135)　『中世商品流通史の研究』（法政大学出版局、一九七二年）第二章「荘園領主経済と商業」一五四～一五五頁。なお、佐々木の場合も、畿内都市商業の担い手は「賤民系」の座商人とされており、林屋・原田の認識とやはり結果的には同じになっている。佐々木『中世の商業』(至文堂、一九六一年)参照。

(136)『日本古代手工業史の研究』(法政大学出版局、一九七一年)第四章二〇五頁。

(137)「荘園体制下の分業形態と手工業」(注6所掲『中世民衆の生活文化』所収)一一二〜一一三頁。

(138)前掲『日本中世商業発達史の研究』第二章第四節「座の成立と給免田支配」。

(139)よく引かれる例であるが、安芸国沼田荘梨子羽郷の地頭門田に、紙すき・番匠・大工などの人々が田地を与えられていたことから、これを「地頭のイエの経済が職人衆を組織したかたちで運営されていたこと」を示す、とみることは一応可能であろう(石井進『中世武士団』日本の歴史12、小学館、一九七四年)。ただこの場合も、安芸国全体のこれら手工業民の独自な組織のあったことは十分に考えうる。

(140)荘園整理令はいうまでもないが、第二章でふれたように、山城・河内・摂津に御稲田が設定されたり、放生会供給料所が定置されるなど、諸経費を特定の田畠からの収入に固定化する方向が、はっきりと進行しはじめる。支配者側からいえば経費である俸禄・給与が特定の田畠に固定されたことになるので、給免田畠が成立していくのも全く同じことであり、「画期」といった理由はそこにある。

(141)保元元年(一一五六)閏九月十八日の新制は、「本神人交名幷証文」を注進せしめており、建久二年(一一九一)三月二十二日の新制も「仰其社総官等、於本神人者、令注進交名幷証文、至于新加濫者、慥解其職」と命じている。これはいわば、神人整理令ともいうべき法令であり、この神人交名は諸社に基本的な台帳として保管されたのはもとより、大田文と同じように、公的な意味をもつものであった。

ここに想起されるのは建久三年(一一九二)～同九年にかけて注進された西国諸国の御家人交名であり、少なくとも公家側にとって、これは神人交名と全く同じ意味をもつものであったと思われる。前述したように、西国御家人と神人を等置することは、この意味でもなんら不自然ではないのであり、敢ていうならば、散所舎人・散所神人があるなら、「散所御家人」があったとしても、決しておかしくないのである。事実、それが存在したことについては、丹生谷哲一が「鎌倉幕府御家人制研究の一視点――散所御家人を通して」(『大阪教育大学歴史研究』一六号、一九七九年)で詳細に論じている。ただこの論文については、『法制史研究』三〇号(法制史学会年報、一九八〇年)で石井進がきびしく批判を加えており、たしかに問題は今後に残されている。

(142)　拙稿「荘園公領制の形成と構造」(体系日本史叢書6『土地制度史Ⅰ』山川出版社、一九七三年)[③]参照。

(143)　注(82)橋本論稿で指摘されたように、保延のころ宣旨によって、本坪一反、副田一反、雑事免二反が均分されたものとみられる。

(144)　「賀茂別雷神社文書」貞永元年六月卅日、官宣旨(鎌6・四三三七)。寛治以降、神人五十二人に人別三町ずつの免田を国領から募ったという。

(145)　河内国大江御厨の場合は、一日一町、三百六十町の料田を要求しているが(『山槐記』(応保元年九月十七日条」)、これも一種の均等原則といえよう。

(146) 前掲『増訂畿内庄園の基礎構造』上・下(吉川弘文館、一九六九、七〇年)。

(147) 注(18)・(19)文書。第一章表3参照。

(148) 注(21)文書。

(149) 図書寮叢刊『九条家文書』一、五三号(1)、寛元二年二月廿三日、源盛長譲状(鎌9・六二七八)に「草部郷御酢保」とあるが、これは同五号、建長二年十一月日、九条道家初度処分状(鎌10・七二五〇)のなかにみえる「和泉国御酢免」と重なる単位であろう。

(150) 摂津国渡部は大江御厨に属している。付論1参照。

(151) 「井手文書」嘉禄三年十月日、和泉国司庁宣案(鎌6・三六七八)に「神仏寺権門勢家之免田」が「国司進止之免田」といわれていること、「久米田寺文書」嘉暦三年十一月日、久米多寺雑掌快実申状案によって、貞永元年以前、和泉国寺社免田、仏神領を確定した「国前帳」が存在した点に注意せよ。また「性海寺文書」嘉禎二年十月日、尾張国国司庁宣案(鎌7・五〇七五)が、諸社に十一町別一町の上分を充てていることと、承久新補地頭得分を規定した率法の十一町別一町の免田との一致も決して偶然のことではなく、地頭給免田を含めて、給免田がいわば国家的な視野からとらえられる必要のあることを、よく示している。

(152) 注(45)で前述したように、給免田の給付を石尾芳久のように「主従制に対する恩給制」と、単純に「把握」し難い根拠は、ここでのべた事実にある。

(153) 私は近衛家・九条家などの所領目録にみえる大番舎人・散所・主殿、さらに近江国田上輪工・和泉国御櫛造・丹波国保津筏師等々は、もとより人的な関係から成立した所領には違いないが、それとしては人間集団ではなく、その給免田を中心とする所領をさす、と考える。例えば前述してきた和泉国近木荘には、近衛殿櫛造の雑免が領家方に三十四町、地頭方に十町あるが、さきの御櫛造とは、まさしくこれをさすものと思う。

(154) 注(149)参照。

(155) 「狩野亨吉氏蒐集文書」七、年未詳十一月三日、某書状案(『平安遺文』九―四七一二)に「大膳職陶器寄人所進文書」として「大治四年十二月・保延五年九月宣旨案」があげられている。

(156) 新行紀一「一向一揆の基礎構造」(『歴史学研究』二九一号、一九六四年)参照。

(157) 「天竜寺文書」一、正慶元年六月日、世良親王遺跡臨川寺寺領目録注進状(鎌41・三一七七二)に、内侍所を本家とし、世良親王を領家とするこの御厨が現われる。鴨社長洲御厨供祭人と、東大寺との関係も同様であろう。

(158) それ故、鴨社供祭人が山門領の名主であるようなことは、現実にいくらでもおこりうるのであり、それはある荘園の名主が御家人になるのと全く同じである。

第一章注(203)で私が脇田晴子の所説に加えた批判――土地支配と人間支配の統一に、荘園制支配の確立を見出す見解(『日本中世商業発達史の研究』一七六頁)に対する批判について、脇田は新著『日本中世都市論』第六章三七三頁で、「それは誤解」であり、「非農業部分に人的支配」が残ることはかねての主張とのべている。たしかに脇田は、土地と結びつきえなかった商工業者――神人・供御人・散所雑色等が「濃厚な」「人身的従属関係」(前著一一八〜一一九頁)を残しつづけたと主張しているが、しかし一方、「人と土地との支配を一致させた荘園的支配が確立するとき」神人・供御人・散所雑色はその「呼称を廃棄」し「荘民」となるとのべ、これを成立期の散所雑色等とし、さきの人身的隷属支配下にある「土地と結びつきえなかった」神人・供御人・散所雑色等を「第二次的散所」と規定している(同上一七六〜一七七頁)。そしてこれらの人々の「非農業的職業」「人身的従属関係の強さ」が「蔑視」、差別の対象になったと明確に指摘しているのである(同上一八七頁)。そしてまさしくこの「第二次的散所」に相当するのが「奉仕の座」であり、そのような人々の「土地と結びつきえなかった」が故の「濃厚」な「人身的従属関係」が、商品生産・商品流通の展開と、「散所内の階層分化」により「商工業等による利益」を手中にしたものが、「土地等を購入」することによって「払拭」され、彼等が「領主から自立した」ところに、「営業の座」が成立する(前著一八七〜一八八頁及び第三章)、少なくとも前著での脇田の構想を私はこのように理解している。

この構想が新著において、どのような展開・変化をみせつつ保持されているかについては付論3でものべるが、この理解が誤りでないならば、この構想は事実に反しているといわざるをえない。本文で詳述した通り、また脇田自身も別の章(前著二二七頁)では認める通り、さし当り大番舎人・散所召次・散所雑色が荘園公領制確立後も、中世を通じて、給免田畠を中心に「散所領」「召次保」等を形成し、その名主となってまさしく「土地に結びついて」

からのちも、その「呼称を廃棄し」ていないことは明らかであろう。ここでのべたように、鴨社供祭人も平安末期、給免田を保証され、一方で堅田御厨＝堅田荘の名主となって「土地と一体化」したのちも、供祭人としての特権をなんら放棄することなく、中世を通じて維持しつづけたことは、注(156)新行紀一の論稿等によってすでによく知られた事実である(拙稿「中世の堅田について」第一章注81所掲)。供御人・神人についても全く同じことがいえるので、免在家までふくめるならば、脇田のいうような「土地と結びつきえなかった」神人・供御人・散所雑色は、中世の現実の中には存在せず、また中世前期のこうした人々は、脇田の指摘に反して、決して「蔑視」、差別の対象にはなっていないと私は考える。むしろ中世後期、これは脇田の的確な指摘通り(注46「散所論」)非人を中心に、一部の神人・供御人がそうした差別の対象となりはじめる。このような根拠によって、私は脇田の構想に対する批判を依然として保持しつづける。

(159)　脇田晴子「中世の祇園会」(『芸能史研究』四号、一九六四年)。なお、第一章第三節の諸事例参照。

(160)　「九条家冊子本中右記元永元年秋巻紙背文書」年月日未詳、よりかた申状(『鎌倉遺文』五―三五六一)は、散所雑色友重が、「よりかた」の所従乙丸の父と名のって、乙丸を進退しようとしたことを訴えたものであるが、そのなかで、友重がなんらかの「奉公」を理由にその行為を正当化しようとしたのに対し、「よりかた」は「さん(散)所人の御をんなくてめしつかハる事ハ、みなのならひにて候」といい、友重が「さん所のかう(号)をかり候て、むたう

(無道)を」たくらむことを不法としている。これは「散所」を冠してよばれる人々が、「御恩」を与えられた人のみに召仕われたのではないことを物語っているように思われる。散所雑色も、院に召仕われ、神人になることもありえたのではなかろうか。なおこの「よりかた」が、秦頼方である可能性は十分あり、とすれば、問題はさらにひろがる。このような人々、公的に給免田を保証された「職人」と、天皇・院・摂関家や神・仏との間に結ばれる関係は、前述したように少なくとも家人型の主従関係とは異質であり、家礼型のそれに当るであろうが、私はこれをすぐに主従制とせずに、一応、統治権的な人間支配と規定しておきたい。恐らくこれは、アジアのみならず、西欧をもふくむ広い視野から考えてみなければ、解決し難い問題であり、今後なお考えてみたい。

(161) 第三部第三章、及び前掲『中世鋳物師史料』(第一章23注所掲)参照。

(162) 「職人」身分の規定については、終章I参照。本章を発表したときには、公文・田所・下司もひとしく「職人」身分としたが、ここでのべたように修正する。なお「職人」の集団内部に、本・脇・間人の区別のあったことは、このことを前提としたうえで考えるべき問題であろう。

(163) 注(6)論稿。

(164) 本章・第一章及び前掲拙稿「中世都市論」等に関連して、脇田は新著『日本中世都市論』の随所で批判を加えている。それによると、私の議論は「種族的分業のように、農耕民と非農耕民の分業を考え」「後者の系譜に都市民を考え」るもので、「寄人・神人・供御人・散所雑色・作手等の身分のものも、非人・河原者・散所非人等も同一視」して「職人として把握」する(一三頁)、「林屋氏以来の賤民系商人に都市民の主流を見る見解を、より強力にうち出」した見方ということになる(七〇頁)。そして「これらの非農耕民の集団」を、「カースト的な血縁集団」と見て、「それらに対する差別を血の差別」とし(一三頁)、「寄人・神人・供御人・散所雑色・作手等の権門や官衙従属の身分のものを、古代律令国家の官衙工房と何ら変化のないものと把え」「寄人・神人……以下と、賤民とを非農耕民という語で一括し、農耕民と対置すること」を「基本的な対立関係として設定」する見解と概括(一四頁)、それぞれの「問題点」に「批判」を加える(一四〜一七頁)。またこうした理解にもとづいて、脇田は私が漁撈民・狩猟民をふくむ非農耕民が「すべて中世後期において卑賤視される存在になっていった」と考えたとし、私の考え方は「中世賤民制の起源」を「律令制、または天皇による雑供戸や、江人・網曳等の設定」に求める〈雑戸源流説〉の一種と断ずるのである(八三頁)。

こうした脇田の拙論に対する理解は、すでに多少言及し、また付論3でも後述するが、私にとって全く意外の結果で、脇田が自ら批判しやすいように私の論旨を恣意的につくり直し、それに批判を加えているだけのことであり、まことに残念ながら的外れというほかなく、従って全体としては「反論」の仕様もないといわざるをえない。その意味でこの批判の当否は読者の判断にゆだねたいと思う。

ただ拙論に対する批判の中で、脇田はつぎのようにのべている。

「寄人・神人・供御人・散所雑色・作手など、いわゆる寄人身分のものは、初期においては、農民も、農工漁商未分離の同業村落も含んでおり、国家公民に対する荘園制的な権門支配の人間の把握の仕方であった。この把握によって、一定の身分を獲得し、従属したのである。ところが、それらのうち、農耕民の場合には、「名」などによる土地所有権の強化によって、「名主」となってゆき、商工業者が多くなってゆくのであり、決して初期から、商工業者が得た身分とは限らない」(二四頁)。

「「給免田」については、本来の寄人・神人・供御人……などは、権門に従属し、生産品、貢納や、奉仕を行なうことにより、雑公事や在家役、臨時国役などを免除されるものである。したがって、これらの課役が、在家別から土地別賦課になった際に、その所有地が、「免田」となり、「給田」という形態になると考えられる。かかる給免田は、商工業者関係に多いのは事実であるが、摂関家大番舎人なども同様であり、大鳥庄の大番舎人のように、農業のものも多いのである」(二五頁)(以上傍点網野)。

注(158)でのべた脇田の前著の構想は、ここで明らかに修正されたものと私は考える。前の文章で「初期において」とあるのは、前著における「荘園制支配」確立の前の段階の寄人のことと理解するほかない。私は供御人・神人・供祭人などの呼称は早くても延久を遡らぬ時期のものと考えるので、これを延久以前のこととみるが、その限りにおいて、寄人身分の実態は「農民も、農工漁商未分離の同業村落」を含んでいたとする脇田の理解に、ほぼ異論はない。とはいえ、そうすると「荘園制的な権門支配の人間の把握の仕方」という指摘は、前

著の脇田の論旨と全く不整合であり、「商工業者が多くなってゆく」という文章は、その意味するところ自体、私には理解し難いというほかない。

また、後の文章の「本来の」は、荘園制支配確立後の寄人・神人・供御人等の商工業者――「奉仕の座」を結んだ人々をさすものと思われる。前著によればこの人々は土地と結びつきえなかったが故に賤視・差別されたはずであった。ただすでに前著において、脇田はそのようにのべながら、一方で散所雑色や大番舎人の給免田を認め、「給田は年貢収取権を意味し」「中世初頭から、大乗院付属の手工業者は、農業から分離し」「手工業は専業化していた」(前著二二五頁)と、正当かつ明快に指摘していたのであり、論旨の矛盾はすでにそこに胚胎していたのであるが、ここで給免田は「本来の寄人・神人・供御人……」「商工業者関係」にまで拡大され、ついに前著の構想は脇田自身によってふみ破られた。その文章につづけて、「農業のものも多い」と脇田がいうのは、前著の構想への執着を示すように私には見えるが、前述したように大鳥荘の大番舎人が大鳥社の供祭人となったような非農業民的側面を持ち、御家人でもあったという事実の前には「農業のものも多い」というだけの言葉は無力であろう。

こうした修正は、おのずから給免田支配に及ばざるをえない。脇田は後の文章につづけて、「これはどちらかといえば、農工分離の未だしの段階における農民把握と同じ次元における把握と」考えるといい、またそれは「農工未分離で、しかも自立した手工業者を把握する方式」とされ、さきの前著の明快な規定は明らかに修正されたのである。私はむしろ前著の発言に基本的に同感し、横井清・浅香年木、そしてもとより脇田の驥尾に付し、その方向で進めた考えをもとに本章を草したのであるが、前著では「荘園内の」「わずかの給免田をうけている」「手工業者」(前著一三〇頁)についてのみに限定されていた「農業との未分離」は、この修正によって「官衙、国衙、寺社付属の手工業者」に拡大されるにいたり、当然、拙論とは大きく隔たることとなった。

さらに脇田は、前著において、給免田を全くうけず、課役免除の特権のみをうける京都およびその周辺における手工業者(一三〇頁)に言及しており、それこそ、さきの差別・賤視された本来の寄人・神人・供御人などの商工業者に当るものと私は理解し、私自身としてはその見方に疑問を抱いて本章を草したのであるが、新著において脇田は一切、そうした差別・賤視にふれることなく、これを「自立・専業の都市商工業者」として京都の都市民の中核にすえ(七七頁)、逆に拙論を「都市民賤民系譜説」を「強力」に主張するものと批判するのである。私は前著の脇田自身こそ、そのように見えたのであるが、その脇田説はどこに消えたのであろうか。その行方を私は是非、脇田に教示してもらいたいと思う。

さきにあげた二つの文章が、だれがみても、まことに本来の脇田らしくない、不明快な、混乱した文になっているのは、この重大な修正を、脇田が自ら認めようとしない、あるいは認めたくないところからくる否応のない混乱、と私には見えるのである。脇田の冷静な再考を切に期待したい。

(165)　散所召次領のあった近江国勢多郷大萱に、粟津橋本供御人の免田もあったとみられること、同じく召次領であった近江国穴生荘に石工がおり、散所法師原がいたこと、大庭散所（雑色領）と大庭御野供御人との関係など、こうした散所領のあった場所が、多少とも都市的な性格を持っていたことは事実である。それが小都市となっていく過程とこの転換とは、恐らく深い結びつきがあるものと思われる。ただ中世後期「散所者」といわれたのは、中世前期の散所非人・散所陰陽師など、特定の散所職能民だったと考えられる。

付論1「惣官」について

中世の文書・記録にしばしば現われる「惣官」について、すでに三浦圭一が国衙在庁・畿内武士団・手工業者集団などとの関係について包括的に論じ(1)、石井進もまた、平氏の設けた惣官に関連して、大田《おおた》文《ふみ》調進に深い関係をもつ有力在庁としての惣官について詳細に解明している(2)。しかし一方で惣官は、「神社におかれた支配の職」ともいわれており(3)、これらの多岐にわたる用法を統一的にとらえる道は、まだ見出されていない。もとよりこの小論で問題を解決することはできないが、若干の事例をあげて、その道を探ってみたい。

さきの論稿で、三浦は、渡部惣官・真木島惣官に注目している。このうち前者は、元弘三年(一三三三)のいわゆる「内蔵寮領目録」(4)に「同(大江)御厨摂津国渡部、被補惣官、任料百五十貫文」とある点からみて、大江御厨渡部惣官であり、同御厨供御人を統轄すべき職であったことは間違いない。三浦が指摘した内蔵寮と渡部惣官との密接な関係の内容も、これによって一層鮮明となる(5)。他方、河内国の大江御厨にも治暦・延久のころに執行職《しぎょう》、嘉承三年(一一〇八)に惣官職があったことは、すでに周知のことで(6)、これによって、惣官という職名の出現を、この御厨が贄人の給免田を中心とする中世的御厨に転化した時期におくことができると思われる(7)。ただこの惣官と渡部惣官とは密接な関係をもつと考えられるが、一応別個のものとみておく方がよかろう。渡部惣官職は当初、嵯峨源氏流渡部氏が世襲したが、承久の乱を契機に、姻戚関係にあった遠藤氏にとってかわられ、遠藤氏はその後、北条氏と密接に結びついていく(8)。この過程を追究することはそれ自体興味深い研究課題であるが、しかしここでは両氏がともに滝口である一方、御家人であったこと、渡部が鎌倉中期以降、関所として現われる点、渡部党が海賊として著名であり、南朝方に立っている事実などに注目するにとどめておきたい(9)。これらはいずれも内的連関をもつ事実であり、畿内武士団の特質はそこに端的に現われている。

真木島惣官が、宇治網代に携わった上下賀茂社真木島供祭人の村君・長者であり、楽人狛氏だったことについては、後章(第二部第四章)でのべるので、いまは立ち入らない。三浦が多くの引用史料によって注目した「光」を通字とする真木島氏が、この職を世襲した狛氏一族であったことは明らかであり、宇治長者といわれたこの一族も、やはり宇治川の舟運・関と関わりをもっていたと思われる。渡部惣官と同様、この惣官も供祭人・供御人の統轄者——長だったのである。とすれば、三浦が一応これらとは別箇にとり上げた蔵人所につながる惣官も、全く同じ性格の職であったことは、もはやここにあらためてのべるまでもない。三浦が引用した燈炉供御人の史料[10]にみえる惣官広階氏をはじめ、東大寺鋳物師惣官草部氏・鎌倉中期の左方燈炉作手惣官中原光氏など[11]、みな蔵人所供御人の統轄者であった。さらに同様の事例をあげれば、内蔵寮・御厨子所に属する山城国精進御薗供御人も惣官に統轄されていた。この惣官職は、鎌倉期、内侍所の女孀が相伝しており、この場合は女性が惣官だったのであるが、これは精進供御人に女性が多かったこととも関係していると思われる[12]。また時代は降るが、戦国期にみえる「禁裏御大工惣官職」[13]も、参考として加えることができよう。こうした事例は他にもまだ多くあったであろうが、ただ供御人を統轄する職のすべてが惣官といわれたわけではないので、檜物作手兄部《このこう》・納殿御書櫃檜物沙汰人・紙漉兄部や桂供御人（鵜飼）の沙汰者などのように、兄部・沙汰人・沙汰者とよばれる場合がしばしばあったことも見落してはならない。

　これは神人の場合も同様で、扇紙を売買する「新日吉社十三座御幣神人惣兄部[14]」のような例は少なからずみられるが、しかし三浦が指摘するように、伊勢・春日・日吉・石清水・住吉等々[15]、多くの神社の場合、神官・神人の統轄者はやはり惣官とよばれていた。宗像社大宮司松法師が惣官といわれた局面も、浦嶋から肴以下御菜を責めとることに関連していたのである。とすれば、「神社におかれた支配の職」としての惣官を供御人のそれと全く同質の職と解してなんの不自然もないので、一般的に惣官という語を「職掌・芸能によって権門に奉仕する人的集団の統轄者」と定義することも可能となってくる。

では在庁の惣官の場合はどうか。私はこれも同じ方向で考えていくことができると思う。近年、大石直正が紹介した「高野山御影堂文書[16]」によって、一族から守護代を出し、またそれと肩を並べる紀伊国惣官の存在が明らかにされており、これを、さきの石井の指摘とあわせて注目する必要があろう。さらにこれも石井が注意したように、在庁・書生の統轄者が兄部といわれた事例がいくつかあることも想起しなくてはならない[17]。とすると、これは供御人・神人の場合と全く同じともいえるので、ここにさきの定義を援用する道がひらけてくる。だがそうすることは一方で、在庁・書生を「職掌・芸能によって国衙に奉仕する人的集団」と定義する結果を生み出すことになり、ひいては西国御家人にまでそれをおし及ぼさなくてはならなくなる。広い意味での在庁を「譜代・書生・田所・職人」とよんだ事例があることは[18]、この推論を支えてくれるように思われるが、その点に立入ることは別の機会にゆずり[19]、ここでは在庁——西国御家人と供御人・神人とを比較等置することが、さほど不自然ではないと考えられる点のみ、強調しておきたい[20]。

供御人の惣官はまぎれもなく一個の武士団だったのである。渡部党然り、真木島氏また然りである。非農業的な生業に主要な基礎をおく武士団、あるいは武装商工人団は、畿内とその周辺に広く存在していた。これを例外的な事例とみることはもはやできないことと私には思われる。もとより、精進御薗の女性惣官から、直ちに女性の武士を想定するのは短絡であろう。とはいえこの場合も、鎌倉期の女性たちが商工業に、金融に、まことにたくましい生活ぶりを示している事実を十分考慮しておかなくてはならない。院に群参し、退出する摂政の背後から高声で訴訟する桂女の集団——鵜飼の女性たちのことを想起しただけで、近世の女性の姿を鎌倉期にあてはめることの誤りは明白である。

われわれがいつとはなしにとらわれているドグマは、まだ意外に多いのではなかろうか。それを打破り、鎌倉時代の社会の真の姿を白日の前に曝すためになすべき仕事は、まだまだ無数にあるといわなくてはならない。

(1)「中世における畿内の位置」(第一章注152所掲)。
(2)『日本中世国家史の研究』(第一章注83所掲)一四九〜一五〇・一七〇頁。
(3)日本思想大系21『中世政治社会思想』上(岩波書店、一九七二年)、「宗像氏事書」第十条頭注。
(4)「山科家文書」(宮内庁書陵部所蔵文書)。
(5)三浦の引用した「渡辺系図」(『続群書類従』第五輯下)、「遠藤系図」(同上第六輯下)、及び『平戸記』寛元二年九月十九日・同廿日条など参照。
(6)「大谷氏所蔵文書」年月日未詳、御厨子所被管等重訴状案。
(7)前掲「渡辺系図」に、白河院に仕えた滝口、伝が「渡辺摠官自是始」といわれている点も、この推測を支える。
(8)前掲「遠藤系図」によると、関東によって惣官に補任された為俊の子俊全は六波羅奉行人であり、女子の一人は大仏禅尼といわれ、金沢顕時の室、もう一人の女子は北条宗頼の室となり、北条氏と密接な関係を結んでいる。
(9)永島福太郎校訂・解説「渡辺惣官家文書」(『大和下市史』資料編、一九七四年)参照。注目すべきは、渡部寺に西大寺の叡尊が立寄っていること、また、「草戸千軒遺跡」で著名な備後の草津に、この渡部氏の一族が関わりを持っている点である。「常国寺文書」「渡辺家文書」(福山市)、『萩藩閥閲録』巻二十八・巻八十七・巻一六六などに、戦国期のこの一族の姿が見られるが、浜本鶴賓筆写「嵯峨源氏渡辺系図」(これについては、志田原重人氏の御好意により、複写をいただくことができた）によると渡辺高が義満の時代、越前福井荘から京の悲田院に忍んでいたのち、悲田院領であった備後国草上村上居の山伏に預けおかれ、山名氏の家臣となって鷹取城に根拠をおいたと記している。これは草戸が安居院悲田院領長和荘内にあったとみられる事実と符合し、西大寺流の末寺常福寺（明王院）も、悲田院や渡辺氏等と恐らく無関係ではなかろう。

（10）「民経記貞永元年五月巻紙背文書」年月日未詳、日吉社聖真子神人兼燈呂《（炉）》貢御人幷殿下御細工等解（第一章注23所掲『中世鋳物師史料』参考資料二号）〔鎌6・四三一七〕。第三部第一章参照。

（11）同右『史料』一—一〇号・一一号・一二号・一四号文書参照。

（12）第一部第一章第二節E項参照。

（13）「京都御所東山御文庫記録」甲七十、年月日未詳、禁裏御大工惣官定宗申状。

（14）「勘仲記永仁元年十月・十一月巻紙背文書」年月日未詳、院御方御細工唐紙師僧堯真申状〔鎌24・一八二八五〕。

（15）東国の香取社でも神主を惣官といっていた「香取宮司家文書」嘉禄二年五月日、関白 藤原家実 家政所下文案、『鎌倉遺文』五—三四九四。

（16）「名手庄・丹生屋村用水相論の新史料」『月刊歴史』（二七号、一九七〇年）。

（17）注（2）前掲書三六五・三八七頁参照。

（18）『吾妻鏡』宝治二年閏十二月十八日条。

(19)　前掲拙著『蒙古襲来』(小学館)[⑤]及び『日本中世の民衆像』(岩波新書)[⑧]では、これを「職人的武士団」と規定してみた。終章I参照。

(20)　前掲拙稿「中世都市論」(岩波講座『日本歴史』中世3)でふれた、御厨子所預で六角町四宇供御人を建立した豊前守紀宗季(第一部第一章第三節A項参照)は、一方では摂津国吹田荘下司であり、御家人でもあった。また小田雄三「鎌倉時代の畿内村落における刀祢について――中世村落の一考察」(第三章注41所掲)の指摘するように、大番舎人にして御家人であった大島郷惣刀祢、松近名名主宗綱や、和田氏などにも注目しなくてはならない。

付論2　蔵人所斤について

度量衡制が単に経済的な問題にとどまらず、国家的な支配、統治権にも関わる問題であることは、広く承認された事実といってよかろう[1]。しかし中世についてみると、宝月圭吾の量制に関する綿密かつ包括的な研究[2]を除くと、本格的な研究はほとんど発表されていないのが現状である。

宝月が枡について詳細に明らかにしたように、中世においては度制、衡制、土地の面積、距離の単位なども各地域によって、きわめて多様であった。西国の三十六町一里に対し、東国では六町一里であったことを論証した相田二郎の研究[3]が示しているように、このような諸単位の地域性を解明することは、地域史研究を豊かなものにするためにも、重要な課題なのである。

いまここで、そのごく一端にふれようとする中世の衡制についても、研究は少なく、最近まで管見に入っているのは、小泉宣右の論稿(4)のみにとどまるが、そこで小泉は東大寺領に即して、呉斤・国斤・本斤・御庄本斤・蔵人所斤などのあったことを指摘、秤もまた枡と同様に多様だったとし、さらに茜部《あかなべ》荘の地頭との相論に関連して、蔵人所斤が「銭十二文橋」といわれている事実から、この斤は銭十二文の重さをもって一両と規定したのではないかとのべている。これは蔵人所斤に関する貴重な研究であり、以下、この斤について、若干の補足を加えてみたいと思う。

宝月は斗について、国衙にそなえられた国斗、荘園ごとにみられる荘斗、寺院内などでの下行、支配に用いられる下行斗などのあったことを指摘しているが、斤の場合も、ほぼ同様であったと思われる。

国斤あるいは国庫斤といわれる国衙において用いられた斤は、小泉のあげた、越後国豊田荘の町別五両の綿が「国斤定」とされている例のほかに、尾張国においても、嘉禎二年(一二三六)十月日、尾張国司庁宣(5)に「田者町別絹肆丈四両壱分国庫斤定」とあり、これよりさき、長寛元年(一一六三)六月六日の飛驒国と推定される調所解(6)にも「国本斤」が現われる。とすると、鎌倉期から越前国河口荘・坪江郷で使用された「調所斤」も国斤と考えてよかろう(7)。もともとこれは調を国衙で収納するさいに使用された斤の流れを汲んでいるものと思われる。

この越前の調所斤は一両別百六十三文目といわれているが[8]、同じ河口荘・坪江郷では、御服綿を「山守定斤」でも量っており、この斤は一両別四百文目という斤であった[9]。さらに河口荘には「本斤」といわれる荘斤[10]があり、坪江郷にも「郷斤」を見出すことができる[11]。一方、これとどのような関係にあるのかは判然としないが、「地下斤」ともいわれた「十六文目斤」も坪江郷で用いられており[12]、これによって白苧が量られている。

この「十六文目斤」は越前だけでなく、加賀でも使用されていた。延慶二年（一三〇九）の加賀国得橋《とくはし》郷内検名寄帳[13]には、名役として「糸一両十六文目斤」が賦課されており、同じく得橋郷佐野村佐羅村・笠間東保地頭内検田数目録[14]に、絹田五反卅代の分絹二切について「一切別五両十六文目析（斤カ）」とあるのも、同じ斤であろうし、同郷内北佐野村の一色田の分綿も「段別一両別十六文目析（斤カ）」で計量されている[15]。

この北佐野村の名には名別一両の糸四両が賦課されているが、これは「廿五文目析（斤カ）」とあり、この地域には二十五文目斤も使用されていた。

こうした各地域の斤に対し、寺院内において下行、支配するさいの斤としては、さきの河口荘・坪江郷の御服綿が、一切経検断所・預所などに配分されるとき、二十文目斤が用いられており、これを「配分斤」といっていたことも知られる[16]。

一方、醍醐寺領越前国牛原荘井野部郷の、徳治二年（一三〇七）の年貢散用状[17]によると、

「小斤」によって確定され、醍醐寺へ送進された綿は、「十八文目斤」によって計量されて、供僧・寺僧・預・承仕・下部・大炊などに下行された。この場合の下行斤は「十八文目斤」だったのである[18]。

これらの斤に対し、斗の場合の国家的な公定斗である宣旨斗に相当するのが、小泉が十二文目斤と推定した「蔵人所斤」であったと思われる。管見に入った事例はわずかであるが、国別にあげてみると、この斤の使用は少なくとも七箇国において検出される。

尾張　弘安五年(一二八二)五月廿九日の忍生売券[19]は、満井田の年貢絹を光吉に売り渡しているが、そこに「合壱疋肆丈者納絹蔵人所斤四両弐分定、但料田壱町弐段」とある。この絹は田地に賦課され、一疋は蔵人所斤で三両の重量と定められていたのである。また南北朝期ごろの六条八幡新宮放生会用途として、日置荘は絹・糸を負担しているが、そのうち糸については、やはり「蔵人所斤定」とされている[20]。

下総　鎌倉初期の香取社遷宮用途注進状[21]に「綿廿両　蔵人所斤定」とみえる。

美濃　小泉が指摘する通り、東大寺領茜部荘の史料に見出すことができる。この場合、計量されたのは絹と綿であった。

飛驒　「中右記部類第十六紙背文書」に五月廿日、散位某書状[22]があり、飛驒に関するものと推定されているが、ここでは、国斤が二つあって同じでなく、先進の五両は蔵人所斤では十三両二分、今度の五両は十四両一分に当ることが問題となっている。

若狭　太良荘は、雑物として糸・綿を負担しているが、正応三年（一二九〇）九月廿五日の糸綿送文は、「糸二両蔵（人脱）所延定四両、綿四両四朱　同延定八両一分」となっており、[23] 嘉元四年（一三〇六）には「糸一両三朱　蔵人所斤定（校注八）二両六朱」とある。[24] 太良荘の荘斤はこれによると、蔵人所斤の倍の文目が一両だったものと思われる。

越前　坪江下郷年貢夫役等注文の、[25] 藤沢の項に「延慶三年納所分蔵人所斤定八百四十二両二分四糸也」とあり、調所斤で計られた御服綿は、蔵人所斤によって計量し直された上で、収納されている。

丹後　「桂林寺文書」康永二年（一三四三）五月廿七日の僧祐賢譲状には、「上葉糸一両二分二朱くらうとちやう・絹一丈野畠とのわた共一両くらうとちやう」とある。[26] これも蔵人所斤であるとみて間違いなかろう。

以上、事例は多いとはいえないが、東国・西国にわたり、この斤が公的な機能を持つ基準斤として使用されたことは、ほぼ間違いないといってよかろう。石井進は延久新政における宣旨斗の制定を、役夫工米などの一国平均役の成立と結びつけているが、[27] 蔵人所斤の場合も、所牒によって召された蔵人所召物と不可分の関係をもって定められたと推定してよいと思われる。

尾張国郡司百姓等解文を詳細に解説した弥永貞三[28]は、その第十八条で、藤原元命が蔵人所の召ありと称して、例貢進の漆三斗四升のほかに漆十余石を加徴したこと、その加徴に当って「弁進するところの一升を以て四五合に納」めたといわれている点などから、蔵人所の収納量目が元命の収奪を強化させることになっているのではないかとして、この時期に蔵人所斤の発生を求めている。鋭い指摘であり、時期としては不自然ではないと思われるが、ただ蔵人所斤によって計量されたのは、絹・糸・綿等の繊維製品であり、いまのところ漆の例はないので、この事実そのものを斤成立の直接の根拠とするのは、やや困難といわなくてはならない。

いずれにせよ、おそくとも十世紀前半にはすでにその所見があり[29]、この世紀の末には確実に軌道にのっていたとみられる蔵人所召物の制度[30]は、なお今後、研究すべき余地を広く残しており、斤の制定についても、その中でさらにつめて考える必要があろう。

（1）　例えば、石井進『日本中世国家史の研究』(第一章注83所掲)序章参照。

（2）　『中世量制史の研究』(吉川弘文館、一九六一年)。

（3）　前掲〔第一章注(84)〕『中世の関所』第十三「戦国時代に於ける東国地方の宿　問屋　伝馬」七、一里一銭。

(4)「中世衡制の一史料」(『月刊歴史』一五号、一九六四年)。
(5)「性海寺文書」(鎌7・五〇七五)。
(6)「中右記部類第十六紙背文書」(『平安遺文』七—[illegible]五七)。これは[illegible]六五頁所掲、五月廿日、某書状で、「斤相違事」が問題になったのに対する回答で、「件斤、緒解者依被差木釘不足出来歟」といっている点など、興味深い問題を含んでいる。
(7)「大乗院文書」河口庄綿両目等事(『北国庄園史料』十[illegible]号)。同上、坪江上郷条々(同上史料四号)に「調所定」とみえるのも、もとよりそれである。
(8)同右(十[illegible]号)。
(9)同右。
(10)「大乗院文書」河口庄田地引付(同右史料[illegible]号)に「綿本斤定、両[illegible]分一朱」などとある。
(11)同右文書、坪江下郷年貢夫役等注文(同右史料五号)の阿古江の項に、「白本、郷斤目軽之間、無増分」とある。
(12)注(7)文書(十[illegible]号)。
(13)桜井景雄・藤井学共編『南禅寺文書』上巻、十[illegible]号(鎌31・[illegible]七[illegible])。
(14)同右(鎌31・二[illegible]七[illegible])。
(15)同右(鎌31・[illegible]七[illegible])。
(16)注(7)文書(十[illegible]号)。
(17)『醍醐寺文書之[illegible]』五八[illegible]号(鎌30・[illegible]九六)。

(18) 注(6)文書に「下斤」とあるのも、この種の斤であったろう。
(19)「妙興寺文書」(『一宮市史』史料編五)三号(鎌19・一四六二七)。
(20) 大日本古文書家わけ第四『石清水文書之六』「菊大路家文書」二六二号。
(21)『千葉県史料 中世篇 香取文書』旧大禰宜文書九号(鎌2・九六〇)。
(22)『平安遺文』七―三三五八。
(23)『教王護国寺文書』巻一、一四三号(鎌23・一七四五四)。
(24)「東寺百合文書」う函九号(一―一二)、嘉元四年冬季引付。
(25) 注(11)文書。
(26)『大日本史料』六―七、康永二年雑載。
(27)「院政時代」(『講座日本史』2、東京大学出版会、一九七〇年)。
(28)「平安末期の地方行政」(『図説日本の歴史5貴族と武士』集英社、一九七四年)。
(29)「九条家本延喜式紙背文書」康保三年九月一日、清胤王書状(『平安遺文』一―二九七)に、「蔵人所布直」「蔵人御方用物事、件御方用物者、有数無物」などとある点、参照。
(30) 渡辺直彦『日本古代官位制度の基礎的研究』(第一章注15所掲)第五篇第三章参照。

付論3　脇田晴子の所論について

(一)

すでに本論でたびたび言及してきたように、脇田の近著『日本中世都市論』は、前著『日本中世商業発達史の研究』につぐ力作であり、既発表論文は約半分、序論ほか三章はすべて書き下しの新稿という、文字通りの労作である。

就中、大山崎を都市ととらえ、中世前期の神人集団が在所の不入権を獲得し、自治都市として発展していく過程を、広く史料を博捜した上で分析、追究した第三章「自治都市の成立とその構造」は、本書の中の白眉といっても決して過言ではない。このような供御人、供祭人、神人集団の集住地が、自治都市となっていく事例は、近江の堅田・船木・菅浦、伊勢の桑名・大湊などでも見出しうる、と私は考えるので[1]、日本の中世後期の都市のうち、港町とこれまでいわれてきた都市のかなりの部分がこのタイプとみられるのであるが、その中で最も史料の豊富な大山崎において、自治都市の形成過程が実証された意義は、まことに大きいといわなくてはならない。

また、第二章「中世京都の土地所有」、第四章「都市共同体の形成」で京都の実態がさまざまな角度から解明されたことも、この書の収穫の一つといえよう。

とはいえ、ここで脇田が提示した供御人・神人・散所雑色・作手等の理解、あるいは非人・河原者のとらえ方は、本論でのべた私自身の見方とかなり異なるところがあり、おのずとそれは脇田のきびしい批判をよぶことになった。こうした脇田のとらえ方との違いは、中世都市の理解についても同様に存在するが、この点は本書の主旨と多少はずれるので、その反論は別の機会を俟ち、また大山崎についても小西瑞恵の書評(2)があるので、一応それにゆずることとし、すでにさきに若干言及した点(第三章注158・164)に加えて、本章では、脇田の「奉仕の座」から「営業の座」へ、というシェーマ、及び中世前期に脇田が賤民集団ととらえた人々について考えるところをのべ、その批判に答えておきたいと思う。

前著と近著を通じて、脇田は、「奉仕の座」から「営業の座」という座の性格の変化についてのシェーマを堅持し、その立場から拙論の批判を展開している。これは、神から人へ、米から銭へという中村直勝の見方、さらに赤松俊秀の「奉仕の座」と「商売の座」という座の性格の区別をうけついだ見解で、史学史に深い意味を持っている。(3)

私自身も、このような表現そのものには同意し難いが、鎌倉末・南北朝期を境として、社会的分業のあり方が大きく転換したとする点については、全く異論がない。脇田の見方も、こうした転換・変化を衝いているのであるが、ただ問題は供御人・神人等についてのとらえ方にある。

中世前期の寄人・神人・供御人・散所雑色等について、脇田は、「権門と私的従属関係を結び」「使庁、幕府権力などに対し、治外法権の権利」を保証され、雑役——雑公事・臨時雑役を免除される代りに、「必要物を貢進する」集団で、「奉仕の座」は「かかる集団に起源を有する」と規定した。それは「農業、非農業、未分離のものを問わず」「身分的な編成のためのもの」であり、「結合原理としては、必ずしも職種別結合の原理をもたない」(4)。

これに対し、後期の「営業の座」は、専業化しつつある商工業者が営業権獲得のために営業税を納め、「新加供御人・神人」となることによって生れるので、これは前期の「寄人たち(神人・供御人・散所雑色を含む——網野注)の課役免除の特権を否定し、官衙が交易上分＝営業税をとるために設定する供御人」であり、前期の寄人・供御人が権門との「私的従属関係」を結んでいるのに対し、後期の課税は「あくまで公権にもとづく賦課であった」。そしてこの「営業の座」こそ、職種別結合の座であり、独占権を駆使する座で、ギルドとみてよい、と脇田はのべている(5)。

こうした立場から脇田は、「諸方兼帯の供御人や寄人・神人」が現われるのは、「営業の座」の段階の「現象」であり、「前期の雑役免・給免田などを付与される寄人関係が諸方兼帯でいくはずがない」と断じ(6)つつ、この「営業の座」のはじまりを、前に本論でもふれた、建久三年(一一九二)、御厨子所預が「三条以南魚鳥以下交易輩」を供御人としたことに求める、前著以来の見方を強調するのである(7)。

この整理は、見事に整えられているかにみえるが、しかし史実は脇田の定式を全くはみ出し、脇田自身、矛盾した発言を随所で繰り返す結果になっている。例えば、すでにしばしば前述したように、諸方兼帯の神人・供御人は、鋳物師・檜物作手等々、鎌倉前期からその事例は多く、この事態は恐らく平安末期にも遡りうるであろう。そして脇田自身の認める「刀禰《とね》が同時に散所雑色であったり、下級官人であるという両属関係(8)」も平安末のことであり、供御人の諸方兼帯と同性質の事態といわなくてはならない。

また脇田はさきのように、中世前期の供御人と後期のそれとの間に本質的な区別を見出し、諸官司による営業税徴収、交易上分賦課を後期の新たな事態としているが、これも前述した通り、史実は全く異なる事実を物語っている。鋳物師や檜物作手・櫛造だけでなく、承元三年（一二〇九）の蔵人所牒は、[9]造酒司に供御酒等の本司役を勤仕していた酒麴売が、諸社神人、権門の職と号し、自由勝手に売買している事態を指摘、公役の備進を命じており、こうした造酒司による酒麴売に対する課役賦課が平安末期まで遡り、「京中酒屋」に対する交易上分の徴収、室町期の造酒司酒麴役の賦課がそれを根拠になされていることは確実であって、決して中世後期の新たな事態などではないのである[10]。

同様に、平安末期に成立したことの確実な粟津橋本供御人、それが京都に進出した六角町四宇供御人と、室町期に諸国を往反交易した粟津橋本供御人、六角町魚棚商人とを、全く異なる供御人などということは、不可能であろう。脇田が自説の根拠とした菅浦供御人に関するその理解が、全くの事実誤認に基づいていることは、さきにのべた[11]。

実際、脇田も「交易上分の納入をする供御人の設定は、今のところ源平争乱時が初見であるが、おそらくは院政頃がその始源ではないか」といわざるをえなくなっているので[12]、これはすでに自説の破綻を事実上認めた発言といってよかろう。こうした官司による非農業民——贄人などの積極的組織の淵源は九世紀まで遡るが、延喜の改革における一画期を経て、ここにみられるように供御人という呼称を与え、課役免除・交通税免除等の特権を保証して公役を徴収する方式が軌道にのったのは、まさしく脇田のいう通り院政期、とくに前述した通り延久新政以降であった。脇田は「京都において」「それが盛んになるのは」「鎌倉中後期――南北朝期」としてなお自説を守ろうとしているが、[13]その淵源は本論であげた諸事例、いまの酒麴売の場合などによっても明らかなように、ほとんどすべてが院政期に遡ることを立証できるのである。それ故、官司の供御人支配は中世社会固有の制度、荘園公領制と不可分な非農業民支配のあり方であり、脇田のいうような中世後期の新事態ではない。

こうした官司の動きと、寺社・権門の神人・寄人の組織とが、激しく競合したことも、さきの酒麴売の例などによって明らかであるが、別にのべたように、[14]保元新制以後、頻々と発せられた神人整理令は、いわば人的支配の面での荘園整理令に当るもので、神人交名と証文を提出させ、神人の帰属を朝廷において確定することによって、神人・寄人等に対しても統治権的支配を及ぼそうとしたものであった。供御人と摂関家細工、日吉神人などの兼帯、諸社神人・権門所属の「職」にありながら公役を備進する供御人は、こうした政策の進行の過程で、不可避的に現われてくるので、これも「営業の座」に特有なあり方とはいえないのである。

(二)

脇田が前著において、さきのシェーマの一つの根拠としたのは、周知の祇園社綿座の相論であった。そこで脇田は、新座と社家との結びつきを強調、いわゆる「神人の座」の論理を主張した新座は社家の主張を代弁したのであり、本座の「商売の座」の論理は社家を支持した検非違使庁によって敗訴したのだとし、本座がこうした主張をしたのは、座商人がすでに「奉仕の座」から「営業の座」にかわっていたからにほかならないとのべている(15)。

この見方は近著においても、うけつがれているが、この相論についての脇田の認識にも、かなり事実の誤認があると思われる。

綿本座神人が下居御供神人といわれた祇園社神人となったのは、保延年中といわれる(16)。その名の示す通り、彼等は「下居御供」を祇園社に献納するかわりに、綿商売の特権を保証されたと考えてよかろう(17)。この神人は文保二年(一三一八)には執行《しぎょう》の一門、顕舜の支配下にあり(18)、康永二年(一三四三)当時の年預は顕舜の子顕増であった(19)。この点からみて、恐らくかなり早くから、執行一族のうち、顕舜―顕増につながる一流が、この神人の年預職を世襲していたと推定される。

一方の新座神人は建仁年中に、三月三日御節供神人として建立され[20]、七座神人とともに、当時の別当尊長法印から、元久元年(一二〇四)三月、外《げ》題安堵《だいあんど》を得たといわれている[21]。この神人は当初、別当の支配下にあったとみられるが[22]、正和ごろには執行一族の管理下に入ったものと思われ[23]、康永のころの年預は「執行日記」の筆者顕詮であった。この事実が認められるならば、本座・新座とも、神人の性質として、なんら本質的に異なるところはないといってよかろう[24]。

本座の綿商人が康永当時、三条町・七条町に町座を持ち「町人」といわれた点は、脇田の強調する通りであるが、その状況は鎌倉後期までは遡りうるであろう。元弘元年(一三三一)、本座商人たちは、新儀商売の停止を訴え、院宣を得ているが[25]、すでにこのように本座の特権を脅かす新儀商人が、都の周辺に多数現われていたのであり、これを抑えて統制下におくことは、本座の「町人」たちにとっての緊急の課題であった。

こうして康永二年、彼等は新儀の商人、とくに散在の振売り、里商人たちの動きを抑制すべく使庁に訴え、いわゆる綿座の相論がはじまる。これに対し、五月十八日に使庁に出対、「新儀」であることを承伏した里商人、「新座の輩」があり[26]、これに基づき使庁は五月十八日、庁裁を下し、洛中における新儀の綿商売を、本座の言分に従って停止した。[27]しかし、じつはここで使庁に出頭、本座の言分に承伏したのは、本座町人の前に床子を敷き商売をしていた「木座町人下人」であった。[28]こうした人々が本座の統制をはずれ、散在商売を行なっていたこと自体、綿商人の発展を物語るものであることはいうまでもないが、のちの経過をみると、ここには本座の仕組んだからくりがあったようにみえる。

洛中に触れられたこの庁裁をたてにとって、本座側は新儀商売の停止を強行し、これにひっかかったのが錦小路町綿商人と、さきの三月三日御節供神人＝新座散在里商人であった。しかし前者については、内裏駕輿丁であり、所役重色であるとの反論を本座も認め、[29]しかも、この商人は七条町・三条町の商人とともに本座神人として使庁の法廷に出対している点からみて、[30]恐らく錦小路町綿商人は本座年預顕増の支配下に入ることを承認したのではないかと思われる。

しかし、後者の新座商人はこれと異なり、真向から本座と対立、七月八日、新座年預は社解を書き、五月十八日の別当宣の不当を、執行静晴の挙状をそえて朝廷に訴えた。[31]それ故、脇田のいう通り、新座が社家＝執行の支持を得ているのは事実であるが、本座もまた執行一門の顕増を年預とし、後述する通り、別当石泉僧都忠済を背景にして、これに対しているので、社家と本座の対立という脇田の図式は全く成り立たない。当時の荘園内部の対立と同じく、この相論も祇園社内部の対立と深く結びついていたことに、むしろ注目しなくてはならない。

この訴訟の論点は、㈠五月十八日に使庁に出対した「新座」のものは、この六十四人の定員を持つ新座商人に含まれるか、㈡この新座の六十四人が果して往古より神役を勤仕してきたか、の二点にしぼられる。

そしてその最初の対決のさい、「号新座者其座何所哉、於散在商売者、何可有座号哉」という本座、「号座者全非商売之座、神人通名也」とする新座の、あの有名な主張が展開されたのである[32]。たしかにこれは、この時期における「座」の二つの理解の仕方を示しているが、これを直ちに「神人の座」が古く、「商売の座」が新しいとするわけにはいかない。さきにもふれたように、本座・新座とも、当初から神人という称号を得た商人だったのであり、この二つの理解の対立は、むしろ、すでに町に定着して座席を持ち、店棚を構えるにいたった商人と、依然として里に散在し、振売り・遍歴をする商人との違いからでてくる主張とみた方がよかろう。その意味で前者の方が時代の流れに沿っていたことは事実であろうが、後者のような商人のあり方も、決して特殊なものではなく、この時期以後も根強く、また広く存在していたのであり、新座＝社家対本座という脇田の図式が成り立たぬ以上、社家――神人の論理、本座――商売の論理という見方も成立し難いといわなくてはならない。

さきの第一の論点は、本座年預雑掌もそれが「本座町人下人」であることを認めざるをえず、新座の主張が通った[33]が、第二の論点については、執行静晴の兄教晴が新たな問題を出した結果[34]、もつれにもつれ[35]、起請文によって神供の勤否を尋ねよとする本座側の顕増・教晴に別当忠済が同調[36]、その例なしと主張する新座側の顕詮・執行静晴・権長吏晴喜等[37]の対立に発展、はしなくも祇園社内部の複雑な対立を一挙、表面化させることとなった。結局、使庁評定は、後者の主張を認め、十一月八日、新座の主張を認めた庁裁が下った[38]のであるが、もとよりこれを本所権力(社家)の側に立った使庁の裁定などといえないことは、いうまでもない。

以上のように、祇園社綿座相論は、脇田のえがいた図式とは、かなりかけはなれた経緯を辿っており、これをさきのシェーマの根拠とするわけにはいかない、と私は考える。

脇田がこのシェーマによって問題を追究したことは、南北朝期の前と後との社会的分業のあり方の違いをさまざまな面から明らかにしており、さきにものべた通り、その点には心からの敬意を表するが、この定式にこだわることは、かえって事実の正確な理解を損う結果になるのではなかろうか。

（三）

脇田の近著の中で、もう一つ私の承服できないのは、前章でも若干ふれた「賤民集団」の問題である。(39) 私が遊女・傀儡子・非人などを、鋳物師・檜物師・櫛造・生魚商人・鵜飼等々と同じく「職人」身分ととらえ、中世前期までは、遊女・傀儡子も卑賤視されたといい難く、非人も「賤民」とたやすく断ずるわけにはいかないと主張し、中世後期に入り、一部の「職人」の賤視が固まってくるとのべたのに対し、脇田がこれを「林屋氏以来の賤民系商人に都市民の主流を見る見解を、より強力にうち出」した「都市民賤民説」とみなして批判を加えるのが、(40) 全く当らないことはさきにのべた通りである（第三章注164）。

むしろ脇田こそ散所――「漁撈の民や商工業者、諸芸人など、非農業的特質を持つ人間」が差別されたとして、それは「農業を中心とする封建社会における非農業的職業という職業的差別」「領主との人身的従属の強さ」「散所内の階層分化」による、と前著で明言していたのであるが、(41) その後の林屋辰三郎との論争の過程を経て、この見解を近著で大幅に修正し、中世前期の賤民集団は遊女・傀儡子・河原者・非人などの「化外《けがい》の民」であり、これらの人々は、「寄人・神人・供御人・散所雑色とは直接に関係を有さない」としている。そして、本来、非人などの人々は「国家公権や、天皇支配権」と結びついた存在ではなく、「権門との従属関係」もない「無籍の民」であり、傀儡子もまた「何の支配にも服さないことを特色」とする人々で、これらの非人などは、「南北朝動乱前夜」のころになって、はじめて検非違使庁の統轄下に入り、のち室町幕府侍所などの「公権的な支配」の下に把握されるようになったと、のべているのである。[42][43]

しかし、果してこの理解は正しいであろうか。脇田の見解は、大江匡房の『遊女記』『傀儡子記』を根拠としているが、匡房の叙述はたしかに遊女・傀儡子の実態の一面をよくとらえていることは事実であるとはいえ、やはり王朝貴族の目からみたものであり、かなりの文飾があることは間違いないところで、確実な史料によってこれを確める必要があろう。

例えば傀儡子については、多少前述したが、『中右記』永久二年（一一一四）四月六日条に、小舎人定季によって馬・綿をとられたとして検非違使庁に訴えた傀儡子のことがみえ、小舎人は解官されていること、『明月記』建暦二年（一二一二）十月五日条などによって、やはり喧嘩闘諍をして相手を使庁に訴えた近江国吉富宿の傀儡子の動きが知られることなどを、周知の建長元年（一二四九）の関東下知状に現われる駿河国宇津谷郷今[44][45]

宿の傀儡子と重ねてみるならば、宿に根拠をおく傀儡子が訴訟における当事者になりうる資格を十分に認められた集団であり、決して「化外の民」や「無籍の民」などでないことは、明白であろう。

さらに今宿の傀儡子は、在家を根拠として百姓の田地を請作する一方、「在家間別銭」などの雑役の免除を主張し、幕府によってそれを認められており、伊予国の傀儡子も国衙によって免田を保証されている。この事実と、前述した櫛を売りつつ遍歴する傀儡子の動きとをあわせ考えれば、そのあり方が鋳物師・檜物師等の供御人・神人等——「職人」と、基本的にはなんら変りないといって差支えなかろう。後白河法皇との深いつながりを考慮すれば、傀儡子が諸国の自由な遍歴を天皇によって保証されていた蓋然性もきわめて大きいといわなければならない。傀儡子が「何の支配にも服さない」などということは、なんの根拠もないといって間違いない[46]。

実際、脇田も給免田を与えられた傀儡子の事例について「給免田は領主に対する何らかの所役に対する反対給付が田数表現をとったもの」といっており、傀儡子が国衙に対し、「何らかの所役」を勤仕していたことを認めているので、これはさきの発言と真向から矛盾するといわなくてはなるまい[47]。そしてその上で脇田が「賤民に給免田が給されても不思議はない」とするのは、「傀儡子は賤民」という固定観念に煩わされて史実を枉げるもの、といわれても仕方がないのではなかろうか[48]。

遊女についても全く同様のことがいいうる。これについては、すでに滝川政次郎が史料を博捜しており[49]、新たにつけ加えうることはほとんどないが、なにより傀儡子とともに遊女が勅撰和歌集に姿を現わすこと[50]、鎌倉幕府が建久四年(一一九三)、里見義成を「遊君別当」として、遊女の訴訟を執申させることとしており[51]、室町時代にも傾城局が置かれ、遊女を統制している[52]点などからだけでも、この人々を「支配外の者」とする脇田の理解の誤りは明白であろう。そして、すでに滝川が指摘する通り[53]、『公卿補任』『尊卑分脈』を繙くならば、白拍子五条夜叉を母とする太政大臣従一位徳大寺実基、江口遊女慈氏を母に持ち、承久の乱のさいに斬られた参議一条信能など、公卿にして遊女・遊君・舞女・白拍子などを母とする人々を枚挙に遑ないほど見出しうるし、武士の場合も源義平の母は橋本の遊女、範頼の母が遠江池田宿の遊女だったことなど、その事例を数多くあげることができる。中世前期には、遊女を賤民とする見方が直ちに成り立ち難いことは、この事実によっても明らか、と私は考える。

また「遊女の身請」などとして知られ、滝川も脇田も、遊女の人身売買の事例としてあげる次の文書[54]も、それとは全く別のことを物語っていると思われる。

請申　西心身代事

合一人者

右、件子細者、沽却西心之養子得石女之時、買主実蓮房許にて五ケ年之間にけ(逃)を請畢、其故者、五ケ年之内、本銭十四貫文にて可請出之由、約束によりてなり、雖然、其約束おたかへて、他人爾沽却、然之間、五箇年約束も不可懸之処爾、今買主石熊太郎城田御領へ付沙汰候によりて、被召身代候、雖然、本人実蓮房致此沙汰者、不可相知之由、返答及両三度之間、於今買主之沙汰者、存外也、依之、玉王彼身代請出給之処也、但本人実蓮房若相交天、可遂問注之由、有申事者、今年之内ハ彼西心お相具天、可遂一決也、仍為後日沙汰証文、注進之状如件

建長八年丙辰卯月廿五日　白拍子玉王(花押)

この文書はおおよそ以下のように解することができる。[55]

西心がその養子得石女を実蓮房に売ったとき、五年間は逃亡しないことを白拍子玉王が請人として保証した。それはこの沽却が、五年の内に本銭十四貫文を返し、得石女を請出すという、本銭返の約束だったからである。ところが実蓮房はその約束を破り、石熊太郎に得石女を売ってしまった。これは契約違反であり、それ故、五年間は逃亡しないという約束も得石女をつなぎとめることはできないにも拘らず(得石女はすでに逃亡している)、石熊太郎は得石女の逃亡を城田御領に訴訟として持ち出し、城田政所は西

心を身代として取ってしまった。しかし実蓮房自身がこの問題については関知しないと何度も返答しているので、石熊太郎の訴訟は問題にならない。そこで玉王がこの身代西心を請出した次第である。但し、実蓮房がもしこの訴訟にかかわってきて、問注を遂げようというならば、今年の内は、西心とともに必ず対決しよう。

以上のような解釈が認められるならば、玉王と得石女との関係を主人と奴隷の関係とする滝川の解釈[56]も、遊女の人身売買、身請の史料とする脇田の理解[57]も、全くの見当違いといわなくてはならない。得石女が「遊女」であったことを示すなんらの根拠もこの文書にはないのであり、彼女はすでに逃亡してしまっているのである。これはむしろ一般的な人身売買、下人の逃亡、身代の請出などの事実についての興味深い史料とみるべきであろう。そして白拍子玉王が、整った花押を居えて、西心の本銭返契約による人身売買の請人に立ちうる立場にあり、また美濃国城田政所[58]と交渉の末、身代西心を請出すことのできるほどの力を持つ人だった事実こそ、白拍子――遊女に関してこの文書からわれわれが読みとるべきことなのである。

この城田領には、さきの買主石熊太郎と並んで利銭を借りた、延命御前・延寿御前という白拍子とみられる人々もいた[59]。その借銭に関連して、猪熊・堀川などの地名がでてくる点から、この白拍子たちと京都との関係も推測しうるので、もしもこれが認められるならば、城田領近辺に本拠を持ち、京都ともつながりを持つ白拍子の集団をここに確認できることとなる。それは玉王のような実力を持つ人を含み、美濃と京都との間を自由に往反する芸能民集団とみることはできても、賤視され、売買・身請されるみじめな遊女をここに見出すべき根拠は皆無といってよい。

滝川のさきの著書は、驚くべき史料の博捜と目配りの広さによって、これまでの遊女・傀儡子の研究をはるかにこえる水準にあるが、一貫して偏見に満ち満ちており、それが集積された史料を本当に素直に生かす道を妨げている、と私は思う。そして、こうした滝川にきびしく批判的であるはずの脇田もまた、近世の遊女のイメージで中世の遊女・白拍子をおしはかる固定観念にとらわれ、史料の恣意的解釈に陥っているのは、なんとも遺憾というほかない。

私はさきの傀儡子と同様に、この美濃の白拍子も江口・神崎の遊女も、雑役を免除され、公的な給付を保証された「職人」集団であり、中世前期には決して賤視されてはいなかったと考える。そして、鎌倉幕府の遊君別当、室町時代の傾城局の存在からみて、武家はもとより、公家においても、これを統轄する官司があったことは確実で、恐らくそれは滝川の指摘する内教坊とその妓女に[60]、なんらかの系譜的なつながりを持ち、後年の久我家の洛中傾城局公事の掌握についても、こうした官司の久我家による世襲的請負と関係があると思うが、この点については今後を期することとしたい。

脇田が「賤民集団」を代表させた非人についても、基本的には傀儡子・遊女の場合と全く同じことがいえる。非人が鎌倉後期になって、はじめて検非違使に統轄されるようになったという脇田の見解については、すでに丹生谷哲一が、検非違使のキヨメ、非人施行との関わりを平安期にまで遡って綿密に明らかにし、その成り立ち難いことを立証している[61]ので、ここではふれる必要がなかろう。京都の検断に当る検非違使が穢のキヨメを掌握していたとする丹生谷の研究は、罪が穢れと考えられていた当時の観念を制度的な側面から解明しており、濫僧供、獄舎をふくむ非人施行の実態の精細な究明とともに、この分野における画期的な労作といわなくてはならない。

そして、延久以来、祇園社に属した犬神人、鎌倉末に東寺に属した散所非人のように、寺社の寄人となった非人が、検非違使庁の統轄から全く離れてはいないという丹生谷の指摘した事実も、前述した供御人の諸方兼帯と本質的に同じ事態とみれば、自然に理解することができよう。

いずれにせよ、脇田の近著における「賤民集団」についての見解は、史実からかけはなれたものといわざるをえないのである。

もとより最初にのべた通り、脇田の近著の意義は、むしろこのような定式、シェーマからはずれたところにあり、それが中世都市の研究を大きく前進させた力作であることはいうまでもない。ここでのべたことも、そのさらに一層の豊かな結実を心から願うからにほかならない。以上のべた点についての、脇田のきびしい反論、あるいは再考を期待したいと思う。

(1) 拙稿「中世の堅田について」「日本中世都市をめぐる若干の問題」「菅浦の成立と変遷」「中世の桑名について」(第一章注81所掲)など。
(2) 『日本史研究』二三四号(一九八二年)。
(3) 「座について」(第一章注10所掲)。
(4) 『日本中世都市論』三二一〜三三三・二六五〜二六六・三五三〜三五四頁。
(5) 同右三二一・二七二〜二七四・三五四頁。
(6) 同右三六一頁注(26)。
(7) 同右九五頁。
(8) 同右八六頁。
(9) 八八頁前掲表1—10「押小路文書」。拙稿「造酒司酒麴役の成立について——室町幕府酒屋役の前提」(第一章注186所掲)。
(10) 同右拙稿。

(11) 第一章注(75)。
(12) 注(4)前掲書二六一頁。
(13) 同右。
(14) 前掲拙稿「中世都市論」。
(15) 前掲〔第一章注(13)〕『日本中世商業発達史の研究』二六九〜二七三頁。
(16) 『八坂神社記録』一、社家記録一、康永二年七月廿八日条。
(17) 同右同条によると、その所役は「六月祭礼之時、於四条高倉役神供米四、五十令進候、又三ケ年一度出札根銭之由」といわれている。
(18) 『八坂神社文書』下、一二七三号、文保二年二月四日、法印顕舜所領譲状。春藤丸分に「綿神人」とある。
(19) 同右上、八四一号、社僧系図、注(16)記録、康永二年七月廿八日条。
(20) 同右記録、同日条。
(21) 同右、同日条、また、同年八月廿六日条に「元久状者、為七座神人証券社家重書也」とある。
(22) 同右、同年八月廿三日条、三月三日御節供が欠如したとして、正和五年五月、時の別当行守法印が、往古よりの別当得分であった山科田を御節供用途料所としたことと、この外題安堵をあわせ考えてみると、このようにいえよう。
(23) 同右条で、この用途が執行一門の教晴の管理下におかれたといわれていることから推定

しうる。『八坂神社記録』三、祇園社記、御神領部第六、正和五年五月、別当法眼行守寄進状参照。

(24) 新座神人の定員は六十四人、本来は一人別年貢二百文を沙汰するかわりに、神人札を与えられて商売を認められており、札根銭を納める本座神人と、とくに神人としてのあり方に違いがあったわけではない。

(25) 注(16)社家記録一、康永二年七月廿二日条。

(26) 同右、同年七月廿二日条。同十一月七日条には「去五月八日出対」とあるが、十八日の誤りであろう。

(27) 同右、同年七月廿二日条。同七月八日条の感神院所司等解状にみえる「別当宣」がそれである。

(28) 同右、同年十月廿八日条。

(29) 同右、同年八月廿八日条。

(30) 同右、同年七月廿八日条。

(31) 同右、同年七月八日条。

(32) 同右、同年七月廿八日条。

(33) 同右、同年十月廿八日条。

(34) 同右、同年八月三日条。教晴は別当行守が正和五年に寄進した山階田が三月三日の御供は備進しており、その外に社役を勤仕しているものはない、といい出したのである。

(35) 新座側、顕詮はさきの尊長の外題安堵をはじめ、文永ごろの晴算記録（神人交名）（八月廿八日条）、承久年中行事（九月十三日条）を証拠として提出、執行静晴に協力を求めつつ、本座側に対抗した。
(36) 注（16）社家記録一、康永二年九月七日条・同八日条・同九月廿一日条・同廿三日条等。
(37) 同右、同年十月三日条・同十月十七日条。
(38) 同右、同年十一月八日条。
(39) 第三章注（164）。
(40) 『日本中世都市論』七〇頁。
(41) 『日本中世商業発達史の研究』一八六〜一八八頁。
(42) 注（40）著書二二六・二五二頁。
(43) 同右二五一〜二五二頁。
(44) 第一章。なお前掲拙著『日本中世の民衆像』でも言及した。
(45) 「前田家所蔵文書」（鎌10・七〇九二）。
(46) 「北山本門寺文書」文永五年八月日、駿河国賀嶋荘実相寺衆徒愁状（『鎌倉遺文』一三―一〇二九八）に、院主代の不法としてであるが「令迎蒲原之君、匪啻愁傾城之送迎、令充作傀儡田楽、止住之僧流涙而悲」とあることも参照してよかろう。
(47) 注（40）著書五九頁。
(48) 同右五九・八一・二五二頁。散所非人に傀儡子の後身がふくまれるというのは、どのような根拠があるのであろうか。

(49)『江口・神崎』(至文堂、一九七六年)。
(50)同右、第二編第二章第五節。
(51)『吾妻鏡』建久四年五月十五日条。
(52)豊田武著作集第一巻『座の研究』吉川弘文館、一九八二年、五五頁。滝川は注(49)著書三〇四頁で、久我家の傾城局公事の掌握を否認しているが、自らの引く『曲亭漫筆』『波娜婀娜女』の文書は、まさしく久我家に関わるもので、室町幕府と直ちにはつながらない(三〇九～三一二頁)。竹内新次郎重信に洛中傾城局公事、仲人公事を充て行われているが、この竹内氏は久我家の家宰である。
(53)注(49)著書一八四～一八六頁。ここにあげられているほかにも、その事例は多数『尊卑分脈』から検出しうる。
(54)「真福寺本倭名類聚抄紙背文書」(『鎌倉遺文』一一—七九九二)。
(55)拙稿「荘園公領制の盛衰」(『岐阜市史』通史編、原始・古代・中世、一九八〇年)第十三章五三五～五三六頁(この文書の解釈については笠松宏至氏の御教示を得た)。
(56)注(49)著書一一六頁。
(57)注(40)著書五九頁。脇田「中世における性別役割分担と女性観」(女性史総合研究会編『日本女性史』第2巻、中世、東京大学出版会、一九八二年)九二～九六頁。脇田はここでは、傀儡子・遊女を浪人とし「支配外の民」としながら、「平安・鎌倉期、それほど賤視されたとは考えられない」といい、さきに「賤民」と断じた論旨を多少変えている。ここでも脇田は、私がこの人々を「原始的な採集経済を営む人々の血縁集団」であったとして、後章(第二部第六章)の鵜飼に関する拙稿をあげるが、私はそこで鵜飼の女、桂女についてふれたが、遊女・傀儡子に言及した覚えはなく、桂女自体についても、脇田のいうようなことは一言ものべていない。

(58) 注(55)拙稿参照。注(54)の紙背文書は城田領を掌握していた人の手に集積された文書であろう。

(59) 注(54)文書、年月日未詳、利銭入下日注文(『鎌倉遺文』一一—七九六〇)。

(60) 注(49)著書第一編第二章。

(61) 「検非違使とキヨメ」「中世における非人施行と公武政権」(第三章注112所掲)。

第二部　海民と鵜飼

——非農業民の存在形態（上）

第一章　海民の諸身分とその様相

序

ここで海民というのは、湖沼河海を問わず水面を主たる生活の場とし、漁業・塩業・水運業・商業から掠奪にいたるまでの生業を、なお完全に分化させることなく担っていた人々をさしている。中世初期、これら海民の多くはすでに定着して農業にも従事し、後期に入ればこれらの生業もかなりの分化を示しているが、その全体の母胎をなした人々の集団のことを、ここでは考えてみたい。従来、これらの生業を対象とした研究は、もっぱら農業民からの分化としてそれを取り扱い、成果をあげてきた。しかしその観点だけでは、日本の社会を根底で担い、その歴史をつくりあげてきた重要な部分が脱落してしまう、と私には思われてならない。これらの生業を担っていた人々の生活・生産の様式は、本来、農業民とははっきり異なっており、その世界はあくまでそれとして独自に取りあげられなくてはなるまい。

もとよりこうした観点は従来もさまざまな形で主張されてきた。とくに民俗学の分野では、これは古くから常識であったとすらいってよかろう。柳田国男・折口信夫から、宮本常一にいたるまで、この学問が、海に生きそれをひらいた人々について、すぐれた成果をあげてきたことはあらためていうまでもない(1)。しかし民俗学がその出発からもっている「歴史学」に対する批判的立場は、その盲点をつくすぐれた指摘を生み出す反面で、古文書の扱い方などにある種の不用意さをもたらし、それがその成果を歴史学の側にうけいれにくくさせる一因になっているように思われた。

もとより、これまで民俗学が歴史学に対してこのような立場をとってきたのは、間違いなく日本近代の歴史学のあり方そのものに原因がある。有賀喜左衛門の指摘する通り(2)、かつて歴史家の中には、柳田を「雑学の徒」といって憚らぬ空気があったのであり、戦後の歴史学の主流においても、民俗学自体を「階級関係をおおいかくす」、あるいは「支配者によるイデオロギー的呪縛を美化する」などとして、その成果から目をそむけようとする風潮が長く支配的だったことも、まぎれもない事実である(3)。

このようなこの二つの学問のもつれた関係の背後には日本の近代的学問の出発にかか

わる、深く思想的な問題がよこたわっており、たやすくほぐしうるものでないことは重々承知しているが、少ないながらも残されている文献を通して、歴史学の立場から民俗学の提示してきた中世における海民の世界にどの程度接近しうるか、できるだけの努力をしてみることは、さきの問題を鮮明にしつつ、二つの学問の協力の道をひらくうえに、多少は役立ちうるであろう。

だが歴史学的な方法を通して、海民の社会と歴史を究明しようとする試みもまた、それ自身の歴史をもっている。とくに明治期の歴史家たちが、とらわれぬ目を持っていたことは注目すべきであり、久米邦武に「海賊と関船」があり、喜田貞吉も「王朝の海賊」を書いているのであるが[4]、大正期以後、この分野はアカデミズムの世界からほとんど無視されるにいたったといっても、決して言い過ぎではない。

そのような状況の中で、海民に関心を持ちつづけた人も決していなかったわけではないが、その開拓者の一人に、生物・人類・考古等の諸学から経済学にいたる広い視野の下で、漁業史を解明することに一生を捧げ、一九六九年、物故した羽原又吉をまずあげることは、異論の余地ないことであろう。広汎な調査と豊富な文献を基礎に進められた氏の研究は二本の太い柱に支えられていた。その一は、日本の漁業の根底に「海人族」を想定する点、他は、漁民の共同体の占取する漁場を、その「総有」と主張する点である。十冊に及ぶ大著のなかで、羽原はこの二つの主張をたえず強く押し出したのであった。(5)この主張に対しては、すでに種々の批判が加えられている。第一の点については、羽原の文献に対する解釈等と関連して、多くの歴史家が懐疑の念をもっていたことは疑いない事実であり、この観点はほとんど無視されつづけてきたといっても過言ではなかろう。また他の主張——漁場総有説に対しては、戦後、著しく発展した近世農業史の研究を足場にした二野瓶徳夫による全面的批判があり、(6)問題はすでに解決ずみ、とされているようにみえる。

たしかに羽原の主張を、これらの批判をのりこえてそのままの形で承認することは困難であろう。しかしこの主張が、二つながら、その基底に、農業民のつくりなす世界と異なる海民独自の世界を考え、その生産と生活に則した法則を探究しようとする強烈な意欲をひめていたこと、この観点が日本民族史を明らかにするうえに絶対必要なものであるとする確信にねざすものであったことを思いおこしてみる必要があろう。そしてそれは海民の世界を通して、アイヌ民族、さらに朝鮮・中国から南アジアにまでおよぶ世界を、ひろく視野のうちにいれていたのである。羽原に対するこれまでの批判は多くの正当なものをもっているとはいえ、羽原の文献に対する扱いの粗さ、理論の組立ての弱点をつくことによって、この重要な根本的観点そのものを後景におしやってしまった。

しかし前述したように、私はこの観点を、依然として正当な、継承されるべき貴重なものと考える。

このような歴史学界の動向に対し、羽原の仕事に深い理解を示しただけでなく、自らもまた独自に、水産史――漁業・漁民史開拓のため、努力をおしまなかった人は、むしろ学界の外にあった渋沢敬三であった。『豆州内浦漁民史料』四巻として刊行された古文書の発見を契機に、渋沢によってひらかれたアチック・ミューゼアムの漁業史研究室が、この分野で果してきた仕事の大きさについては、私のようなものがあらためてふれるまでもなかろう。歴史学・民俗学等をふくめ、現在の漁業史研究の主な源はここにある、といっても決して言いすぎではない。

そして戦後、その流れの一つをくみつつ、羽原の仕事をも継承しようと試みたのは、これも一九六九年、羽原につづいて世を去った宇野脩平であった、と私は思う。宇野の仕事は常民文化研究叢書中に収められた数冊の編著として世にあらわれているが、それ以上に注目すべきは、この史料集刊行の基礎となった水産庁の委託予算に基づく日本常民文化研究所による漁業制度資料収集の事業――渋沢・桜田勝徳をはじめ多くの人々の援助と協力の下で、宇野を中心に進められた漁村古文書の収集・整理の仕事であろう。宇野の存在なしには恐らく行われることのなかったこの事業は、いまなおある意味では未完の情況にあり、そうなったことについて、その構想、仕事の進め方等々に対し、様々の全く正当な批判がありうることは、当然であろう。また、この仕事の末端にたずさわった私が、このようなことにふれるのは、我田引水の誇りを免かれぬとは思うが、しかし、この事業の成果であるさきの史料集と、現在、神奈川大学日本常民文化研究所と水産庁資料館にそれぞれ架蔵された尨大な漁村古文書の筆写本[11]とは、やはり戦後の漁業史研究に広い基礎をきずいたものといわなくてはならない。

この章は、以上のような先学の仕事に導びかれつつ、ただそれを私なりに整理した程度のものでしかないが、これまで目にふれた史料をもとにして一応のまとめを行い、第二部の総論にかえたいと思う。

一　中世海民の諸身分について

平安後期から鎌倉・南北朝期ごろまでの海民を、ここでは、㈠浪人、㈡職人、㈢下人・所従、㈣平民(百姓)の四つに区分して、考えてみることとしたい。

この平民、職人、下人・所従は、中世社会の被支配者の基本的な身分であり、平民は自由民、職人はそれぞれの職能に即した特権を保証された自由民、下人・所従は不自由民、と私は考えている。(12)浪人は平民の特異なあり方と見るべきであるが、海民の場合、農業民と異なり、船による移動・遍歴がむしろ生活の基本にあるということもできるので、それを日常とする人々を想定し、あえてこのような一項を立ててみることとした。

もとより、こうした身分による区分以外にも、漁撈の方法に即した網漁業、釣漁業などの分類の仕方もある。(13)また、地域に即して、紀伊漁業、若狭丹後漁業、瀬戸内漁業のように区分する方法もあろう。(14)さらに、海民の出自によって、羽原のように綿津見《わたつみ》系海人族、宗像《むなかた》系海人族に分ける考え方、(15)山口和雄のように魚種に即して分類する方法もある。(16)

これらの区分にはそれぞれ十分の意味があるが、いまはその点にも考慮をはらいつつ、ひとまず、さきの諸身分に即して、海民のあり方を追究してみたいと思う。

二　浪人的海民

中世の文献からこの型の海民の実態を直接明らかにすることは、ほとんど不可能に近い。しかし後述する諸身分の海民のあり方から、その背後に、なお支配者によって確実に掌握されることなく、「諸国流浪」の状態にあった海民の存在を推定することは、充分可能である[17]。

紀伊の加太《かだ》浦に現われる「旅網」は、あるいはそうした人々の姿であったかもしれないし、『蔗軒日録』に「九州ノ人ハ舟中ニテ過一生」とあることも[18]、注目してよい記事であろう。また十六世紀末にはポルトガルの宣教師が家船《えぶね》を見聞記録しており[19]、近世に入れば瀬戸内海の能地《のうじ》の漁民[20]・肥前瀬戸の家船等々の存在が確認されているのである[21]。

いずれにせよ、このような人々を最初から農業と切り離し難いものと考えるのは、一個のドグマなのではなかろうか。その農民自体、少なくとも鎌倉期までは、多分に「浮浪性[22]」を考慮に入れる必要がある、と私には思われる。農民はいつでも村落に子々孫々定住しているもの、ときめこむことは、それ自体支配者の志向に影響された、とくに近世以降の農民のあり方に基づいてつくり出された、観念の産物なのではなかろうか。まして海民にそれをあてはめようとすることは、不自然というほかない。すべてがそうであったというつもりは決してないが、「逃亡」は移動であり、「浮浪」は移動途上の状態を示す、被支配者にとってはあたりまえな日常生活の一齣である場合が、南北朝期以前にはまだひろくありえたのではなかろうか[23]。もちろんこの海民を直ちに「種族」と関連させて考えることには、多くの問題が残るであろうが[24]、それは別として、後述する諸身分の中世海民の大前提に、また現実に中世に生きた海民の一類型として、こうした人々の実在をまず想定しておきたい。

三　職人的海民

おもに贄《にえ》の形態をとる漁獲物の貢進義務を負い、天皇家・神社と結びつくことによって、供御人・神人・供祭人などの称号を得て、課役を免除され、漁撈・交易・交通上の特権を保証された海民は、すべてこの中に入れて考えてみたい。

1　供御人

大膳職（八世紀末から内膳司[25]）に属した江人《えひと》・網曳《あびき》・鵜飼《うかい》等の雑供戸《ざつくこ》[26]、ならびに諸国貢進の御贄の制[27]に明瞭な変化がみえるのは九世紀後半ころからである。元慶七年（八八三）以前、近江では贄人の定員がすでに定められていたが、この年十月廿六日に下った官符（『類聚三代格』巻十九）は、内膳司・進物所・諸院諸宮が土浪人を撰ばず、恣に員外贄人を置くことを停止した。彼等が「遍満国中」「心挟遁役、寄事供御、動凌弱民」ような状態がみられたというのである。つづいて仁和元年（八八五）九月七日、贄戸の制が廃され、これにかえて山城・河内・摂津に江人各二十人、和泉に網曳五十人を徭丁として置くことが定められている（『三代実録』）。

戸田芳実は近年の労作(28)でこの動きにふれ、そこに江長・網曳長に統率された「古代的な贄戸の支配様式」崩壊の第一歩、贄戸から贄人への転換を見出すとともに、ここで特権を求めて競合した贄人は「富豪浪人」――私なりにいいかえれば、浦長者・村君などといわれた海民集団の長――ともいうべき人々であったと的確に指摘している。さらに戸田はこうした贄人の競合に対応して、さきの内膳司・院宮などの動きがでてきたとのべているが、それとともに、この「対応」がでてくる背景に、諸国の贄貢進の制の動揺を考える必要があるのではなかろうか。さきの官符による停止にもかかわらず、九世紀末、内膳司・進物所・院宮王臣諸社が、恣に員外贄人を畿内・近国に置き、競って御厨をたて、供御に事よせて「江・河・池・沼」を点領する動きにでているのは、諸国の贄貢進の不安定を打開しようとする試みではなかったろうか。とすればこれに対して単に制禁を繰り返すのみでは事態が収まらなかったのは当然で、仁和の贄人定員の制定も、一定の範囲でその特権を公認しようとしたもの、とみる解釈も成り立ちうる。

そして寛平・延喜の改革は、この面でも、やはり画期的な転換点であった。寛平四年（八九二）五月十五日、政府は官符を下し、農業を妨げる「公私点領江河池沼等事」を禁じているが（『類聚三代格』巻十六）、さらに延喜二年（九〇二）三月十三日の官符（同巻十）で内膳司が元来領していた御厨や禁制していた山河池沼のほかには、公私を論ぜず、臨時御厨、院宮王臣家厨をたてることをきびしく停止している。御厨整理令ともいわれているこの官符では、「諸国所貢、足以供奉」といわれており、式に定められた諸国御贄の制を維持することが強調されているのであるが、しかしその反面、寛平九年(八九七)七月四日には四衛府による「小鮒日次《ひなみ》御贄《のにえ》」貢進の制が(29)、さらに延喜十一年(九一一)十二月二十日には山城・大和・河内・和泉・摂津・近江六箇国による「日次御贄」の制が定められていることに注目しなくてはならない(『侍中群要』第二)。それだけではない。延喜の官符から三年後、延喜五年(九〇五)に、河内の江人の活動舞台であったと思われる大江御厨について、少なくとも河内「国中池河津」を「御厨領」とすることが蔵人所牒によって定められ、国司が請文を提出している(30)。広大な水面について明確な特権を承認された大江御厨の成立は、ここに求めることができると思われるが、摂津の江等についてこれと同じ特権をもったとみられる津江御厨も「延喜年中」の建立と伝えられ(31)、和泉の網曳御厨についても「当《高木》浦者、自醍醐天皇御時、被立始内膳貢御所畢」といわれ(32)、網曳たちに和泉の網庭浦をふくむ広大な特権が認められたのも、やはり同じ時期だったとされている。

とすれば、たてまえのうえではさきの官符のように諸国の贄貢進の制を維持することを明らかにしながら、この改革は一方で新たな日次御贄の制を定め、江人・網曳の系譜をひく贄人たちの活動舞台たる御厨に、あらためて巨大な特権を公認することによって、贄貢進の制——ひいては天皇家私経済のあり方——の転換に、大きく道をひらいたといわなくてはならない。そして四衛府の日次御贄は蔵人所に進められ、六箇国のそれは内膳司に貢進されたのち蔵人所の処分に随っているが、恐らく大江・津江御厨は前者、網曳御厨は後者の形で贄を進めたものと思われ、「天皇の家政機関の中枢」としての蔵人所は、(33)この改革で制度的に充実されるとともに、その経済的側面での役割も、一段と大きなものとなってきたのであった。

だがこの時期の御厨は田畠と結びついた一定の地域をさしてはいない。戸田が指摘したように、(34)それは贄人の活動する水面、各所に存在する贄人の根拠地をさしており、自然、大江御厨は摂津にも河内にもありえたのである。そしてそのこと自体が、当時の贄人——海民集団の生活形態を物語っているのではなかろうか。もとより彼等が田畠と全く関係をもたなかったというのではなく、贄人自身の開発も進行していたであろうが、御厨がこうした性格のものにとどまっていることは、それがなお考慮に入り得ない程度のものだったことを物語っていると思われる。贄人たちはまだ漁業・舟運等、水面での活動を主たる生活の内容としていた。

このように畿内の御厨が強化されるとともに、贄貢進の重点も、自然とそこに移ったであろうが、諸国の貢進もなおたえたわけではない。康保三年(九六六)、周防国から黒作御贄が貢進され、天喜五年(一〇五七)、丹波国高津郷も「九月九日供御鮎御贄壱荷」を送っている。[35]しかも注意すべき点は、周防の贄が「長嶋・仲河・小江・竈門四箇御厨」、大嶋などから貢進されていることで、後述する大府贄人と御厨のように、大宰府をはじめとする若干の国々では、恐らく延喜以後、さきの畿内三御厨と同様の過程を経て、贄人の活動範囲としての御厨が国衙の下に定められたのではなかろうか。播磨国高砂御厨や、伊賀国簗瀬村を限って流れる供御川などは、[36]その方面で考えてみることができよう。同時にまた、周防の贄に対する返抄が蔵人所からでていることも、見逃されてはなるまい。

いずれにせよ十世紀以降は、式に規定された贄貢進のたてまえは維持されていたが、それをさらに決定的に転換させたのは延久の新政であった。『扶桑略記』は延久元年(一〇六九)七月十八日、「内膳司供御諸国御厨子幷贄、後院等御贄」を停止したと記している。[37]同じ年に発せられた荘園整理令の及ぼした影響をこれにあわせてみると、まさしくこの時点こそ、諸国貢進の御贄の制から、中世的御厨と供御人の制度への決定的転換点といえるのではあるまいか。以下それをさきの摂河泉の御厨について考えてみたいが、この転換を基底としつつ、律令制の影にかくれ、九世紀ごろから次第に表面に現われつつあった蔵人所を要とする天皇の私経済は、これ以後、急速に新たな制度化をなしとげていったのである。

A　大江御厨供御人[38]　寛治六年(一〇九二)の供御免田に関する御厨子所《みずしどころ》符、康和五年(一一〇三)、「番供立名」を定めた同所定文の存在[39]からみて、この御厨ではこのころまでに、供御貢進の裏付けとしての免田、負担単位としての名が編成されていたとみられる。そして元永二年(一一一九)、御厨住人が相命法眼、春日社・興福寺、坂戸牧等と紛争をおこすにいたって[40]、官宣旨が河内国に下り、御厨四至を定め、供御人交名・在家・免田地等を検注すべきことが命ぜられた[41]。大江御厨の荘園化はここになしとげられたといえるが、同時に、供御人という称号もここではじめて現われる。赤松俊秀は供御人の成立を延喜五年(九〇五)の国司請文にかけているが[42]、この御厨の供御人の史料上の初見はこの年におくべきと思われ、その成立はいかに遡っても延久以前には遡れない、と私は考える。

すでに長徳三年(九九七)に御厨検校、長元四年(一〇三一)には御厨司[43]、治暦三年(一〇六七)には御厨執行《しぎょう》(御厨子所符で補任)がみえるが、嘉承三年(一一〇八)、惣官職がはじめて現われる[44]。供御人の統轄者として新たに設けられたのであろう。一方、供御免田については、大治・長承に「里券」が作成され[45]、応保元年（一一六一）までに二百二十町となっているが、まだ完全に確定せず、御厨はこの年百三十町を加えて三百六十町とし、一日一町の料田の制をたてること、本免田中の河成・荒廃地の熟所との立てかえを望んでいる[46]。この要求の結果は不明であるが、嘉応元年（一一六九）、供御の日次貢進の制を定めたと思われる「日定」がなされており[47]、御厨子所領大江御厨は荘園としての軌道にのっていった。

以上のように、大江御厨は河内の江人の流れをくむ供御人の免田を中心に成立した御厨であるが、その一部の人々の根拠地は摂津渡部にあり、その免田は摂津国大江御厨、あるいは津大江御厨といわれた。平安末期、すでにこの御厨の管理に関わる左衛門尉源某が現われるが[48]、恐らくこの人が惣官渡部氏ではあるまいか。

一方、河内の御厨には、鎌倉初期、御厨司があり[49]、供御人を統轄する惣官とは別に、御厨の田畠を管理する職のあったことを知りうるが、鎌倉中期、四天王寺領沢江上荘の荘民忠康が、津大江御厨司の威を募り、同荘の荘田を狼藉したとして天王寺所司から訴えられている事実があり[50]、摂津の御厨にも惣官だけでなく御厨司のいたことを確認しうる。

注目すべきは、このとき忠康が御厨司、内蔵寮を通じてその主張を通そうとしている点で、忠康は御厨にもなんらかの所職を持ち、あるいは供御人ではなかったかと思われる。このように御厨の供御人で他荘の名田を保持することは、当時はふつうにありえたことで、御厨側はこうした関係を通して、寺領を御厨領にしようとしているのである(51)。

それとともに見逃してはならないのは、このときの摂津の御厨が、すでに内蔵寮に管轄されていることで、近江の粟津橋本供御人に即して前述した(52)ような、御厨子所領に対する内蔵寮の支配は、鎌倉中期、この御厨にも及んでいた。河内についても同様だったと思われ、元弘三年(一三三三)には、すでに河俣御厨を分化させたとみられる田代二百余町の河内の大江御厨、渡部・津村郷などを含む摂津の大江御厨は、いずれも内蔵寮領として目録に現われるのである(53)。

B　津江御厨供御人(今宮供御人)

応保二年(一一六二)、「供御人名田事」を定めた御厨子所符が下っており(54)、大江御厨と同様、摂津の江人の流れをくむ供御人の免田・名田が中世的御厨になってゆく過程をそこに推測できる。この供御人が後年、蔵人所牒により「諸国市津関渡浦泊之煩」なく生魚交易に従事する特権を与えられ、もと斎院に属した武庫郡供御人とともに今宮供御人といわれた(55)ことについてはすでに前章でのべた(56)ので、ここでは立入らないが、南北朝初期、祇園社と御厨子所預紀宗基とが手を結び、内蔵寮を相手どって、今宮供御人のことについてなにごとかを訴えている点(57)からみて、さきの大江御厨などの場合と同様、津江御厨と今宮供御人も、御厨子所との摩擦を伴いつつ、内蔵寮の支配下に入っていったのである。

C　網曳御厨供御人　第一部第一章でのべたように、康平三年（一〇六〇）、御厨司・寄人に造宮材木加徴米・早米・小麦等を免除した蔵人所牒には、なお多少の疑問をもつ見方も成り立ちうるとしても、[58]国中から百六十五町の雑免を募ったのは、平安末期に遡れる事実であろう。この雑免は「事の煩あるにより」正治年中に返上、あらためて不輸免田六十五町が定まる。それは近木《こき》郷十三町五反のほか、内膳浦である近木浦の「浦内」、佐野・鶴原荘等に散在していたとみられ、[59]この御厨も網庭浦・日根鮎川等をはじめ広大な水面に漁業特権をもつ和泉の網曳の後裔である内膳供御人と、その免田からなる内膳司領御厨に発展していった。

前述したように、この御厨はその後も長く内膳司に属し、江人の系譜をひく御厨とは異なる道を歩んでいる。

D　四衛府狩取　寛平九年（八九七）に定まった四衛府御贄の貢進が、狩取とよばれた海民によって行われたこと、この人々が二人乗の高瀬舟を駆使し、淀川尻で網を引いていたことなどは、すでに戸田芳実が指摘した通りである。[60]

一方、埴川・葛野川も左右衛門府の管轄下にあり、そこに刀禰《とね》に率いられ、簗をかける人々のいたことも明らかなので、[61]これもあるいは狩取の一部であったかもしれない。とはいえ、なんといってもその活動の中心は淀であり、ここには十一世紀、四衛府の管轄下にある淀御贄所、淀供御所があり、[62]その河原の在家に根拠を置く狩取たちは、預あるいは執行に統轄されて漁撈に従事していた。長久元年(一〇四〇)、狩取たち七、八十人が北陣に候し、按察大納言藤原長家の荘の荘司との闘乱に関連して訴訟を行なっており、[63]寛治四年(一〇九〇)には長渚御厨供祭人とも衝突をおこしている。[64]

ただその後の狩取たちの動向は明らかでないが、正嘉元年(一二五七)、蔵人雅重を通じて訴訟をおこした右衛門府供御人国末が、鎌倉時代におけるその後裔であったことは推定して間違いなかろう。[65]そして、河原に在家人を招き居《す》えて開発されたといわれる淀の市庭、[66]淀の町こそ、彼等の根拠の、見事に開花した後年の姿であった。

E　姉小路町供御人　『経俊卿記』宝治元年(一二四七)十月十九日条に、姉小路町供御人の訴えを蔵人所において召し決するとの記事がある。この供御人は元弘三年(一三三三)の内蔵寮領目録に、毎月鯉十喉、見参料一貫文を進める姉小路町生魚供御人としても姿を現わし、後年の上町(今町)供御人につながることは、小野晃嗣が指摘しているが、[67]淡水魚を貢進するこの供御人の本拠については明らかでない。

ただ、山城の巨椋《おぐら》池の東一口の漁民たちが、小倉・向島・伏見弾正町の漁民たちとともに、往古、後鳥羽院より「北は津軽八方外が浜、南は櫓櫂の続くまで」漁業に従事してもよいという特権を保証されているとして、江戸時代の初頭からこの池の漁業について大きな特権を駆使していたという事実は、注目すべきである。もとより後鳥羽院というのは伝承であるとしても、この特権が中世の供御人のそれに遡ることは、確実といって差支えない。とすると、この漁民を山城の江人の流れをくむ海民とみて、淡水の生魚を売る姉小路町供御人をその間においてみる仮説も、あるいは成立するのではなかろうか。ひとまずこのように考え、後考を期することとしたい。

以上のように、延久以降、それまで贄人の本拠地であった御厨は、供御人免田を基本とする荘園に転化し、贄人・狩取は供御人とよばれるようになっていった。

この転換を促したのは様々な力の複合だったとはいえ、やはり海民集団自体の発展をその基底に考えなくてはならない。贄人として特権をもち、執行・執当などになった人々は、すでにこの転換以前から田畠の開発をすすめ、なかには在地領主に成長をとげてゆくものもあった。河内の水走氏はその典型で、鎌倉期までに大江御厨河俣・山本執当職、以南惣長者職幷四ケ郷々務などの各種所職を集め、氷野河・広見池・細江等の水面をおさえ、恐らく海民的な人を含むとみられる「所従眷属人別一類」を相伝している[69]。

津大江御厨の渡部惣官渡辺氏あるいは遠藤氏、(70)網曳御厨の下司一族、さらに淀の市を開発したと主張し、御家人と号した豊田氏(71)など、みな同様の性格の人々であった。このような人々をふくめ、供御人に免田が与えられたこと自体、海民集団の定着度の増大を物語っており、海民のなかには、免田の散在する荘園で名主・百姓として扱われた人々もあったと思われる。また大江御厨の負担も鎌倉期には漁獲物ではなく、供御米となっている。

しかしこのような農業との結合によって、これら御厨の人々の海民的特質が全く失われたわけではない。前述した津江御厨・武庫郡供御人――今宮供御人の与えられた交易上の特権の背景には、なにものにも制約されず広大な海で漁を行なっていた海民としての生活と旧来の特権が考えられなくてはなるまい。この供御人の中には、広田社にも属して、廻船人となっていった人々もあったのではないかと思われる(72)。

また戦国期から近世初頭、対馬・五島にまで出漁した佐野浦の漁民の活動は、羽原・宮本・滝川がそれぞれ推測しているように、恐らく中世を通じて生きていた網曳御厨の内膳供御人としての特権に由来するものとみて誤りないであろう。さきの巨椋池の漁民の場合も全く同様である。このように、かつての雑供戸、江人・網曳の後裔たちは、河海・湖などを舞台とするさまざまな職能をもって生きる職人的海民となっていった。

山城や摂河泉の御厨や贄人・狩取がこうした発展をとげ、雑供戸の鵜飼が第六章でのべるように、桂御厨と上下桂供御人となっていったのに対し、延久の諸国御贄の停止以後、前述した諸国の御厨はどうなったであろうか。日次御贄を貢進した六箇国のうち、大和・近江では、恐らくこれらの御厨と同様の過程を辿って荘園化した御厨が形成され、またそこまでいかないにしても、かつての贄人が免田を与えられた供御人になっていった場合が多かったものと思われる。大和については明らかでないが、前述した近江国粟津・橋本御厨と同供御人、高倉天皇のころ供御人になったとみられる菅浦供御人などからこうした動向をうかがうことができる。またこれらの諸国と同様、御贄貢進について古くから特殊な立場にあった志摩国の場合も、永万元年（一一六五）、答志嶋から「七月御贄」が送られており、[73]大分後年のことではあるが、磯部島に蔵人所供御人がいたことを確認しうる、[74]若狭国の青保が春宮御厨になっていることも、その根源は奈良時代まで遡りうると思われる。[75]また紀伊国にも内膳司御厨があり、名草郡少領紀今樹は康保五年（九六八）ごろその別当職＝御厨司に補されているが、[76]嘉承三年（一一〇八）の太政官符[77]によれば、この国の浦々住人、漁釣の輩は、神祇官の亀甲、斎院禊祭料の堅魚《かつお》、大膳職・修理職・木工寮の海藻・雑魚等を進済することになっていたのである。ただそれが中世に入ってからどのような形になったのかは不明であり、その他の諸国でも、宇野御厨がそのまま荘園化して大宰府の手をはなれ(78)、さきの周防の御厨が新たな荘園の内に吸収されたように、十一世紀後半以前とくらべ、事情はやはりかなり変化したものと思われる。

とはいえ、伊賀国黒田荘に関連して現われる供御所・贄司(79)、『玉葉』にみられる「伯耆国御厨(80)」、仁安元年(一一六六)、安芸国志道原荘倉敷の在家にみえる供御人(81)、鎌倉後期に現われる越前国三国湊の内侍所沙汰人(82)、備後の東宮領歌島(83)等々は、いずれも平安期の諸国御厨・贄人の流れを汲むものと思われ、鎌倉期、天皇の私経済になんらかのつながりをもつ海民的な人々が、畿内・近国を中心に、まだかなり広く存在していたことは確実とみてよかろう。

2　上下賀茂社供祭人

天皇家・伊勢神宮と同様、古くからの御厨をもつこの神社が狩猟・漁撈と深い関係があることは、すでに宮本常一によって指摘されているが(84)、ここでは上下賀茂社領の形成に決定的な意味をもつ寛治四年(一〇九〇)の白河天皇による社領寄進以前、すでに賀茂両社に属していた御厨を中心に、その供祭人の性格について考えてみたい。

鴨社領摂津国長渚《ながす》御厨が応徳元年(一〇八四)、魚類の便を求めた相博によって社領となったこと、社領となる前からそこに東大寺に地子を出す若干の在家があり、諸司・刀禰がいたこと、内海の舟運に関係をもつ高先生《こうのせんしょう》 秦押領使《はたのおうりょうし》のような住人がいたことなどは、すでにこれまでの研究で詳しく明らかにされている[85]。しかしいまとくに注目したいのは、社領となって住人に対する検非違使庁役が免除されて以後、「海中の網人、河漁に携る輩」が多数この渚に集り、「日次御贄」を貢進する供祭人となった網人[86]たちは、讃岐国まで越え来って濫妨したといわれ、元永元年（一一一八）、「御厨結番」が行われた時には、もと三十八人といわれた供祭人が、「神人三百人、間人二百人」「浜在家数百宇」という著しい増加を示したという事実である[87]〔校注九〕。この浜が、船を主たる生活の場とする海民の拠点であったことは、以上の事実からみて、まず間違いなかろうが、しかしこれは他の御厨の場合も同様であった。同じ鴨社領近江国堅田《かたた》御厨も、他役を免除された「堅田網一帖」を生産手段とし、国役免除をうけた網人たちがその主体であり、彼等は安曇河《あどかわ》にまで行き向って漁をし、「御膳料鮮魚」を漁進していた。寛治四年（一〇九〇）、堅田網人等は賀茂社が安曇川を社領としようとしたのを訴え、「高島庄南郡安曇河半分」を鴨社領とすることを望んでいるが[88]、その賀茂社領安曇河御厨には、寛治のころすでに「神人五十二人」がいて、「河海之魚鱗」を漁し、「朝夕之御贄」を貢していた。「夏漁河流、冬所釣海浦」という活動をしたこれら神人もまた、さきの網人と同様の人々と考えてよかろう。[89] また、宇治川にも鴨社領の御厨があり、そこでは「村君等」に率いられた人々が「自十月之供祭」を貢進するための網代を立てていた。建久八年(一一九七)、村君たちは網代の面に大石を拾いすてたとして「宇治内鱣請」と相論しているが、そこで「御厨建立以後、不知何百歳」といわれている点からみて、この御厨と網人の鴨社との関係ははるかに古く遡りうるものと思われる。[90]

これらの網人たちが、「卜魚付要所、令居住之間、所被免本所役也」といわれたように、一応の拠点はあっても、本来、移動しつつ漁撈に従事する「海中網人」だったことを考えれば、これらの御厨も、元来、田畠をも含まず、網人の拠点とその活動する水面をさしていたとみるのが自然であろう。そして寛治の寄進は、二つの点でこうした御厨のあり方に画期的な転換をもたらしたのである。

その第一は、これを境に御厨が網人の免田を基礎とする荘園と同質の御厨になっていることである。安曇河御厨は寛治以降、神人五十二人に人別三町ずつの免田を国領公田から募り、天永・永久・大治に宣旨を与えられた。[91] さきの堅田御厨の訴訟はこれに対抗したものであろうが、この御厨も保安三年(一一二二)に鳥羽院からあらためて寄付されたといわれており、[92] それはやはり免田をふくむ御厨となったことを示すものと思われる。長渚御厨について、鴨社が四至を限り、牓示《ぼうじ》を打って田畠を含むものとしようとしたのも、同じ方向をめざす動きであり、それが周知の通り寛治六年(一〇九二)以降の東大寺との激しい相論をよびおこしたのである。その結果は鴨社に住人役＝在家役収取を認めたのみにとどまったが、承安五年(一一七五)の禰宜《ねぎ》祐季の開発等を通して、この御厨も田畠を含む荘園となってゆく[93]。これはさきの天皇の御厨と全く軌を一にする動きといわなくてはならない。寛治寄進の所領は、それ故に御厨とはいわれず、すべて「荘」といわれたのであり、網人が供祭人といわれるようになるのも、これ以後のことではなかろうか。

しかし賀茂・鴨社御厨の場合、重要な点は、寛治以後、供祭人がさきの漁撈上の慣行を「櫓棹杵通路浜、可為当社供祭所」という特権として認められたといわれていることである[94]。鴨社に伝わるこの所伝は、たやすく虚偽としてしりぞけ難い、事実の裏付けをもっている。長渚網人が讃岐にまで越え来って濫行したこと、鴨社御厨が瀬戸内海を中心に紀伊・豊後水道までふくむ水面をおさえ[95]、賀茂社領御厨もまた同じ傾向をもっていること[96]、また寛元年中、長渚供祭人が「西国櫓棹通地、皆以可為神領」という特権をあらためて認められたと伝えられ[97]、文永三年(一二六六)訴訟の敵方からも「長洲住民等、以諸国浦浦引網垂釣之所職」といわれている点[98]などをあわせ考えれば、長渚供祭人が少なくとも鎌倉期まで、瀬戸内海を中心に東西にのびる水面で自由に網を引き、釣糸を垂れることを認められたことは間違いない事実とみてよかろう。そして古くからのこうした慣習が正式の特権となるうえに、寛治のころが転機になったことも、また承認してよいのではなかろうか。

これは長渚供祭人のみのことではない。安曇河の供祭人（船木北浜供祭人）は「安曇河流、上者限滴水、下者迄于河尻」の漁を認められ、「彼河新古余流、南北遠近之江海、一向停止甲乙之濫妨」とされている。嘉応・元暦の宣旨がその根拠といわれているが、この権利の背景に長渚供祭人と同性質の特権があったとみて、間違いあるまい。堅田が平安末期以来、琵琶湖内に漁業・交通上の特権をもち、それは中世をこえて近世まで維持されたことは、周知のことであるが、近世「諸浦の親郷」「湖水の親郷」といわれたこの特権が寛治のころ安曇河までもその漁場に含めようとした堅田網人の鴨社供祭人としての特権に由来することは、推定してまず誤りなかろう。(99) 宇治川の網代を妨げた鱣請を鴨社が訴えていることにも、同様の背景があるかもしれない。また、鎌倉初期の紀伊国久見和太《くみわた》の賀茂社供祭人源末利は、「坂東丸」あるいは「東国」と号する船を持ち、すでに東国と海上を通じて恒常的な交流を行なっていたと思われるが、(100) これも供祭人の特権と切り離して考えることはできない事実であろう。(101)

このような上下賀茂社とその供祭人の特質は、寛治寄進の諸荘とも深く関連している。これらの諸荘が瀬戸内海沿岸、北陸・山陰道に分布し、その大多数が河海に面し、内部に浦をもっているという事実を、(102)荘設定以前に供祭人がその地にいたと解するか、荘設定のさいに供祭人の使がはかられたとみるか、なお問題はのこるが、この分布状況が、前述の特権を認められた両社の性格と関係があることは間違いなかろうと思われる。

3　諸社の神人

伊勢神宮もまた古くから海民と深い関係があったことはいうまでもない。そうした海民が、中世、海上交通の上で大きな特権を保証されていたことは、建久七年(一一九六)、伊勢国安濃津《あのつ》御厨刀禰中臣国行等が、諸国の津泊の煩をうけることなく、「諸国を往反し、交易の計を成す」特権を認められている点からみて明らかであろう。(103)安濃津のみならず、大湊や鳥羽(泊浦)・阿久志島・国崎神戸・麻生浦等々、伊勢海から東国方面で活動した廻船人は、みな同様の特権を神宮によって保証されていたとみてよかろう。

また、正和四年(一三一五)、岩村部成秀が「熊野山已下島々漁人」を語らい、「付御浦縁辺陸地、可進止御海」として、志摩国伊雑浦で敷網を曳こうとしたとき、それを非法として訴えた惣検校物部奈実の主張にも、神宮の神戸が古くからもっていた漁撈上の特権の一端が現われている。泰実はそこで、この浦が伊雑神戸の最中であり、「神宮供祭御贄之料所」であるとし、「然間、彼縁辺付陸地、或有各別神領、或雖有甲乙人領、往昔以来無進止御浦之例」といっているが、ここには海に面した陸地の所有、それに基づく海面の領有とは異質な漁撈上の特権が主張されているのであって、禁裏供御人、上下賀茂社供祭人と同質の特権の存在をそこに想定しうる。[104]神宮の本神戸は伊勢・志摩から伊賀・尾張・三河・遠江に分布しているが、[105]とくに中世の志摩国の御厨が、近世には伊勢国・紀伊国となる熊野灘に面した浦々にひろく分布していることは、志摩国に属した海民の活動と、その定着を推定しなくては理解できぬ事実であり、少なくとも熊野灘・伊勢海・三河湾を中心に、神宮と結びつき、こうした特権を与えられて活動した海民が中世までいたことは間違いないことであろう。

以上の三権門よりおくれ、十一世紀後半以降、中央では石清水・春日・住吉・日吉・祇園・広田等の諸社が、地方では一宮・二宮となっていく諸社が、海民を組織すべく、激しく競合しはじめる。

なかでも春日社神人となった人々は、摂津国浜崎神人、[106]あるいは和泉堺浦の神人[107]のように、生魚・魚貝の売買について特権を保証され、上分を供菜として貢進しており、日吉社もまた、近江の多良川の簗について特権を持つ筑摩十六条の人々、[108]さらには大津神人など、海民的な人々を神人として組織している。前にふれた広田社に属した廻船人[109]、供御人にして祇園社の大宮駕輿丁となった今宮神人なども同様である。

さらに越前をはじめ能登・越中・越後・佐渡等の諸国の海民を、早くから神人として組織した越前国気比社[110]、漁船によって活動する供菜人を持つ備後国吉備津神社[111]、志道原荘倉敷などに本拠を持つ海民を神人とし、「網人給」のような形で給畠を保証した安芸国厳島神社[112]等々、諸国の一宮・二宮は、贄や供菜を貢進する海民たちを、広く神人・供菜人として組織している。それだけではない。さきの志道原荘倉敷の海民は感神院神人にもなっており、「日本国中ノ津泊ニ公役アルベカラズ」という下文を義経から与えられたという、長門国の「串崎船十二船ノ船頭」[113][校注一]は、恐らく櫛崎八幡宮の神人であったろう。また関々泊々津々沙汰人の煩なく、自由に航行することを認められた伊豆走湯山五堂燈油料船五十艘[114]も、同様の人々であったと思われる。

こうした諸国の海民については、なお研究すべき余地が広く残っているが、そうした事例の一つとして、つぎに常陸・下総の海夫をあげておきたい。

4　常陸・下総の海夫

香取社大禰宜の下に、応保・長寛・治承以来相伝管領されてきた海夫があり、応安七年(一三七四)の注文によると、現在の霞ケ浦・北浦・利根川の水辺の津に広く分布していたこれらの海夫は津の属する郷々の領主の支配下におかれていたこと、後年、霞ケ浦・北浦を入会の湖として管理した津々の共同組織、霞ケ浦四十八津、北浦四十四ケ津は間違いなくこの海夫の流れをくむものであることについては、第五章で詳述するが、至徳四年(一三八七)の大禰宜長房譲状に「うちのうみのかいふ、くさひれう《(供祭料)》の文しよに見えたり」とある(115)ことから、彼等が香取社に供祭料を貢献していたことが知られる。これに加えて下総国相馬郡布施郷に大治五年(一一三〇)ころ、「田畠在家海船」があり、伊勢神宮に供祭物として土産鮭を出している事実(116)を参照すれば、この水域が古くから海民の活動舞台であったことは、明らかであろう。そして鎌倉期、鹿島社大宮司の知行下にあった「立網・引網」の存在を考えれば(117)、鹿島社もまたなんらかの権限をこれらの人々の上に行使していたことも、当然推測される。

南北朝動乱期、例えば北畠親房の東条荘から小田城への移動は霞ケ浦なしに理解できぬことであり、永享ごろの霞ケ浦には「商船々」を襲う「海賊」が動いていた(118)。史料に現われることは少ないとしても、この地域の中世史を考えるさい、海民の活動を見落すことは決してできないのである。

この海夫が譲与の対象となったことを根拠に、これを下人・所従的海民と以前には考えたが、この譲与は人身そのものではなく、得分の譲与とみるべきであり、[119]また近世、彼等の後裔が霞ケ浦・北浦等の水面に有した権利は、堅田の琵琶湖に対するそれと同質なので、やはりこれは職人的海民としなくてはならない。[120]

5　総　括

職人的海民の特質は、彼等が自らの生産手段——船・網等をもっているというだけでなく、それ自身、長者・村君・刀禰のような海民集団の首長あるいは老衆であったとみられる点にある。十一世紀半、彼等の間にはすでに分業の発展がみられ、定着・開発を通じて在地領主になるもの、生魚等の交易を中心に商業に携わるもの、広大な海で漁業に従事するもの、舟運を専ら営んで廻船人となるもの、さらには「不善の輩」といわれて海賊的な掠奪を行うものなどが現われてくる。権門はこれに応じて、彼等に課役免除、給免田畠の保証をはじめ海民の職能に即した特権を与え、社会的分業の成果を自らの側に組織しようとしたのであるが、そこで与えられた職能上の特権は、それが漁撈上のそれであるか、交易・舟運上のそれであるかを問わず、共通の特質をもっていた。

それは広大な水面の自由な使用であり、かつて公私その利を共にし、移動する海民たちの共同体が自由に利用・交通してきた水面に対する、いわば自然な本源的権利の倒錯した姿であり、それ自体、一般海民に対して抑圧的な特権であった。実際にそれを完全に駆使しえたのは正員・本供御人・本神人であり、脇住・間人《もうと》・新加神人等には限定されたものしか与えられなかったと思われるが、こうした重層性の基底にあるものがさきのような特権であったことは、確認しておかなくてはならない。

そしてこの特権——水面の自由な使用、諸国市津関渡浦泊の自由な交通等——が、少なくとも西国の場合、基本的には天皇の宣旨によって認められ、天皇家ないしそれと深い関係のある神社に属する人に与えられていることは、さきの権利の性質と関連させてみた場合、きわめて注目すべきことといえよう。それは第一部第一章でものべたように、律令国家における天皇の山野河海に対する支配権——共同体の自然的本源的権利を「公私共利」として認めたうえで成立っている天皇の支配権と、深く関係する問題である。しかもこの特権は、後述する地先漁場に対する権利の成長とともに、狭められ変質しつつも、ついに中世を通じて生きつづけ、近世にもなお、残映というよりははるかに内容あるものとして生命を保っているのである(121)。とすればここに、中世社会にとどまらぬ、日本の前近代社会の特質にふれる根本問題——「海国日本」と天皇制の長期にわたる存続という問題を解く鍵の一つがあるといえるのではなかろうか(122)。

四　下人・所従的海民

河内の水走氏が相伝した所従が海民ではなかったかと、さきにのべたが、その最も典型的な事例である「松浦党」の武士たちの下に見出される海夫を中心に、他の一、二の例を加えて考えてみたい。

1　西北九州の海夫

大宰府からの贄貢進が、その主厨に属する海人に支えられていたこと[123]、恐らく延喜の改革を契機に、大府贄人の活動舞台である筑・肥の広大な水面が宇野御厨とされたこと、十世紀末、贄人羽鳥秀高は筑後川の近くに先祖相伝の地を認められており、十一世紀前半にそれは「桑区」とよばれていたこと等については、すでにこれまでの研究でほぼ明らかにされてきた[124]。寛治三年（一〇八九）、贄人源順及びその贄駈上とみられる松永法師は[125]、この畠地について観世音寺と相論しているが、この順が、これよりさき寛仁三年（一〇一九）に現われる前肥前介源知とともに、後年の松浦党につながる人であったことは間違いなかろう。おそくとも十二世紀半ごろまでに、宇野御厨は贄人によって開発された肥前国の嶋浦の田畠・牧を基礎とする地域的な御厨になってゆくが、ここでは贄人が開発領主として武士団を形成していったことを確認しておきたい。しかし彼等がやはり贄人の子孫らしい性格を身につけていたことは、周知の松浦党の活動によって明らかであろう(126)。そしてそれを支えていたのが海夫・船党だったのである。

海夫の初見は建保六年（一二一八）の源披《ひらく》譲状案で、披は宇野御厨内伊万里浦・福嶋・楠泊などとともに「田平内粟崎海夫五嶋党〻、蒲田網片手」を子息源上《のぼる》に譲っている。この海夫は寛元四年（一二四六）の源上譲状案では「あをさきかいふ」「ふくしまかいふ」といわれ、五嶋大平戸党・小浦党・五嶋今富党とみえ、以後代々譲与の対象となっており、そのなかに「けんさうへたうのいちるいさんそう《（一類三艘）》」のような単位のあったことが知られる。治承年中に荒廃し、鎌倉初期に再開発された伊万里浦には、寛元のころすでに名《みょう》に編成された田地十六町余と薗十三箇所がみられるが、海夫はこの田畠と関係なく嶋・崎などに「党」「一類」といわれた集団をなし、領主の所有とする網とともに譲与されている。寛元の譲状は山野について「ふねをもつくり、かりをもすへきなり」と規定しているが、船木山の支配も領主の手中にあったわけで、海夫の生活の場、基本的生産手段である船も彼等の自由にはならなかった(127)。

伊万里氏と同じく、宇野御厨の志佐浦を知行する松浦党一族の斑嶋渟も、海夫を支配していた。建長六年（一二五四）、渟の所領注文[128]には、「地管地海夫源六一党十艘」が田畠山野とともに書き上げられているが、この場合注目すべきは、海夫の「公事」が定められていた点で、一艘別に干蚫夏五連・秋五連、そのほかに節料として「焼蚫・せんさしの魚・和布・ミそきり・さしあハひ」などがあげられているのである。これはこの地域の海夫が、潜水する海士であったことを明瞭に物語っているが、その領主に対する負担が「公事」といわれている点、その負担の単位が船別であった点からみて、この集団は譲与あるいは売買の対象となっているとしても、船の占有を基礎とした自立性を多少とも保持していたと考えなくてはならない。

海夫は小値賀嶋西浦部（中通島）青方村の領主青方氏の下にも見出せる。鎌倉末期の同氏の所領は、屋敷、わずかな田畠、牛馬を放つ牧、網、塩屋、船木・塩木に使用される山野からなるが、この漁業・製塩を支えた人々はやはり海夫だったと思われ、事実、南北朝末期、質の代として沽却された海夫のいたことが知られる[129]。この辺の百姓は「宿人」の如しと嘆かれたように出入がはげしく、領主たちは百姓を招きすえ、下人・所従を「拘惜」し、確保することに懸命だったが[130]、この下人・所従もあるいは海夫の「拘惜」であったのかもしれない。さきのような「自立性」の反面に、このような事実のあったことも見落してはなるまい。

また、康永元年（一三四二）、松浦西郷佐志村地頭源勤は子女に所領を譲与しているが、成には「浜在家等幷保志賀海夫等但二艘」、披に「保志賀海夫二艘給名字ハ在別紙」、女子姫寿女に「石田海夫助次郎一類等」を譲った[131]。このうち披に譲られた有浦について、永徳二年（一三八二）、披の女、有浦女地頭と次郎三郎与が相論しているが、そのさいこの海夫は「保志賀浦海夫船」といわれている[132]。ここでも、宝治三年（一二四九）の佐志扇譲状に「田畠幷牧・桑垣・船木山」とあるように[133]船木山は領主の手中にあったが、南北朝初頭の海夫はすでに船と切離しがたいものとして扱われ、恐らく彼等の居住した海辺の「浜在家」と、あわせて譲与されている点に注目すべきであろう。船・在家を事実上占有し、浦に定着の拠点をもつようになった海夫をここに見出すことができるが、彼等が網漁業の単位たる二艘を一組に譲与されている点からみて、生活の重心はやはり船にあったと思われる。そして「一類」は「党」よりは小さく、この一組よりはやや大きい集団ではなかったろうか。

こうした海夫船は康応元年（一三八九）、小代堀内親平の知行下にあった肥後国野原西郷にも見出せる。親平はそれを一族の輔平と争っているが、この年の今川貞臣書下[134]は「海磯事」についての本証文に任せ、「猫宮平氏入道屋敷磯畔新堀内、於彼通者、親平知行海夫船等可被繫」としている。「磯畔」を「新堀内」とし、そこに「海夫船」をつないで海民を支配する海の領主の典型的なあり方をここに考えるのは、うがちすぎであろうか。

この地域にしばしば現われる「船党」も、恐らくは海夫船の党であろう。永仁六年（一二九八）、関東御分唐船が有河沖で破損したとき、積載物を運び取った「嶋〻浦〻船党」[135]、正和二年（一三一三）、彼杵《そのき》荘戸町浦地頭深堀時明と野母浦地頭仲家との海の堺をめぐる相論に当って時明によって遣わされ、十余艘の船を駆使して海中得分物を押えた「船党平太夫男幷中間性蓮法師等」などをその例としてあげることができる[136]。この彼杵荘の椙浦には正嘉二年（一二五八）、網船がみえ[137]、正応二年（一二八九）の深堀時光等譲状は高浜村の「くちのふなつさいけ《（在家）》」をのせ、「あミうと《（網人）》、つりうと《（釣人）》らか事」について互いに違乱せぬように規定しているが[138]、これらはそのまま海夫船と考えてよいのではなかろうか。この辺では、正和四年（一三一五）、彼杵行蓮が「有限年貢済物網代用途以下得分物」を抑留したと東福寺から訴えられ[139]、元徳二年（一三三〇）、塩屋のことにふれた深堀時通和与状に、「なかのあしろ《（網代）》ニいたてハうミあひともに」知行すべしといわれている[140]ように、鎌倉末期、網代がその定置される海とともに網場として領主の知行の対象となっている。南北朝期以降、それが小領主たちの間で輪番交替に使用されたことについては、別にのべたが[141]、海夫たちが多少とも漁場に権利をもちはじめるのは、はるかに時代が降ってからのことだったのである。

しかしその反面、恐らく海夫と同質の人々で、農作・狩・網などの労働に駆使されながら「百姓」といわれた人々もこの地域にはあった。鎌倉後期以降、そのなかには、浦部嶋住人馬三郎国末のように多くの船をもち、それを貸して船賃をとる人や[142]、塩二十一石、銭一貫五百文を自らの「負累」として負った「所従」三郎入道得仏のような人もありえたので[143]、建武四年(一三三七)、足利尊氏の軍に点置された高来・彼杵両郡の「有得廻船」[144]は、このような人々と関係があるのではなかろうか。この辺の領主が意外なほどに巨額な銭を動かしているのは、こうした廻船の活動をその支配下においていたからではあるまいか。

そしてそれを襲い、積荷を掠奪したのもこうした領主たちであったが、こうした海賊の取締りに当った検非違所自体にも、海夫が所属していた。宇野御厨の保々木・紐差・池浦・大島の地頭大島通頼は、西宮大宮司職とともに「神官検非違所海夫本司職」を知行し、この職は通綱・通清と相伝されている[145]。これは西宮の検非違所とみるべきであろうが、こうした機関が海夫を統轄していたことは注目すべき事実といえよう。

いずれにせよ、海夫の集団はこの地域の領主にとって、すべての面で生活の土台をなしていたのであり、いわゆる「倭寇」としての活動、朝鮮半島・中国大陸との海を通ずる交易もまた、この人々によって支えられていたと見なくてはならない。

2　南九州の海人

大隅国禰寝《ねじめ》氏の下人・所従を分析した水上一久は、この領主の基礎が単に「水田畠に止らず、狩猟、漁業を大きく含めて考えねばならない」と指摘している。[146] 文永十一年(一二七四)の佐多宗親遺領注進状案にみえる「嶋トマリ」「イカノ浦」「小浦」[147]、建治二年(一二七六)の所従抄帳にみられる「海藤三夫妻」[148]、さらに嘉元三年(一三〇五)、禰寝郡司清治が「当郡南俣名、東南西海辺海人等令漁、東南海上還于湊之時、於伊佐敷海路、押取魚類以下所持物」と「領内湊海人等」に対する伊佐敷親弘の掠奪を訴えている事実等[149]をあわせてみれば、禰寝氏の下に隷属する多数の海人があったとみて、まず間違いなかろう。所従抄帳に現われる「一類」をなす人々のうちに、さきの夫妻以外にも海人がいたことは充分考えうることと思われる。

また薩摩国新田八幡宮執印、五大院院主迎阿は検非違所職をも沙汰しているが、寛元元年(一二四三)の譲状で、「三ケ年一度船造」「人物船引」等にさいしての「瓦板物」「人夫」「加治大工」のことをそれぞれの子息について規定しており[150]、これもさきの大島氏の例とあわせ、検非違所と船との関わりが深かったことを示す例となろう。康永三年

（一二四四）、執印又三郎友雄が紀伊国冷水《しみず》浦住人後藤三等から「船已下勝載物」を奪い取ったとして訴えられている点など(151)からみて、その海上での活動は、太平洋の黒潮の道を通じて、広い範囲に及んでいたものと思われる。

3　総　括

下人所従的海民は生産手段の保有を公的には認められず、領主によって譲与・売買された点にその特質があり、基本的には不自由民であり、奴隷とみなすこともできる。もとより網場についての公認された権利もなく、近世に近くようやくそれを想定することが可能であるにすぎない。しかし、一面、彼等はその住居たる船を事実上占有し、二艘の船を労働単位とする網を曳き、恐らく単婚家族を基礎とする「一類」、それを含む「党」など、それ自体の独自な秩序をもつ血縁的な共同体をなして領主に隷属している。それはときに「公事」を領主に進める形にまでなっていることもあるが、一面領主の恣意でたやすく「一類」あるいは個人に分割され、譲与・売買されたのである。その意味でこれを「海奴」ということも可能であるが、譲与・売買された点から、やはりここでは奴隷と規定しておきたいと思う。ただ船の占有、「公事」の貢進の事実は充分考慮に入れなくてはならないし、逃亡もまた彼等の場合、比較的たやすかったであろう。

　こうした型の海民は三浦・戸田が明らかにした渡辺党[152]や、熊野・伊勢海・瀬戸内海等、海賊で有名な海域にひろく存在していたと思われる。しかし、そのうちでとくに海賊として有名な伊予国忽那《くつな》島地頭忽那氏については、多くの古文書が残されているが、海民について直接語った史料はない。ただそのなかで、元亨四年(一三二四)の真妙譲状に、所従「善得一類」「藤二郎入道一類」「藤次入道男女等一類」がみえる点に注目すべきで[153]、前述の諸例や後述する若狭の浦刀禰の相伝した下人等[154]を参照すれば、これを忽那氏の海上活動を支えた海民と考えることは充分根拠のあることと思う。これまでの下人・所従をめぐる論議の多くは、それをすべて農民とする大前提の上に立っていたと思うが[155]、こう考えれば、それは全く予断と偏見に基づく一面的な見方といわねばならない。もちろん下人・所従のすべてをそう考えるわけではないが、戸田が鋭く指摘しているように[156]、武士団の形成に当って、武士の下に従った非農業民の役割は、あらためて考え直してみる必要があろう。下人・所従という隷属形態そのものが、農業民よりもそうした人々をふくむ戦闘集団により適合的、と考える道もあるいはありうるかもしれないのである。

五　平民的海民

中世、「百姓」とよばれた人々は決して農業民だけでなく、海民をはじめ、主として非農業的生業を営む人々を多数含んでいる。その意味でここでは、近世以降との混同を避けるために、これを「平民」とよぶこととするが、諸国の浦々、島嶼、浜には、こうした海民は数多く生活していた。その中で最も豊富な史料を伝えているのは若狭湾沿岸の諸浦の海人であるが、既往の研究も多く、次章でものべるので、ここでは直ちに総括的にのべることとしたい。

平安末・鎌倉初期、若狭湾の細かく切りこまれた浦々はまだ開発途上にあり、小集団をなした海民は移動を繰り返しつつ、荒浦を求め、領主の保護を得てそこに多少の田畠を開き、定着しつつあった。その集団の性格はさきの海夫と同質と思われるが、彼等の場合、集団の共有する「大網」をもち(157)、その小単位は船を所有していた点、海夫とは決定的に異なる。集団の首長は古くは村君といわれていたとみられるが、鎌倉期、それはすでに大網の指揮者の称号に変化し(158)、集団を統轄する人は刀禰といわれ、定着後は浦の支配者の補任をうけて、荘官的な役割を果した。集団の規模により相違はあろうが、この集団は少なくとも一口の塩釜をもって製塩に従事し、[159]それが漁業とともに彼等の生活を支える重要な柱であった。当然、尨大な塩木を賄うために山が確保されなくてはならなかったが、鎌倉前期、山は多くの場合定着した集団を代表する刀禰の名において占有され、塩年貢を出すことを義務づけられた山守職・山預職として、浦の支配者の補任によって保証された。漁場についてもこの時期には個々人の権利は表面に現われない。もちろんこの海域にも櫓棹の届くまでの海での活動を保証する論理がなかったわけではなく、廻船人の活動はそれを背景としていたが、ここではむしろ浦に定着した海民の現実のなかから、のちに「両方山之懐内者、付其浦漁仕候事」[160]、また「磯海者、就陸地令進退」[161]といわれた「傍例」ないし「浦々大法」が次第に育ち、根を下していった。こうして集団に占有された地先の海での大網や、「大かま」による製塩は、恐らく集団的な労働によって行われたであろう。

しかしいままでひとしなみに集団といってきた海人の共同体は、決して単純な構成で成り立っていたのではない。黒川正宏が指摘したように[162]、その内部にはいくつかの階層がみられた。いま多少大胆にいえば、共同体成員たることを承認されている人々は「大夫」を、そのなかでも有力な人が「権守」を称したと思われ、そのなかで刀禰職を世襲する家は鎌倉前期にはまだ多少の動揺がみられるが、次第に固定しつつあった。成員は定着後それぞれに家屋をもち、ごく少ない田畠をひらいており、恐らく小船は個別に所有していたであろう。それは共同体内での成員の自立性を多少とも保証していた。そして刀禰をはじめ有力な人々は若干の下人を所有している[163]。この共同体は異姓者の集合体であるが、多分、姻戚を含む血縁的関係が、結合の主要な紐帯であったと思われる。もちろん、定着後、血縁以外の事情で浦に新たに入ってくる人々もあったが、それは「間人」[164]「脇」とされ、共同体の占有する海・山については成員と同じ権利を認められなかった。

とすれば、少なくともこの成員については、それを「自由民」とよぶことが許されよう。平民的海民の特質はここにある。もとより定着に当って、彼等は権門・在地領主の保護——在家の供与、権門・領主の占取している山の利用——をうけており、年貢・公事を負担する身であった。また、こうした保護を媒介に彼等を下人・所従として扱おうとする在地領主もありえた[165]。しかし彼等は基本的には百姓としての身分を貫ぬき通し、移動＝逃亡の自由を確保し、なかには賀茂社・日吉社等々の権門につながって、神人としての特権を保証され、職人的海民になる人もあったのである[166]。

鎌倉後期に入ると、こうした海民の生活に新たな発展がみえはじめる。漁場についてのさきの慣行はこのころ「傍例」と主張され、室町期にはついに「大法」となってゆく[167]

が、その上に立って、新たな小型定置網の増加等の網漁業の発展とともに、浦内部の成員の網場が固定し、成員間でそれを交替輪番で行使する慣行が軌道にのりはじめ、浦相互の関係を調整・規定する「中分の法」も、一部に確立してくる[168]。塩木山も成員間の階層を多少加味しつつ平等に分割する慣行が生じており、その権利の売買も見られた。とすれば、製塩もある程度個別的に行われるようになったのではなかろうか。

それを促進したのは、このころから著しく目立ってくる浦々の廻船・塩船の活動であった[169]。王増・徳勝・福勝・泉大郎などの名前をもつ[170]、恐らくは若干大型のこれらの船は、「廻船」とよばれ[171]、多くは刀禰をはじめとする有力な成員のものであり、彼等は塩・米・鮭等の積荷をつんで、「廻船人」といわれ、北は津軽から西は出雲・石見までの北陸・山陰地方沿海を舞台に交易を行い、それによってかなりの銭貨を蓄積して富裕になる人もでてくる[172]。三国湊・小浜はいうまでもなくその中心であった[173]。

以上、若狭湾を中心にのべてきたが、もとより、平民的海民は諸国に広範囲に見出しうる。それに立ち入ることは、いまはさしひかえたいが、鎌倉後期以後、前述したような地先漁場占有の慣行が、次第にしっかり確立するようになると、漁場をめぐる種々の相論がおこってくる点に、ここで注目しておきたい。その一は同質の論理を主張する新旧開発の浦相互の相論で、これは前述した「中分の法」による交替輪番使用等の慣行を発展させてゆくが、とくに考えねばならないのは、第三節でのべた志摩国伊雑浦にみられたような、職人的海民のもつ特権との矛盾である。瀬戸内海でも、伊予国弓削嶋荘で網人とよばれた百姓に引かれていた網が、文永ごろ御年貢の随一として注目され、鎌倉後期には網場が固定してくるので（第二章第二節に後述）、衝突にいたらぬまでも、供御人・供祭人の特権は否応なしに狭められていった。このいわば異質ともいうべき権利の矛盾・対立が、近世にいたるまでつづいた点に、[174]さきにもふれた重要な問題がひそんでいるが、それは「磯猟は地附根附次第なり、沖は入合」という形で一応おちついた近世漁業の問題をもふくめてあらためて、考えられなくてはならない。

結

この平民的、職人的、下人・所従的海民は現実にはそれぞれ交錯しあっており、社会的分業が一段と発展する南北朝期以後は、こうしたとらえ方では片づかぬ問題がでてくることはいうまでもない。しかし、もしもこれまでのべてきたことが認められるならば、鎌倉期までの海民の社会は、なお「未開」の生命を十分に潜在させていたといわなくてはならない。この「未開性」が、中世、ひいては日本の社会にいかなる意味をもっていたか、今後さらに考えていきたいと思っている。

(1) 枚挙にいとまないが、おもなもののみをあげれば、宮本常一『瀬戸内海の研究』㈠（未来社、一九六五年）、同『海に生きる人びと』（同社、一九六四年）、『桜田勝徳著作集』1～7（名著出版、一九八〇―八二年）、最上孝敬『原始漁法の民俗』（岩崎美術社、一九六七年）等。

(2) 有賀喜左衛門『一つの日本文化論』（未来社、一九八一年）三「「聟入考」と柳田国男」。

(3) もとよりそうした思想を持つ民俗学者がないというのではない。しかしそれが民俗学そのものを批判する理由に全くならないことは、いうまでもなかろう。皇国史観を持つ歴史家がいるからといって、歴史学そのものを批判する人がいたとき、さきのように民俗学を批判する人々はどのように反論するのであろうか。これはかつて社会学あるいは社会学的という言葉が、近代化論に対する批判の語としてさかんに用いられたことにも全く共通する問題である。こうした倨傲な姿勢を黙過しておくことは、歴史学をやせ細った貧しいものにし、やがて枯死する道に進ませることとなろう。文化人類学・民族学・地理学等々についても全く同じことがいいうる。阿部謹也・網野『対談 中世の再発見』（平凡社、一九八二年）参照。

(4) ともに、日本歴史地理学会編『日本海上史論』（三省堂書店、一九一一年）所収。

(5) 『日本古代漁業経済史』（改造社、一九四九年）、『日本漁業経済史』全四冊、『日本近代漁業経済史』全二巻（以上、岩波書店、一九八二年再刊）、『漂海民』（岩波新書、一九六三年）等。

(6) 総有説に対する批判は山口和雄によって、戦前から行われていたが(『日本漁業経済史研究』北隆館、一九四八年、第二)、戦後、二野瓶徳夫によって展開された批判(『漁業構造の史的展開』御茶の水書房、一九六二年)は、最も全面的で、すぐれた個別研究にうらづけられている。それは近世農業史の明らかにしてきた総百姓入会成立の論理を漁場に適用したものであるが、次元をかえれば、なお羽原が総有説を提唱した意図を生かす余地があると思う。三鬼清一郎「水主役と漁業構造」(宝月圭吾先生還暦記念会編『日本社会経済史研究』近世編、吉川弘文館、一九六七年)は、農業史との類型的対比ではなく、漁業それ自身の立場から漁場所有の問題をとらえ、その独自な論理を明らかにすべきことを強調しているが、従うべき見解と思う。

(7) 渋沢自身のこの分野に関する著書としては『祭魚洞襍考』(岡書院、一九五四年)があげられるが、詳細は当面『渋沢敬三先生景仰録』(東洋大学、一九六五年)の巻末年譜資料参照。また、渋沢とアチック・ミューゼアム(日本常民文化研究所)については渋沢敬三伝記編纂刊行会編『渋沢敬三』上・下(一九七九年・一九八一年)参照。

(8) 『アチックミューゼアム(日本常民文化研究所)彙報』六十冊、『同ノート』二十四冊(『日本常民生活資料叢書』全二十四巻として、三一書房より再刊、一九七二―七三年)、戦後『同彙報』二冊につづけて『常民文化研究』二十三冊、『常民文化叢書』九冊を刊行、そのほか、日本学士院日本科学史刊行会編『明治前日本漁業技術史』(日本学術振興会、一九五九年)、日本常民文化研究所編『日本水産史』(角川書店、一九五七年)などは、この分野での不朽の成果といえよう。

(9)『紀州加太の史料』(一九五五年)、『陸前唐桑の史料』(一九五五年)、『備中真鍋島の史料』五冊(一九五五―五七年)等で、唐桑以外は未完である。ただ、これらの史料の筆写原稿を作成した、藤木喜久麿・坪井鹿次郎などをはじめとする人々のことも忘れてはならない。

(10)水産庁の委託費で、日本常民文化研究所月島分室によって行われ、一九四九年から六年間継続した。同所編『漁業制度資料目録』第一～九集(一九五〇―五三年)はその成果の一部である。

(11)すでに周知のように、財団法人日本常民文化研究所は、一九八二年三月末に解散、神奈川大学日本常民文化研究所として転生し、三十万枚に及ぶ筆写本も同所に移管されている。この経緯については「座談会　渋沢敬三と日本常民文化研究所」(『月刊百科』二三五号、一九八二年)参照。

(12)拙著『日本中世の民衆像――平民と職人』(岩波新書、一九八〇年)〔⑧〕参照。

(13)注(8)前掲『明治前日本漁業技術史』はその分類によっている。

(14)『世界歴史事典』(平凡社刊)は、紀伊漁業・若狭丹後漁業・瀬戸内漁業など、地域による分類を試みている。

(15)注(5)前掲『日本古代漁業経済史』一六四頁以下参照。

(16)『日本漁業史』(東京大学出版会、一九五七年)。

(17)海民ではないが、近江国葛川に「一類」をなした「諸国流浪の悪党」が、鎌倉期にはじめて定着している事実を想起されたい。

(18)『蔗軒日録』文明十八年三月廿三日条。

(19)注(1)前掲宮本常一『海に生きる人びと』五七頁参照。

(20)河岡武春「呉・瀬戸町の網座について」(『芸備地方史研究』三号、一九五三年)、「能地漁民の展開」(『民間伝承』一五―一二、一九五一年)。

(21)これらについての文献は、さしあたり注(5)羽原又吉『漂海民』の巻末注を参照。

(22)大山喬平「中世社会の農民」(『日本史研究』五九号、一九六二年、『日本中世農村史の研究』岩波書店、一九七八年に収む)参照。

(23)若狭国多烏浦を開発した秦氏兄弟の日向浦からの「逃亡」、また同国宮河荘百姓乗蓮の嫁取のための越前国への「逃亡」等。このような観点で見直してみれば、これまで知られた浮浪・逃亡の事例のなかにも、むしろたくましい生活の息吹を感じうるような例を、まだ多く見出せるのではなかろうか。直木孝次郎・戸田芳実が注目した「富豪浪人」は、まさしくその実例であろう。

(24)これは古代の実情が明らかにされて、はじめて解決可能となろう。近年の薗田香融「古代海上交通と紀伊の水軍」、狩野久「御食国と膳氏――志摩と若狭」(ともに、坪井清足・岸俊男編『古代の日本』5、近畿、角川書店、一九七〇年所収)などにより、こうした問題を考えるための道はひらかれつつある。

(25)延暦十七年(七九八)、網曳長・江長は内膳司に隷することになった。『類聚三代格』巻四。

(26) 滝川政次郎「雑供戸考」(『律令諸制及び令外官の研究』法制史論叢第四冊、角川書店、一九六七年所収)。

(27) 直木孝次郎「贄に関する二、三の考察」(竹内理三博士還暦記念会編『律令国家と貴族社会』吉川弘文館、一九六九年)。『延喜宮内省式』の諸国所進御贄の節料・旬料・正月三日節料は、『同内膳司式』の諸国貢進御贄のなかにみえるが、前者の諸国例貢御贄は、後者の年料御贄と一致しない。なおこの制度の変遷についての近年の研究は、第一部第一章参照。

(28) 「御厨と在地領主」(木村武夫編『日本史の研究』ミネルヴァ書房、一九七〇年)。

(29) 注(28)戸田の論稿参照。狩取については本章で後述する。

(30) 赤松俊秀「座について」(前掲『古代中世社会経済史研究』平楽寺書店、一九七二年所収)に紹介された「大谷氏所蔵文書」元永二年七月十六日、官宣旨抄案(『平安遺文』九―四六七〇)、及び『山槐記』応保元年九月十七日条参照。この請文は牒に対して出されているが、恐らくこれは蔵人所牒で、延喜のころの同所の役割がうかがわれる。

(31) 「今宮村文庫文書」文永十一年正月廿五日、蔵人所牒案。

(32) 『高野山文書之六』又続宝簡集八十一、一四七一号、寛元二年七月十七日、六波羅裁許下知状案(鎌9・六五二二)。

(33) 弥永貞三「律令政治」体系日本史叢書1『政治史I』山川出版社、一九六五年)一〇三頁、菊池京子「「所」の成立と展開」(『史窓』二六号、一九六八年)。

(34) 注(28)論稿一一七頁以下。

(35)「九条家本延喜式紙背文書」(『平安遺文』一―二九〇・三―八九四)。『平安遺文』の編者はこの郷を紀伊国としているが〔校注二三〕、丹波国であることは、薗田香融「古代末期のある徴税文書」(『史泉』三〇号、一九六五年)で明らかにされた。
(36)『東大寺文書之三』(東南院文書之三)五九〇号㈢、天喜四年二月廿三日、藤原実遠所領譲文案(『平安遺文』三―七六三)。
(37)同書はこの年七月廿二日条に「令御厨子所預始供精進御菜」とも伝えており、同所預の管理する御薗などからの供御貢進の体制が整いつつあることを示している。
(38)前掲赤松・戸田の論稿のほか、西岡虎之助「荘園における倉庫の経営と港湾の発達との関係」(『荘園史の研究』上巻、岩波書店、一九五三年)に詳しい。西岡はこのほかその論著の各所で漁民をはじめ非農業民に深い注目をはらっており、本章もそれによるところが多大である。
(39)前掲「大谷氏所蔵文書」御厨子所公人等重訴状の副進具書。
(40)『中右記』元永二年三月廿日・六月七日・同八日条、供御人という人的関係を通じて田畠を御厨領としようとする露骨な動きがあったことがうかがわれる。
(41)注(30)所掲文書。
(42)注(30)論稿及び「供御人と物」(『京都大学文学部五十周年記念論集』京都大学文学部、一九五六年、注30前掲『古代中世社会経済史研究』に収録)四〇三頁。赤松は延喜にこの検注が行われたと解しているが、それはやはり元永のこととすべきであろう。

(43) 御厨検校は『早稲田大学所蔵荻野研究室収集文書』上巻、五九六号、揚名介事勘文。御厨司は「九条家本延喜式巻十二紙背文書」長元四年正月廿三日、右衛門府解（『平安遺文』二―五一七）。

(44) 注(39)文書、前掲〔第一部第一章注(152)〕三浦圭一「中世における畿内の位置」（『中世民衆生活史の研究』思文閣出版、一九八一年）参照。

(45)「水走文書」建長四年六月三日、藤原康高譲渡証文目録写〔鎌10・七四四五〕。

(46) 注(30)『山槐記』。

(47) 注(39)文書。

(48)「京都大学所蔵兵範記嘉応元年十月巻紙背文書」年未詳六月十三日、右衛門督某下知状〔平9・四八三七〕。

(49)「石清水文書石清水璽御筥事紙背文書」石清水八幡宮文書目録（『鎌倉遺文』六―四四三〇）に「一通　文治三年九月、依河内国大江御厨司等訴訟、被停止宮寺之雑役　宣旨」がある。

(50)「経光卿大仁王会参仕記紙背文書」年月日未詳、四天王寺所司重申状。

(51)「三宝院文書」建武四年十月十二日、醍醐寺領河内国郡荘内検目録案に、「御厨取田」として現われるのは、この御厨の田地であろう。そこに「番頭給　壱段」がみられる点にも注目すべきで、これは供御人がここでも番に編成されていたことを示すものではなかろうか。逆に御厨の田地が他荘によって侵食されることもあったので、「宮内庁書陵部所蔵文書」元弘三年五月二十四日、内蔵寮領目録によると、玉櫛荘の土民による押領が行われていた。また『経俊卿記』康元二年三月十六日条に、大江御厨のことについて「可仰遣武家」とある点からみて、惣官渡部氏・遠藤氏・水走氏はもとより、この御厨に武家に関係する人々のいたことを知りうる。

(52) 第一部第一章第三節A。

(53) 注(51)前掲、内蔵寮領目録。

(54) 注(39)文書。

(55) 注(31)文書。

(56) 第一部第一章第三節C。

(57) 「京都御所東山御文庫記録」乙二十三、年月日未詳、訴陳文書目録。

(58) 『高野山文書之六』又続宝簡集八十一、一四七一号、康平三年三月十八日、蔵人所牒案（『平安遺文』三―九五三）。この文書を様式上、多少疑問とする見方もあろうが、「京都御所東山御文庫記録」甲七十、大治元年五月廿三日、蔵人所牒案に、同じ年、同趣旨の牒が下っていると伝えられている点からみて、私は充分に根拠はある文書と思う。

(59) 注(32)文書。

(60) 注(28)「御厨と在地領主」。

(61) 「九条家本延喜式巻三十九紙背文書」長元八年十月十一日、某郷刀禰解（『平安遺文』二―五四七）、『西宮記』巻八に「禁河（埴河左衛門府検知 葛野河右衛門府検知）已上夏供鮎」とある点参照。

(62)「三条家本北山抄紙背文書」長保元年四月一日、衛門府月奏文(『平安遺文』二―三八〇)に「竹林正共　上日十五淀御贄所」とあり、「宇治関白高野山御参詣記」永承三年十月十一日条に「淀供御所執行」とある。

(63)『春記』長久元年六月十一日条。

(64)『東大寺文書之五』七十三号㈠、嘉承元年五月廿九日、官宣旨(平4・一六六〇)に「去寛治三年春日行幸間雑事、同四年淀狩取等濫行事」とある点参照。

(65)『経俊卿記』正嘉元年五月八日条。『禁秘抄』上に「供御六府御贄供先例」とあり、鎌倉期には、これに近衛府が関わっていたことも考えられる。

(66)「見聞筆記」拾三、元応元年七月七日、関東下知状写(瀬野精一郎編『鎌倉幕府裁許状集』上、二七九号)(鎌35・二七〇八九)。

(67)「内蔵寮経済と供御人」(『史学雑誌』四九―八・九、一九三八年)。

(68)福田栄治「旧巨椋池漁村の生活習俗――久世郡久御山町東一口の場合」(『資料館紀要』一〇号、一九八一年)。

(69)注(45)文書。

(70)第一部付論1。

(71)注(66)文書。

(72)「狩野亨吉氏蒐集文書」弘長三年四月卅日、神祇官下文。

(73)「勧修寺本永昌記紙背文書」永万元年七月八日、志摩国答志嶋御贄奏状(『平安遺文』七―

三三六〇）。
(74)「徴古文府」年未詳八月十八日、勾当内侍御教書案など。なおこの供御人については拙稿「中世の桑名について」（『名古屋大学文学部研究論集』史学二五、一九七八年）〔⑬〕参照。
(75) 第二部第二章。東宮御厨が大和・志摩・若狭・紀伊・淡路・出雲・備後にあったことは、『中右記』康和五年十二月五日条にみえる。
(76)『類聚符宣抄』第七、康保五年六月廿九日、紀伊国司解。
(77)『勘仲記』弘安十年七月十三日条。
(78)『中世法制史料集』第一巻、追加法六〇二条にみられる「御厨」を、この宇野御厨のこととするならば、それは宇佐社以外の神社の荘となっていたと考えなくてはならない。
(79) 第一部第二章。
(80)『玉葉』治承五年四月三日・同四日・十一月五日条など。拙稿「悪党の系譜」（岡見正雄・角川源義編『太平記・曾我物語・義経記』角川書店、一九七六年）〔⑥〕。
(81)「厳島文書」（新出）仁安元年十一月十七日、伊都岐島社領安芸国志道原荘倉敷内畠在家立券文（『広島県史』古代中世資料編Ⅲ）〔平７・三四〇四〕。
(82)「大乗院文書」雑々引付、正和四年四月十四日、良衛奉書（福井県立図書館・福井県郷土誌懇談会共刊『小浜・敦賀・三国湊史料』）〔鎌33・二五四七八〕。
(83) 魚澄惣五郎・松岡久人「厳島神社所蔵反古裏経について」（『史学雑誌』六一―三、一九五二年）。

(84)注(1)前掲『海に生きる人びと』。
(85)例えば『尼崎市史』第一巻、戸田芳実執筆分。また最近では、保立道久「中世前期の漁業と庄園制——河海領有と漁民身分をめぐって」(『歴史評論』三七六号、一九八一年)。
(86)『東大寺文書之五』七十三号(一)、寛治六年八月五日、鴨御祖大神宮牒案(平4・一三一一)。
(87)『東大寺文書之三』(東南院文書之三)六四八号、久安三年十一月八日、官宣旨(平6・二六三三)。
(88)「賀茂社諸国神戸記」寛治四年三月廿四日、鴨御祖大神宮申状案(平4・一二八七)。
(89)「賀茂別雷神社文書」貞永元年六月卅日、官宣旨(鎌6・四三三七)。
(90)「勧修寺家本永昌記紙背文書」建久八年十一月日、鴨御祖社司等申状及び宇治内鱣請等陳状(鎌2・九四七、九四八)。この鱣請は鱣とりなどとして他の地方にも現われる原始漁法に携わった人々であろう。
(91)注(89)文書。
(92)「鴨脚秀文文書」鴨社の社領・遷宮等の由緒を記した記録。なおこの辺の事情については拙稿「中世の堅田について」(『年報中世史研究』六号、一九八一年)[⑬]、「日本中世都市をめぐる若干の問題——近江国高島郡船木北浜を中心に」(『年報中世史研究』七号、一九八二年)[⑬]参照。
(93)『東大寺文書之六』一六七号、承安五年正月十六日、鴨御祖社禰宜鴨祐季申状(平7・三六七二)。

(94) 注(92)記録。

(95) 前注記録に、播磨国伊保崎、伊予国宇和郡六帖網、紀伊国紀伊浜、伊予国内海、讃岐国内海、豊前国江嶋、豊後国水津木津、周防国佐河中嶋御厨とある。ここには記されていないが、「仁尾賀茂神社文書」観応元年十二月十七日、細川顕氏禁制案(『新編香川叢書』史料篇(二))に「鴨御祖社領讃岐国内海津多嶋供祭所」とあるように、この内海・浜・江・嶋・津等には、それぞれに供祭人=神人の根拠地である供祭所・御厨があったものと思われる。なお、この「仁尾賀茂神社文書」については、和田正夫・棚橋光男・小川信等がすでに言及している。

(96) 「賀茂別雷神社文書」寿永三年四月廿四日、源頼朝下文案(平8・四一五五)に、賀茂社領が列挙されているが、このうち近江国安曇河御厨、遠江国落居浜、播磨国室塩屋御厨、周防国矢嶋・柱嶋・竈戸関、紀伊国紀伊浜御厨、越中国新保御厨などが、注(95)の鴨社領と同じ性質の御厨であったと思われる。

(97) 注(92)記録。

(98) 「東大寺文書」第四回採訪、文永三年十一月日、東大寺衆徒申状案(鎌13・九六〇二)。

(99) 船木北浜・堅田のこの特権については喜多村俊夫『近江経済史論攷』(大雅堂、一九四六年)が詳細に明らかにしている。なお、注(92)拙稿参照。

(100) 「仁和寺記録紙背文書」文治三年二月十一日、物部氏女譲状案(鎌補1・補四七)、建久三

年四月日、賀茂社領紀伊国久見和太貢菜人等連署証状案〔鎌2・五九二〕（相田二郎「船の丸号に関する新史料」相田二郎著作集3『古文書と郷土史研究』名著出版、一九七八年所収）。この供菜人は、紀伊浜御厨に関わる人々であろう。

(101) 保立道久は、注(85)所掲の論稿において拙論を批判し、この供祭人の「広域的漁場権」は「それを構成する要素からみれば、個々の浦の領有の統一的集合のあり方として理解できる」とし、その領有対象は「浦の土地（地先の「魚付要所」の水面を含む）」であったとする。そして、そこには「庄園制的な四至内領有の論理が存在していた」とみている。次章で後述するように、「櫓棹杵通路浜、可為当社供祭所」という文言を「棹立」にまで及ぼした私の解釈は明らかに誤りであったが、この特権を浦の土地の支配の延長としてとらえようとする保立の所論には、依然として従い難い。たしかに、保立が的確にのべたように、「上鴨社領播磨国室塩屋御厨の揖保川への簗の設置が上流の新熊野社領浦上庄庄官によって妨害された際」本社の神官が揖保川に対する権利を「当社四至内」と主張したことは事実とみてよかろうが、恐らくこれは、別稿（注92所掲）でもふれた安曇川御厨供祭人と河岸に所在する河上荘・善積荘・比叡荘との対立と全く同じ事態と理解すべきであろう。もとより本文に引用した、安曇河流の上は涌水から下は河尻までの支配を主張する賀茂社及び供祭人の論理も、「四至」の主張とみなすことはできよう。しかしそれは、荘園の土地――田畠の領有の延長として、まさしくそこに接続する河の水面を支配しようとする論理とは、真向から衝突する論理であり、質を異にする論理とみなくてはならない。

保立の主張を貫ぬくならば、近江の堅田に根拠をおいた堅田供祭人は、琵琶湖の各所に供祭所を設定し、琵琶湖の水面全体を支配すべく動かなくてはならないであろう。しかし堅田供祭人は、そうした「個々の浦の領有の統一的集合」として、琵琶湖の「広域的漁場権」を確保したわけでは決してなかったのである。なぜなら、供祭人の特権は個々の浦の土地、個々の荘園的土地所有の上に立脚したものではなく、あくまでも河海・湖そのものに即した特権だったからであり、そう考えなくては、諸国の供祭人が自由通行権を保証されて広く交易に従事した事実の意味も、全く解し難いことになってしまうと私は考える。とすれば、個々の浦の共同体による占有、個々の荘園支配者による領有の及ばぬ河海・湖等の水面の特質、及びそうした特質を持つ場に対する支配は、個々の占有・領有及びそれの及ぶ場とは異なる質を持つものとしてとらえなくてはなるまい。全く適切な表現といい切るつもりもないが、私はそれを「無主」「無所有」といい、そこに少なくとも西国においては、鎌倉期を通じて天皇の実質的な支配権が及んでいたことを主張したのであり、第一部でも詳述した通り、いまもそう主張したいと思う。

保立の労作によって、さきの占有・領有のあり方が豊富な事例によって明らかにされたことは大きな収穫であったが、水面のすべてをその延長としてとらえる見方に固執するならば、海民の活動は全くせせこましいものとしてしかとらえられなくなり、さらに近世にいたるまで明瞭に確認できる河海・湖に対する支配と、土地に対する支配との乖離の問題、そこに姿を見せている日本の権威と権力の深奥部の問題は、ついに永久に理解し難いものになってしまうのではなかろうか。保立の再考を期待したい。

(102) 注(92)及び注(96)の記録・文書参照。

(103) 「神宮雑書」建久七年四月十五日、伊勢神宮神主帖(鎌2・八四二)。

(104) 『三国地誌』巻九十七、正和四年十一月日、物部泰実解。

(105) 「皇太神宮建久已下古文書」建久三年八月日、二所太神宮神領目録(鎌2・六一四)。

(106) 『春日社記録』日記三、弘安三年五月十九日条など。

(107) 『春日神社文書』第三巻、建武四年六月十一日、室町幕府御教書。和泉の春日神人の多くはこうした性格を持っていたと思われる。前掲(第一部第三章注(92))丹生谷哲一「和泉国における春日社神人」(『忠岡の歴史』三号、一九八三年)参照。

(108) 「多良家文書」(伊賀敏郎編『滋賀県漁業史』上(資料)所収、本文庫下巻一八頁後掲)。

(109) 注(72)文書。

(110) 「気比宮社伝旧記」建暦二年九月日、越前国気比太神宮政所作田・所当米等注進状(鎌4・一九四五)。

(111) 「浄土寺文書」貞和二年十二月廿一日、高師泰書下案。

(112) 注(81)文書、及び「厳島文書」(新出)寛元二年八月日、両倉敷作畠下地目録注進状(『広島県史』古代中世資料編Ⅲ)(鎌9・六三六八)。

(113) 「梅松論」。

(114) 「伊豆山神社文書」文永九年十二月十二日、関東下知状(注66前掲『鎌倉幕府裁許状集』

上、一三一号)〔鎌15・一一一五六〕。

(115)「旧大禰宜家文書」至徳四年五月一日、香取社大禰宜長房譲状(『千葉県史料』中世篇、香取文書一五三号)。

(116)「櫟木文書」大治五年六月十一日、平経繁私領寄進状案(『茨城県史料』古代編)〔平5・二一六一〕。

(117)「大禰宜文書」建長七年八月日、摂政太政大臣家鷹司兼平政所下文(『茨城県史料』中世編I、鹿島神宮文書三二〇号)〔鎌11・七八九六〕。

(118)「鳥名木文書」年未詳正月十七日、鳥名木国義譲状案(同右、鳥名木文書二一号)。

(119)例えば『八坂神社文書』下、一二七三号、文保二年二月四日、法印顕舜所領譲状〔鎌34・二六五四二〕に、綿神人、塩梅神人がのせられているが、これは得分の譲与とみるべきであり、下人の譲与とは意味が異なる。

(120)なお海夫という語は『小右記』長徳三年十月一日条にも、高麗人が来寇し、奄美島などの「海夫等宅」を焼亡したとあるように、一般的に海民をさす語と思われる。

(121)前述の和泉佐野浦の漁民、堅田浦の漁民、船木北浜の漁民をはじめ、近世にみられる特権的ないし特異な活動をみせる漁民を考えている。

(122)南朝と海賊との深い関係を解く鍵もここにあるのではなかろうか。

(123)竹内理三「大宰府政所考」(『史淵』七一輯、一九五六年)、平野邦雄「大宰府の徴税機構」(注27前掲『律令国家と貴族社会』所収)。

(124) 注(28)戸田芳実論稿。
(125) 『東大寺文書之三』(東南院文書之三)八五七号、筑前国観世音寺領把岐庄文書案(平4・一二七二、一二七五、一二七七、一二七八)。この源順を「浦主」は倭名抄の作者の順とし、戸田も否定していないが、「件地賛人源順先祖相伝所領也」という文言から、十世紀の順を考えることは不可能である。
(126) 瀬野精一郎「鎌倉時代における松浦党」(『日本歴史』一四四号、一九六八年)。
(127) 「伊万里文書」建保六年八月日、源披譲状案(鎌4・二三九五)、寛元四年八月十三日、源上譲状案(鎌9・六七二七)、文永六年七月廿日、源留譲状案等(鎌14・一〇四五九)。
(128) 福田以久生・村井章介編『肥前松浦党有浦文書』(清文堂出版、一九八二年)二号(鎌11・七七三四)。
(129) 史料纂集『青方文書』第二、三五一号、嘉慶二年卯月十三日、某海夫沽却状案。
(130) 拙稿「青方氏と下松浦一揆」(『歴史学研究』二五四号、一九六一年)[⑥]参照。
(131) 注(128)文書五〇・五一・五六号、康永元年十一月七日、佐志勤譲状案。
(132) 同右一三二号、永徳二年四月五日、今川了俊貞世書下写。
(133) 同右一〇号、弘安二年十月八日、関東下知状案(鎌18・一三七三二)。
(134) 「小代文書」康応元年五月廿六日、今川貞臣書下。
(135) 『青方文書』第一、七三号、永仁六年六月廿九日、関東使者義首座注進状案(鎌26・一九七二四)。

(136)「深堀家文書」正和二年八月日、深堀仲家陳状案〔鎌32・二四九七〇〕。
(137)同右、正嘉二年十二月廿六日、肥前国彼杵荘惣地頭代後家尼某請文〔鎌11・八三三五〕。
(138)同右、正応二年六月廿六日、深堀明心・同時仲連署譲状〔鎌22・一七〇四七〕。
(139)「前田家所蔵東福寺文書」正和四年三月十六日、鎮西裁許状〔鎌33・二五四五二〕。
(140)「深堀家文書」元徳三年八月十五日、深堀時通和与状〔鎌40・三一四九二〕。
(141)注(130)拙稿。
(142)『青方文書』第一、六六号、永仁二年八月日、青方高家陳状案〔鎌24・一八六五八〕。
(143)同右一二五号、年月日未詳、青方覚念陳状案〔鎌31・二三七三七〕。
(144)「深堀家文書」建武四年十月廿五日、源俊賢施行状。
(145)「鍋島文書」二、貞応三年六月十六日、少弐氏分国守護所牒案〔鎌補2・補八四八〕、同上、寛喜元年十月卅日、関東下知状写〔鎌補2・補九八七〕、「来嶋文書」文永七年九月十五日、沙弥乙啓書状〔鎌14・一〇六九三〕。
(146)『中世の荘園と社会』(吉川弘文館、一九六九年)一四三頁。
(147)「禰寝文書」文永十一年九月日、佐汰宗親遺領注進状案〔鎌15・一一七二三〕。
(148)同右、建治二年正月卅日、建部清綱所従抄帳〔鎌16・一二二二三〕。
(149)同右、嘉元三年十二月三日、大隅守護北条時直裁許状〔鎌29・二二四〇四〕。
(150)『新田神社文書』(一)、一二二号、寛元元年八月十日、五大院主迎阿譲状〔鎌9・六二二四〕。
(151)同右四五号、康永三年二月四日、室町幕府奉行人連署奉書。

(152) 注(44)三浦・注(28)戸田論稿。第一部付論1参照。

(153) 『忽那家文書』(景浦勉編、伊予史料集成第1巻)元亨四年七月三日、尼真妙譲状〔鎌37・二八七七八〕。

(154) 「秦文書」(『小浜市史』諸家文書編三、一九八一年所収)正応四年十二月廿日、秦守重譲状〔鎌23・一七七七六〕。

(155) 水上一久の視点はそれと異なっている。

(156) 「国衙軍制の形成過程」(日本史研究会史料研究部会編『中世の権力と民衆』創元社、一九七〇年)。

(157) 五味克夫「中世開発漁村の変遷——若狭田烏浦の場合」(『鹿児島大学文科報告』第八号、史学篇第五集、一九五九年)。

(158) 「秦文書」弘安元年十二月日、壬生家門下知状〔鎌18・一三三四六〕には、由留木大網の「むらきミ職」とあり、「大音文書」(福井県立図書館・福井県郷土誌懇談会共刊『若狭漁村史料』所収)暦応五年二月十六日、助六譲状には「本あミのむらきミ」とみえる。

(159) 渡辺則文「中世塩業の展開」(日本塩業研究会編『日本塩業の研究』第五集、一九六二年)、拙稿「平安時代末期〜鎌倉時代における塩の生産」(『日本塩業大系』原始・古代・中世(稿)、一九八〇年所収)〔9〕。

(160) 「秦文書」年未詳十二月二日、小槻国親書状〔鎌29・二二〇四四〕。

(161) 「上野山文書」(前掲『若狭漁村史料』所収)永享八年六月廿日、天竜寺息心周銘袖判下知状。

(162)「中世海縁村落の社会構造」(『史学研究』六一号、一九五六年)、「中世海縁村落における浦刀禰の存在形態」(『歴史教育』六―一〇、一九五八年)、「権守について」(『日本歴史』一五〇号、一九六〇年)。

(163)注(154)文書のほか、常神浦刀禰の女のもつ男女五人の下人(「大音文書」正和五年十一月日、忠国陳状案〈鎌34・二六〇三六〉)。なお、刀禰という職は、中世、若干の例外はあるが海辺に特徴的にみられる。私は刀禰が本来、共同体を代表する首長の呼称であり、共同体的な関係が強い海民、非農業民の社会にのちまで残ったのだと思うが、これについては別の機会にゆずりたい。

(164)「大音文書」元亨二年三月十日、代官左近将監長延書下〈鎌36・二七九七八〉。

(165)例えば「安倍文書」(『小浜市史』諸家文書編二、一九八〇年所収)嘉元三年二月日、志積浦刀禰安倍景延陳状土代〈鎌29・二二二一六〉。

(166)山門による日吉神人の組織、賀茂社の供祭人については、拙稿「若狭国における荘園制の形成」(竹内理三博士還暦記念会編『荘園制と武家社会』吉川弘文館、一九六九年)〔④〕参照。

(167)注(161)文書。

(168)注(157)五味論稿、楠瀬勝「中世の若狭網場漁業をめぐる二・三の問題――その成立と網について」(読史会編『国史論集』一、一九五九年)。

(169) 村井康彦「中世漁村の成立過程――若狭国遠敷郡多烏・汲部両浦の場合」(『国史論集』一)、小葉田淳「中世、若狭の廻船について」(福井県立図書館・福井県郷土誌懇談会共編『日本海海運史の研究』一九六七年)。

(170)「秦文書」文永九年二月日、得宗北条家過所旗章(鎌14・一〇九八七)に「多烏浦船徳勝」、同上、永仁七年二月十一日、某証状(鎌26・一九九四六)に「王増」「弥権守」「泉大郎」などの船名がみえ、同上、貞和四年四月日、天満宮造営助成注文案にも「くらまさり」「新三郎」「飯泉」「横増」などが見出される。

(171)「安倍文書」年月日未詳、三方寺内志積浦廻船人等申状案(鎌19・一四七六二)の「廻船人」、同上、年未詳正月十五日、源頼貞書状(鎌19・一四七六三)の「廻船」、「大音文書」年月日未詳、某注進状の「御賀尾浦之塩船」など。

(172)「関東御免津軽船」の活動については、徳田釼一著・豊田武増補『増補中世における水運の発達』(巌南堂、一九六六年)等で周知のことである。

(173) 豊田武・井上鋭夫「中世の三国」(『三国町史』一九六四年)第一節。

(174) 注(99)喜多村俊夫著書に詳述されている琵琶湖における堅田と他の諸浦の争い、後述する霞ケ浦における四十八津と各津との矛盾など。

(付記) 本章は、一九六九年、羽原又吉・宇野脩平両氏の逝去の報を聞き、思い立って準備をはじめ、翌年成稿したものに加筆修正を加えた。結局、両氏よりうけた学恩にこたえるには余りにもまずしいものしかできなかったことを恥じるとともに、もはや永久に両氏の御批判をいただけなくなってしまったことを深く悔まざるをえない。両氏の御冥福をあらためて心からお祈りしたい。

第二章　若狭の海民

一　「浦」の成立

1　はじめに

中世、諸国の大田文《おおたぶみ》に、郷・保・名《みょう》などの諸単位とともに、「浦」が一個の自立した単位として現われることは、周知の事実である。そのうち、とくに海と関わりの深い若狭国の大田文では、「浦」が全体として独自な扱いをうけ、まとめて記載されていることも、よく知られている[1]。

しかし律令制下、王臣貴族・寺院等の占有を禁じられ、「公私共利」の原則のもとにおかれていた「山沢嶋浦」のうち、「浦」がこのような独自な単位として、知行の対象となるにいたるまでの過程については、案外、本格的に追究されることがなかったように思われる。たしかに、それを荘・保・名等の形成過程とともに、中世的な土地制度形成の一環としてとらえることは可能であり、また必要でもある(2)。だが、浦に生きた人々の生業・生活のあり方が、一般の荘・保などで生活する農民のそれとは明らかに異なっている以上、それを直ちに一般的な「土地制度」の問題に解消してしまうわけにはいかない。それでは、豊かな日本の民族史を、不当に矮小化、単純化することになる、と私は考える。浦のあり方は、このような浦に生きた人々――海民(海人)の生活と生産に即して考えることによってのみ明らかになしうるので、中世、荘園公領制の下で、浦の占めた独自な役割も、その観点に立ったとき、はじめて本当にうきぼりにすることができるであろう。

若狭湾を抱いて点在するこの国の浦々の歴史は、この課題を解くために、最良の手懸りを提供してくれる。全国的にみても、まれにみる豊富な中世文書を伝えるこれらの浦々については、すでに羽原又吉をはじめ、多くの人々によって研究が積み重ねられ(3)、そこが非常に古い時代から、海民の活動舞台であったことが明らかにされてきた。しかし近年、小葉田淳を中心とした京都大学文学部国史学研究室の調査による「安倍武雄文書」の発見、『若狭漁村史料』の刊行(4)、『小浜市史』編纂事業の進展に伴う新史料の発掘(5)、さらに湾に面する海辺に広く分布している製塩遺跡の調査の進行、調塩の大量な送進、青郷《あお》からの贄の貢進を示す付札《つけふだ》の平城宮跡からの出土等々、つぎつぎに新たな史料が加えられ、それらをあわせ考えることによって、これらの浦々と、そこに生活した海民の実態をさらに鮮明にとらえる道がひらけてきたのである。これらの新史料についても、すでに様々な角度からの検討が行われつつあるが、ここではこうした諸研究から学びつつ、中世初期の若狭の諸浦について、全体的に鳥瞰し、この地域の海民の存在形態、浦の特質を、浦の成立期に限定して、考えてみたいと思う。

2　諸権門と「浦」

若狭国が天皇に贄を貢進する国として、五畿内・近江・志摩・淡路・三河などとともに、諸国のなかできわだった位置を占めていたこと、それを直接負担した贄人＝江人の根拠地が青郷だったとみられることなどについては、すでに狩野久が最近の論稿で、的確に指摘している(6)。狩野はまた、この国が「塩を輸す国」として顕著な存在であり、調塩を負担した郷が海辺のみならず、内陸部にまで分布している事実に注目、八世紀の若狭における製塩には、政治的規制が働いていたのではないか、と推測しているのである。

羽原がかつて注目した「海人」の国としてのこの国の特質は、ここに一段と明らかになってきたのであるが、このころの海民たちは、さきの青郷のような根拠地をいくつかもっていたとしても、全体としてみればその定着性は、なお安定したものではなく、未だ開発されたとはいえぬ入江を碇泊地としつつ、移動生活をしていたのではないかと思われる。当然、この段階では、特定の海域の占有など、問題になるはずもなく、また浦それ自体も領有の対象とはなりえず、前述の江人のように、封戸と同様に郷単位で贄人集団となり、あるいは課丁として定められるなど(7)、いわば統治権的な人身支配にもとづく貢納関係が想定されるのみで、一般海民の諸集団は調を負う公民として、根拠地を中心に広い海域で自由に活動していた、と考えてよかろう。

しかし十世紀に近づくころには、事情はかなり変ってきた。延喜二年(九〇二)のいわゆる「御厨整理令」が指摘しているように(8)、畿内とその近国では、諸院諸宮、王臣勢家が競って厨を立て、山川を禁制する動きがでてきたので、若狭においても、事情は同様だったと思われる。浦を領有の対象とし、海民の集団を直接その支配下におこうとする、こうした貴族、寺社、地方有力者の競合は、十一世紀後半以降には、さらにその激しさを増し、この国の海辺も、否応なしに激動の渦中にまきこまれていった。この動揺の背後には、海民自身の手による活発な浦々の開発と、そこへの定着が進行していたのであり、支配者たちの動きも、それに対応するものだったのであるが、おおよそ十三世紀前半までには、国衙と諸権門、諸権門のそれぞれの支配分野も定まり、荘園公領制の下における「浦」の体制が確立してくる。そのさい、この国においで、とくにきわだった役割を果した権門は、天皇家・山門・賀茂社等であり、以下、まずこれらの諸権門の動向に焦点を合せつつ、浦々の成立過程を辿ってみたい。

A 天皇家

江人——贄人が、平城宮に「多比酢」「貽貝」「伊和志腊」などの贄を貢進していた青郷のその後どのような動きをしていたのか、具体的に辿ることは全くできない。しかし、それから約六百年の年月を経た十四世紀前半、春宮御厨として姿を現わす青保が、(9) 彼らをその直接の源流として成立した保であることは、断じても間違いない、と私は考える。贄人たちの本拠を御厨といったのは、非常に古くからのことであったが、十一世紀後半以降、彼らに与えられるようになった免田・名田を基礎として、荘園と同性質の御厨が確定される一方、贄人自身は供御人といわれ、新たな活動分野をひらいていった。(10) 諸国の場合、それは国衙の管轄下におかれた供御所・御厨となり、贄司などに統轄された人々が供御を貢納しているのであるが、(11) 若狭の場合、それは保という単位とされ、春宮の御厨になったのであろう。律令制、あるいはそれ以前からの贄貢進の制が、中世前期にも、形をかえつつ長く生きのびていることを物語る例として、これはとくに注目しなくてはならない。

それとともに、青保に関して留意すべきことは、その内部にみられる浦についてである。青保には恒貞浦、青郷内には友次浦が含まれているが[12]、この両浦がいずれも名と同性質の名称をもっている事実が目をひくので、あるいはこれは、青の地に本拠をおいた贄人の仮名をうけついでいるのではなかろうか。供御人がこれまで考えられてきたような隷属的地位におかれていたのでは決してなく、少なくとも小集団の長、名主クラスの人とみるべきであることは、すでに第一部でのべたが[13]、この恒貞、友次が、かつて贄人の正員で、その率いる海民集団とともにこの浦に定着し、刀禰として給田を与えられた人[14]の仮名と考えることは、必ずしも荒唐無稽の推測とはいえないのではなかろうか。

また、この青保に隣接して、摂関家領の立石荘がある点にも、目をとめておく必要があろう。「殿下御贄」が、天皇に対するそれとともに、供御所から貢献されている例は他にも見出しうること[15]、立石荘が十一世紀以前に起源をもつ本免田を基礎とする、若狭には数少ない本荘である事実[16]などを考えあわせると、青の地の贄人のなかに、摂関家にも贄を貢進した人々があり、この荘の本免田がそれと関わりをもつのではないか、とする推測も成り立たないわけではない。以上の二点は、いずれも確証はないが、一応ここに記して、後考を期したいと思う。

B　山門・日吉社　中世の若狭に最大の影響を与えた権門が、山門・日吉《ひえ》社であったことについては別稿で詳述したが[17]、浦と海民についても、それは全く同様であった。

なにより、領有の対象となった浦の初見は、管見の限りでは、まず山門に関連して現われる。天禄三年(九七二)五月、天台座主良源遺告[18]に、年料海藻を出す出雲国三津浦とともにあげられている志積浦がそれで、このとき良源によって、妙香房尋禅に付属された。遺告によると、志積浦は「元陽成院御領、伝領故三河権守遠名、其之後依彼後家之沽」、直三十貫文で良源が買得した地であり、「所領地数在券文」と注されている。とすれば、この浦はすでに九世紀後半、陽成天皇のときには「地数」をもつ所領とされていたことになり、そこに不安定ながらも若干の田畠がひらかれ、海民の集団が定着しはじめていたと想定することができる[20]。

これ以後志積浦はしばらく妙香院領として伝領されたが[21]、それは必ずしも永続したわけではなく、またそこに本拠をおいた海民自身、妙香院に帰属していたかどうか、直ちに断定することはできない。事実、建久二年(一一九一)、安倍氏を刀禰とする「海人等」は、この浦の田畠を「十禅師幷客人宮御祭礼料田畠」として寄進しており[22]、大田文には、八反余の国領「志積田」を見出すことができる[23]。そして鎌倉後期、この浦は「三方寺内志積浦」といわれているのである[24]。三方寺は、青蓮院門跡に相伝された無動寺領の末寺であり、永富保と倉見荘の田地の一部をあわせて、平安末期には一個の所領単位として成立していたと思われるので[25]、この浦との関係も、そこまで遡ることは十分に可能であろう。とすれば、平安末・鎌倉初期の志積浦とその「海人等」の帰属は、同じ山門系とはいえ、十世紀のころとはかなり異なっていたとみなくてはならない。九、十世紀の領有関係が、十一、十二世紀までそのままの形で続くことは少なく、ほぼ十一世紀半ごろを境に大きく変動するのは、むしろ一般的とすらいいうるが、志積浦の場合も同様だったようで、この時期の浦と海民たちは、遥かに離れた三方寺を通して青蓮院に属し、田畠の一部は、浦に勧請された日吉社末社の「十禅師幷客人宮」(26)の祭礼料田畠となっていたのである。

鎌倉期、若狭国に対する青蓮院門跡の影響が大きかったことについても、別稿で多少ふれたが(27)、志積浦と同じく、十一世紀以前、すでに山門が本免田を領有していたとみられる織田荘も、鎌倉初期までには山東・山西両郷を半不輸の地として加え、同門跡に伝領された常寿院領の大荘に成長しており(28)、その荘内にも、菅浜浦をふくむ三箇所の浦が存在していた(29)。また、世久見浦(能登浦)の隣の小浦、食見《しきみ》にも、文永六年(一二六九)以前には海民が居住していたと思われ、青蓮院領といわれているのである(30)。

この国の海民たちが山門・日吉社とのつながりを求めて活発に動いていたことは、これらの事例からみても明らかであるが、山門・日吉社のこうした影響は、いながらにして及ぼされたものでは決してなかった。嘉禎元年(一二三五)には、「若狭国日吉神人拒《こ》捍使《かんし》」が存在したことを確認しうるが(31)、このような神人の組織・統轄の機関は、恐らくかなり前から存在していたと思われ、山門の使、あるいは拒捍使代官たる山僧は、海民たちを日吉社神人として組織すべく、この国で活発に動いていたのである(32)。その実例をあげると、

(1) 建永二年(一二〇七)、加茂安守は日吉社左方御供所によって、四月末日御供神人職に補任されている(33)。

(2) 天福元年(一二三三)、山僧筑前房宗俊は、賀茂社領宮河荘内の大谷村・矢代浦に日吉神宝を立て置き、荘民に日吉兼帯神人の任符を与え、荘民の家内を追捕したとして、賀茂社から訴えられた(34)。これをうけた延暦寺政所は下文を発し、宗俊の狼藉を停止しているが(35)、注目すべきは、宗俊の親類が荘の田畠を買い取ったといわれている点で、宗俊の行動はそれを足がかりとしてなされたものと思われる。翌年、宮河保地頭代を語らい、さきの村・浦を割き取ろうとした山僧宗慶阿闍梨も恐らくその親類であり(36)、この相論はその後も長く尾をひいているが、宗俊・宗慶の企図は、結局のところ失敗したとみてよかろう(37)。

(3) 嘉禎元年(一二三五)、拒捍使代官大和房は、新日吉《いまひえ》社神人たる倉見荘三川浦(御《み》賀尾《かお》浦)の海人等の拒否をおしきって、強引に彼らを日吉神人にしようと試み、任

符を「土民之住宅」に捨て置くという挙にでた。[38]この「苛法之沙汰」は、倉見荘雑掌の訴えるところとなり、延暦寺政所は下文によって、その狼藉を停止している。

以上の三例のうち、⑵・⑶は失敗した例であるが、神人の組織に成功した場合は、むしろ史料として残りにくい点を考慮すれば、若狭の海辺での山僧の動きがいかに活発であったかは、これらの例によって、十分うかがうことができよう。そして、前述した志積浦・菅浜浦・食見等が山門領として確定していく過程、さらにまた、日吉十禅師社領とも、山門東塔北谷虚空蔵尾領ともいわれ、安曇《あずみ》氏を刀禰とする海民集団が定着した小河浦(小面浦、於河浦)の成立する背景[39]にも、こうした山門側の組織者が活動していたことは、推測して誤りないであろう。

さきの諸例が示すように、山門側は、山僧の買得した田畠を手がかりに神人を組織し、また他の権門領の海民に任符を与えて日吉神人とすることによって、そこを山門領とする足がかりをつかもうとしている。この点からみて、山門が十一〜十三世紀に確保・獲得した浦々には、すでに領有している荒浦に海民を定住させることによって確保した場合と、海民を日吉神人とすることによって獲得した場合とがあったと想定することができる。[40]志積浦・菅浜浦は前者、食見・小河浦は後者の例と考えられるのではなかろうか。

そして、「日吉兼帯神人」といわれた人々がありえた事実[41]からも明らかなように、この二つの面からの支配――「人の支配」と「土地の支配」が統一されぬまま、浦の体制が固まった場合もありえた。さきの(1)にみえる日吉神人加茂安守が、新日吉社領倉見荘御賀尾浦の刀禰の一族だったとすれば、まさしくこれはその適例ということができよう。そして後述するように、この海辺でも、このような例は他に少なからず見出しうるのである。

C　賀茂社　十一世紀以前、賀茂社の贄人が若狭にいたかどうか、明証はいまのところ見出し難い。しかし、この国には、恐らくは十一世紀までに、三十五町の本免田を国衙から保証された本荘、賀茂荘が存在し[42]、寛治四年(一〇九〇)、白河上皇による社領寄進のさい、それを公認されるとともに、さらに宮河保、同新保内の賀茂出作を含めて、賀茂社領宮河荘が成立したものと思われる[43]。寛治寄進の諸荘が、西国諸国の、とくに海辺に分布していることについては、すでに早くから注目されているが[44]、これは決して偶然のことではなく、恐らくそれ以前から、賀茂社の贄人として漁撈、狩猟に携っていた人々がこれらの諸国におり、それが根拠となって、このような分布上の特徴が生じたものとみて、まず誤りないであろう[45]。若狭の場合も、さきの本免田自体、このような人々と無関係ではないと思われるが、十一世紀後半以降は供祭人とよばれるようになったこの海民集団が定着したのは矢代浦であり、仁安三年(一一六八)、この浦は国司庁宣によって、正式に賀茂社領と認められたのである。その刀禰は、代々、栗駒氏であった(47)。

降って建長四年(一二五二)、賀茂社雑掌は、多烏浦《たがらす》の漁猟に対する妨があったことについて訴え、これを停止すべきことを六波羅に命じた関東御教書を得ている(48)。多烏浦が西津荘の「かた(片)荘」といわれる一方、宮河保とも深い関係をもっていたことは、のちに詳述する通りで(49)、これも恐らくは西津荘側からの妨であったと思われるが、少なくともこのころまで、賀茂社が多烏浦の漁猟についてもその支配を及ぼしていたことは確実であり、矢代浦の海人も、多烏浦の海人と関わりをもちつつ、そこで漁猟に携っていたのであろう。

D　新日吉社　前述したように、御賀尾浦は新日吉社領倉見荘内の浦であり、そこの海人は新日吉社神人となっていた。浦の四至は嘉応二年(一一七〇)に定められた、といわれているが(50)、注目すべきは、三方寺と志積浦、西津荘と多烏浦の場合のように、この浦も倉見荘から著しく離れた海辺に存在している点で、これは浦と海民の意識的な獲得、組織、また海民自身の積極的な権門との結びつきを考えなくては、理解できぬ事実といえよう(51)。
これまで御賀尾浦は、常神浦とともに、近江国伊香大社神主安助の子息神四郎安宗が開発、移住して、刀禰となり、自ら大音氏と名のったといわれてきた(52)。たしかに安宗は、鎌倉殿御使源内定遠によって、「諸国御家人名帳」に記された神主助吉の弟であり[53]、彼が「御賀尾・常神両浦一円下賜ノ充文并源兵庫頭頼政息女若狭尼御料ノ御下知」を得たという所伝も、全く根拠のないこととはいえない[54]。しかし、現存する「大音文書」によってみる限り、三川浦、御面浦ともいわれたこの浦の刀禰は、少なくとも鎌倉末期まで賀茂氏であり[55]、大音を名字とする伊香氏が史料に登場するのは、建武三年（一三三六）以降である[56]。

この問題を解決するための確実な根拠は、いまのところ見出し難いが、少なくとも伊香氏が当初から刀禰となったという通説・所伝は事実ではなく、その「開発」とは、むしろ賀茂氏を刀禰とする海民集団を、この両浦に定着させたことを意味する、と考えた方が自然であろう。そして安宗は恐らく、新日吉社ないし倉見荘自体と、すでになんらかの――多分、荘官としての関わりをもっており[57]、その関係から御賀尾浦をこの荘の浦とし、海民を新日吉社神人としたのではなかろうか。常神浦と新日吉社との関係は明らかでないが[58]、以上の推定がもしも認められるとすれば、この両浦の開発は、中央権門と関わりをもつ領主による海民の招置、定着によって行われた開発の一例ということができよう。

E　神護寺

周知のように、多烏浦は、安賀大上座という人が、越中国般若野、広神、

「あさえ」等の荘の米をここに着けたことを機縁として、文覚《もんがく》上人によって西津荘の片荘とされた、と伝えられている[59]。この所伝の意味は十分に明らかになし難いが、恐らくは港湾としての浦の機能が、勧進上人としての文覚の注目をひいたのであろう[60]。

　しかし、これより以前、多烏浦にはすでに海人が定着していた。耳西郷日向《ひるが》浦から須野浦に「逃亡」＝移動した秦氏を刀禰とする海民集団が、国衙の有勢在庁、税所《さいしょ》、稲庭権守時貞[61]をたより、その指示によって、空家二宇を佐分郷より海を越えてとり運び、ここに住むようになったことについては、多くの人々によって紹介され、周知の事実である[62]。これは当時、なお移動生活を脱し切っていなかった海民集団が、在地領主に依存しつつ浦に定着していく過程を物語る、最もよい実例といえよう。さきの山門領の浦々に対する神人拒捍使や、御賀尾浦に関わった伊香氏のように、海民の浦への定着に当っては、こうした組織の存在を考えにいれておかなくてはならない[63]。

　これが契機となって、多烏浦と汲部《つるべ》浦の海民たちは、西津荘地頭であった稲庭時貞、その跡をうけた守護北条氏一門の支配下におかれるようになり、加うるに、文覚の没落もあって、神護寺の支配はこの浦に対して、ほとんど目立った影響を及ぼしていない[64]。また前述したように、多烏・汲部浦の刀禰・海人は、一方では賀茂社、宮河保地頭とも関係をもっており、西津荘地頭との間にはかなりの紛糾があったが、これについてはのちに詳述するので、それにゆずりたい(65)。西津荘内の浦はこの両浦のみでなく、塩浜が三丁三反余あったことにも注目しておかなければならないが、この点も、すでに渡辺則文によって指摘されているので(66)、ここでは立ち入らないこととする。

F　官務小槻氏　永万元年(一一六五)、国富保が成立してからのち、平経盛が国守のとき、犬熊野浦が保分に加えられた(67)。その背景には、永万以後、「殊に功力を入れ、荒野を開発」したといわれる小槻隆職の活動(68)があったものと思われるが、当時、この浦は「無主荒浦、人の寄住なし」という状態だったのである(69)。

それは、建久六年(一一九五)、官使によって四至が確定され、立券荘号が行われたときにも同様だったので、そこではこの浦について、「嶮岨山野之地相并僅参町許也、平地荒畠壱町余、浜南北壱町余、東西壱町歟、随則当時依為猪鹿之栖、無居住海人、雖然依為両方浦人訴所縮打也」といわれており(70)、隣浦阿那尾(阿納)浦、志積浦の刀禰・海人等の主張で、四至を切り縮められている。一旦、わずかながら開かれた浦が、海民の移動によって再び荒浦となった状況を、これによって、よくとらえることができよう。

しかし、荘号以後、国富保の保司(国富荘の預所＝領家)となった小槻氏の努力によってか、文永六年(一二六九)までに、犬熊野浦にも、再び海民が定住するようになっている(71)。そのころ、浦にいた源大夫の父は、阿納浦刀禰重延の父の養子だったので、恐らくこれは阿納浦から移り住んだ人々であったと思われる。

以上のように、鎌倉前期、権門及びそれとつながる領主たちの活発な働きかけ、海民自身の積極的な動向のなかで、海民集団の定着は着実に安定の方向に向い、一個の制度としての「浦」が確立していく。

ただ、さきの日向浦から須野浦・多烏浦への海民の移動、犬熊野浦への新たな定住などの状況からみて、海民の移動・漂泊がなお多少ともつづいていたことも確認しておく必要があろう。そして浦に定着したのちも、その活動は、浦の地先の水面だけに限られることなく、広範囲な海域にわたって、活発に展開されていた。海民たちが、天皇・賀茂社・日吉社などと結びついたのは、こうした活動の保証を得るためだったのであり、「櫓棹杵通路浜、可為当社供祭所」(72)という特権を持つ鴨社供祭人と同様、諸国の自由な通行、広い海域での自由な漁撈を認められた人々は、後述するように、若狭の浦々にも少なからずいたとみなくてはなるまい(73)。

3　国衙と「浦」

前項でのべたような、浦と海民をめぐる諸権門の競合の間にあって国衙領として確保された浦々を、大田文は、多烏田をのぞいてすべてその末尾に一括して掲げている。これらをその所属の郷、保とともにあげると次の通りである。[74]

恒貞浦（青保）　友次浦（青郷）
賀尾浦（西郷・志万郷）　阿納浦（志万郷）
多烏田（鳥羽上保）　志積田（不明）
能登浦（三方郷）　三方浦（三方郷）
日向浦（耳西郷）　馬背片波（不明）
丹生浦（不明）

もとより大田文は、田地を有する浦のみを記載しているので、これ以外にも国衙領に属する浦はいくつかありえたであろう。例えば、太良保の開発領主丹生隆清の死後、妻小槻氏はその所領を天治二年（一一二五）に嫡子忠政に処分しているが[75]、そのなかには、のちに太良保といわれるようになった田畠のほかに、「青郷六ケ所　海壱所　字鞍道浦」を含んでいた。この浦は忠政から出羽房雲厳に伝領されたのち[76]、その消息をつかめなくなるが、太良保公文となった雲厳の立場からみても恐らくは国衙領に属したのではあるまいか。また前述した常神浦に鎮座する常神宮の神田は三方浦にあったとされており[77]、常神浦も三方浦に属する国領の浦と考えてよかろう。耳西郷の気山津・日向浦・早瀬浦[78]、今富名に属する小浜[79]も、前後の事情から考えて、当然、国衙領とみなくてはなるまい。

とすれば、国衙領の浦々は、国の海辺のほとんど全域にわたり、諸権門に属する浦を、少なくとも数的には、完全に圧倒していたことになる。

これらの浦々について、まず注目すべきは、そのほとんどすべてが、郷・保から分出した、大山喬平のいわゆる別名型の単位であることで、浦が一個の単位として成立するのは、郷・保の成立した時期より、多少のちのこととみてよかろう。しかし一方、大田文に現われる浦は、例外なしに、六斗四升八合代の田地をその内部にもっている(81)。若狭国に特徴的なこの斗代の田地を含む単位は、郷及び主要な在庁名、それに保のごく一部であり(82)、この点からみて、浦の成立は、これらの保・名のそれと近い時期と考えてよいのではなかろうか。もとよりその時期を確定することは困難であるが、おそくとも十二世紀、これらの浦々は国衙領の単位として自立していた、とみても差支えなかろう。

それとともに、これらの浦々が一括して大田文に記載され、しかも二箇所を除いて他のすべてが、その所属する郷・保の領主とは関わりなく、税所の所領となっている点に、とくに注目しておかなくてはならない(83)。国衙領のなかで、浦がとくに他の単位、荘・郷・保・名とは別箇に一括して管理されていたことは、これによって明らかであり(84)、なお土地制度の一環、といわなくてはならないとしても、そこに独自な海事制度ともいうべき制度の成立する萌芽を見出すことができよう。

しかし、同時にわれわれは、安芸国の守護領についての石井進の指摘を、ここに想起せざるをえない。石井はそのなかにみえる「山河得分」を国衙領のすべての山野河海からの得分と解し、そこに山川藪沢を原則的に公地とみる律令制支配の原則につながるものを見出しているが、若狭国のこの事例もまた、そのことを裏づけるものといえよう。この国の場合、海に対する国衙の支配権が、諸権門による浦の領有の進行に対応しつつ、荘園公領制の形成過程のなかで、税所による浦の一括支配という形で落着いたとみることができるので、この例を加えることによって、石井の指摘をさらに一般化していく道がひらけるように思われる。[85]

いうまでもなく、若狭国の税所職を掌握する人は、国衙在庁のうち最も有力な立場にあり、平安末・鎌倉初期には稲庭時貞、鎌倉前期には若狭氏、中期以降は得宗が掌握していた。石井はこの国の守護領についても分析を試み、守護――得宗の所領が、陸上・海上交通路の要点に分布していることに注目しているが[86]、この特徴を生み出した根源は、その見通しどおり、律令制下の国衙の支配権、ひいては天皇の山野河海に対する支配権に遡るものと考えなくてはならない[87]。

もとより、浦を国衙領として確保するためには、在庁自身、権門の動きに対応しつつ、海民集団を保護し、浦への定着を促進しており、さきの秦氏を刀禰とする海民集団を多鳥浦に定着させた稲庭時貞の措置は、そのことを如実に物語っている。鎌倉後期のことではあるが、志積浦の刀禰を自らの所従といった松田十郎頼成の主張の淵源にも、[88]時貞と同様の海民に対する「保護」があったのではなかろうか。国衙領の浦の田地が、多烏田・志積田のように、他の権門領の浦のなかにも分布している事実の背後には、こうした動きを考えておく必要があろう。

そして、このような錯綜した浦の田地のあり方は、前述したように、海民に対する支配と、浦及びそこにひらかれた田畠の領有とが、それぞれ別箇に進められた結果を示しており、そのこと自体、海民と浦の土地とがなお完全に安定した結びつきをもっていなかった事実を物語るものといわなくてはならない。

とはいえ、おおよそ以上のような、諸権門、国衙在庁、在京・在地の領主、山僧等々の競合のなかで、若狭国における浦の体制は、十三世紀前半、嘉禎二年（一二三六）の国検によって、荘園公領制の一環として、ほぼ確立したとみてよかろう。[89]

4　むすび

確立した浦の体制下にあって、定着した海民集団は、鎌倉後期以降その活動を分化・発展させていく。海を浦の陸地についたものとして支配する前述した慣習、「付御浦縁辺陸地、可進止御海」[90]「当国浦〻習、両方山之懐内者、付其浦漁仕候」[91]、あるいは「磯海者就陸地、令進退」[92]などという海のとらえ方が、次第に「傍例」「浦〻大法」として根を下すとともに、海民集団のなかの刀禰及び本百姓による塩木山の分割利用、網場——漁場の輪番交替、さらには浦と浦との漁場の輪番交替使用が行われ、浦々は次第に確立した漁場を基礎とする漁村としての性格を明らかにしてくる[93]。

他方、これと並行して、浦々を根拠とした廻船人の活動も、著しく活発の度を加えてきた。志積浦の廻船人が、越前の三国湊で足羽神宮寺の勧進聖によって能米を点定され[94]、矢代浦の栗駒宗延・延永が、正和五年(一三一六)ごろ、やはり三国湊で問題をおこし[95]、御賀尾浦の塩船が、越前国足羽で、北荘公文所に塩・銭等をおさえられた事実[96]、さらに、汲部浦の船が出雲国三尾津を往反していることなどからみて[97]、恐らく陸奥から石見・長門にいたる日本海の海域は、若狭の浦々の廻船人の活動舞台だったと思われる[98]。

こうした廻船人たちは、いずれも、関渡津泊を自由に通行する特権を与えられていた。賀茂社供祭人となった人々は、「近国并西国、浦〻関〻者、停止武士濫妨、可令□□」という「貞応御下知、文永六波羅下知」を得ており[99]、多烏浦の船徳勝が「国〻津泊関〻不可有其煩」という旗章を得宗から与えられていたことは[100]、周知のところである。日吉神人・新日吉神人も、恐らく同様の権利を保証されていたであろう。海民たちが積極的に権門との結びつきを求めていったのは、まさしく、こうした自由な遍歴の保証を得るためにほかならない。

このように、若狭の浦々の海民集団は、漁人・塩師・廻船人などの職人としての分化をとげつつ、鎌倉後期以降、日本海を中心に活発な活動をくりひろげていくが、その段階の浦と海民のあり方についても、さらに追究さるべき点が少なからず残されている。「海に生きた人びと」の研究は、宮本常一をはじめとする民俗学の側からの開拓に呼応して、文献史学の面でも、最近、ようやく各分野で独自におし進められるようになったとはいえ、なお、量的にも少なく、未開拓な分野は広大である。日本の民族史を真に豊かな像に結ばせるために、この面での立遅れは、急速に克服されなくてはならない。このノートもまた、そのための小さな試みの一つであるが、次に多烏・汲部浦に焦点を絞って考えてみたい。

二　漁場の成立

1　はじめに

中世漁業史の分野において、羽原又吉によって果された先駆的な開拓が、研究史に大きな時期を画するものであったことは、すでにしばしばふれてきた通りであり、いまさらここにいうまでもなかろう。羽原は中世漁業のあり方を、日本漁業史全体についての構想のなかで示しており、そのなかにはいまなお充分にかみしめてみる必要のある指摘も少なくない[101]。それはこの分野を学ぼうとするものが一度は通過しなければならないような位置を占めているといってよかろうが、一つには羽原の使用した史料の不正確にも影響されて、その所論には現実の史料の語るところから浮き上った点が多くみられるのであり、その後の研究では、羽原によって開拓された史料をあらためて検討し直し、正確な史実を明らかにするとともに、その構想全体を再検討しようとする試みが行われている。

いまここで主としてとりあげようと思う若狭国多烏浦について、その仕事は小笠原長和[102]につづいて、まず五味克夫によって果された[103]。五味は日本常民文化研究所によって行われた現地調査と、それによって得られた原史料にもとづいて、はじめてこの浦の正確な全貌を明らかにしたのであり、とくにこの浦の長百姓の間に近世を通じて行われた漁場の輪番使用の実態を見事に解明したことは、単にこの時代のこの浦のみにとどまらず、若狭湾全体の漁業、さらには中世・近世の漁業のあり方までふくめた広い展望を与えるものとして、きわめて注目すべきものといわなくてはならない。これとほぼ時を同じくして黒川正宏が、そのいわゆる「権守層」あるいは、浦刀禰のあり方について興味ある問題を投げかけたが(104)、さらにまた京都大学国史学研究室によって徹底した現地調査が行われ、それに基づく研究成果も村井康彦・楠瀬勝等の研究をはじめとして次々に公表されたのである(105)。ここで得られた新史料をふくめた史料集は『若狭漁村史料』として刊行され、若狭湾の漁業史の研究に新たな時期を画したことはすでに周知の通りである。

その上に立って、近年、精力的に進められている『小浜市史』編纂の事業の中で、須磨千顕を中心に、新発見の中世文書をはじめ、近世文書の主要部分まで含む市内の漁村の史料が再蒐集され、精密な校訂を経て刊行されたことは特筆すべきで、若狭湾の漁村を本格的に研究するための道は、これによってさらに大きくひらかれた。

多烏浦についても、その豊富な近世文書のほとんどすべてが『小浜市史』諸家文書編三として刊行され、須磨が的確な解説を付しており、もはやあらためてのべるまでもないともいえるが、百姓――平民的海民のあり方を示す好事例なので、重複を敢てして、以下、浦の海民の歩みを辿ってみたいと思う。

2　多烏浦の開発

多烏浦の開発は、十二世紀の末葉近く、三方郡日向浦を逃亡して須野浦（多烏の北にある小浦）にいた秦成重等の人々が、時の守護で西津荘地頭でもあった稲庭権守時貞の力により、佐分郷の家二軒を与えられてこの浦にすみついたことによってその緒がひらかれたといわれている。これについては前記の諸論稿に詳しく、つけ加えるべきことはないが、ただこの前後の動乱のなかで逃亡し動揺する人々が、在地領主のこうした配慮によって、はじめて浦におちつきえた点にまず注目しておきたい。それは当然西津荘地頭と秦氏との間に、「主従関係」を結ばせることになったものと思われる(106)。

一方、浦はやがて文覚の手で西津荘内に編入されて神護寺領となるが、彼の没官後は院領となり、承久年中には院庁によって牓示立券が行われたという。浦々の堺もここである程度は明らかにされたものと思われるが、この浦の支配が一応安定するのは、やはり承久の乱後のことであったと思う。西津荘は神護寺領として定まり、地頭職は守護得宗の手に掌握され、以後長くこの体制下におかれることになるが(107)、この浦でも秦氏を刀禰とする体制がほぼ固まったものとみられる。寛喜二年（一二三〇）の、海人等を汲部浦に沙汰し居《す》え、公事を懈怠なく沙汰すべきことを秦武成に命じた刀禰職補任状はこのことを示しているものと一応は解されよう(108)。

文暦二年（一二三五）に出された汲部・多烏・矢代三浦の刀禰連署による黒崎山預浦についての注進状も、またこの情況の下において考えることができ、この山を預る浦々の権利の保証を期待する意味でなされた注進とみられるが、ただここでこの山が「宮河保内」として注進されている事実に注意しなくてはならぬ（表5参照）。しかもこの三浦の中、矢代浦をめぐっては、まさにこの前後、賀茂社領宮河荘雑掌と宮河（新）保地頭代との間にその帰属が争われており、そこで地頭代は「自関東給七ケ所浦其一也」ということをその主張の根拠としていることが、別の方からわかってくるのである(109)。このことを背景においてみると、この文暦の注進は、宮河保側からの積極的な動きに応じて出されたものであったと考えられ、矢代浦と同様に汲部・多烏両浦もまた、この時宮河保に帰属する面をもっていたことが推測される。当然そこに、この両浦をめぐって西津荘側との間に矛盾のでてくることが予想されるのであるが、矢代浦の場合とは違って、何故かそれはこの時期には表面にでてこなかった。或いは、一種の両属関係の下にこの両浦がおかれていたのではないかとする想像も一応成り立ちうるであろうが、この点はいまは一つの疑問として残すほかない(110)。やがてその矛盾は、はっきり表にあらわれてくるのであるが、それはなお後のことで、ここでは宮河保の名の下に、浦々の黒崎山に対する権利が保証され、それでともあれ安定が得られた点を確認しておきたい。しかしそれはまた、このころまでに山が周辺の浦々に分割され、山手塩賦課の対象となっていることを示している。この権利はやがて山預職として補任、譲与の対象にもなってゆくのである

表5　多烏・汲部浦と山

讃岐尼御前御領*宮河保内黒崎山預浦注進案　文暦二年(一二三五)六月十四日

山	預浦	山手塩(斗)
伽礼引山大浦内	汲部浦刀禰則時	三
山留木山	阿納浦刀禰重延	(免)
久津呂尾山	志積浦百姓	八
久津呂尾山	汲部浦刀禰則時	九
佐嶋山	矢代浦延員	八
小傾山	矢代浦刀禰重貞	八
須浦小山	多烏浦百姓	三
滝尾古汲部山	汲部浦百姓	一〇

西津御庄内汲部・多烏両浦内山境自領他領入自在々所々注進案　文永六年(一二六九)正月日

狩引谷南尾

柏尾白峯東、自狩引谷南尾水坂北
自柏尾峯西　畳浦山
自黒崎峯北　大浦山
黒崎尾二岐　中間小山名主
自動小尾東　葦浦小山名主
葦浦小山与松尾峯(久津呂尾)中間名主
佐嶋尾西、自松尾峯(久津呂尾)南
佐嶋小山名主
佐嶋南面手石浜山
手石浜山之東山
東小山名主
須野浦小山　自峯北至干崎
須野浦小山　南西　名主職
泉浦尾
神崎尾
汲部尾

青蓮院領志気味(世久見)浦境

汲部浦刀禰則時相伝―時国
多烏浦刀禰守高相伝―守重
阿納尾浦刀禰重延相伝―犬熊野
源大夫―矢代浦
阿納尾浦刀禰重延相伝
志積浦分
汲部浦刀禰則時相伝―時国／時重―時末／時貞
矢代浦大権守
汲部浦弥新大夫相伝
汲部浦惣官大夫相伝
矢代浦惣大夫
多烏浦刀禰守高相伝―守重
鳥羽殿　当作人汲部浦人
汲部浦分
汲部浦分
汲部浦分

宮尾山	多烏分→汲部分 両浦当時相論	三	高平・堂尾・庶付(マヽ)	多烏浦分
堂尾山	多烏浦	三	高橋山	汲部浦刀禰相伝
			黒山永尾峯	宮河領矢代浦境
	汲部浦刀禰則時 多烏浦刀禰武成 矢代浦刀禰重貞			多烏浦刀禰秦守重** 汲部浦刀禰栗駒時末

＊　宮河庄(保)の預所(領家)。これについては「座田文書」二、嘉禄元年六月十六日、官宣旨(鎌補2・補八六二)参照。

＊＊　守重は守高の子息(本文参照)。守高はなお活動をしているが、正式には刀禰は守重であった。

この表は五味克夫「中世開発漁村の変遷」(第一章注157所掲)の第1表と同じもので、多少それを補正、補足してみた。

が、この注進に見られる限り、山を預っているのは一つの例外を除いて浦、浦百姓乃至それを代表する地位にある浦刀禰であって、一般百姓の名前はまだ殆んどそこにみられない点が注目されよう(表5参照)。もちろんこのことは、事実上浦の内部の個々の百姓が山を分割利用していたという推測を排除するものではないが、それがなおこのような形であらわされていた点に、やはりこの時期の問題が考えられなくてはならぬ。(一一)

それとともにこの前後の時期に、特定の集団乃至個人の保有する漁場が全く姿をあらわさぬことも、あわせ注意する必要がある。この場合も漁業が浦全体、あるいは個々の百姓によって行われていたことは当然推測され、浦と浦の堺を定めた牓示が打たれるとともに、海の堺も一応はきまっていたであろうが、それはまだ漁場として公式に分割されるまでにはいたっていない。

鎌倉末期に、「当国浦々習、両方山之懐内者、付其浦漁仕候事、皆以傍例候」といわれたような事情は、むしろこのころの状態をさしているのではないかと思われ、それでさしたる問題のおこらなかったのが、この当時の実情だったのではなかろうか[112]。浦を開発し、「海人等」を居住させるためには、領主が一定の保護を与えなくてはならぬような事情、浦の人々の個々の権利はまだ明らかでなく、すべてが一応刀禰或いは浦の名によって代表され、その刀禰自身、個々にそれぞれの領主と、人的な支配関係によって結ばれているような状況(その支配関係と、浦や山等の地域に対する支配が統一されていないことすら考えられる)、真に生産に基礎をおいた浦々の独自な堺はなお明確にはきまらず、主としてこのような荘園・公領の支配・領有関係からでてくる堺が一応ひかれているような事態が、そこに推測されるが[113]、これは、鎌倉初期までの荘園の名体制の性格に通ずるものがあるといえるように思う。山手塩もまた現物で出されており、漁業の成果も「浦御菜」として納められ、きまった数量もなんら明らかでなく、ここにみる限りでは、この浦はまだ荘園の分業体制の一環以外のものではなかったといわれよう(114)。そしてこの様な状況にこそ、本来の中世的な浦の姿が見出しうると思われる。

3　浦の体制の動揺と発展

こうした体制に動揺がみえはじめるのは、この浦では十三世紀の半ば、宝治・建長のころからであった。

浦全体としてもこの前後逃亡する百姓があったようであるが(115)、そのなかで一旦父武成の譲与に基づいて刀禰職安堵の下文を与えられた(仁治二年〈一二四一〉)秦源大夫守高に対し、宝治二年(一二四八)にいたって大春日本大夫則元が相論をおこすということがおこっている。則元は恐らく秦成重とともに最初にこの浦にすみついた則清のあとの人と思われ(116)、当然刀禰職についても一定の主張をなしうる立場にあったことが想像されるが、ここにいたって彼がこうした行動にでることを敢てしている点に、初期の体制の動揺がうかがわれよう。相論は一応守高に理が認められ、彼を沙汰人とする下知がなされたが、その三年後の建長三年(一二五一)、守高は宮河保に方人したという理由で西津荘地頭代に追捕され、刀禰職をうばわれてしまうのである(117)。先述した宮河保と西津荘との矛盾は、こうしてはじめて表面化してくるが、そこで守高にかわって一旦刀禰に補任された人が恐らく則元であったことが注意されねばならぬ。[118] 浦内部の動揺が外部の動きとからんで、ここに浦の帰属そのものが動揺しはじめてきた。そしてそのなかにあって、守高にせよ則元にせよ、その動きは外からはかなり見定めがたい、独自なものになってきているように思われる。翌建長四年(一二五二)は、この動揺のやまであったと思われ、守高が懇望して刀禰に還補される一方、則元が使による堺の決定に対して一定の要求をするとともに、他の百姓とともに起請文を書いており、[119] さらにまた宮河荘の本所賀茂社の雑掌が、この浦の漁猟について関東に訴えている事実もみられる。[120] これらの動きの背景は必ずしも明らかではないが、恐らく、ここに一時的なおちつきがもたらされ、浦の堺もまた新たにきまってゆく方向がでてきたものと思われる。しかしそれが本当に安定したものでなかったことは、正嘉元年(一二五七)に、守高が三度、刀禰職補任状を得なくてはならなかった事実に示されているといえよう。[121] このころ、浦の帰属をめぐる相論はなおつづいていたと思われるふしがあり(注123参照)、恐らく浦の内外の動揺はやまず、むしろ、ますます深刻の度を加えていったのではなかろうか。

文暦の注進と同じ黒崎山を対象にして、文永六年(一二六九)に出された多烏・汲部両浦刀禰連署による山の境の注進にはじまり、以後ほぼ五年間にわたってみられる一連の活発な動きは、このことを背景において考えてみる必要があろう。それはこの動揺を克服しようとする、浦の百姓等とその支配者の模索のなかであらわれてきた動きとみることができるので、文暦の注進と文永の注進の違いもこう考えてみてはじめて意味をもったものとして浮び上ってくると思う。個々の山預浦の確認を期待する意味でなされたと思われる文暦の注進に対し、文永のそれのめざすところは、なにより近隣の宮河領矢代浦、青蓮院領世久見浦と汲部・多烏両浦の堺を明らかにすることにあったのであり（表5参照）、この二つの注進を同列に論ずることは、かえって問題の所在を見失う結果[122]になるのではないかと思われる。なにより文永の注進で、両浦ははじめて明確にこの山を西津荘内として注進している。

それは建長の動揺の一つの帰結であったように思われるが[123]、次第に不安定になりつつあった初期の浦の領域と権利をあらためて外に対して確認しようとする志向がその底に動いていたことがはっきり確認されねばならない。その上にたってはじめて、翌年に守高が周知の「多烏浦立始」の由来を書いた意味が生きてくると思う。そしてそれが小さいながらもこの浦のもつ歴史を誌したものであるとともに、他方内に対して刀禰秦氏の権威を示す意味がこめられていたこともまた見落されてはならぬであろう。同じ年文永七年（一二七〇）に「畠の狼藉あるにより」といわれて、多烏の年来の人の作畠を守高がこまごまと書かなくてはならなかったのと同じ事情がそこには動いていたものと思われる。[124]しかしこの作畠注進は一方では個々の百姓の権利をはじめて明確にした意味をもっている。前年の山の注進では文暦のそれと比べて山がさらに細分化され、そこに刀禰のみでない百姓の名前が見出されること(表5参照。ここには名主職分割と同じ動きが考えられる)、さらに文永九年(一二七二)に汲部浦の山塩が二十四人の百姓によって各々四斗充の割合で負担されることになっている事実を、これとあわせ考えてみると、浦内の個々の百姓の権利が文書に明らかにされてゆく上で、このころが一つの時期を画していることがしられよう。さきの守高の動きをよびおこしていったのはこうした事態の進行ではなかったかと思われ、そのなかで刀禰の地位にも多少の変化がでてきているのではなかろうか。正嘉以後、刀禰職補任状が全くあらわれないのは、決して偶然のことではないように思われる。そしてまた文永の山の注進には、文暦の山預浦の権利が名主職乃至名主としてあらわれてくる場合があるが、それが例外なしに多烏・汲部浦以外の権利保有者の場合であることが、ここで注目されてくる。阿納尾浦・志積浦・矢代浦など他領の浦の刀禰百姓の名前がそこに見出されるとともに、「名主職」と記された近隣の御家人「鳥羽殿」の場合には、「当作人汲部浦人」という注記が見られるのである(表5参照。それはまさしく名主職と作職の分化である)。浦の外部の人の権利を一種の加地子取得者として、次第に浮き上らせてゆくような事態がここに明らかに進行しているといえるので、近世に入るまでに、この山を完全に両浦の山にしてしまう動きの遠い出発は、このころにあったものとみることができよう(125)。

外部に対する強い権利の主張の裏には、このような浦内部の個々の百姓の前進のあったことが考えられなくてはならないのであるが、その権利の主張は西津荘地頭＝得宗被官の権威によってはじめて意味をもってくる一面のあったことも見落されてはならぬ。当然こうした新たな事態に則して公事の負担も明確にされねばならなかった。文永八年（一二七一）に守高は再び浦の歴史を詳細にのべつつ、浦の西津荘及び地頭に対する深い関係を記すとともに、多烏浦の「荒廃」ぶりをまた縷々のべて公事負担の軽減を求める注進を書いているが、そこには次第に権威をましつつある得宗被官に積極的に結びつき、自浦に有利な体制をつくりだそうとする、独自な打算が動いていたとみられる(126)。しかもそれが一面、同じ荘内の隣浦汲部浦に対する不満と対抗意識につらぬかれていたことも注目される必要があろう。同じ動きは汲部浦の側からもおこっていたことが想像されるが、この両浦の関係をふくめて、「ししをとりたらん」時には十のうち三を百姓分にすること（文永六年〈一二六九〉）をはじめ、雑公事は汲部三分二、多烏三分一とし、京上夫は百姓の訴えにより免除されるなど、文永九年（一二七二）のころまでにつぎつぎと両浦の公事が一定の形に定まってゆくのである。(127)この年、多烏浦の船徳勝が「国々津泊関々、不可有煩」という旗章を得宗から与えられているのも、この動きのなかにおけばはじめて自然に理解されるであろう。(128)こうして建長以来の守高の努力はこのような形で一応実を結び、多烏浦地頭は得宗被官の下に、西津荘内の浦として、以後動くことはなかった。

そしてこの浦に漁場がはじめて公事の対象として姿をあらわすのは、まさにこの動きのなかのことだったのである。汲部浦との「寄合」という慣行もまたそれとともにはっきり文書の上にあらわれてくる。文永十年（一二七三）のはまち網補任の下文がそれを示しているが、やがて建治三年（一二七七）には飛魚網地・鰒網地など、特定の漁場の安堵の形があらわれ、弘安元年（一二七八）には大網の村君職が両浦の刀禰に保証されるという動きもでてくる。ただこの時期の漁場が、浦の沙汰人・百姓に対して安堵されるという形をとっていて、個々の百姓の名前があらわれていない点は、やはり文書の形式上の問題をこえた事情を考えなくてはならぬように思われるが、それが先述したような一方における個々の百姓の山・畠の権利の明確化の動きを伴っていたことも見落されてはならぬであろう。その意味でこれを直ちに浦の「総有」とされた羽原の見解には五味と共に同じ難い。(129)

そしてまたこうした動きの進展とともに、一面に対抗関係をはらみつつ、他面はじめて浦相互の独自な連帯の生れていることが注意されよう。汲部・多烏の網の寄合はもとよりその一例であるが、この両浦がこのころ(文永年中)、天満宮の御堂を一定の割合で負担をきめて共同で造営している事実もみられる。[130] 公事負担の過重を訴える共同行動など、こうしたことのつみ重ねの上に、近世には形式上も一つの村になってゆく両浦の連帯が形づくられてゆくのであるが、これはこの両浦をこえた広い範囲にもある程度みられはじめている。文永十年(一二七三)に他国からの狼藉者に対して「汲部・多烏以下八ケ所浦沙汰人百姓」が共同して訴えている事実がそれで、「若狭国十二所乃浦」とこのころよばれ、遠く近世初期には相互に訴訟の仲裁をするようなこの辺の浦々の連帯は、必ずしも恒常的な組織にはならなかったにせよ、やはりこのころにその起点があったものと思われる。[131]

これらすべては、いわば共通の根から発した様々な動きといわれようが、その根はどこに求めたらよいのだろうか。もとよりそれは楠瀬の指摘したような、この前後の浦の生産のめざましい発展に原動力を求めうるであろう。しかしそこに村井の指摘した観点を生かしてみて、はじめてこの根の意味が本当にさぐれるのではなかろうか。村井は前述した多烏浦の船に対する幕府の免状に、志積浦の船の例を加えて、[132] この辺の浦々の商品流通網を考え、それを背景にして、弘安七年(一二八四)の多烏・汲部百姓による山手塩代銭納の強い要求のでてくる意味をとらえた[133]。しかしこの時期の生産力の発展は、まさに一面このような社会的分業の発展という形であらわれた点にその特質があるのであって、そこにこそ漁場が新たな注目をあび、個々の百姓が山手塩を負担するようになってゆく理由が求められなくてはならぬ。分業の発展とともに、畠地・漁場・入会山の私有が新しい段階に入ってきているので、それがまたこの時期の生産力の発展に大きく作用したものと考えられる。いままでのべてきた浦の内外の動揺、それに伴っておこった様々な新しい動きは、すべてそこに根源をもっているといえようが、それとともに、地縁的な共同体としての村落、農村に対する意味での漁村はここにはじめてその基礎をすえられることになっている[134]。近世社会にいたる動きの最初の起点は、やはりここに求めることができるように思われ、十三世紀後半という時期は、このような画期として漁業史の上にも大きな意味をもつものといわれるであろう。

それはしかし、鎌倉初期に安定した浦の体制を、その矛盾とともに発展せしめた画期としてとらえなくてはならぬ。浦の発展に伴う体制の動揺の中で、支配者自身新たに積極的な動きをはじめているので、この浦に西津荘地頭代の手によって文永から弘安にかけて定まってきた、山や漁場の権利確認を伴う前述の公事収取体制は、その面からも考えてゆく必要があろう。御家人鳥羽氏がこの浦で網をはじめて引いたのも、またこのころのことであった。(135)これらの事実は浦の特産物たる魚・塩、乃至それによって得られる貨幣、さらには廻船による利潤が、ここに新たな意味で現地の支配者たちの欲望の対象になってきたことを示しているが、その中で当然、彼等相互の間に衝突がおこってくる(宮河地頭代と西津地頭代の相論)。しかもそうした彼等に対する浦の刀禰・百姓たちも、それなりに独自な動きをしていることを考えれば、ここで一応定まったかにみえた体制が、不安定なものであったことはいうをまたない。再びおこる動揺の中で、文永の体制はさらに発展してゆかねばならなかった。

4　漁場の出現

正応ごろの代官弥五郎入道円性の動きは、文永の体制のくずれだす契機になっている。彼はまず刀禰職の譲与にさいして再燃した秦守重(守高の子)と大春日則友(則元の子ヵ)との相論に介入し、則友を支持したとして守重から正応四年(一二九一)に訴えられているが、さらに正応六年(一二九三)には多烏と汲部との相論にも介入し、天満宮の禰宜職を重代の多烏浦刀禰から汲部に与え、またその御堂の間数や狩倉山の畑地開発などについても従来の慣行を無視して汲部の不法を見逃したという理由で多烏浦からも訴えられた。しかしここで円性が支持したといわれた汲部浦の沙汰人百姓自身、すこしあとでは逃散という挙にでて彼に対していることがしられるのである（永仁三年〈一二九五〉）。[136]

山の木を伐り焼き払って畑地としたといわれるいまあげた汲部浦百姓のような開墾がすすみ、新たな漁場が開発され、それが百姓個人の網場として定着しはじめるような動きがみられるなかで、[137]多烏浦でも二十七人の百姓が鎌倉夫用途を五百文、二百五十文、二百文、百文という四つの段階に区別されて、個々に負担する形もこのころにはでてきている（永仁四年〈一二九六〉）。[138]やむことなく進行する生産力の発展は新たな関係をつくりだしつつ、現地の動揺を次第に激しいものにしてゆき、浦の、また個々の百姓の独自な利害の主張がそのなかで目立ちはじめているのであるが、それに対して弥五郎入道自身もこれに応じて積極的に現地の相論に介入しているのである。逃散した汲部浦百姓の捨てておいた塩木で、彼自身が人を使って塩を焼かせたような動きは、よくその本質を示していると思われ、[139]浦の特産物に対する強い欲求こそが、こうした不法な介入の動機だったといえよう。それはこの時期の荘園の代官に多かれ少なかれ共通したことであるが（例えば弓削嶋荘預所代弁房承誉等）、これに対して百姓たちが逃散等の挙にでていることも、また各地に共通してみられる。この場合も弥五郎入道は、結局浦の排斥をうけて罷免されたものと思われる。

そしてこの混乱のあとをうけ、それを収拾するための試みが永仁の和与（永仁四年〈一二九六〉)として実を結んだのであった。汲部・多烏両浦の関係はここで公事半分、山・海は中分ときまり、御堂の間数、禰宜職のことも結着がつけられたのであるが、[140]五味のいうように、それは浦の「根本知行の法」につけ加えられた新たな原則、「中分の法」として、中世を通じて長くこの両浦の関係をきめてゆくことになったのである。[141]これ以後耕地はつぎつぎに開拓され、「新わたり」の山が加わり、漁場もまた新たに定着してゆくが、それはいずれもこの原則によって処理されてゆくのであり、なお相互に境を争いつつも、入会山、海の利用をめぐってはなれがたく結びついてゆくこの両浦の関係は、ここにはじめて軌道にのったということができよう。[142]と同時にこのことは、初期の浦の体制がこのような新たな「法」を加えることによって発展をとげ、現地の実情に即応しえたことをも示している。しかしもちろんこれですべてがおさまったわけではない。嘉元二年(一三〇四)には、浦の山に名主職をもつ御家人鳥羽氏の介入があり、これと結んだ汲部と、多烏との間に、網場をめぐる激しい相論がおこっている。それは弥五郎入道と同様鳥羽氏のような在地領主にとっても、漁場が強い関心の対象になっていることを示す意味でも興味ある事実であるが、ここで鳥羽国親によって引用された傍例が、さきにあげた「両方山之懐内者、付其浦漁仕」という原則であった点が注意されよう。彼のこの浦に持つ権利は、結局こうした傍例に裏付けられたものだったのであり、「根本知行の法」とは一つにはこのような原則をふくむものであったと思われるが、結局その主張は通らず、永仁の「中分の法」が適用されてこの相論は解決をみたのであった。それは「根本知行の法」に対する新たな「中分の法」の優越を明らかに示したことといわれよう(143)。

それはまた鳥羽氏の山にもつ名主職に対する、現地の作人の優越を示したことでもあった。浦の外部の人の権利は、こうして単なる得分権として次第に浦の秩序から浮き上ってゆくが、一方このころ山が売買の対象となり、かなり遠い地域の人でこの辺の山を持つ人や、多くの山を一手に集めるような人の見られるのは、このことの逆のあらわれであったと思われる(144)。得分権化した山の権利が、かなり自由な山の移動をゆるすようになっているので、国人や富裕な百姓の中には、こうした所職を集積する人々も現われてくるが、他面そのなかで現地の独自な秩序は着実に自己を貫いてゆくのである。

支配者との関係にもなお動揺がつづき、延慶三年（一三一〇）の馬大豆、年貢持下夫、船借米、網共捜（?）、方違用途など、公事の過重に対する両浦百姓の訴訟のあとをうけて、翌年、完全に銭納化された四十貫文の年貢・公事を、両浦が共同で請ける形が固まってくる（注102〜105諸論稿参照）。網場の両浦「うちかえ」（交替輪番行使）の秩序がはじめて姿をあわすのは、それから七年後、文保元年（一三一七）のことであり、やがて嘉暦二年（一二二八）、それは一つの定式を与えられて軌道にのってゆくのである。[145] しかしこのことは、次第に緊急性をましてきた漁場の分割に対して、新たな秩序を与えるために発揮された漁民の智恵をよく示しているものといわれよう。五味によって解明された近世初期のととのった輪番行使の慣行ができあがるまで（注103論稿三四頁以下参照）、もちろんなお幾多の紆余曲折はあったであろうが、そこにいたる基礎はこの時にでき上ったものといわなくてはならない。

それは漁場を一つの基礎にもつ一個の地縁的な共同体の成長を明らかに示しているといってよかろう。そしてまた、それは漁場に対する個々の百姓の権利が次第に確立してくる動きにうらづけられたものであった。これを「近代化」の指標とした羽原の表現は別の次元の問題を指摘したものとして生かしうるが、必ずしも適当な表現とはいえず、むしろ当面、近世的な漁村共同体が形成されてゆく過程にあらわれてきたことと解することができると思われる。

しかし他方ここでもこの秩序が支配者側の積極的な動きの中で整えられたものであったことを見落してはならぬ。元応・元亨から元弘にいたる十年余の間に、公文平知重・知基を中心として、西津荘全体の体制を整備しようとする努力が行われているのである。まず元応二年（一三二〇）に西津荘全体の検注が行われ、取帳がつくられたが、[146] この浦でも元亨四年(一三二四)にはじめて畠地が検注されている。それは元徳二年(一三三〇)、元徳四年=元弘二年(一三三二)に目録としてまとめられており、この年(元弘二)には延慶に定まった両浦の年貢公事の員数があらためて確認・注進されているのである。鯏網場の「うちかえ」を定めたさきの嘉暦の下文はまさにそのなかで下されたものだった。

とすると、これはたしかに一面では現地の新しい秩序の定式化の意味をもつものであったが、他面それはやはり荘園の体制内部のことであり、初期の浦の体制の発展であったとしなくてはならない。この下文自体、形は変っているが一個の名主職補任状といわれるであろう。そしてその視点からみると、このころこの浦できまった体制が、少なくとも形の上では、年貢の量といい、中分の原則といい、また漁場「うちかえ」の慣行といい、史料にあらわれる限りでも、南北朝の動乱をこえてじつに応永のころまで変っていない事実が注目されてこよう[147]。新しい現地の秩序の成長にもかかわらず、旧い体制は新たなものをそこにつけ加えることによって、延々と長く停滞しているのである。

これは決してこの浦のみのことではない。多くの荘園にかなり一般的にみられる、このころからはじまる名の固定化乃至停滞という事実は、南北朝・室町期の問題の一つがまさにこの点にあることを示していると思われる。その一つの理由は、いま一応近世的な漁村共同体の成長といってきた新たな秩序そのものの未成熟に求められるであろう。

それはこの時、浦の漁場に対して一定の権利を得た浦のなかの一部の百姓の地位が、なおさきのような補任状によって裏づけられなくてはならなかった点にもあらわれているといえよう(148)。この人々を黒川は、山・船・漁場をもち、下人をしたがえる「権守層」としてとらえたのであるが(注104諸論稿参照)、やがて近世にはいるころには、「脇」とよばれた一般の百姓を排除し、独自な契約によって結ばれる「南八人衆」「北十四人衆」といわれた人々が漁場の使用を独占するという形が現われてくるのである。ここに「惣村」といわれたこの時期の村落の発展にかかわる問題があるが、これについて立入って考えることは後日を期したい。

5　他地域の事例

いままで若狭国多烏・汲部両浦について、漁場成立の画期を十三世紀後半に求めてきたのであるが、私の知りえた他の少ない例を考えにいれても、それは単にこの浦のみの例外とはいいえぬものをもっているように思われる。ここにそれを若干のべて、多少前項までの問題を敷衍してみたいと思う。

この浦にほど近い御賀尾浦(近世には神子浦)についてみても、多烏・汲部と共通した問題がうかがわれるように思われる。ここでも建治三年(一二七七)ころに刀禰の地位をめぐる一種の動揺があったようで、それに伴って弘安八年（一二八五）に、刀禰職は「百姓等之中沙汰」として「年貢以下細々之（公）事等」を代官の下知に随って沙汰すべしということがいわれてくる[149]。これは、常神浦刀禰との争いの過程で、刀禰又次郎（守綱）が夜討をかけ、その罪科によって、刀禰職を没収されたあとの処置と推測され、守綱は嘉元四年（一三〇六）、還補されてはいるが[150]、臨時のことではあれ、刀禰が「百姓等之中沙汰」となったことは、刀禰の性格を考える上にかなり重要な意味をもっているように思われる。さきに多烏浦の場合にも刀禰の地位に多少の変化がみられるのがこのころであるとのべてきたが、この浦でも刀禰職補任状は嘉元以後全くあらわれないのである。むしろこのころから補任状がみられるようになる名主職と刀禰職との違いはここに見出されると思う[151]。それはなお長く譲与の対象にはなっているが、網の村君に刀禰がなっているという、多烏・汲部・御賀尾の諸浦に共通してみられる事実を考えると、禰宜職などと同様、浦刀禰の地位は「百姓の中」の役という性格が最初から強かったのではなかろうか[152]。

御賀尾浦でもこれ以後百姓の動揺が目立ち、浦と浦との相論がおこってくる一方、逃亡する百姓もみられ、年貢公事の過重に対する訴えが永仁五年（一二九七）以降、再三にわたって行われている。そのなかで文保二年（一三一八）の下知に、和布・塩・鮨桶等の准銭を停めて現物で納めたいという百姓の要求が却下されている事実があり、一見銭納を要求した多烏浦の場合と逆の事態がここにはあったようにみえる。その面も考えてみる必要はあろうが、しかしこれは正和三年(一三一四)以来の「和布准銭」が高すぎるという要求につながっているのであり、むしろ、永仁以来の「在鎌倉」という事態からできた領主側の強い貨幣要求に注目する必要があろう。[153]これに対する年貢公事減免の要求のなかで結局南北朝期(延文元年〈一三五六〉)までに、和布の値は永仁の当初の五分の一の評価で、すべて銭納という形におちつき、[154]現地の要求はこうして貫徹されている。

この間、元亨二年(一三二二)までに、刀禰職は賀茂氏の手をはなれ、近江国御家人大音氏に継承されたものと推測されるが、[155]暦応五年(一三四二)の助長の譲状に網の村君職とともに「あち」(網地)が現われる。[156]それは「たてあミ」の網場であったと思われるが、[157]この浦では漁場の充行が戦国期に入るまでみられず、自然その秩序は多烏浦とはちがって全くわからない。これは一つには百姓と密着した刀禰賀茂氏にかわった刀禰大音氏の地位が、秦氏や賀茂氏とちがって御家人として南北朝の内乱にまきこまれてゆくような、他の百姓に卓越したものであった点とも関係あることと思われる。もとより飛魚年貢があらわれてくるのはやはり鎌倉中期以降のことで(正和元年〈一三一二〉)、本質的には多烏の場合と共通したものが動いていたことがしられる。

例を多少はなれた地域に求めれば、同じ事情は伊予国弓削嶋荘にもみられる。ここではすでに延応元年(一二三九)に預所得分として「網二帖」(但し地頭により一帖は押領)があらわれるが[158]、それが網場に固定してくるのは文永以後のことであった。文永十二年(一二七五)のころ、地頭に押えられたという理由で荘官・沙汰人が網をひかぬことが問題になり、預所に対して東寺供僧から網の支配がきびしく命ぜられている[159]。この動きは別に述べたことのある、この荘をめぐる東寺供僧と菩提院の補任による預所との対立の一原因ともなっているのであるが、ここで注意しなくてはならないのは、いままで領家自身の殺生禁断の命によって暫く引かれたことのなかった網が、ここで新たに領家側の強い注目の的になってきている点である。しかも全体的な状況からみて、このもつれは地頭の押領よりもむしろ「沙汰人・百姓」自身の独自な動きに真の原因があったものと思われる[160]。恐らくこの時のものと思われる「網下知状」に、「領家方網場」という表現がはじめてあらわれ[161]、やがて永仁四年(一二九六)には百姓・沙汰人に充て行う網が二帖姿をみせてくるのは[162]、その具体的なあらわれとみてよいであろう。網の数も延応の二帖から建治の三帖、さらに永仁の四帖と、次第に増えているのである。そこには百姓独自の利用方法も生れていたのではないかと推測されるが、山が塩浜に応じて各名乃至百姓に分割され、その権利が公式に確認されている事実[163](応長元年〈一三一一〉)とともに、これはこのころ入会地の分割、漁場の成立に時期を画する動きのあったことを示しているといえよう。しかもそれが渡辺則文によってすでに指摘されているような、[164]この嶋の塩の顕著な商品化の進行のなかでおこってきたことが考えられなくてはならない。事態は若狭湾の場合と基本的には同じ方向で進んでいるといえようが、九州の場合もまた例外ではなかった。

これも羽原によって早く紹介された西北九州の青方氏と下松浦一揆について、[165]別に多少言及したことであるが、[166]ここでもまた漁業がとくに注目されてくる時期は、モンゴル襲来の前後のころからであった。そして普通「惣領制の動揺」といわれている動きのなかで、この地域の場合は惣領の管理の下にある山・牧・漁場などの入会地の利用を通して、相続者相互が切り離し難い関係で結ばれるようになり、鎌倉末期には近隣の小領主達の間に、網の使用についての契約もみられたのである。このころにはなお「網一帖」という形であらわれていた漁場も、南北朝期に入ると「網代」として固まった姿になり、充分明らかにはなしえないが恐らくこれら小領主間には、かなり組織的な漁場の輪番使用も行われていたのではないかと思われる。そしてこれを基礎として、互いの相論の裁決(左博)などを行う機能をもった小領主の連合、宇久・有河・青方一揆が、応安のころに確立してくるのであった。若狭湾の場合とはちがい、漁場を基礎にもつ結合が浦の百姓の間のこととならず、それぞれの浦の小領主間の協定と連合という形になっている点に、この地域の特殊性が見出されよう。当然それは若狭の場合にくらべれば政治的機能を比較的大きくもっていたといわれるであろうが、しかしほぼ室町中期を通じてこうした機能は「浦のうち」といわれた範囲での訴訟の裁決程度にとどまり、むしろ生産に則した漁場の協定や公事負担の方式の決定などの経済的な機能が主たる役割であったことは否定できないように思われる。結局それは戦国期に入るころまでは、広い政治体制のなかに位置づけられることはなかったと思うが、他方こうした一揆を足としてやはり南北朝期に成立したより政治的な組織、下松浦一揆は、室町幕府の確立とともにかえってその姿を消してしまっているのであり、このことは、さきに若狭の例にそくしてふれた南北朝・室町期の問題とつながってくるように考えられる。

しかしそうした問題はあったにせよ、若狭の場合といい、この西北九州の場合といい、鎌倉末・南北朝から室町にかけて、かなり広い範囲にわたって、漁場を基礎にした一定の組織が生れていることは注目されてよいことであろう[167]。近世初頭に「霞ケ浦四十八津」とよばれ、霞ケ浦全体を入会の海として管理していた組織もまた、確言はできないにせよ少なくとも南北朝期ごろにはその起源を求めることができるように思われる。「海夫」とよばれた香取社に属する神人的な海民の点在していた津が、このころまでにはほぼのちの「四十八津」と同じ範囲に見出されるという事実が、その根拠であるが[168]、もしこの推定が当っているとすれば、ここには若狭や西北九州の場合とはまた違った性格をもった人々の組織が見出されることになろう。

このように、ある場合には一揆とよばれ、ある場合には単に連合した浦の数をその名にすることのあったこの種の組織は、その機能の点でも、それを構成している人々の性格でも地域・地方によって多様であり、一概に論ずることはできないが、ただこの時代にこうした生活に根ざしたかなり大きな、また巧妙な組織が生みだされたという事実は、われわれの目をひきつけずにはおかない。

そしてこう考えてくると、こうした動きの直接の出発の時期として、十三世紀後半の画期の意義はまた新たな意味をもってくるように思われる。と同時に、この種の組織が室町中期にはなお政治的にはのび切っておらず、戦国期をこえて近世初期にいたると、いずれも次第に生命を失ってゆくように思われることも、さきにふれた疑問とあわせて考えてみる必要のある問題であるように思う(169)。

（1）「東寺百合文書」ユ函一一号(三五)、文永二年十一月日、若狭国惣田数帳(鎌13・九四二二)。

（2）拙稿「荘園公領制の形成と構造」(体系日本史叢書6『土地制度史Ⅰ』山川出版社、一九七三年)[③]もそのための試みである。

(3) 最近の黒川正宏の論稿「中世の浦について」(『尾道短期大学研究紀要』第一九集、一九七〇年)も、若狭の浦をとりあげており、そこにこれまでの文献が網羅的に列挙されている。また、海老沢衷「若狭国惣田数帳における「浦」について」(竹内理三編『荘園制社会と身分構造』校倉書房、一九八〇年)も本節と同じ問題をとりあげた論稿である。

(4) 福井県立図書館・福井県郷土誌懇談会共刊、一九六三年。

(5) 久寿二年、延文五年などの年紀をもつ偽文書を含むが、正応四年六月日、若狭国矢代浦刀禰職補任状、永和二年八月日、矢代浦刀禰百姓等申状などを含む「矢代区有文書」(前掲『小浜市史』諸家文書編二所収)は、同浦刀禰栗駒氏に伝来した文書として注目すべきである。

(6) 狩野久「御食国と膳氏――志摩と若狭」(第一章注24所掲)、同「律令財政の機構」(岩波講座『日本歴史』古代3、一九七六年)。

(7) 『延喜内膳司式』旬料御贄の項に「若狭国雑魚上下旬各七担司家取課丁百十六人、以其調物交易鮮物差丁運進」とある。

(8) 『類聚三代格』巻十、供御事、延喜二年三月十二日、太政官符。

(9) 注(1)惣田数帳。惣田数帳の朱注は、元亨ごろの実情を示すものと考えられる。第二部第二章注(75)参照。

(10) 第二部第二章。

(11) 摂河泉・山城については、第二部第一章・第二部第二章第三節及び第四章参照。畿外の伊賀・安芸・近江等についても、そこで言及したが、そのほか伊勢・志摩・備後さらに伯耆などに、こうした御厨、供御人のいたことを確認できる。伯耆については、拙稿「悪党の系譜」(第二部第一章注80所掲)[⑥]で、その根拠を示しておいた。また伊勢・志摩については、拙稿「中世の桑名について」(第一章注74所掲)[⑬]参照。

(12) 注(1)惣田数帳。友次浦は青郷内に六町六反三百歩、恒貞浦は青保内に十五町六反百十歩の田地をもつ別名である。

(13) 第一部第一章。

(14) 恒貞浦には刀禰給一反、友次浦にも二反がみられる。

(15) 伊賀国供御所の場合については第一部第二章参照。そのほか、和泉国の櫛造や河内国の大庭御厨と大庭散所の場合など、その例は多い。

(16) 拙稿「若狭国における荘園制の形成」(竹内理三博士還暦記念会編『荘園制と武家社会』吉川弘文館、一九六九年)[④]参照。

(17) 同右拙稿。

(18) 「盧山寺文書」(『平安遺文』二―三〇五)。

(19) これも早い例ではあるが、地方の御厨の転化と考えられるのではあるまいか。

(20) ただ「地数」とある点からみて、なお田畠としては安定していなかったものと思われる。

(21) 「華頂要略」第五十五上、康平六年五月廿日、妙香院庄園目録、及び慈忍和尚遺誡に若狭国志積浦がみえる。

(22) 「安倍文書」(前掲『小浜市史』諸家文書編二所収)建久二年三月五日、十禅師并客人宮祭

礼料田畠寄進状（鎌1・五一九）、承元四年十一月廿九日、日代前主殿允某下文（鎌3・一八四六）。この文書については、小葉田淳「中世、若狭の廻船について」（第一章注169所掲）で、詳しく紹介されている。

(23) 注(1)惣田数帳。

(24) 「安倍文書」年月日未詳、三方寺内志積浦廻船人等申状案（後欠）（鎌19・一四七六二）。

(25) 注(16)拙稿参照。

(26) 小葉田は前掲論稿で志積の山王社について言及している。

(27) 注(16)拙稿。

(28) 同右参照。

(29) 菅浜浦は独自な単位として大田文の新荘山門沙汰の中に記載されており、一方で建暦二年（一二一二）の慈鎮譲状（鎌4・一九七四）には「織田庄　同浦二所」とある。

(30) 「秦文書」（前掲『小浜市史』諸家文書編三所収）文永六年正月日、多烏浦刀禰秦守重・汲部浦刀禰栗駒時末連署注進状案（鎌14・一〇三七一）。「青蓮院志気味」とあるのは、現在の食見に当る。

(31) 「大音文書」（前掲『若狭漁村史料』所収）嘉禎元年十二月十五日、延暦寺政所下文案（鎌7・四八六四）の充所。

(32) 河音能平「院政期における保成立の二つの形態」（『史林』四六―三、一九六三年、『中世封建制成立史論』東京大学出版会、一九七一年所収）に指摘されている山門使の活動は、まさしくこれに当るものといえよう。

(33)「大音文書」建永二年六月日、日吉社左方御供所神人職補任状〔鎌3・一六九〇〕。

(34)「貫達人氏所蔵文書」貞永二年三月十三日、延暦寺政所下文案（『鎌倉遺文』七―四四五七）によると、すでにそのころ、賀茂社神人たるべき宮河荘の住人が、日吉神人・山門寄人となり、国中散在神人が与力同心して、庄内に乱入したといわれているが、もとよりそれは、この矢代浦の人々のことであろう。注目すべきは、加賀国金津荘や播磨国安志荘などの賀茂社領でも、同じように日吉白山神人・日吉山門神人・寄人となる人々が現われている点で、山門の動きは、この時期、各地で活発だったものと思われる。

なお、宮河荘については、須磨千頴「若狭国宮川庄関係史料」（『小浜市史紀要』第四輯、一九七七年）に全史料が収められており、本章もそれによっている。

(35)「座田文書」二、天福元年十月廿九日、延暦寺政所下文〔鎌補2・補一一三七〕。

(36)「山城鳥居大路家文書」天福二年六月十八日、延暦寺政所下文（『鎌倉遺文』七―四六七三）、「座田文書」二、天福二年十月八日、六波羅御教書案〔鎌補2・補一一五二〕。

(37)「座田文書」二、文暦二年六月十三日、六波羅御教書案〔鎌補2・補一一六七〕、文暦二年七月十八日、同前〔鎌補2・補一一六八〕、「賀茂別雷神社文書」一、嘉禎三年九月十五日、六波羅御教書〔鎌7・五一七七〕等参照。このときには、宮河保・同新保地頭代が前面にでて、「矢代浦者、自関東給七ケ所浦、其一也」という根拠によって、矢代浦を支配しようとしている。

(38) 注(31)文書。

(39) 「大音文書」には、三川(河)浦・御面浦・於河浦・小面浦等のまぎらわしい浦名が現われるが、前二者は御賀尾浦、後二者は小河浦をさしており、辺津浜山は小河浦の山で、御賀尾浦との間に長い間、相論の対象となり、結局、貞治元年(一三六二)に、小河浦刀禰安曇友連によって御賀尾浦に去渡された。この相論に関連して、偽文書が何点か作成されており、『若狭漁村史料』一〇号文書などはその代表的な例である。本史料集は、この浦名について混乱があり、また、偽文書に関しても、一、二をのぞき、注を付していないので、十分の史料批判ののちに使用する必要があろう(なお「大音文書」については、楠瀬勝氏の御好意によって、その写真焼付をいただくことができた。同氏におかけした御迷惑を心よりおわびするとともに、厚く謝意を表する)。

(40) 食見・小河浦がいずれも所属の荘・保不明である点から、そのように考えることができよう。

(41) 注(34)参照。

(42) 注(1)惣田数帳。

(43) 須磨千頴「中世賀茂別雷神社領の形成過程」(『日本歴史』二六〇号、一九七〇年)、及び注(16)拙稿参照。大谷村・矢代浦は恐らく賀茂出作の一部であろう。

(44) 河合正治『瀬戸内海の歴史』(至文堂、一九六七年)、及び注(2)拙稿参照。

(45) 宮本常一『海に生きる人びと』第一章注1所掲。

(46) 第二部第一章第三節。

(47) 前掲「矢代区有文書」。なお多烏浦の隣浦の汲部浦の刀禰も栗駒氏であった。

(48) 「賀茂注進雑記」(『続々群書類従』第一、神祇部)。

(49) 次節「漁場の成立」参照。

(50) 「大音文書」嘉応二年十二月廿八日、後白河院院庁御賀尾浦四至差定状(平11・補三五六)。この文書は文和四年(一三五五)の辺津浜山をめぐる小河浦との相論で、証拠文書として使用されているが、様式が異例であり、おそらく鎌倉後期からおこっているこの相論に関連して作成されたものであろう。

(51) 浦と海民の領有関係は、陸地のそれとは別個に考える必要があり、例えば、志摩国の浦が、近世の伊勢・紀伊の地域に広く分布していることなどは、その好例であろう。注(2)拙稿参照。

(52) 羽原以来、最近の注(3)黒川論稿までその見方に立っている。

(53) 「伊香氏系図」(『続群書類従』第七輯下、系図部)助吉の項に、「自鎌倉右大将被記諸国御家人名帳之時、以御使源内定遠可令勤仕当役之由雖被仰、依為神職之身、堅辞申之処、及度々之間、以代官勤之」とある。その甥伊香太左衛門尉助忠は、「御内奉公仁」といわれている。

(54) 注(53)「伊香氏系図」安宗の項には、「若狭国三方郡御内御賀尾・常神両浦開発願(領)主也」とあり、注(50)の嘉応二年の四至差定状をあげる。また「大音文書」の「伊香氏系図」はこれに本文の記事を加え、これらの重書は「去文和二年十二月十日ノ夜ノ騒動ノ時、敵方ノ方へ被取畢」としているほか、安宗から助長まで、「伊香氏系図」と同じであり、紙継目裏花押をすえた第二紙から、記事が詳細になる。前述した注(50)の嘉応二年の文書の性格からみて、この系図の記事は、南北朝初期に作られたものと推定しうる。ただ、頼政の女二条院讃岐及びその夫藤原重頼は、若狭の松永保・宮河保の地頭であり(『吾妻鏡』文治四年九月三日条及び「秦文書」文暦二年六月十四日、汲部・多烏・矢代浦刀禰等連署注進状案〔鎌7・四七六九〕)、この若狭尼についても、全く事実無根とはいえないと思われる。

(55)「大音文書」建治三年三月五日、御賀尾浦刀禰職補任状〔鎌17・一二六七七〕に賀茂守綱が現われ、鎌倉末期の刀禰又二郎も、「伊香氏系図」には該当する人はいない。

(56)「大音文書」建武三年六月十三日、大音助俊軍忠状。この文書は、「若狭国御家人大音左衛門三郎助俊」と書き出されているが、「若狭」の二字は、摺り消した上に書かれた後筆である。恐らく本来は「近江」と書かれていたであろう。

(57)『経俊卿記』宝治元年十二月十二日条に、右衛門尉伊香助長がみえる。助俊の父助長は左兵衛尉と注されているが、左衛門尉となった形跡がある。年代的にみると、少しずれるので、同一人ではなかろうが、伊香氏の人々は、このような官途を帯びており、浦刀禰とは考えにくい。そこで参考になるのは、延文元年三月日御賀尾浦地頭年貢注進状に、公文伊香資忠が現われることで、恐らくは伊香一族は、倉見荘公文の地位にあったのではなかろうか。

(58)「大音文書」年月日未詳、乙王女申状案〔鎌34・二六〇二七〕、正和五年十一月日、忠国陳

状案〔鎌34・二六〇三八〕。常神浦刀禰と御賀尾浦の刀禰とは、姻戚関係で結ばれており、さまざまな対立をはらみつつも、密接な関係にあった。しかし、常神浦自体は、後述するように、国領だった可能性がある。

(59)「秦文書」文永七年三月廿四日、秦守高注進状〔鎌14・一〇六〇七〕、文永八年十二月廿九日、同前〔鎌14・一〇九四九〕。

(60)勧進上人と港湾・関との関係が密接であったことは、拙著『蒙古襲来』(日本の歴史10、小学館、一九七四年)〔⑤〕で言及した。

(61)保立道久は「荘園制支配と都市・農村関係」(一九七八年度歴史学研究会大会報告『世界史認識における民族と国家』一九七八年)及び「中世前期の漁業と庄園制」(第二部第一章注85所掲)で、『吉記』承安四年八月十六日条「一、中宮権大夫申、久永御厨訴申、若狭三河浦住人時定濫行事」という記事に注目、この時定を若狭の有勢在庁として周知の稲庭時定に比定し、注(39)でふれたように、三河浦を御賀尾浦とみて、時定を常神社神人と推定し、伯耆の久永御厨との紛争をおこしている点から、時定を北陸・山陰にわたる広域的廻船業に結びつけている。そこまでいい切れるかどうかは別としても、伯耆と若狭の間を廻船が動いていたことは間違いなく、保立の着目はきわめて興味深い事実を浮び上らせたといってよかろう。ただ、保立は同記、承安四年九月十七日条に「久永御厨訴申、若狭在庁時永事、国司送陳状」とある点に言及していない。「時定」と「時永」の違いは、どちらかが誤記である可能性は大きく、もしも時永が時定の誤りであれば、保立の推定は一層、その確度を増すであろう。そして国司が陳状を出している点からみて、在庁の行動はかなり公的な意味を持ったものと思われるので、保立が最初に推定したように、久永御厨の年貢運送に対する港湾における在庁の勝載料＝津料徴収に関わる紛争と考える方が無理ないと考えられる。倉見荘・御賀尾浦に時定の力が及んでいたことは、後年、この荘の地頭職が若狭氏の手に帰している点から確実であり、「住人」とあるのをどう解するかに問題はのこるとしても、在庁稲庭氏が海と深い関わりを持っていたことは、まず間違いないと思われる。現在、全くの小漁村にすぎない御賀尾浦が、有勢在庁の重要拠点になっている点に疑問を持つ向もあろうが、大分時代は降る十五、六世紀ごろの「大音文書」年月日未詳、御賀尾浦刀禰雑物注文、同、御賀尾浦刀禰入質雑物注文によってみると、刀禰大音氏の所持する財物は、恐らく中国製陶磁器をも含む豪華なものであり、江戸時代以降の状況をもって到底おしはかることのできない海の世界の中での位置づけを、この浦が持っていたことは間違いない（注98参照）。

(62) 注(3)黒川論稿等。
(63) 最近の畿内及び近国の領主のあり方についての研究の進展を考慮にいれると、こうした人々を単純に「在地」とのみ考えることはできない。
(64) 注(59)文書に文覚没官のあとは院の御荘となったといわれており、「秦文書」を通じてみる限り、領家の影響は少ない。
(65) 次節「漁場の成立」。
(66) 渡辺則文『日本塩業史研究』（三一書房、一九七一年）第I部第二章。

(67)『続左丞抄』第一、建久六年十二月四日、太政官符。
(68)これについては、橋本義彦『平安貴族社会の研究』(吉川弘文館、一九七六年)二〇五〜二〇八頁参照。
(69)注(67)。
(70)同右。
(71)「秦文書」文永六年正月日、多烏・汲部両浦刀禰注進状案〔鎌14・一〇三七一〕に黒崎尾の山のうち小山名主について「本ハ阿納尾浦刀禰相伝、而犬熊野源大夫之親父者、阿納尾浦刀禰重延之親父養子也、而間、彼山譲渡于源大夫畢」とある。
(72)前掲〔第二部第一章注(92)〕「鴨脚秀文文書」乾。
(73)本節の基礎となった前稿「若狭国における「浦」の成立」を発表したさい、犬熊野浦の四至に「北限海棹立」とある点から、これを「櫓棹杵通路浜」に結びつけ、この四至のあり方を「海の側からみた四至」ではないかと考えてみたが、保立道久が注(61)「中世前期の漁業と庄園制」で多くの史料をあげて論証し批判を加えている通り、これは完全に私の失考であり、本節ではその部分はすべて削除した。その点を含めて、保立の労作には敬意を表するとともに、数少ない漁村・漁民の研究者の中に、強力な史家が新たに一人加わったことを心から喜ぶものであるが、しかし、第二部第一章注(101)にものべた通り、この「櫓棹杵通路浜、可為当社供祭所」という文言についての保立の見解には従い難い。保立はこのような文言をはじめ、「東者限馬蹄立」などの表現を、「実態である前に、きまり文句の借用であった」とし（「律令制支配と都鄙交通」『歴史学研究』四六八号、一九七九年）、さきの論稿でも、「中世人の境界観念・国土の四至観念一般を表現する定型句」であると断じている。この点についても第一部第一章注(218)に言及したが、粟津橋本供御人が「諸関渡・諸公事等不致其沙汰候」という特権を、まさしく「京ゐ中駒の足の立候限り、関渡にいたりて免せられ候」と表現し、西岡宿非人の塩売が「惣而諸国関々橋賃・船賃以下悉不致其沙汰候」という権利を、「船にて東国は駒蹄至まて、西国者波路之末、千嶋白嶋まて無其煩候」ともいい現わしていることを考えれば、この文言が、かつて蔵人所牒などに現われた「五畿七道諸国」の民衆的表現であることは明らかであろう。さきの「京ゐ中」も同様であり、もしもこれを「定型句」「きまり文句」であるというなら、保立が論稿の題名に使った「都鄙」もまた同じことにならざるをえない。たしかに保立のいう通り、これは中世人の国土の四至観念を表現する言葉であり、東が馬、西が船という考え方が、おそくとも十五世紀には庶民自身の中に定着していたことを示している。とはいえ、それは決して全くの観念であり、実態のないものというわけにはいかない。現実に供御人や供祭人が「波路の末」までいったかどうかは別として、それは彼等の実態を持った特権を支える重要な意味を持つ文言といわなくてはならない。

なお「当宮縁事抄」（寛元二年十月十六日、院宣案〈鎌9・六七四九〉）にみられる、「就中、牛馬役者、東者限小馬足行、西者限船櫨棹行、可為神宝所神人等進退、可停止関ゝ津ゝ泊ゝ妨旨」という文言も同性質のものであるが、このときは、後嵯峨天皇親政期であり、院宣の様式をもつこの文書は、当然、後代の作としなくてはならない。本文書の性質からみて、さほど時期を降るものではないと思われるので、この場合の参考にはなろう。そしてこれがどこまで降るかによって、東と西についての見方についてさきに十五世紀といったことに影響がでてくるかもしれない。

(74) 注(1)惣田数帳。
(75) 『東寺文書之四』(大日本古文書家わけ第十)ぬ三号文書〔平5・二〇三四〕。
(76) 同右、鞍内浦とも書かれているが、恐らく現在の車持に当るであろう。
(77) 注(1)惣田数帳、神田の項に、「常神宮壱町三方浦」とある。
(78) 「須磨文書」文和元年八月晦日、耳西郷内気山村鮭川充行状によって、気山津が耳西郷内にあったことが知られるほか、日向浦、早瀬浦が耳西郷内の浦であったことを示す史料は多い。
(79) 「若狭国税所今富名領主代々次第」。
(80) 大山喬平「国衙領における領主制の形成」(『史林』四三―一、一九六〇年)。
(81) 注(1)惣田数帳。その各単位の田数に対して占める比重は大きい。
(82) 保のなかで、この田地をもつのは、青保・細工保・太良保のみであり、開発保などをはじめ、この斗代の田地は全くない。名のなかでは、重国名、岡安名、秋里名、千与次名、今富名、武成名、清貞名、是光名、利枝名、沢方名、光里名、得永名、吉松名、時枝名、国掌名、是永名であり、在庁名が圧倒的であるが、その単位田数に対する比率は、必ずしも大きいとはいえない。郷は例外なしに、これを含んでおり、この点からみて、この斗代の田地を内部にもつ単位の成立は、比較的早いのではないかと思われる。坂本賞三『日本王朝国家体制論』（東京大学出版会、一九七二年）三一九頁で指摘されているように、これが「狭義の公田の名残」と考えられるならば、それは恐らく坂本の指摘する公田官物率法の成立する十一世紀半に遡りうるであろう。

(83) 多烏田・日向浦は異なり、丹生浦には注記がないが、これは税所領と考えてよかろう。

(84) 若狭の「十二所乃浦」「関東より給わる七ケ所浦」、伊勢の「拾伍箇所塩浜」のような事例がみられることについては、注(2)拙稿参照。

(85) 石井進『日本中世国家史の研究』（岩波書店、一九七〇年）四一〇頁。

(86) 同右四一三頁以下。

(87) 第一部第一章。

(88) 「安倍文書」嘉元三年二月日、志積浦刀禰安倍景延陳状案（鎌29・二二一一六）。

(89) 注(16)拙稿参照。注(3)海老沢衷の論稿は本節の問題とかなり重複するが、そこで海老沢は国衙領の浦々の位置を確定し、それが権門支配下の浦々に比して「陸上交通に恵まれず、河川の舟運とも無縁の地」であり、「他から隔絶した地域」だったことを強調するとともに、注(2)拙稿を批判しつつ、若狭国の国衙が「「浦」を農業生産を軸とする通常の所領単位と区別して扱ったこと」を強調している。海老沢は私が「大田文においては浦が村と区別されることなく記載されている」とのべたと批判するが、本節でものべたように、私は浦が村と区別された公式の単位になったことの意味を認め、独自な海事制度、あるいは漁場制度の生れる萌芽のあったにもかかわらず、制度的には結局独自な帳簿は生れず浦は大田文の中でやはり村と同じ扱いを基本的にうけていることをのべたつもりであった。実際、大田文には、若狭の場合についてみても、国衙領の中の最も重要な港湾であったとみられる小浜は今富名の陰にかくれて現われないのである。私はその意味で、海老沢が国衙の浦をきわめて港として条件の悪いところとみなしたのは、土地制度にひきずられ、浦の独自なあり方を見失った誤りであると考える。

(90)『三国地志』巻九十七、正和四年十一月日、志摩国伊雑浦惣検校物部泰実解。
(91)「秦文書」年未詳十二月二日、小槻国親書状(鎌29・二二〇四四)。
(92)「上野山文書」(前掲『若狭漁村史料』所収)永享八年六月廿日、天竜寺息心周銘下知状。
(93)次節参照。
(94)注(22)小葉田論稿に、この点は詳述されている。
(95)「大乗院文書」三、正和・文保・元応雑々引付(福井県立図書館・福井県郷土誌懇談会共刊『小浜・敦賀・三国湊史料』二九七頁)。
(96)「大音文書」年月日未詳、御賀尾浦塩船盗難物注進状案。
(97)「秦文書」永仁七年二月十一日、某注文(鎌26・一九九四六)。「王尾津」を「三尾津」とする小葉田前掲論稿の見解は、的確である。
(98)こうした廻船の活動が平安末期まで遡りうる点については、注(61)の保立の指摘がある。また、戦国期のものとみられる「大音文書」大音家家付雑物注文案、御賀尾浦刀禰雑物請取分注文、御賀尾浦刀禰入質売却雑物注文（『若狭漁村史料』同文書三三七・三三八・三三九）に、青磁・白磁とみられる「白ちやわんさら小廿」「あをさら」をはじめ、筑前皿・染付・天目等の多数の陶器、朱塗の菓子盆や鉢、博多肩衣などの衣類、武具等、驚くべく豊富な家内雑物があげられているのは、日本列島のみにとどまらぬ廻船の活動のあったことを物語っている。

(99)「賀茂別雷神社文書」一、徳治二年十一月廿三日、六波羅下知状（鎌30・二三一二〇）。

(100)「秦文書」文永九年二月日の旗章銘（鎌14・一〇九八七）参照。

(101) 例えば南北朝以後に漁場の分割・私有が進んだという指摘など、その一例としてあげられよう。以下とりあげようとする若狭湾の漁業については、「若狭沿海を中心とする中世漁業とその近代化」（『社会経済史学』一三―七、一九四三年、『日本漁業経済史』中巻一、岩波書店、一九五三年、一九八二年再刊）があり、この指摘はそのなかにある。

(102)「中世に於ける海村の生活――若狭国多烏・汲部両浦」（『史観』三七冊、一九五二年）。

(103)「中世開発漁村の変遷――若狭田烏浦の場合」（第一章注157所掲）。その成果は、二野瓶徳夫の著書『漁業構造の史的展開』（第一章注6所掲）の中に生かされている。

(104)「中世海縁村落の社会構造」（第一章注162所掲）、「中世海縁村落における浦刀禰の存在形態」同上。

(105) 村井康彦「中世漁村の成立過程――若狭国遠敷郡多烏・汲部両浦の場合」（第一章注169所掲）、楠瀬勝「中世の若狭網場漁業をめぐる二・三の問題――その成立と網について」（第一章注168所掲)。

(106) これはこのような浦の開発に当っての所謂「勧農」に相当する行為であろう。またここで浦にすみついた「海人」が「自由」な、移動する漁民と考えられている点(羽原前掲論稿)、注目する必要があろう。この「主従関係」は、もとより秦氏を稲庭氏の所従としたわけではなく、平民百姓としての身分は変ることはなかった。

(107) 以上のことは、主として「秦文書」文永七年三月廿四日、文永八年十二月廿九日、秦守高注進状(鎌14・一〇六〇七、一〇九四九)から明らかになってくる。また「神護寺文書」貞応元年十二月日、神護寺政所下文(鎌5・三〇三七)も参照されよう。ただこの伝領関係については明らかでない点もあり、五味と村井とでは多少の理解の相違がある(なお「秦文書」は以下文書名を省略する)。

(108) これ以前に建暦三年(一二一三)物部延時という人が多烏浦の源録職に補任されている。この時の多烏浦は明らかに西津荘内といわれているが、この補任の意味は全く不明である。ただ黒川も指摘しているように、秦氏のみがひとりこの浦の有力者でなかったことは知られよう。また寛喜の補任状に「海人等」を汲部浦に沙汰居えることを命じている点も汲部・多烏の開発の先後にかかわる問題として意見がわかれている。ここではとくにつけ加えるべき点も思いつかないので一応そのままにしておいた。なお羽原・五味がこれを「海人等一門」と読んだのは「海人等所」と訂正さるべきで、「一門」という点に大きな意味をもたせることはできないと思う。

(109)　矢代浦は既に古く仁安三年（一一六八）に賀茂別雷社領として、国役雑事を停止されており（「賀茂別雷神社文書」一、仁安三年八月日、若狭国国司庁宣〔平7・三四七〇〕）、同社領二、宮河荘の内とされていたが、天福元年（一二三三）にいたって山僧の狼藉をうけ（「座田文書」二、天福元年十月廿九日、延暦寺政所下文〔鎌補2・補一一三七〕）、それとからんでこの宮河保地頭代の「割取」の動きがおこってきたのである（同文書二、天福二年十月八日、六波羅御教書案〔鎌補2・補一一五二〕）。文暦二年（一二三五）にはそれは宮河新保地頭代の「狩仕供祭人等責取山畠地子日次御供魚貝等」という濫妨として訴えられているが（同文書二、文暦二年六月十三日、六波羅御教書案〔鎌補2・補一一六七〕）、この新保地頭代とさきの保地頭代とはもとより同一人であったとみられ、恐らく宮河荘は国衙側からは保といわれたこともあったのであろう。その地頭代のあげた根拠が「七ケ所浦」を関東から与えられたということだったのである（同文書二、文暦二年七月十八日、六波羅御教書案〔鎌補2・補一一六八〕）。もとより宮河保側からすれば、汲部・多烏両浦もこの「七ケ所浦」のなかにあるものとみられていたであろう。矢代浦をめぐる相論は嘉禎三年（一二三七）に行われた国検にもからんでさらにつづき（「賀茂別雷神社文書」一、嘉禎三年四月十一日、若狭国留守所下文〔鎌7・五一二八〕）、この年両者の対決を求めた六波羅御教書がでているが（同文書、嘉禎三年九月十五日〔鎌7・五一七七〕）、その結末は明らかでない。

(110)　これを宮河保に完全に帰属していたと解すれば事は簡単であるが、それでは建長の相論の際、何故宮河保地頭代が、「西津保地頭代称為宮川方人、改易多烏浦刀禰守高、追捕家内奪取代々証文、責取科料」といって訴えねばならなかったかがわからなくなってしまう。強いていえば刀禰職に対する補任権を西津荘地頭がもち（これは本文にふれた稲庭時貞と秦成重との関係から自然に理解できる）、浦の山等の権利については宮河保地頭代が掌握していたものとみることができよう。もしこれが承認されるとすれば、土地と人との支配はここでもなお統一されていなかったといえよう。

(111) この点を小笠原や村井のように、浦百姓全体が管理する山と、浦刀禰分の山とにはっきり分けてしまうことは、五味のいうように当っていないといえようが、また一面、この山が既に細分され、その一々の作職を百姓がもっていたとすることも、この時期の問題を見落してしまうことになるのではなかろうか。

(112) この点も「一般に浦分の漁場、即ち個人持の漁場である」とみる五味の見解と多少違うが、それは十三世紀後半の評価の違いにかかわる問題である。

(113) 承久前後のころまでにこの辺の浦の堺も牓示が打たれて一応定まっている。「壬生文書」建久六年十二月四日、太政官符〔鎌2・八二〇〕に見られる、国富荘犬熊野浦と阿那尾浦・志積浦との堺牓示、またこの汲部・多烏両浦の承久年中の牓示立券などがその例としてあげられよう。しかし注(110)にふれたような、この両浦の不明確な帰属関係が、一応そのままにもたれている点にこの時期の問題があろう。

(114) しかしこのころの浦の状況は、まだ本当にはわからぬといわなくてはならない。刀禰と百姓、あるいは「海人」といわれた人々との関係、在地領主と刀禰乃至浦との関係はどうであったか等、考えるべきことは多い。一般に「勧農」といわれていることが、このような漁業を行う浦の場合に、どの様にあらわれてくるかも、これと関連してくる問題の一つであろう。注(106)でふれた点は、多少その手がかりになろうが、近隣の大熊野浦の場合、「荒畠壱町余」が一応ひらかれていながら、「無居住海人」といわれていることからみて、このような浦での生活が当時なお不安定なものであったことが推測される(前注太政官符)。そこに海人等をおちつかせるためには、当然一定の保護が加えられねばならなかったと思われるが、反面こうした浦の特殊な生産物たる塩や魚がどのように処理されたかという問題もでてくる。魚が供祭物とされた賀茂社の場合と在地領主の場合など、それぞれについて、今後の研究の余地は残されている。なおこの点、注(61)保立道久論稿に言及されている。

(115) 宝治二年七月十六日、領家方地頭方連署下知状(鎌10・六九八九)に「就中逃亡の百姓か跡の地ニ者」云々とある点からこのことが知られる。

(116) 正応六年七月日、多烏浦百姓等申状案(鎌24・一八二七〇)にでてくる「当浦開発沙汰人成重・成里・則清」の則清を村井は汲部浦の粟駒氏の祖とみているが(注105論稿六七九頁)、文永八年十二月廿九日秦守高注進状(鎌14・一〇九四九)にでてくる「兄弟二人」という言葉は、後述するこの注進状の性格から考えて、そのままにうけとることには問題があり、このように考えることには無理があろう。

(117) これは建長二年十月十三日、六波羅問状案(鎌10・七二七一)から知られるが、これが宮河保地頭代の訴えをうけて、西津荘地頭代にあてて発せられている点が注意されるのであり、この時守高自身が宮河保地頭代に属していた一面のあったことも逆にわかってくる。彼の動きはのちに彼自身がいっているように一貫して西津荘地頭に忠実だったわけではなかったのである。

(118)　正応四年（一二九一）の秦守重と大春日則友の刀禰職をめぐる相論のさい、則友がその主張の根拠にしているのが、「建長下文」である点から推測できる。ただこの「下文」はどのようなものかは明らかでなく(現存の文書から考えれば建長四年二月八日、大春日則元申状案〔鎌10・七四九六〕か、建長七年十一月日充所不明の刀禰職補任状〔鎌11・七九四二〕しかないが、いずれもその形をなしていない)、恐らく彼に対する正式の補任状はなかったものとみられる。

(119)　注(118)申状、及び同年十一月十五日、百姓等起請文案〔鎌10・七四九五〕。このなかで「若宮河殿御領ヲ、これより後日他諸ニつき候て沙汰おもつかまつり候はゝ」とある点が注目されるので、読み方によっては注(120)の史料とあわせてみると、この時この浦が「宮河殿」の領として堺がきまったということがいえるようにも思われる。

(120)　『賀茂注進雑記』建長四年十月廿八日、関東御教書案。この訴訟の具体的事実はわからないが、注(119)と関連させて考えれば自然に理解できることであり、このときの動きに関係していることは間違いなかろう。

(121)　注(118)の建長七年の刀禰職補任状は充先も明らかでなく文書の形式にも疑義があるが、このようなものがでてくるところにもこのころの複雑な事情の一端があらわれているように思う。

(122) 五味も村井もこの注進を一緒にして考えているが、これではこの時期の特殊な意味がわからなくなってしまう。

(123) これ以後この浦は長く西津荘として動くことはなかったのであり、もしも注(119)の推定のように、建長のころこの浦が宮河領になったことがあったとすれば、まさにこの時に両浦は西津荘内の浦として固まったことになろう。注(118)にあげた正応の刀禰職をめぐる相論にあたって、守重が「守高沙汰を仕り候刻、自宮河地頭方多烏浦被押領候て、沙汰人百姓難令安堵候し時、故守高与宮河敵対経在京数日既宮河之乱妨を令停止畢」といっているのは、建長以来の事情を示しているともいえるので、少なくとも守高の努力が本当に実ったのはまさにこの時のことではなかったかと思われる。一連の注進状の意味はこれによって一段とはっきりしてくるのではなかろうか。

(124) この二つの文書が注進状の形をとりながら〔校注一三〕、いずれも「後のために如此ノ注状如件」という結びをもった置文の形式をとっている点が考えられる必要があろう。村井はこれの書かれた動機を「釣姫浦方の狼藉行為を伴う両浦間に起った畠地相論にあった」(注105論稿六七九頁)といわれているが、事は単にそれのみではなかったのではなかろうか。

(125) 注(103)五味論稿一六頁にも示されたように、この山は近世には田烏の領域であった。

(126) この注進状に代々の西津荘地頭代の系譜を長々と書いた守高が、そのすぐあとに「先地頭殿へあら〳〵此由申すといへとん不用まします、当御知行ニハ任先例可有御成敗由承り候間尤あをきまいらせ候」とのべていることが見落されてはならない。ここに「先地頭殿」といわれている人は代々の西津荘地頭の歴史を認めなかった人とみられるので、それを宮河地頭と考える見方が成立すると思う。そしてそう考えてみるとそのすこしあとに「さぬきの尼御前のあとなりとて、宮河地頭殿可知行由度々沙汰候いしかとん、全以田烏浦いろわす候き、さぬきの尼御前の御子息も、黒崎山上をはか(狩)りもせられす候き、於被任先例ニ者当御知行こそ御進退に候へきにて候、所の寺神社さへてんたう仕り候、田烏と申候へとん有名無実也」とあることも、多少意味不明の点はあるが、むしろ宮河領当時の公事の状況をのべて、「当御知行」の西津荘地頭に対してその不法をのべ、公事の軽減を求めているのではないかとも読めるのである。このように考えてくると、この注進状はかなり政治的な意味をもっていたものといえるので、ここにいわれている「荒廃」もそのままにうけとることはできない。この時期の百姓の「未進」や「損亡減免」の要求が、一般に政治的な臭いの強いことについては別にしばしばのべる機会があったが、この浦についてもなにより村井・楠瀬も指摘した生産力の発展が一面にあったことを考えれば、守高の動きに自浦に有利な体制をつくりだすための打算が動いていることが当然予想されなくてはならぬ。守高は建長ごろから宮河と西津の間に立って微妙な動きを示しはじめるが(注117参照)、ここにいたって、いよいよ権力を強めつつあったこの時期の得宗被官に自らをはっきり結びつけることに成功し、さらに新たな代官に対しては、むしろ前地頭宮河地頭の公事の例をもち出して負担の軽減を求めているのである。そこにはこの時代が生み出しつつある新しい人間の型がみられるように思われるが、それは考えすぎであろうか。もとより次にのべる汲部浦との関係についてもまた同じ打算が動いていたといえるであろう。

(127) 文永十年八月一日、某下文(鎌15・一一三七四)で、守高が大浦山を充て行われているが、そこに「大浦山中分事」とある点が注目されるので、もしもこれが汲部側との中分であったとすれば、後述する中分の慣行はこのころからあらわれているともいわれよう。

(128) これは多烏浦の刀禰に、宮河荘矢代浦の賀茂社供祭人、三方寺内志積浦廻船人などと同様、廻船人としての特権を保証したものといってよかろう。ただこうした過所を得宗が西国の浦刀禰に与えたことは、注目すべきことといえよう。もとよりこれは得宗が若狭国守護であったことにもよるが、単にそれのみにとどまらぬ意味を持っていたとみなくてはならない。モンゴル襲来前後の幕府の西国に対する支配の強化と、恐らくこれは関わりがあると思われる。この点については、第一部第一章注(229)で若干ふれたが別の機会に詳述したいと思う。

(129) 注(103)五味論稿三二一頁。ただ注(111)・(112)でのべたような考え方の違いは残るので、この場合も後にみる整った漁場の輪番行使の形ができていなかったところに、このような文書の形式のでてくる理由があると思われる。

(130) 正応六年七月日、多烏浦百姓等申状案(鎌24・一八二七〇)から知られる。

(131) 「下二所乃浦」は文永八年の守高注進状にみられ、また後の例は慶長十一年六月十六日、三方・中両郡刀禰噯状(『越前若狭古文書選』六三八頁にみられる五味前掲論稿三二一頁)。また別に「北十一浦」というよび方も近世にはあった。

(132)「安倍文書」年月日未詳、三方寺内志積浦廻船人等申状土代〔鎌19・一四七六二〕。

(133) 注(105)村井論稿六八六頁。また小笠原も注(102)論稿でこの点に注意を向け、永仁七年(一二九九)にみられる出雲国との交渉の事実、また嘉元三年(一三〇五)〔四月十八日〕の「しけむね」譲状〔鎌29・二二一六八〕にでてくる「つるへのふなしろ」等の事実を指摘しており、楠瀬も注(105)論稿七〇六頁で網と関連して船の問題に注目している。

(134) 村井も漁場＝網場権の確立をもって、中世漁村成立の前提としているが〔注105論稿六九一頁〕、その時期はかなり限定できるのではないかと思われ、むしろそれは中世初期の浦の体制の発展の中で現われてきた現象と考えなくてはならない。また大山喬平が「中世村落における灌漑と銭貨の流通」〔『兵庫史学』二七号、一九六一年、『日本中世農村史の研究』岩波書店、一九七八年所収〕においてこの時期の商品流通が米穀生産力の低い地域からむしろはじまっている点に注目しているが、この場合もそれはあてはまりうることである。

(135) 後述する欠年文書十二月二日、小槻(鳥羽)国親書状〔鎌29・二二〇四四〕に祖父鳥羽左衛門入道の時に須那浦ではじめて網を引いたとあるが、この人は「東寺百合文書」リ函六号〔三五—四六〕、弘長元年十一月十六日の書状〔鎌12・八七三四〕を発した鳥羽左衛門入道西迎と同一人とみて間違いないと思われるので、引網の事実もまたこの前後のことと考えられる。

(136) 弥五郎入道については永仁三年五月晦日、秦則元等起請文案〔鎌24・一八八四〇〕に「弥五郎入道殿狩せらるゝ由事」とあり、これが鎌倉に出されたことが知られる。これは彼の行動が鎌倉で問題になっていることを示しているといえようが、この起請文そのものは彼に不利なものではないように思われる。ここにあげた逃散の事実は、その紙背文書にでてくる。

（137）黒田日出男「中世の「畠」と「畑」」（『鎌倉遺文月報』一九、一九八〇年）の指摘する通り、これは焼畑であり、延慶二年三月廿一日、某（平貞保）袖判下知状（鎌31・二三六四五）に「金谷山畑」とあるのも同じである。塩木山の木を切りつくした場合、それは山畑となり、やがて山畠として安定した畠地になっていくものと思われる。

（138）正応五年三月廿七日、一松之網場充行状（鎌23・一七八五八）は、この網場が刀禰分であったのを、歎き申すにより新大夫に預けるとある。ところがこの新大夫は、正応四年十二月廿日、秦守重譲状（鎌23・一七七七六）によって、刀禰職・山・畠・田・下人八人等をゆずられた「したゆふとも重」のことと思われ、もしそれが事実とすれば正応四年二月十三日、某下知状（鎌23・一七五四八）で守重に与えられたはずの刀禰職を、弥五郎入道がなお完全には認めていなかったことになる。しかしこの文書は一方で、これ以前に刀禰分の網場のあったことを示すとともに、それが刀禰職をはなれて新大夫個人に充てられていることを意味していて、注目される。それにしても網場はこの場合をふくめてなお長く、刀禰職譲状に記載されていない点、こうした網場の性格を考える上に注意しておかなくてはならない（観応二年正月三日、秦守安譲状参照）。

（139）注（136）紙背文書（鎌24・一八八四一）参照。

（140）天満宮山堺については、これ以前永仁二年（一二九四）にきまっており、御堂間数についてもこの年裁決が行われて多烏側の主張が通っている。しかし逆に五味の指摘する通り、公事については恐らく汲部側の主張が通ったのであろうが、文永の三分二、三分一の割合から半分に変って多烏側に不利になっている。また山は根本知行の山を除いた山について中分とされ、縄網・夜網は両方一河ずつ、立網は寄合となった。これらの点についてはいずれも前掲注(102)〜(105)論稿に詳しい。

(141) 注(103)五味論稿二一・二六・二七頁参照。

(142) これについては例が多いが、この原則がある意味で現在にまでいたっている点について、五味前掲論稿二一・二六頁に指摘がある。

(143) 嘉元二年九月三日、飯田殿下知状(鎌29・二一九七五)参照。これは一般に文永・弘安のころから目立ってくる「下地中分」の問題にもかかわっており、勝俣鎮夫『戦国法成立史論』(東京大学出版会、一九七九年)二三六頁にみえる「折中」「中分」や、笠松宏至「折中の法」(『月刊百科』一七九号、一九七七年)などにも関連する問題である。

(144) 前掲注(102)〜(105)の諸論稿にすでに指摘されている、御賀尾浦の進士友時が西津荘内山二所を充て行われている例(「大音文書」)、また汲部浦の中村四郎二郎大夫の例を念頭においている。

(145) 周知の文書であるが、ここに全文を示す。

充行　汲部・多烏うちかゑのふくらきあちの事

一番むまのセう

二　隠岐介　四郎次郎こんのかミ　四郎次郎大夫　前太郎大夫

多及

一　二郎権守　四郎次郎大夫　太郎大夫

須那浦　二　むまのセう

三　隠岐介　四郎次郎こんのかミ　四郎次郎大夫　まゑ太郎大夫

手井浜　一　二郎権守　四郎次郎大夫　太郎大夫

右守此旨向後可被存知状如件

嘉暦三年二月六日

平　知重（花押）

(146)「大音文書」元徳二年十月日、地頭御年貢目録案（鎌40・三一一六六）及び、元徳四年三月日、元徳四年畠目録案（鎌41・三一七一七）にいずれも「元応二取帳」〔校注一四〕とある点。

(147) 応永七年十二月日、汲部・多烏両浦百姓申状には依然、年貢廿三貫文、万雑公事十七貫文とある。この時の訴訟は、これに新たなものを加えようとする支配者に対し、この体制を維持しようとする百姓等の衝突とみることもできよう。

(148) 五味前掲論稿四三頁以下にこの点は詳しい。こうした未成熟さが、注(126)でふれたような秦守高の不透明な動きとなってあらわれているといえるのであり、自己の利害を通すためとはいえ、少なくとも言葉の上では支配者の意を迎えるために汲々としている態度がそこにうかがわれる。それは一種図太い態度ともいわれようし、新たな人間の型とみることもできるが、一面この動きこそが旧い体制を長く停滞させることになっている点を見落すわけにはいかない。

(149)「大音文書」建治三年三月五日、左衛門尉藤原某下文〔鎌17・一二六七七〕、同上、弘安八年十一月十八日、某下知状〔鎌21・一五七四〇〕参照。

(150)「大音文書」正和五年十一月日、常神浦刀禰忠国陳状案〔鎌34・二六〇三六〕、同上、年月日未詳、乙王女申状案〔鎌34・二六〇三七〕参照。「召取又次郎以下輩之処、依為夜打人召渡守護方畢」とそこでいわれているが、同文書、嘉元四年七月廿二日、某御賀尾浦刀禰職安堵状〔鎌30・二二六八二〕に「就恒神浦事、御賀尾浦のとね職召上之処」とあるのがそれをさしていると推測される。守綱はこのとき一旦、還補されたのである。

(151)名主職補任状がこの時期にでてくる点については、上島有「南北朝期における畿内の名主」（日本史研究会史料研究部会編『中世社会の基本構造』御茶の水書房、一九五八年）にも指摘がある。

(152)この点については注(104)黒川論稿にすでに指摘がある。また前項にのべた、網場がこのころ刀禰の譲与の対象になっていないことも、これと関係してくるのではないかと思われる。

(153)「大音文書」の一連の下知状参照。

(154)正和三年（一三一四）に二百五十文から百文に軽減され、延文元年三月日、地頭御年貢目録には一帖五十文の割になっている。

(155)「大音文書」元亨二年三月十日、代官左近将監長延書下〔鎌36・二七九七八〕の充て所〔校注一五〕「刀禰殿」と敬称をつけてよばれたのは、大音助長であろう。

(156)「大音文書」暦応五年二月十六日、大音助長譲状二通。

(157)「大音文書」元亨三年十月日、代官左近将監長延注進状案。
(158)『東寺文書之三』と五号、延応元年十二月十三日、所当等注文（鎌8・五五〇六）。
(159)『教王護国寺文書』巻一、九〇〜九三・九九号文書参照。
(160)拙著『中世東寺と東寺領荘園』（東京大学出版会、一九七八年）〔2〕第II部第二章参照。
(161)「東寺百合文書」さ函二一四号（三一—二三）、後欠年月日未詳、網下知状参照。ここに「網三帖内二帖者云網云網場一向地頭押領之」とあって、網が延応に比べて三帖に増えている点、また網と網場がはっきり区別されていることがとくに注目される必要があろう。
(162)同右文書、マ函一〇号（一—二〇）、永仁四年五月十八日、関東下知状（鎌25・一九〇七〇）。
(163)同右文書、京函一九号（二七下）、応長元年七月日、田畠山林塩浜以下三分一二相分注文（鎌32・二四三八五）参照。
(164)注(66)渡辺『日本塩業史研究』第II部第一章。
(165)羽原又吉「西北九州沿岸住民と中世漁業——主として五島を中心とする」（『日本漁業経済史』上巻、岩波書店、一九五二年、一九八二年再刊）。
(166)拙稿「青方氏と下松浦一揆」第一章注130所掲〔6〕。
(167)保立道久が前掲論稿で指摘する通り、讃岐国柞田荘の「網代寄場」（建長八年〈一二五六〉）、あるいは遡って伊勢国益田荘の「網蔵参所」（延久六年〈一〇七四〉）などのように、荘園支配者の領有する漁場は、もとよりこれ以前から見出すことができる。保立のあげた例に、さらに加えれば、建久七年(一一九六)、近江国堅田供祭人は庭地・片地という鴨社網地に対する音羽荘の濫妨に対し、音羽荘の「五位椿網地」の網綱を切るという挙に出ている(第一章注92拙稿「中世の堅田について」)。とくにこの場合注目すべきは、供祭人が榊の木を堺に立てることによって網地を確保している点で、これに、文永十年(一二七三)十月の播磨国伊和社神官等解(「伊和神社文書」)(鎌15・一一四四四)で「爰六月会以後、始自同十五日、為備供菜之贄、所立神木也、神用以前凡人不黷之、此条垂跡以来、行来尚矣、而不慮黷此河、誤而侵此河之者、或処重科、或致清祓者、承前之例也」といわれている事実を参照すれば、田畠などと同様の方法で網地——漁場が占有されていることは明らかであろう。ただ、このような網代、網地が個々の領主、百姓の私領として売買・譲与されるようになる動きは、やはり十三世紀後半以降に顕著になってくると私は考える。本節においても「両方山之懐内者付其浦」という論理による占有から、さらに一段進んだ漁場の成立、所有を問題にしたつもりであり、保立の研究から学ぶところは多いとはいえ、その拙論批判はやや的外れといわざるをえない。

なお、こうした漁場に、仮名をつけることは、「田部文書」文永十一年七月一日、筑後国三潴荘白垣村田畠在家注文(鎌15・一一六八三)に、弥富名内の簀(「謂簀者、海中ニ立簀、漁魚鱗」と注されている)を福丸と号し、南手・北手に分けて譲与されている事例がみられる。

(168)『千葉県史料』中世篇「香取文書」所収、旧大禰宜家文書一二四〜一三一号、海夫注文。これはほぼ応安七年ごろの文書と推定されている。応保・長寛・治承以来大禰宜の相伝といわれたこの「常陸下総両国海夫」は、しかし文書の上にあらわれてくるのは貞治五年(一三六六)がはじめてである。それはこのような人々がこのころにはそれぞれの地域の在地領主たちの支配をうけはじめ、香取社の思うに任せなくなったという事情によるのであるが、このことは海夫等自身の動きに新しいものがでてきていることを推測させる。なおこの点、及び四十八津の近世における動きの詳細については、第二部第五章参照。

(169) これはもちろん国一揆、土一揆などの問題につながってゆくのであり、当然それをふくめて包括的に考えなくてはならない。とくに近世初期にいたってそれが一応の形をととのえながら(若狭多烏・霞ケ浦の場合)、幕藩体制の確立とともに生命を失ってゆくことは、幕藩体制自身の性格を考える上にも大切な問題だと思われる。

(付記) この章で主にとりあげた若狭国田烏浦については、私自身、日本常民文化研究所の調査に加わったが、種々の事情はあったにせよ私の不手際から、拝借した史料の返却がおくれ、現地の方々、及び京大国史学研究室の方々に、一方ならぬ御迷惑をおかけしてしまった。この点ここに付記して、心よりのお詫びを申し上げたい。しかし、大変遅延したとはいえ、一九六七年に、全ての文書を返却することができ、『小浜市史』編纂の事業の中で、日本常民文化研究所架蔵の筆写本をも土台としつつ再探訪が行われ、その主要部分が立派に活字化、刊行されたことは、まことに慶賀にたえない次第である。

校注

〔校注一〕二二頁　通号二〇一号。一九六七年五月刊行の本号より民主主義科学者協会歴史部会編集から歴史科学協議会編集に変更されたため、本号は「歴史科学協議会編集・創刊号」と位置づけられている。

〔校注二〕三五頁　初出は「封建的政治形態」。注(6)書再録時に「封建国家」に改められた。

〔校注三〕一〇三頁　注(44)の記事には、当時蔵人頭であった記主の藤原忠親が、提出された申文に加判したとみえるのみで、蔵人所牒が発給されたことはみえない。

〔校注四〕一四六頁　正確には「橘文書」では「唐商」の部分が「唐商人」となっており、「全く同文」ではない。

〔校注五〕二〇七頁　『鎌倉遺文』第九巻、六七四九号は、「寛元四年正月より後嵯峨上皇の院政始まる、寛元二は四年の誤ならん」との解釈にもとづき、付年号「寛元二」の「二」に「(四カ)」との傍注を付したうえで、同文書を「後嵯峨上皇院宣」として寛元四年に収めている。

〔校注六〕二一〇頁　『梅松論』寛正本は、それぞれ「日本国中ノ津泊ノ公役ニヲイテアルヘカラサル」「串崎ノ舟十二艘カ船頭」に、延宝本は「日本国中の津泊において公役あるべからず」「串崎の舟十二艘の船頭」に作る。

〔校注七〕二二九頁　初出は「六六一」に作る。いずれも数字には検討の余地があるが、ここでは底本どおりとした。

〔校注八〕三六六頁　原文は「蔵人所量」。

〔校注九〕四一八頁　この前後の記述は、史料の出典がかなり省略されている。注(86)史料に書かれているのは、網人たちが「讃岐国まで越え来って濫妨した」(原文は「長渚網人等越来讃岐国、猥称神民致濫行」)事実のみであり、「海中の網人、河漁に携る輩」(原文は「招居海中網人、語寄携河漁輩」)は『東大寺文書之三』(東南院文書之三)六四八号、久安三年十一月八日官宣旨(『平安遺文』第六巻、二六三三号)、同六四九号、(久安三年九月日)鴨御祖社司等解案(断簡)(『平安遺文』第六巻、二六二八号)、『東大寺文書之五』七六八号、(久安三年十一月)鴨社司等官宣旨請文案(『平安遺文』第六巻、二六三四号)、また「日次御贄」(原文は「日次之御贄」)は同七三三号(一)、嘉承元年五月廿九日官宣旨(『平安遺文』第四巻、一六六〇号)が出典である。また注(87)史料には「御厨結番」、「神人三百人、間人二百人」(原文は「神人三百人、其外間人二百人」)はみえるが、「浜在家数百宇」はみえない。これについては『東大寺文書之三』(東南院文書之三)六九〇号(三)、応保二年五月一日官宣旨案(『平安遺文』第七巻、三二二二号)にみえる「浜在家数百家」が出典と思われる。

〔校注一〇〕四一八頁　原文に「夏」字なし。

〔校注一一〕四二四頁　〔校注六〕参照。

〔校注一二〕四四七頁　『平安遺文』第三巻の一九五二年初版から一九六三年訂正版初版までは紀伊国とされていたが、一九七四年新訂初版より丹波国と訂正されている。

〔校注一三〕五三四頁　「二つの文書」とは、「秦文書」文永七年三月廿四日秦守高多烏浦立始次第注進状(『鎌倉遺文』第十四巻、一〇六〇七号)と同、文永七年三月廿四日秦守高多烏浦作畠注進状(『鎌倉遺文』第十四巻、一〇六〇八号)をさしているが、正確には「後のために如此ノ注状如件」の結びをもつのは前者であり、後者の結びは「こにちのためにしるすところ也、状如件」である。

〔校注一四〕五四〇頁　正確には「元応二取帳」とあるのは前者であり、後者には「元応二年定」とある。

〔校注一五〕五四一頁　正しくは、同文書の充所は「左兵衛尉殿」であり、「刀禰殿」(原文は「とねとの」)は文中にみえる。

日本中世《にほんちゅうせい》の非農業民《ひのうぎょうみん》と天皇《てんのう》（上）〔全2冊〕

2024年2月15日　第1刷発行

著　者　網野善彦《あみのよしひこ》

発行者　坂本政謙

発行所　株式会社 岩波書店
〒101-8002 東京都千代田区一ツ橋 2-5-5

案内 03-5210-4000　営業部 03-5210-4111
文庫編集部 03-5210-4051
https://www.iwanami.co.jp/

印刷・理想社　カバー・精興社　製本・中永製本

ISBN 978-4-00-384003-0　　Printed in Japan

読書子に寄す

――岩波文庫発刊に際して――

岩波茂雄

　真理は万人によって求められることを自ら欲し、芸術は万人によって愛されることを自ら望む。かつては民を愚昧ならしめるために学芸が最も狭き堂宇に閉鎖されたことがあった。今や知識と美とを特権階級の独占より奪い返すことはつねに進取的なる民衆の切実なる要求である。岩波文庫はこの要求に応じそれに励まされて生まれた。それは生命ある不朽の書を少数者の書斎と研究室とより解放して街頭にくまなく立たしめ民衆に伍せしめるであろう。近時大量生産予約出版の流行を見る。その広告宣伝の狂態はしばらくおくも、後代にのこすと誇称する全集がその編集に万全の用意をなしたるか。千古の典籍の翻訳企図に敬虔の態度を欠かざりしか。さらに分売を許さず読者を繋縛して数十冊を強うるがごとき、はたしてその揚言する学芸解放のゆえんなりや。吾人は天下の名士の声に和してこれを推挙するに躊躇するものである。このときにあたって、岩波書店は自己の責務のいよいよ重大なるを思い、従来の方針の徹底を期するため、すでに十数年以前より志して来た計画を慎重審議この際断然実行することにした。吾人は範をかのレクラム文庫にとり、古今東西にわたって文芸・哲学・社会科学・自然科学等種類のいかんを問わず、いやしくも万人の必読すべき真に古典的価値ある書をきわめて簡易なる形式において逐次刊行し、あらゆる人間に須要なる生活向上の資料、生活批判の原理を提供せんと欲する。この文庫は予約出版の方法を排したるがゆえに、読者は自己の欲する時に自己の欲する書物を各個に自由に選択することができる。携帯に便にして価格の低きを最主とするがゆえに、外観を顧みざるも内容に至っては厳選最も力を尽くし、従来の岩波出版物の特色をますます発揮せしめようとする。この計画たるや世間の一時の投機的なるものと異なり、永遠の事業として吾人は微力を傾倒し、あらゆる犠牲を忍んで今後永久に継続発展せしめ、もって文庫の使命を遺憾なく果たさしめることを期する。芸術を愛し知識を求むる士の自ら進んでこの挙に参加し、希望と忠言とを寄せられることは吾人の熱望するところである。その性質上経済的には最も困難多きこの事業にあえて当たらんとする吾人の志を諒として、その達成のため世の読書子とのうるわしき共同を期待する。

昭和二年七月

《歴史・地理》〔青〕

- 新訂 魏志倭人伝・後漢書倭伝・宋書倭国伝・隋書倭国伝 —中国正史日本伝1　石原道博編訳
- 新訂 旧唐書倭国日本伝・宋史日本伝・元史日本伝 —中国正史日本伝2　石原道博編訳
- ヘロドトス 歴史 全三冊　松平千秋訳
- トゥーキュディデース 戦史 全三冊　久保正彰訳
- ガリア戦記　カエサル 近山金次訳
- ランケ世界史概観 —近世史の諸時代　鈴木成高・相原信作訳
- ランケ自伝　林健太郎訳
- 歴史とは何ぞや　ベルンハイム 坂口昂・小野鉄二訳
- 歴史における個人の役割　プレハーノフ 木原正雄訳
- 古代への情熱 —シュリーマン自伝　シュリーマン 村田数之亮訳
- アーネスト・サトウ 一外交官の見た明治維新 全二冊　坂田精一訳
- ベルツの日記 全二冊　トク・ベルツ編 菅沼竜太郎訳
- 武家の女性　山川菊栄
- インディアスの破壊についての簡潔な報告　ラス・カサス 染田秀藤訳
- ラス・カサス インディアス史 全七冊　長南実訳 石原保徳編
- コロンブス 全航海の報告　林屋永吉訳

- 戊辰物語　東京日日新聞社会部編
- 大森貝塚 —付 関連史料　E・S・モース 近藤義郎・佐原真編訳
- ナポレオン言行録　オクターヴ・オブリ編 大塚幸男訳
- 中世的世界の形成　石母田正
- 日本の古代国家　石母田正
- 平家物語 他六篇　石母田正 高橋昌明編
- クリオの顔 歴史随想集　E・H・ノーマン 大窪愿二編訳
- 日本における近代国家の成立　E・H・ノーマン 大窪愿二訳
- 旧事諮問録 —江戸幕府役人の証言 全二冊　旧事諮問会編 進士慶幹校注
- 朝鮮・琉球航海記 —一八一六年アマースト使節団とともに　ベイジル・ホール 春名徹訳
- アリランの歌 —ある朝鮮人革命家の生涯　ニム・ウェールズ キム・サン 松平いを子訳
- さまよえる湖 全二冊　ヘディン 福田宏年訳
- 老松堂日本行録 —朝鮮使節の見た中世日本　宋希璟 村井章介校注
- 十八世紀パリ生活誌 —タブロー・ド・パリ 全二冊　メルシエ 原宏編訳
- 北槎聞略 —大黒屋光太夫ロシア漂流記　桂川甫周 亀井高孝校訂
- ヨーロッパ文化と日本文化　ルイス・フロイス 岡田章雄訳注
- ギリシア案内記 全二冊　パウサニアス 馬場恵二訳

- 西遊草　清河八郎 小山松勝一郎校注
- オデュッセウスの世界　フィンリー 下田立行訳
- 東京に暮す —一九二八〜一九三六　キャサリン・サンソム 大久保美春訳
- ミカド —日本の内なる力　W・E・グリフィス 亀井俊介訳
- 増補 幕末百話　篠田鉱造
- 幕末明治 女百話 全二冊　篠田鉱造
- トゥバ紀行　メンヒェン＝ヘルフェン 田中克彦訳
- 徳川時代の宗教　R・N・ベラー 池田昭訳
- ある出稼石工の回想　マルタン・ナド 喜安朗訳
- 植物巡礼 —プラント・ハンターの回想　F・キングドン－ウォード 塚谷裕一訳
- モンゴルの歴史と文化　ハイシッヒ 田中克彦訳
- ダンピア 最新世界周航記 全二冊　平野敬一訳
- ローマ建国史 全三冊（既刊上巻）　リーウィウス 鈴木一州訳
- 元治夢物語 —幕末同時代史　馬場文英 徳田武校注
- フランス・プロテスタントの反乱 —カミザール戦争の記録　カヴァリエ 二宮フサ訳
- ニコライの日記 —ロシア人宣教師が生きた明治日本 全三冊　中村健之介編訳
- 徳川制度 全三冊・補遺　加藤貴校注

第二のデモクラテス 戦争の正当原因についての対話　セプールベダ　染田秀藤訳

ユグルタ戦争 カティリーナの陰謀　サルスティウス　栗田伸子訳

史的システムとしての資本主義　ウォーラーステイン　川北稔訳

《日本文学(古典)》〔黄〕

古事記　倉野憲司校注
日本書紀　全五冊　坂本太郎・家永三郎・井上光貞・大野晋校注
万葉集　全五冊　佐竹昭広・山田英雄・工藤力男・大谷雅夫・山崎福之校注
原文万葉集　全二冊　佐竹昭広・山田英雄・工藤力男・大谷雅夫・山崎福之校注
竹取物語　阪倉篤義校訂
伊勢物語　大津有一校注
玉造小町子壮衰書　―小野小町物語　杤尾武校注
古今和歌集　佐伯梅友校注
土左日記　紀貫之　鈴木知太郎校注
源氏物語　全九冊　柳井滋・室伏信助・大朝雄二・鈴木日出男・藤井貞和・今西祐一郎校注
源氏物語補作　山路の露・雲隠六帖　他二篇　今西祐一郎編注
枕草子　池田亀鑑校訂
更級日記　西下経一校注
今昔物語集　全四冊　池上洵一編
西行全歌集　久保田淳・吉野朋美校注
建礼門院右京大夫集　付平家公達草紙　久松潜一・久保田淳校注

後拾遺和歌集　久保田淳・平田喜信校注
詞花和歌集　工藤重矩校注
古語拾遺　斎部広成撰　西宮一民校注
王朝漢詩選　小島憲之編
新訂方丈記　市古貞次校注
新訂新古今和歌集　佐佐木信綱校訂
新訂徒然草　西尾実・安良岡康作校注
平家物語　全四冊　梶原正昭・山下宏明校注
神皇正統記　北畠親房　岩佐正校注
御伽草子　全二冊　市古貞次校注
王朝秀歌選　樋口芳麻呂校注
定家八代抄　全二冊　―続王朝秀歌選　樋口芳麻呂・後藤重郎校注
閑吟集　真鍋昌弘校注
中世なぞなぞ集　鈴木棠三編
謡曲選集　読む能の本　野上豊一郎編
東関紀行・海道記　玉井幸助校訂
おもろさうし　外間守善校注

太平記　全六冊　兵藤裕己校注
好色五人女　井原西鶴　東明雅校註
武道伝来記　井原西鶴　横山重・前田金五郎校注
西鶴文反古　井原西鶴　片岡良一校訂
芭蕉紀行文集　付嵯峨日記　中村俊定校注
芭蕉おくのほそ道　付曾良旅日記・奥細道菅菰抄　萩原恭男校注
芭蕉俳句集　中村俊定校注
芭蕉連句集　中村俊定・萩原恭男校注
芭蕉書簡集　萩原恭男校注
芭蕉文集　潁原退蔵編註
芭蕉俳文集　全二冊　堀切実編注
芭蕉自筆奥の細道　上野洋三・櫻井武次郎校注
蕪村俳句集　付春風馬堤曲　他二篇　尾形仂校注
蕪村七部集　伊藤松宇校訂
蕪村文集　藤田真一編注
折たく柴の記　新井白石　松村明校注
近世畸人伝　伴蒿蹊　森銑三校註

雨月物語　上田秋成／長島弘明校注

宇下人言・修行録　松平定信／松平定光校訂

新訂 一茶俳句集　丸山一彦校注

増補 俳諧歳時記栞草　全二冊　曲亭馬琴編／藍亭青藍補／堀切実校注

北越雪譜　鈴木牧之編撰／京山人百樹删定／岡田武松校訂

東海道中膝栗毛　全二冊　十返舎一九／麻生磯次校注

浮世床　式亭三馬／和田万吉校訂

梅暦　全二冊　為永春水／古川久校訂

百人一首一夕話　全二冊　尾崎雅嘉／古川久校訂

日本民謡集　町田嘉章・浅野建二編

芭蕉臨終記 花屋日記 付 芭蕉翁終焉記・前後日記・行状記　小宮豊隆校訂

醒睡笑　全二冊　安楽庵策伝／鈴木棠三校注

歌舞伎十八番の内 勧進帳　郡司正勝校注

江戸怪談集　全三冊　高田衛編・校注

柳多留名句選　山澤英雄選／粕谷宏紀校注

松蔭日記　上野洋三校注

鬼貫句選・独ごと　復本一郎校注

井月句集　復本一郎編

花見車・元禄百人一句　雲英末雄・佐藤勝明校注

江戸漢詩選　全二冊　揖斐高編訳

《日本思想》〔青〕

風姿花伝（花伝書）	世阿弥／野上豊一郎・西尾実 校訂
五輪書	宮本武蔵／渡辺一郎 校注
養生訓・和俗童子訓	貝原益軒／石川謙 校訂
貝原益軒 大和俗訓	石川謙 校訂
日本水土考・水土解弁・増補華夷通商考	西川如見／飯島忠夫・西川忠幸 校訂
蘭学事始	杉田玄白／緒方富雄 校註
島津斉彬言行録	牧野伸顕 序
塵劫記	吉田光由／大矢真一 校注
兵法家伝書 付 新陰流兵法目録事	柳生宗矩／渡辺一郎 校注
長崎版 どちりな きりしたん	海老沢有道 校註
農業全書	宮崎安貞 編録／貝原楽軒 刪補／土屋喬雄 校訂
仙境異聞・勝五郎再生記聞	平田篤胤／子安宣邦 校注
茶湯一会集・閑夜茶話	井伊直弼／戸田勝久 校注
西郷南洲遺訓 附 手抄言志録及遺文	山田済斎 編
文明論之概略	福沢諭吉／松沢弘陽 校注
新訂 福翁自伝	富田正文 校訂

学問のすゝめ	福沢諭吉
福沢諭吉教育論集	山住正己 編
福沢諭吉家族論集	中村敏子 編
福沢諭吉の手紙	慶應義塾 編
新島襄の手紙	同志社 編
新島襄 教育宗教論集	同志社 編
新島襄自伝 —手記・紀行文・日記	同志社 編
植木枝盛選集	家永三郎 編
日本の下層社会	横山源之助
中江兆民 三酔人経綸問答	桑原武夫・島田虔次 訳・校注
中江兆民評論集	松永昌三 編
憲法義解	伊藤博文／宮沢俊義 校註
日本風景論	志賀重昂／近藤信行 校訂
日本開化小史	田口卯吉／嘉治隆一 校訂
新訂 蹇蹇録 —日清戦争外交秘録	陸奥宗光／中塚明 校注
茶の本	岡倉覚三／村岡博 訳
武士道	新渡戸稲造／矢内原忠雄 訳

新渡戸稲造論集	鈴木範久 編
キリスト信徒のなぐさめ	内村鑑三
余はいかにしてキリスト信徒となりしか	内村鑑三／鈴木範久 訳
代表的日本人	内村鑑三／鈴木範久 訳
後世への最大遺物・デンマルク国の話	内村鑑三
ヨブ記講演	内村鑑三
足利尊氏	山路愛山
徳川家康 全二冊	山路愛山
豊臣秀吉 全二冊	山路愛山
妾の半生涯	福田英子
三十三年の夢	宮崎滔天／島田虔次・近藤秀樹 校注
善の研究	西田幾多郎
続思索と体験・『続思索と体験』以後	西田幾多郎
西田幾多郎哲学論集 II —論理と生命 他四篇	上田閑照 編
西田幾多郎哲学論集 III —自覚について 他四篇	上田閑照 編
西田幾多郎歌集	上田薫 編
西田幾多郎講演集	田中裕 編

西田幾多郎書簡集　藤田正勝編
帝国主義　幸徳秋水　山泉進校注
基督抹殺論　幸徳秋水
日本の労働運動　片山潜
貧乏物語　河上肇　大内兵衛解題
河上肇評論集　杉原四郎編
西欧紀行 祖国を顧みて　河上肇
中国文明論集　宮崎市定　礪波護編
史記を語る　宮崎市定
中国史 全二冊　宮崎市定
大杉栄評論集　飛鳥井雅道編
女工哀史　細井和喜蔵
奴隷 ―小説・女工哀史1―　細井和喜蔵
工場 ―小説・女工哀史2―　細井和喜蔵
初版 日本資本主義発達史 全二冊　野呂栄太郎
谷中村滅亡史　荒畑寒村
遠野物語・山の人生　柳田国男

木綿以前の事　柳田国男
海上の道　柳田国男
蝸牛考　柳田国男
都市と農村　柳田国男
十二支考 全二冊　南方熊楠
津田左右吉歴史論集　今井修編
特命全権大使 米欧回覧実記 全五冊　久米邦武編　田中彰校注
日本イデオロギー論　戸坂潤
明治維新史研究　羽仁五郎
古寺巡礼　和辻哲郎
風土 ―人間学的考察―　和辻哲郎
和辻哲郎随筆集　坂部恵編
倫理学 全四冊　和辻哲郎
人間の学としての倫理学　和辻哲郎
日本倫理思想史 全四冊　和辻哲郎
「いき」の構造 他二篇　九鬼周造
九鬼周造随筆集　菅野昭正編

偶然性の問題　九鬼周造
田沼時代　辻善之助
パスカルにおける人間の研究　三木清
古代国語の音韻に就いて 他二篇　橋本進吉
吉田松陰　徳富蘇峰
林達夫評論集　中川久定編
新版 きけわだつみのこえ ―日本戦没学生の手記―　日本戦没学生記念会編
第二集 新版 きけわだつみのこえ ―日本戦没学生の手記―　日本戦没学生記念会編
君たちはどう生きるか　吉野源三郎
地震・憲兵・火事・巡査　山崎今朝弥　森長英三郎編
懐旧九十年　石黒忠悳
武家の女性　山川菊栄
覚書 幕末の水戸藩　山川菊栄
忘れられた日本人　宮本常一
家郷の訓　宮本常一
大阪と堺　三浦周行　朝尾直弘編
石橋湛山評論集　松尾尊兊編

手仕事の日本　柳　宗悦
工藝文化　柳　宗悦
南無阿弥陀仏 付 心偈　柳　宗悦
雨夜譚 —渋沢栄一自伝　長　幸男校注
中世の文学伝統　風巻景次郎
平塚らいてう評論集　小林登美枝・米田佐代子編
最暗黒の東京　松原岩五郎
日本の民家　今　和次郎
原爆の子 —広島の少年少女のうったえ 全二冊　長田　新編
臨済・荘子　前田利鎌
『青鞜』女性解放論集　堀場清子編
大津事件 —ロシア皇太子大津遭難　尾佐竹　猛　三谷太一郎校注
幕末遣外使節物語 —夷狄の国へ　尾佐竹　猛　吉良芳恵校注
極光のかげに —シベリア俘虜記　高杉一郎
古典学入門　池田亀鑑
イスラーム文化 —その根柢にあるもの　井筒俊彦
意識と本質 —精神的東洋を索めて　井筒俊彦

神秘哲学 —ギリシアの部　井筒俊彦
意味の深みへ —東洋哲学の水位　井筒俊彦
コスモスとアンチコスモス 東洋哲学のために　井筒俊彦
幕末政治家　福地桜痴　佐々木潤之介校注
フランス・ルネサンスの人々　渡辺一夫
維新旧幕比較論　木下真弘　宮地正人校注
被差別部落一千年史　高橋貞樹　沖浦和光校注
花田清輝評論集　粉川哲夫編
新版 河童駒引考 —比較民族学的研究　石田英一郎
英国の文学　吉田健一
中井正一評論集　長田　弘編
山びこ学校　無着成恭編
考史遊記　桑原隲蔵
福沢諭吉の哲学 他六篇　丸山眞男　松沢弘陽編
政治の世界 他十篇　丸山眞男　松本礼二編注
超国家主義の論理と心理 他八篇　丸山眞男　古矢　旬編
田中正造文集 全二冊　由井正臣・小松　裕編

国語学史　時枝誠記
定本 育児の百科 全三冊　松田道雄
哲学の三つの伝統 他十二篇　野田又夫
大隈重信演説談話集　早稲田大学編
大隈重信自叙伝　早稲田大学編
人生の帰趣　山崎弁栄
通論考古学　濱田耕作
転回期の政治　宮沢俊義
何が私をこうさせたか —獄中手記　金子文子
明治維新　遠山茂樹
禅海一瀾講話　釈　宗演
明治政治史　岡　義武
転換期の大正　岡　義武
山県有朋 —明治日本の象徴　岡　義武
近代日本の政治家　岡　義武
ニーチェの顔 他十三篇　氷上英廣　三島憲一編
伊藤野枝集　森まゆみ編

前方後円墳の時代　近藤義郎

日本の中世国家　佐藤進一

岩波文庫の最新刊

カント著／熊野純彦訳

人倫の形而上学

第一部　法論の形而上学的原理

カントがおよそ三十年間その執筆を追求し続けた、最晩年の大著。第一部にあたる本書では、行為の「適法性」を主題とする。新訳による初めての文庫化。

〔青六二六-四〕　定価一四三〇円

オクタビオ・パス作／野谷文昭訳

鷲か太陽か？

「私のイメージを解き放ち、飛翔させた」シュルレアリスム体験が色濃い散文詩と夢のような味わいをもつ短篇。ノーベル賞詩人初期の代表作。一九五一年刊。

〔赤七九七-二〕　定価七九二円

クライスト作／山口裕之訳

ミヒャエル・コールハース　チリの地震 他一篇

領主の横暴に対し馬商人コールハースが正義の回復のために立ち上がる。日常の崩壊とそこで露わになる人間本性を描いた三作品。重層的文体に挑んだ新訳。

〔赤四一六-六〕　定価一〇〇一円

マックス・ウェーバー著／野口雅弘訳

支配について

II カリスマ・教権制

カリスマなきあとも支配は続く。何が支配を支えるのか。支配の諸構造を経済との関連で論じたテクスト群。関連論文や訳註、用語解説を付す。（全二冊）

〔白二一〇-二〕　定価一四三〇円

今月の重版再開

エウリーピデース作／松平千秋訳

ヒッポリュトス

—パイドラーの恋—

定価五五〇円　〔赤一〇六-一〕

W・S・モーム著／西川正身訳

読書案内

—世界文学—

定価七一五円　〔赤二五四-三〕

岩波文庫の最新刊

網野善彦著
日本中世の非農業民と天皇(上)

山野河海という境界領域に生きた中世の「職人」たちの姿を通じて、天皇制の本質と根深さ、そして人間の本源的自由を問う、著者の代表的著作。(全二冊)〔青N四〇二-一〕 **定価一六五〇円**

エーリヒ・ケストナー作／酒寄進一訳
独裁者の学校

大統領の替え玉を使い捨てにして権力を握る大臣たち。政変が起きるが、その行方は……。痛烈な皮肉で独裁体制の本質を暴いた、作者渾身の戯曲。〔赤四七一-三〕 **定価七一五円**

ラインホールド・ニーバー著／千葉眞訳
道徳的人間と非道徳的社会

個人がより善くなることで、社会の問題は解決できるのか。二〇世紀アメリカを代表する神学者が人間の本性を見つめ、政治と倫理の相克に迫った代表作。〔青N六〇九-一〕 **定価一四三〇円**

トマス・アクィナス著
稲垣良典・山本芳久編 稲垣良典訳
精選 神学大全2 法論

トマス・アクィナス(一二二五頃-七四)の集大成『神学大全』から精選。2は人間論から「法論」、「恩寵論」を収録する。解説＝山本芳久、索引＝上遠野翔。(全四冊)〔青六二一-四〕 **定価一七一六円**

……今月の重版再開……

高浜虚子著
立子へ抄
—虚子より娘へのことば—

定価一二二一円 〔緑二八-九〕

喜安朗訳
フランス二月革命の日々
—トクヴィル回想録—

定価一五七三円 〔白九-一〕